◎山东省本科教学改革研究面上项目和山东大学教育教学改革研究重点项目阶段性成果

卓越法治人才培养实践教学体系研究

主　编　周长军

副主编　郑智航　范毅强

山东大学出版社
SHANDONG UNIVERSITY PRESS
·济南·

图书在版编目(CIP)数据

卓越法治人才培养实践教学体系研究 / 周长军主编
.--济南:山东大学出版社, 2023.10

ISBN 978-7-5607-8061-0

Ⅰ.①卓… Ⅱ.①周… Ⅲ.①高等学校-法律-人才培养-研究-中国 Ⅳ.①D92-4

中国国家版本馆CIP数据核字(2023)第248547号

责任编辑 刘晓燕
封面设计 蓝海文化

卓越法治人才培养实践教学体系研究
ZHUOYUE FAZHI RENCAI PEIYANG SHIJIAN
JIAOXUE TIXI YANJIU

出版发行 山东大学出版社
社　　址 山东省济南市山大南路20号
邮政编码 250100
发行热线 (0531)88363008
经　　销 新华书店
印　　刷 山东蓝海文化科技有限公司
规　　格 720毫米×1000毫米 1/16
　　　　 20印张 400千字
版　　次 2023年10月第1版
印　　次 2023年10月第1次印刷
定　　价 88.00元

前 言

习近平总书记在十九大报告中向全世界郑重宣告:中国特色社会主义进入了新时代。这一新的历史方位,对我国的高等教育提出了新的更高的要求。它需要高等学校进一步提升教育服务经济社会发展的能力。这也需要我们在人才培养中进一步坚持理论联系实际,学以致用,以学促行,完善我们的实践教学能力。近年来,我国法学教育快速发展,体系不断完善,培养了一大批优秀法律人才,为我国经济社会发展特别是社会主义民主法治建设作出了重大贡献。但我国法学教育还不能完全适应新时代国家建设的需要,社会主义法治理念教育还不够深入,培养模式相对单一,学生实践能力不强,应用型、复合型法律人才培养能力不足,不能满足法律职业市场对实务型人才的需求。增强法学学生实践能力,转变法学传统教学方式,成为我国法学教育改革发展最核心和最紧迫的任务。

本书通过对实践教学课程体系与教学平台的研究,不断改进法学师资队伍的教育观念和专业结构,加强与法律实务部门的联系和合作,找准人才培养和行业需求的结合点;明确专业教育和职业资格的关联性,改革法律人才培养模式,提高学生法务实践能力,实现培养与使用的结合、理论普适性教育与法律职业性教育的双赢。

本项研究主要包括法学实践教学课程体系研究、法学实践教学平台体系研究、法学实践教学规范体系研究、法学实践教学实习设计体系研究等方面的内容。

1.法学实践教学课程体系研究

本书结合法学实践的具体特征,从司法业务、诉讼法务、非诉业务、国际法务、职业规划和职业修养以及实习论文六大方面,探讨法学实践教学课程的基本类型、不同类型课程之间的关系、法学实践课程与法学基础课程之间的关系、法学实践课程对师资的要求以及相应的教学方法等内容。

2.法学实践教学平台体系研究

本书结合山东大学法学院法学实践教育基地的现状,探索法学实践教育基地的整合和重建机制。在此基础上探索建立律师法务教学平台、司法业务(公证、司法鉴定)教学平台、法律援助与法律服务教学平台、法律诊所教学平台、模拟法庭竞赛教学平台。

3.法学实践教学规范体系研究

本书在研究法学实践教学特点的基础上,总结法学实践教学的实践理性逻辑,归纳实践教学的主要环节,梳理教师在法学实践教学活动过程中的核心任务,细化学生对法学实践教学的体认评价。然后,针对法学实践教学的主要环节,探索设定法学实践教学规范体系和课程质量评价体系。

4.法学实践教学实习设计体系研究

本书根据法学实践教学的基本规律,探索建立法学实践教学实习设计的全覆盖思路,科学定位学院、教师和学生在法学实践教学过程中的角色。然后,重点研究理论学习和专业实习的时长分布、实践教学组织方式、实践成果评价、法学实践学习资金投入等重要问题。

本书从技术层面和操作层面研究卓越法律人才培养实践教学体系与教学平台建设问题,探索符合现代化需求的法律人才培养方式。因此,本书具有以下几个方面的研究意义。

第一,有助于改革法律人才培养模式。本书根据高校法学院系基础和特色,进行整体规划,探索“学校—实际部门共同培养”和“国内—海外联合培养”的培养模式。这有助于提升法律人才培养的质量。

第二,有助于贯彻落实教育部和中央政法委有关卓越法治人才培养意见的基本精神。自教育部和中央政法委2011年联合下发《关于实施卓越法律人才教育培养计划的若干意见》以来,无论是中央还是地方,都非常强调法学实践教学的重要性。2018年,教育部和中央政法委又联合下发《关于坚持德法兼修　实施卓越法治人才教育培养计划2.0的意见》。该意见进一步强化了法学实践教学的重要性。

第三,有助于建设高水平的法学师资队伍。通过研究,积极探索建立高校与实际部门人员互聘制度、青年骨干教师出国研修等渠道,建立一支具有广阔国际视野、扎实理论功底、丰富实践经验的“双师结构”法学师资队伍。

第四,有助于更好地实现学校“服务山东”的战略。近年来,山东大学提出了“服务山东”的战略,服务山东法治建设是该战略的应有之义。本书将积极探讨山东大学法学院与山东省法律实务部门的联系和合作的基本模式，找准法律人才培养和法律行业需求的结合点，解决高校和法律实务部门之合作的体制性障碍等。这些问题的解决，有助于山东大学服务山东战略的真正实现。

本书获得了山东省本科教学改革研究面上项目和山东大学教育教学改革研究重点项目的资助，法学院积极推进这项研究，组织精干力量开展研究，形成了这一阶段性成果。

编 者

2023年9月

目 录

法学实践教学的评估指标体系

李道军

近年来，全国正在大力推进“一流本科、一流专业、一流人才”建设工程，教育部《普通高等学校本科专业类教学质量国家标准（2018）》特别强调，要改革教学方法、优化课程设置，更新教学内容，强化实践环节，突出产出导向，主动对接经济社会发展需求，切实提高人才培养的目标达成度、社会适应度。这无疑是给高等学校法学教育提出了目标引领与未来走向。

法学实践教学是法学教育的重要环节，肩负着检验课堂教学的效果和质量与熟悉、连接未来工作场景及岗位素质要求的使命，因此，在高等教育法学教学体系中，实践教学都被认为是不可或缺的重要教学内容，也是让学生在象牙塔里开始接触真实的社会生活场景的初步尝试，对于促进学生直面社会和未来职业选择等有着极其重要的意义。

然而，目前的法学实践教学主要在以法院、检察院、律师事务所为重心的核心法律职业领域展开，在法学教育尚未勃兴、法律实践领域并未全面拓展的背景之下，这当然是一个妥当的选择与操作。但是，经济社会的快速发展、法治化的全面提升，也为法学实践教学拓展出了极大的行业领域及活动空间，同时也提出了一些更高的要求。未来法学实践教学推进效果如何？实践教学是否达到了预期？不同职业领域的实践教学对法学教育的检验有何不同？如何增强法学教育与实践的内在关联度并实现法学教育的达成度？这些方面都存在着值得进一步思考、探索与改革的空间。

有鉴于此，我们将着力开展法学实践教学评估体系研究，梳理和架构起涵盖教学与实习、理论与实践双重内核的互动性评估指标群，并展开系统性分析。本课题在对法学实践教学的基础理论问题与评估目的指向等共性问题进行研判的

基础上,沿着三个维度具体展开:

一是直面法院、检察院、律师事务所的实践教学评估。

二是直面政府律师和公司法务的实践教学评估。

三是直面民众日常生活的法律咨询与法律援助类实践教学评估。

研究工作分三步:

一是搜集素材,确定分析架构和方法。

二是制定问卷,并展开问卷调查(抽样与随机相结合,各占50%)。

三是集中分析问卷结果,结合搜集、确证的文献与理论,加以深度研究和讨论,形成能够涵盖检察院、法院、律所、政府部门、公证处、公司法务、一般企业经营参与以及公众日常生活法律咨询服务等各个面向的山东大学法学院《法学实践教学的评估指标体系》,以期为今后在设定人才培养目标、完善人才培养方案、优化课程设置、更新教学内容等方面有所裨益。

一、如何界定优秀法科生的质量及其评判标准

通常,法律职业群体素养的评定基准主要有四个向度,即人文品格、法律素养、思维能力、操作技能。但在本科法学教育评判系统中,评价优秀法科生,与职业法律人的成熟体系略有不同。

何为优秀法科生?这其实包含了两层含义,即"何为法科生"以及如何界定"优秀"。针对前者,从不同层级的角度看,其首先是人,其次是学生,最后才是法科生。针对后者,后文会具体阐述。

何为"人"?区分人和其他动物的关键在于,人类有着严密的社会秩序,这种社会秩序与自然秩序有着千丝万缕之联系。可以说,人类社会秩序脱胎于自然秩序,但有着明显的主观性特征。尤瓦尔·赫拉利说:"人类和黑猩猩之间真正不同的地方就在于那些虚构的故事,它像胶水一样把千千万万的个人、家庭群体结合在一起。这种胶水,让我们成为了万物的主宰。"[①]人类通过想象虚构出"故事",继而构建起严密的社会秩序。当然,这绝非一人或数人之力能够完成之事,整个人类社会秩序的产生与完善,离不开远古人类、现世人类甚至未来人类的跨时代合作。从这个意义上来讲,人类想要生存和发展,遵守社会秩序似乎成了一个避不开的必选项。所以,必须服从且不损害整体的社会秩序,方乃一个合格之人。

何为"学生"?学生,以学为生。学校,是求知之地。"大学之道,在明明德,在

① [以色列]尤瓦尔·赫拉利:《人类简史:从动物到上帝》,林俊宏译,中信出版社2017年版,第35—36页。

亲民,在止于至善。”虽说此“大学”非彼“大学”,但对于人才培养的初衷却是一致的。当然,“求知”作为一个笼统抽象之概念,不仅包括学术专业上的求知,亦包括道德素质上的求知。所以,学生之学业在于“尽学专业之所能,不忘德性之内涵”,且要努力做到“知行合一”。

何为“法科生”? 这必须具体到法学本科教育中的职业教育与通识教育的争鸣之中来分析。职业教育提倡者,如方流芳提出,大学法律本科教育的定位只能是职业教育。[①]汪国华认为,职业教育乃法学本科教育的本质所在。[②]徐显明也说:“我们的法学教育中对学生职业技巧训练的缺乏是一个根本性的缺陷。”[③]当然,通识教育并不否认职业教育的内容,但更提倡一种全面教育,如公丕祥指出,法学本科教育拟应定位为通识教育,通识教育是一种全面教育,包含了职业教育的内容,主要培养较强法律素养的法律通才。[④]是故,无论是职业教育还是通识教育,其核心仍然是法学职业教育,其主要目的在于培养拥有基本法学素养的学生。因而法科生指的是拥有较高法学素养、能够习得法学职业技巧的学生。改革开放至今,法学学科办学已有40年有余,时代在飞速发展,相应的理念也不能守成不变。在这几十年的发展中,法学专业学生并没有得到完全一致的好评。社会主义市场经济的全面发展带来的是对法律服务需求的进一步急剧增加。[⑤]且法学学科收入相对较高,使得高考考生在家长的授意下更加倾向于法学专业,大量优秀且没有强烈个人偏好的学生开始选择就业道路更宽的法学专业。[⑥]这直接导致了法学专业持续数年被列为教育部“红牌警告专业”。而如何在众多佼佼者中脱颖而出,成为一个不得不考虑的问题。任何脱离基本人文精神的学科都存在偏离正常航道的风险,是故,以德性为基础的人类社会秩序的维护,需要法科生之参与。此外,法学专业基础作为法学学科的核心内容,关乎法学素养的形成以及法学实践的展开,所以必须要扎实。而如何做到“知行合一”,如何将法律应有之义回馈给社会,如何践行真正的法律价值,同样值得关注。

---

① 参见方流芳:《中国法学教育观察》,贺卫方编:《中国法律教育之路》,中国政法大学出版社1997年版,第33页。

② 参见汪国华:《法学本科教育改革研究》,《河北法学》2012年第4期。

③ 徐显明:《法学教育的基础矛盾与根本性缺陷》,《法学家》2003年第6期。

④ 参见公丕祥:《变革时代的司法需求与卓越法律人才培养计划》,《中国法学教育年刊》2012—2013年创刊号。

⑤ 参见张志铭、张志越:《20世纪的中国律师业》,苏力、贺卫方主编:《20世纪的中国:学术与社会》(法学卷),山东人民出版社2001年版,第385页。

⑥ 参见苏力:《当代中国法学教育的挑战与机遇》,《法学》2006年第2期。

（一）具备人文品格是基本

毛泽东同志曾从辩证法角度阐述："欲文明其精神，先自野蛮其体魄；苟野蛮其体魄矣，则文明之精神随之。"[①]正如前文所言，一名优秀的法科生，首先应该是一个合格的"人"，而评判合格之人的重要标准，即服从或至少是不损害人类社会秩序。良好的社会秩序的构建离不开强健之体魄，更离不开精神之文明，二者皆是人文品格的重要体现，相辅相成，共同服务于人类社会。而一名优秀法科生所应具备的人文精神应是基于公民权利保护的一种人道关怀。[②]法科生的这种人文品格具体包括如下诸方面。

1. 强健尚美之体魄

当今时代，随着手机和电脑等信息化产品的不断普及，"低头族""久坐族"成为受害群体的代表。新科技给学生带来便利的同时，也带来了诸多不利影响，体育锻炼必须被提上重要之议程。人体关节组织具有重要作用，长时间保持一个姿势不动，会导致其僵化，进而影响整个人的精神面貌。另外，长时间盯着电子产品或者书籍，会导致视力的严重下降。有科学研究表明，在眼睛近视达到一定度数时，后代近视遗传概率会大大增长。由此可知，"野蛮其体魄"有着重要性以及紧迫性。当前学校虽开设有体育课，并且许多体育项目深受学生追捧，但就经常性参与体育锻炼的学生数量与总体学生数量之比例来讲，前者仍然占少数，"宅"现象仍十分突出。众所周知，兴趣是最好的老师，体育也是一样，很多情况下，学生"宅"是缺乏兴趣所致。另外，性格人各有异，确实有部分学生是性格原因而不喜欢运动的。结合两者分析，兴趣与性格所导致的"宅"现象，应该有相应措施加以应对。强制型策略与兴趣培养型策略各有利弊。强制型策略容易引起学生反感，尤其是法科生，自由与民主之意识比较强烈，完全强制型策略可能会产生坏的结果，达不到最终之目的。兴趣培养型策略基于温和之属性，在一定程度上能够激发学生之兴趣，从而实现锻炼之目的。但是基于其温和属性，对一部分比较散漫之学生而言，还是难以达到最终之目的。所以，适度推广强制型与兴趣培养型结合之策略，可以充分发挥二者之优点，且避其缺憾。比如，可以设置相应的选修课程，通过参与课程，学生可以找到自己的兴趣点。设置其为选修课程，可以弥补必修课程之强制型缺点，让部分学生可以更好地接受这种形式的课程，从而起到潜

---

① 中共中央文献研究室、中共湖南省委《毛泽东早期文稿》编辑组编：《毛泽东早期文稿(1912.6—1920.11)》，湖南人民出版社2013年版，第70—71页。

② 参见黄文瀚：《法律实践教育的人文反思与路径求索》，《法学教育研究》2020年第2期。

移默化之功效，实现强健体魄之目的。总而言之，强健的体魄作为法律实践活动最初也是非常重要的一环，理应成为优秀法科生重要的评判标准。

2.合乎人性之精神

大卫·休谟在《人性论》中曾经将“人性”定性为“一切科学研究的基础和核心，像战争中的攻城略地，只有直捣首都或皇城，才能解决根本问题”[①]。关于人性，“性本善”和“性本恶”两派观点争论了数千年，目前看来仍无定论。不过，无论是性本善还是性本恶，后天之教育都是必不可少的。我们在评价一个人很好的时候会用到“闪耀着人性之光辉”这样的字眼，而“人性”是一个十分抽象的概念，有些时候用“真、善、美”来概括良好的人性亦可。所以，在评价优秀法科生时，这三个字似乎可以成为量化之标准。“真”，即真诚、守信、不虚伪。在法学学科中，诚实信用原则居于第一位。这要求法科生在学习法律的过程中，不仅仅要学会如何评判行为人是否违反诚实信用原则，而且更应该以身作则，通过自身之诚信为整个社会法治建设作贡献。“善”，即善良、和谐、不狡诈。同样的，关于“善良”这个标准，法律也给予了回应，即善良风俗原则。当然，这里的“善良风俗”更侧重于社会秩序方面。不过，这也不影响其对个人之评价作用。众所周知，个人是社会的一部分，所以，构建个人之善良秩序即是对社会秩序整体的补充，其对法科生之重要性自然不言而喻。“美”，即富有美德，而且崇尚理性，有强烈的正义感。我们经常说，“法律人要保持理性”。所谓“理性”，即良好的判断力、应用理智的灵魂、天生的自我节制、正义以及勇敢。[②]

保持理性，可以更好地辨别是非，从而在最短的时间内找到问题的突破口并最终解决问题。这一点，是优秀法科生必不可少的素养。而缺乏理性，往往会使人陷入迷狂，最终无法控制自己。所谓“良好的判断力”，即能够快速辨明是非曲直，并依靠这种能力达到解决问题之目的。但是良好判断力的形成需要大量的人生阅历以及丰富的社会实践。这就要求法科生多多关注周围之人、物和事，多去观察、多去倾听、多去感受。书籍是人类的良师益友，广泛的阅读同样会产生意想不到的效果。所谓“应用理智的灵魂”，指的是单纯拥有判断力还不够，更重要的是要学会用这种判断力进行实践。马克思主义要求我们在考虑问题、解决问题时要遵循实践的观点。通过实践，可以将主观之感受转化成具体之事项，从而避免空想，走向正确之道路。而一名优秀的法科生，不仅要有良好的判断力，更要能够应用理智进行实践，只有这样，才能真正把法学学科学好、学精、学扎实。“凡是能

① 转引自严存生:《法律的人性基础》，中国法制出版社2016年版，“前言”。

② 参见[古希腊]柏拉图:《法律篇》，张智仁、何勤华译，商务印书馆2016年版，第412页。

够控制住自己的人是好人,那些控制不住自己的是坏人。”[①]一名优秀的法科生必须是一个好人,而判断好人的标准之一正在于能够自我节制。正义感是每一个个体尤其是法律人最应该养成的美德。庞德曾说,法律是一个追求正义的工具,因而,法学尽可以看作诠释如何追寻正义的科学。法律的终局在于司法沿着追寻正义之路前行。[②]可以看出,正义作为法律的最终评判标准,对于法律有着无可替代的作用。而作为一名优秀的法科生,时刻保持正义是一项基本要求。正义要求敢于与不正义作斗争,从而有效维护社会秩序,实现人类全面而自由之发展,最终实现世界大同。这从侧面反映出,法科生所肩负的使命是神圣的。法学如何保持其“为天地立心、为生民立命”的正义之学的定位而不至于沦落为仅仅属于法律职业者自身安身立命的工具,崇尚柏拉图所主张的勇敢之精神被法科生普遍接受并加以实践,敢于直面不法之行为,为权利而斗争,是法律人应该思考的问题。

值得指出的是,理性与感性在很多情况下属于对立统一。理性帮助我们理清思路、保持良好的判断力,从而更快速、清晰地解决问题,而感性也并非一无是处。感性在很大程度上能够激发人们内心的热情,这种热情表现在法学学科上,即热心于为维护权利而斗争。所以,一名优秀的法科生不能完全抹杀感性,否则,纯粹的理性会使人变成一个冰冷无情的工具,甚至会变成唯利是图的小人。正因如此,“立德树人,德法兼修”成为教育部、中央政法委实施“卓越法律人才教育培养计划”1.0和2.0版本的核心指导思想。一名合格优秀的法科生,应时刻以美德为指导,以德为师,德法兼修。诚如习近平总书记在2017年5月3日考察中国政法大学时曾强调的,法治人才培养上不去,法治领域不能人才辈出,全面依法治国就不可能做好。坚持以马克思主义法学思想和中国特色社会主义法治理论为指导,立德树人,德法兼修,培养大批高素质法治人才。

3.对人文知识的理解

法学作为存续已久的学科,具有人文科学与社会科学的双重属性。目前,法学专业核心课程采取“10+X”的分类设置模式,原则上本科学生需要完成15门以上的核心课程。[③]综合来看,法学学科与哲学、政治学、社会学、史学、语言学等密不可分。这意味着,想要把法学学科掌握好,就绝不能单单只学习法学知识。“大学的主要功能是什么?并不是来为了找工作谋生的。我们那个大学时代,同样是法学院的学生,都会读政治学、哲学、社会学、历史学的著作……这些东西积累在

① [古希腊]柏拉图:《法律篇》,张智仁、何勤华译,商务印书馆2016年版,第32页。

② 参见严存生:《法律的人性基础》,中国法制出版社2016年版,第35页。

③ 具体参见2018年教育部发布的《普通高等学校本科专业类教学质量国家标准》。

身体里,对我们日后的成长打下很好的人文基础。"[①]基础扎实、专业口径宽、适应性强的复合型人才所体现出的是对社会发展与个人发展目标的双重适应,在人才市场上必然会显示出极大的优越性。也就是说,一名优秀的法科生不仅仅要把法学学好,更要做好与其他学科的交汇融合。当然,"全都学习"通常意味着"全都学不好",人的精力有限,想要把所有学科都学好既不现实也不科学。所以,以兴趣为导向,在学习法律之余尽可能多地掌握人文学科知识尤其是必要的通识,不仅对学生自身未来多元发展大有裨益,对于复合型人才的培养目标的达成也是至关重要的。而且,"法学教育需以服务于社会发展为其导向"[②],不与时俱进学习无异于闭门造车。这就要求一名优秀的法科生应当既立足于前人之发现,又在此基础上推陈出新,适应时代的变化。当代科技迭代迅速,"互联网+""大数据"的概念刚刚提出不久,"人工智能"之发展便迅速占据桥头。殊不知,有关互联网、大数据之法律刚刚出台不久,关于人工智能的法律思考便要提上日程,且刻不容缓。不仅如此,技术也驱动着整个法律职业转型升级,"在15年内,机器人和人工智能将会主导法律实践,法律服务市场的面貌将大为改观"[③]。所以,一名优秀的法科生应当具备与时俱进的数字素养。其指的是"在数字环境下利用一定的信息技术手段和方法,能够快速有效地发现并获取信息、评价信息、整合信息、交流信息的综合科学技能与文化素养"[④]。当然,数字素养并不要求学生一定要掌握编程等数字技术,有学者认为,"编程等数字技术确实是复杂的,法律人也没有必要成为技术专家。但了解相关基础知识,并能够与技术专家进行有效交流是未来法律人的一项必备技能"[⑤]。但无论如何,"超越学科本身之学习"的观点对于法科学生应有素养的育成是非常紧要的。

(二)具备系统的法律素养是底线

所谓"法律素养",可以通俗地解读为一名优秀的法科生所应具备的法学素质

---

① 徐显明、黄进、潘剑锋、韩大元、申卫星:《改革开放四十年的中国法学教育》,《中国法律评论》2018年第3期。

② 龙卫球、初殿清:《新型工业化时代的法学教育——以北航法学教育改革为个案》,《中国大学教学》2017年第1期。

③ 曹建峰:《"人工智能+法律"十大趋势》,《机器人产业》2017年第5期。

④ 何立芳、郑碧敏、彭丽文编著:《青年学者学术信息素养》,浙江大学出版社2015年版,第13页。

⑤ 张海鹏:《智慧法学教育:数字化时代法学教育的革新》,《法学教育研究》2020年第2期。

与能力，它表现在理论的学习以及实践等方面，具有一定系统性。这种素养不仅仅是政治上拥护中国共产党的领导，维护国家利益、社会公共利益以及维护祖国统一和民族团结，而且更具体地表现在如下一些方面：

一是具备法律基础知识掌握能力。法律基础知识一般包括：对实体法的足够掌握，充分了解并掌握我国主要立法的内容与原理；认定法律问题和就法律问题构建有效和中肯切题的论证，知晓演绎推理的基本内容，能够从法律文本中找到与事实对应的大前提，并结合作为小前提的案件事实得出法律结论；了解法律的基础政策以及社会大环境，了解我国法律出台的社会背景以及基本价值；对于法学专业术语能够进行解释、分析并使用等。而检验基础知识的一个重要标准，便是通过法律职业资格考试。

二是具备持续自主学习的能力。持续自主学习能力主要指课前、课后自主查阅法学资源（包括纸质资源和电子资源），养成自我思考的习惯。其中，法学资源包括：(1)法学图书，如综合性法学图书、核心课程教材、非核心课程教材等。(2)法学期刊，如学术期刊、法律法规及实践类期刊、文摘期刊、复印报刊资料、社科类综合期刊、大学社会科学学报等。电子资源数据库包括中文数据库、外文数据库等。持续自主学习的能力不仅是法科生在校期间的基本素养，也是贯穿整个法律职业生涯的必备素养。法学学科具有时代性特征，每一个新鲜事物的出现，法学必须给予足够的回应，这就使得法学学科必须与时俱进，洞悉时代发展之规律。这就要求法科生必须紧跟时代的发展而进行相应的知识积累与更新。

三是具备清晰、准确表达意思的能力。包括书面写作能力与口头表达能力两个侧面。“写作是法律人的基本功。法律人，无论是法官、检察官，或是律师、法律顾问，在其职业活动中需要以书面的形式表达自己的法律意见，记特定的法律事实和法律关系。因此，法律表达能力是法律人必备的重要能力。写作对于提高学习能力和工作能力也大有益处，毛泽东同志曾谈到，写文章可以‘锻炼头脑的细致准确性’。法律写作或者说法学写作，是一种最能体现语言与表达、思想与修辞、逻辑与说理、理论与实践、思辨与对话、语言与创造的活动。”[①]张文显认为法学写作要掌握五个基本的要素，即知识、思想、语言、逻辑和修辞。并且，要掌握法学思维能力和简洁冷峻、精确严格的法律写作方法，同时要关注社会现实，在实践中提炼智慧。口头表达能力要求精确、简明扼要地进行表达，能够有效阐述自己的论据和观点，能够自如地与不同社会背景、价值观念、性格的人交流。可以说，如若

① 张文显：《法学写作的五个要素与四种方法——在“全国法科学生写作大赛”启动仪式上的讲话》，《岳麓法学评论》2020年第13卷。

不能有效地表达，那么所习得的知识便只能任其在肚子中发酵，而无法进行有效的实践，以至于发挥不出应有的价值。所以，表达能力应是一名优秀的法科生必备的素养。

四是具备法律职业伦理素养。法律职业伦理不同于一般的社会伦理，除了规范法律职业行为外，更肩负着确保正确实施法律、维护社会公平正义的特定使命。[①]诚如学者们指出的，法律人才必须具备三种素质："一定要有法律学问，才可以认识并且改善法律；一定要有社会的常识，才可以合于时宜地运用法律；一定要有法律的道德，才有资格来执行法律。"[②]反言之，如果法科生对于社会及法律的终极目的不甚了解，对于自己作为一名法律工作者的功能和应有的责任也不很在意，将所学的法律只看作谋生图利的工具，怎么使用都可以，那么将会是教育的失败，社会的悲哀。[③]这就要求，法科生必须信仰宪法和法律，勇敢捍卫公平正义，自觉维护并践行法治建设，牢记法律人的责任与使命。

五是具备国际化法治视野。当今世界是一个高度开放的世界，国与国、国与公司、国与人、人与人之间存在着大量的合作和竞争，可以说，当今世界已脱离不了全球化的影响，且全球化程度只会越来越高，各主体之间会愈发紧密。体现在法律上，更是如此。我国当前涉外法律人才不论是数量或是质量，都与需求存在较大缺口，存在专业性不强、数量较少、分布不均以及话语权不足等问题。[④]对法科生来说，这不仅是一种挑战，更是一种机遇。全球化背景下，谁能通过自己的专业能力开拓出一片天地，谁就有资格被称为"优秀人才"。所以，一名优秀的法科生应当具备一定的国际化视野，善于观察，找寻问题，并积极寻求解决问题的方法。

（三）成熟理性的思维是职业必需

法律职业作为一种职业性思维，具有以法律语言为思维语言，以"崇尚法律"为思维定式，以"恪守公正"为价值取向，以理性主义为指导的经验思维、群体性思维等特有属性。[⑤]可以说，法学思维、理性思维、问题思维与创新思维对一名优秀的法科生而言不可或缺。一是法学思维，包括法律思维、法治思维和法理思维。法律思维、法治思维和法理思维是一个法学思维渐进的过程。长久以来，学界一

---

① 参见马勇：《法律职业伦理教育在课堂教学中的展开》，《法学教育研究》2020年第2期。

② 孙晓楼：《法律教育》，商务印书馆2015年版，第11页。

③ 参见张伟仁：《磨镜——法学教育论文集》，清华大学出版社2012年版，第318页。

④ 参见汤维建：《涉外法律人才：多些，再多些》，《人民政协报》2020年5月22日。

⑤ 参见石旭斋：《法律思维是法律人应有的基本品格》，《政法论坛》2007年第4期。

直以法律思维作为指导思想，党的十八大报告提出“提高领导干部运用法治思维和法治方式深化改革、推动发展、化解矛盾、维护稳定能力”的要求，法治思维迅速成为新的指导思想；发展到近几年，法理思维脱颖而出，极大地释放了法学思维之空间。这要求法科生在学习过程中努力掌握相应的思维方法，从而内在提升法学修养。[①]二是理性思维，主要是指综合运用法律原理，理性解读法律规定，讲求和遵从逻辑，恪守并阐释社会公正，同时，要综合考虑千变万化、复杂多样的案件事实，最终通过社会矛盾和社会纠纷的解决实现对社会秩序进行合理的建构[②]，唯有这样，才能保持公正客观，才能更好地维护社会正义。三是问题思维，在进行学习的过程中，不能仅仅满足于既有的观点、概念等，要在掌握基础知识的基础上进行拔高，不屈服于既有观点的权威性，勇于提出自己的观点，并通过沟通与实践，检验自己观点的正确性。当然，这里的“发现问题”指的不是随意质疑，而是在具备基本学术素养的基础上，理性分析，寻找漏洞。这样学来的知识才真正能够为自己所用。四是创新思维，创新与时代发展密不可分，人类社会发展至今，依靠大量创新得以维系。如果失去创新，人类社会便会成为“无源之水”“无根之木”，失去生机与活力。法学学科同样需要创新来维系、发展，否则将会失去社会参与力，更谈不上维护社会稳定与发展了。所以，法科生应当具备创新思维，具备洞察新鲜事务之能力，并灵活运用所学所知所感，以解决具体的法律问题。

（四）熟练地运用各种现代信息技术

一是掌握线上信息化技能。可以说，在信息时代，掌握信息化技能必不可少，尤其是在世界范围内突发紧急情况的时候，信息化显得尤为重要。一名优秀的法科生应当掌握的线上信息化技能包括：熟练应用办公软件和热门手机软件（App），熟悉自媒体运营等。办公软件的使用，应该说是现代人应具备的基本技能，目前大量的工作往往都须使用办公软件来完成，在法学领域更是如此。所以，一名优秀的法科生应当熟练使用Office等基本工作软件。检验此能力的一个外在标准即通过相应的考试考核，例如国家计算机等级考试。手机已经成为现代人的必备工具，而与之相应的热门App更是占据了现代人的大量时间。如果一个法科生对某些热门应用不甚了解，在处理相应法律问题时可能会陷入被动。所以，熟悉并掌握热门应用成为一项重要能力。同样的，借信息化“东风”的不只有热门应用，更有众多“新媒体”随之崛起。目前，许多实务部门将新媒体视作重要的宣

---

① 参见张文显：《法学写作的五个要素与四种方法——在“全国法科学生写作大赛”启动仪式上的讲话》，《岳麓法学评论》2020年第13卷。

② 参见石旭斋：《法律思维是法律人应有的基本品格》，《政法论坛》2007年第4期。

传手段，对于要迈向社会的法科生来讲，掌握一定的新媒体技能是时代所需。

二是掌握线下实践技能。主要包括实践能力和外语能力。一定意义上讲，外语能力是实践能力的一环，但因其重要性极为突出，故需要重点强调。法科生的实践能力范围较为广泛，这里主要指：(1)分析能力，对于特定事实，能够分析其法律性质、原因以及影响，并能够将其作为演绎推理的小前提，或者反驳对方作为小前提的事实；(2)有效运用法律的能力，能够有效运用法律知识，在特定事实问题面前，给出法律结果作为答案；(3)谈判能力以及管理能力。熟练掌握外语的优势在于能够方便对国际组织规则、外国立法有一定了解，并且能结合具体问题找到所需规范。①

综合上述可知，在评价一名优秀法科生的标准之际，这里所讨论的四个大的方面、若干个小的方面，组成了一个整体性的系统，都是不可或缺的。

二、如何理解优秀法科生的教育途径

法学教育自问世以来，就承担着两种职能：一方面要培养未来的律师、法官、检察官等法律职业者；另一方面要培养学者和法学专家。从这种意义上可以说，法学教育具有两张不同性质的面孔，即职业技能培训性和学术研究性，而这是法学教育本身的内在要求所决定的。因此，现代法学教育的目标是：既要注重系统化的理论素质的培养，又要注重实践性的应用能力的训练，同时还要兼顾职业道德水准的完善和提高。关于优秀法科生的教育路径，现从以下四个方面进行分析并提出相关建议。

(一)强化组织与管理

这里既包括对招生数量的有效控制，也包括加强法学院标准化指导。就前者而言，在我国，几乎每所综合性高校都会设立一个法学院系，尤其是综合类的大学，设立法学院系可以增强学校的综合性。对于专业类型的高校，即政法类高校，更是有不止一个的法学院系。法学院系的蓬勃发展和法科生数量的增加无疑是国家对法学教育的重视以及国民法律意识提高的强有力证明。但是，从实践的角度来看，很多高校，不论是办学的软硬件还是师资生源，都或多或少存在一些不足，甚至有的学校的法学院系只有寥寥数人在苦苦支撑，这种情况与法学教育的专业性格格不入②，非但不能促进法学教育的发展，甚至还会使得学生整体的学业

① 参见许身健：《卓越法律人才教育培养计划之反思与重塑》，《交大法学》2016年第3期。

② 参见吴长波：《中国法学教育的目标定位和改革路径》，《经济研究导刊》2011年第21期。

素质和高校的教学质量下降，与培养优秀法科人才、建设法治社会的初衷相悖。因此，应当缩减政法类院校和综合类大学中法科生的招生名额，并适当提高高校增设法学院系的门槛和标准。这样不仅有利于高校对于法科生的管理，更能在有限的师资和基础设施的条件下，使法科生获得更加专业和精细化的培育。就后者即加强法学院标准化指导而言，早有学者建议由教育部的法学教育指导委员会提出关于法学院标准化建设的指导意见，在一定条件下进行全国范围内的法学院改造工程。[①]从学院的顶层设计进行优化、改良，结合法律职业队伍培养的要求，从专业学科、教学考核、硬件设施、师资队伍、数据资料等方面对各高校的法学院系进行考核，在统一的指导意见的统筹之下，提升法学院系教育的质量，强化对优秀法科生的培养。

(二)加强课堂教学过程控制

目前的法学本科教育采用的是漫灌讲授式教学方式，借助这种方式学生能够学习到比较系统而完整的理论知识，但它也存在着一定的问题，如：学生的实践能力得不到锻炼，教师和学生之间的交流不足，教学时间过长导致学生注意力分散，学生忙于吸收书本知识而忽略了较为深层的理论研究等。那么如何寻求这种教育途径的改良与进阶呢？以下几点是值得考虑的。

一是增加教学过程中的实践训练以构筑复合型的教学模式。针对较高年级的法科生，可以将作为选修课程的模拟法庭以及作为学生活动的辩论赛酌情增加到必修课的教学内容当中。模拟法庭和辩论赛等教学方式能够为学生提供系统而综合的素质训练机会，学生的实践能力在此类活动中将得到全方位的训练和考核。较之传统的教学方式，其优势在于能使法学教育更好地与实践接轨。

二是将诊所式教学方式实质化地推行开来。诊所式教育方式是20世纪60年代在美国法学院兴起的一种法学教育方法。该教育方法起初是专门针对医学院学生而创设的，目的即增加学生的临床实践机会，将所学转化为所用。当法学教育引入这一做法时，就产生了“法律诊所”这个法学领域特有的名称。学生在一个真实的或虚拟的“法律诊所”中，在教师的指导下为处于困境中的委托人提供咨询，“诊断”他们的法律问题，开出“处方”，为他们提供解决问题的方法，并亲自为他们提供法律服务，从实践中学习法律职业技能。此种教学方式可以促进学生与老师之间的交流沟通，同时老师也可以针对性地对不同学生提出指正意见。

---

① 参见孙笑侠：《法学教育的制度困境与突破——关于法学教育与司法考试等法律职业制度相衔接的研究报告》，《法学》2012年第9期。

三是将翻转课堂融入日常的教学活动中。翻转课堂是教学领域里出现的新的教学方式，表现形式通常是微视频、微讲座等。老师把知识点通过短小精悍的视频方式分段表达出来，这些视频往往都控制在一定时间范围内，在学生注意力还没有分散的情况下，就已经将知识主干讲解清楚。这种通过视频学习的方式，也使得学生在遇到模棱两可或者不懂的问题时，可以采取回放或者暂停下来请教老师的方式将其弄清楚，也避免了传统课堂中在没有听清楚或者听明白的时候，问题不能得到及时解答，以致疑问过多、获取知识受阻等情况的发生。

四是适当增加法学本科教育的理论深度。为了满足法学教育实践性和理论性并重这一现实需求，法科生教育方式中还应当进一步增加理论教学的占比。目前，除了"法理学"课程之外，法学本科教育中对哲理与思辨层面更深层次理论问题的涉猎明显不够充分，重点关注的还是基础知识的学习，弱化深层次理论可能导致对法理认知的偏颇与悖谬的风险，毕竟本科时学习到的理论，不仅仅可以为法学本科生打下一个较为坚实的基础，对于旨在从事法律实务活动的学生而言，也可以帮助其更好地理解有关知识。

五是实现案例的多元化利用。在法科生的教学中，教师很注重对于案例的讲述与分析，并能够将案例融入授课内容当中。但是客观地说，目前对案例进行多元化的利用往往还是局限于教师的单方面讲述，需要在以下几个方面作出进一步的努力：一是鼓励学生主动搜集案例，在一定程度上锻炼学生的信息搜集能力。二是增加组织学生进行讨论的时间。讨论案例时要充分发挥学生的主体作用，让学生运用所学知识来分析和处理案例中的问题。教师只对提供的案例作简单的提示，让学生有充分发挥的空间。[①]教师的点拨应放在关键点、疑难处，毕竟学生的能力是逐步培养起来的，教师要有计划地由自己提出问题过渡到由学生提出问题。当然也可以是教师提出观点，与同学们一起交流讨论，并在此基础上进行总结。在案例讨论后，教师应对案例本身涉及的法学理论作简要的总结和评价。总结中主要关注讨论的思路是否正确、分析的方法是否恰当、解决问题的途径是否正确，并不要求一定是讲出标准答案，旨在锻炼并提升同学们独立分析问题的能力和良好的法律思维，并及早地熟知和把握法律职业伦理的规范与德性要求。明确立德树人、德法兼修的法治人才培养目标，强调专业技能和职业伦理的结合，既关注法学专业知识和技能的教育，也注重理想信念和职业伦理的养成，凸显法学教育的"德性为先"理念，将"德法兼修"真正落到实处。为此，将法律职业伦理课

---

① 参见肖灵敏：《基于案例教学改革的地方转型高校法科生应用技能培养研究》，《兰州教育学院学报》2018年第12期。

程提升为法学专业的核心课程显得十分必要与紧迫。

今后还应着力于强化以法律职业行为规则、法律职业伦理、司法伦理等为基础的理论课程体系,以律师实务技能、法庭论辩技能、检察实务技能等为基础的案例教学体系,以法律诊所和法庭庭审案例点评等课程为基础的诊所式教学体系和以律师事务所、检察院、法院实习实践等为基础的实训教学体系。当然,法律职业伦理培养不可能通过一次性在校学习而完成,法律伦理的发展终究还要依靠法律职业从业者本人及法律职业者群体在具体执业实践中的自我养成与提升。学校的教育只不过是为其日后的发展打下一个基础而已,不可能求全责备,更不可能以法律职业群体的成熟程度来要求在读学生及教育者。

(三)凸显自律修习的价值

法科生的教育不仅要重视外部的课堂学习,学生自身的拓展修习也是必不可少的。如果单凭外部的鞭策而没有自身的动力,再优秀的教师、再顶级的设备和再先进的制度都会化为泡影。主观能动性是不竭的生产力。优秀的法科生应该从自身出发,不断自律修习,通过这种课堂外的自我研习不断反思自我,不断精进,并以此为基础锻炼多重能力。

一是塑造法治化人格。这是指法治理念在个体的心理以及行为上的稳定而又独特的反映,法学教育的目的当然是要努力培养出具有健全的法治化人格的高素质人才。法科生在日常的自我学习过程中,应当注重对法律实践技能的培养和锻炼,在日常生活中做到不侵犯他人权利也保证自己的权利不被侵犯,以及在权利受到侵犯时懂得运用法律武器维护自己的合法权益,形成正确的权利意识;无论在思想意识上还是实际行动中都应当重视法律的价值和作用,认识到法律对自己生活的重要意义,而且形成良好的依法办事、依法行为的习惯,包括自觉遵守法律规定、积极履行法律所规定的义务、不实施法律禁止的行为以及用法律的思维去分析和解决问题等。法科生应当将法律当作自己的信仰,尊崇法治、信仰法治,将自己的行为严格限制在法律的框架内,将法治思维落实到具体的言行当中。

二是形成对社会各项问题的法治敏感度。这种敏感度的关键在于,在了解社会事务、社会问题后,可以敏锐地察觉到背后的法律问题,即法治反射。也就是说,在感知世界时脑海中有根法律弦、法治弦,知悉重大社会事件的时候,能够下意识地去思考其中的法律问题,即能够透过现象看本质,而不是仅仅流于形式、流于表面。一名优秀的法科生应当具有将各种事务、问题纳入法治框架的能力,善于运用法律手段解决问题和推进工作,在遇到矛盾、纠纷的情况下,冷静分析寻找解决问题的合法手段,对涉法的社会事务、社会问题具有基本的法治解决能力;在权利受到侵害的情况下仍然能够理智思考,避免冲动性行为,并通过合法的手段和途径诉诸有关机关有效解决问题。这是最起码的,也是衡量法学教育成败的最基础的考量元素。

三是养成着眼于细致扎实的事实调查能力与理性稳健的自我管理能力。事实调查能力是指法科生对于过去发生的事实按照法律要素进行重现复原,使其变为法律事实的能力。[①]就连普通公众都明白,“打官司就是打证据”,对于一名法律从业人员而言,事实调查能力无疑是不可或缺的,并且在专业能力和职业素养相同的情况下,事实调查能力的高低,对于从业前景有着极其重要的影响。而自我管理能力是指法科生应当具备合理调配时间、精力、风险以及各种社会资源的能力。法律从业人员,尤其是律师,应当自觉有意识地培养和锻炼此项能力。自我管理能力具体包括:制定切实的执业管理目标和具有指导性的原则;制定可行的制度和时限,以保证工作能够在适当的时间内执行完毕等。

四是培养法科生认识自我并发掘个人优势的能力。在接受法学教育的过程中,因为具体的经历、个人感受、兴趣点以及接受能力的差异,不同学生感兴趣或者擅长的领域大有不同。法科生本人需要结合自身的基本情况,充分发挥其优势因素。在广泛学习专业知识的同时,应当寻找自己的优势学科或者优势领域,并努力将优势放大,使得在竞争激烈的当今社会,自身有着显著且独特的竞争力。不过应当注意,个人优势大概率会与个人的理想和兴趣相联系,所以树立理想并持之以恒,乃是促使其奋进不殆的动力。此外,当前的社会就业状况对法科生就业能力也提出了新要求,这是法学教育实践必须认真对待的一个问题。毕竟学生总是要离开学校,走向社会,纯粹的理论知识和简单的实践训练是完全不同于现实就业的。学生在进行自律修习的过程中,应当有意识地、自发地去锻炼自己的就业能力。这种就业能力,既可以通过模拟法庭、辩论赛等形式得到提升,也可以通过严谨周密的实习经历获得。

一言以蔽之,学生自身不可沉溺于纯粹的理论学习而脱离实践,既不能做知识理论的囚徒,也不应成为法治行动的矮子。只有在提升学习能力和获取知识的同时又注重实际应用,将所学转化为所用,将意识付诸具体的行动中,才能顺利且成功地完成从学业到就业的转型。

(四)实习基地和实践指导教师

首先,要确定实习基地和实习指导教师的标准,包括该实习基地分配给学生

① 参见许身健:《卓越法律人才教育培养计划之反思与重塑》,《交大法学》2006年第3期。

的工作是否适合，该实习基地提供的指导教师在之前的实习过程中给予学生的指导是否充分；学校应当与实习基地达成协议，清楚地规定学校、实习基地、校内教师、实习指导教师和学生分别担任的角色和职责。一个特定实习项目所供职位的范围和性质应该与这个项目所确定的教学目标相关联。

其次，实习基地分配给学生的工作应当与实习教学的目标相一致。虽然具体教学目标不尽相同，但实习基地分配给学生的应该是适合学生的、有价值的法律工作。此外，该工作还必须能最大限度地把学生置于相应角色——法官、检察官、律师之中，并确保在集体会议上、与指导教师的谈话中或与其他工作人员的协同工作过程中，学生能够接触到一些积极案例并能参与问题的决策过程。

为确保实习基地安排的教师提供给学生的指导符合并有助于教学目标的实现，应当向他们充分讲解校外实习课程或项目的教学目标，实习基地教师应监督学生定期对自己的实习经历作出批判性的、建设性的评价，同时还要定期观察学生的表现，向学生、学校提供建设性的反馈。法学院通过与地方法院、检察院和律师事务所进行合作，让一定数量的学生担任相应的职务或者担任工作助手，通过实地学习来进一步增加学生的司法实务经验，强化其对知识的熟练运用能力。可以在学生进入实务部门之前将其分成若干小组，每个小组均由一名或者多名教师进行专业上的指导。具体来讲，教师可以是学院的老师、知名律师甚至是法官或者检察官，多争取一些与司法实务人员进行交流沟通的环节和机会，还可以由学生自主选择到一些学院设置的基地进行实践活动，以得到更加专业的实践锻炼，获得一些场景化体验。

法学实践教学中的体制性障碍及其克服*

王丽萍　王风瑞

在法学教育职业化的背景下，职业技能教育成为法学教育中的重要一环，因此法学实践教学在法学教育中发挥着日益重要的作用。党的十八届四中全会通过了《中共中央关于全面推进依法治国若干重大问题的决定》，提出要创新法治人才培养机制。《教育部、中央政法委员会关于实施卓越法律人才教育培养计划的若干意见》（教高〔2011〕10号，以下简称《卓越法律人才教育培养意见》）指出，当前我国法学"学生实践能力不强，应用型、复合型法律职业人才培养不足"，"培养应用型、复合型法律职业人才，是实施卓越法律人才教育培养计划的重点"，要"强化学生法律职业伦理教育、强化学生法律实务技能培养，提高学生运用法学与其他学科知识方法解决实际法律问题的能力，促进法学教育与法律职业的深度衔接"。法学实践教学受到了高度重视。本次研究聚焦于法学实践教学过程中的体制性障碍，从破除体制性障碍出发，为法学实践教学改革提供对策建议。

一、关于法学实践教学体制的调研

为更准确地把握实践教学中出现的问题，更有针对性地分析法学实践教学过程中的体制性障碍，我们在调研的过程中针对山东大学法学院、中国海洋大学法学院、山东财经大学法学院、山东师范大学法学院的法科生进行了问卷调查，共收集有效问卷247份，调研结果如下。

* 特别感谢山东大学法学院郑智航、范毅强两位老师，以及参与本调研的同学们的大力支持。

(一)法学实践教学效果的调查统计文本

在法学实践教学的重要性上,学生有比较统一的认识,认为其重要的比重占到了95%以上,这表明法科生对于法学实践教学重要性的认识是足够的,很少由于学生认识缺位造成法学实践教学效果不佳(见表1)。

表1　你认为法学实践教学对于法科学生就业是否重要?(N=247)

	人数(人)	比例(%)
A.非常重要	176	71.26
B.比较重要	60	24.29
C.不太重要	8	3.24
D.一点也不重要,没有什么影响	3	1.21
E.不清楚	0	0

从实践教学比重来看,绝大部分学生在学习过程中所接受的实践教学比重不足30%。虽然法学教育以理论教学为基础,但是法学作为一门社会科学、应用科学,需要大量的实践来支撑对理论的理解与应用。当前实践教学在法学教育中所占比重明显偏低(见表2)。

表2　你接受的法学实践教学在教学中所占的比重大约有多少?(N=247)

	人数(人)	比例(%)
A.10%以下	90	36.44
B.10%~30%	112	45.34
C.30%~50%	36	14.57
D.50%~70%	8	3.24
E.70%以上	1	0.40

从问卷结果来看,法学实践教学效果不佳亦是学生广泛认识到的问题。仅有25%左右的学生认为法学实践教学效果较好,大部分学生对于法学实践教学并不满意(见表3)。

表3　你感觉现在法学实践教学效果如何?(N=247)

	人数(人)	比例(%)
A.非常好	17	6.88
B.比较好	49	19.84
C.一般	143	57.89
D.比较差	27	10.93
E.非常差	11	4.45

从法学实践教学途径上看,课堂案例讨论、模拟法庭、教学实习、社会实践均是被同学们广泛认同的法学实践教学方式,同学们的认同程度达到70%以上。法律诊所作为一种从美国引进的先进的实践教学方式,由于开设院校较少,同学们对其也比较陌生,因此认为法律诊所属于法学实践教学方式的同学不到50%。对于毕业论文,仅有25%左右的同学认为其属于法学实践教学的内容,可见我国当前毕业论文更加偏重理论方面的研究,毕业论文的内容也停留在理论的探讨上,而忽视了实践问题也是毕业论文的重要研究内容,毕业论文中的实践教学作用被忽视了(见表4)。

表4　你认为现在法学实践教学的途径包括哪些(可多选)?(N=247)

	人数(人)	比例(%)
A.课堂案例讨论	188	76.11
B.模拟法庭	200	80.97
C.教学实习	195	78.95
D.社会实践	183	74.09
E.法律诊所服务	118	47.77
F.毕业论文	62	25.10
G.其他	2	0.81

从法学实践教学途径的参与程度上看,学生的参与程度偏低。课堂案例讨论作为最简单、普遍的一种法学实践教学方式,仍有超过12%的同学未曾参与。其

余的法学实践教学方式的参与度均不到50%或维持在50%左右,其中"法律诊所服务"项目仅有10%左右的同学参与。总体上看,我国法学实践教学的方式较为陈旧,学生参与度低,各种教学方式的目标定位也有所偏差(见表5)。

表5　你参加过的法学实践教学活动有哪些(可多选)?(N=247)

	人数(人)	比例(%)
A.课堂案例讨论	217	87.85
B.模拟法庭	133	53.85
C.教学实习	107	43.32
D.社会实践	117	47.37
E.法律诊所服务	29	11.74
F.毕业论文	73	29.55
G.其他	6	2.43

从法学实践教学的理论效果来看,实践教学无论是在法学理论的学习方面还是在法学知识的应用、法律问题的解决方面都发挥着重要的作用,尤其在理论理解、问题分析和法律适用方面的作用尤为突出。从实际效果来看,除了理论效果的诸方面,法学实践教学对于职业教育中法律学子的职业伦理具有更直接的指导作用(见表6、表7)。

表6　你认为法学实践教学对于提高学生哪方面的能力有所帮助(可多选)?(N=247)

	人数(人)	比例(%)
A.专业知识记忆能力	135	54.66
B.理论理解能力	166	67.21
C.理论应用能力	221	89.47
D.问题分析能力	216	87.45
E.法律适用能力	206	84.30
F.其他	3	1.21

表7　实践教学在你的学习中起到了什么作用(可多选)?(N=247)

	人数(人)	比例(%)
A.提高了法律理解与适用能力	212	85.83
B.提高了对于各种法律程序的熟悉程度	201	81.38
C.深化了对于法学职业的了解,为今后职业选择提供了指导	189	76.52
D.对于法律职业伦理的重要性有了更深刻的思考	146	59.11
E.基本没有起到什么作用	17	6.88
F.其他	1	0.40

(二)法学实践教学体制性问题的调查统计

总体来看,法学实践教学体制在主体、定位、课程设置、教学方式、教学过程、考核方式等方面均存在问题。其中,对于教学方式方面的问题,受访者的反映尤为突出,比例超过了80%。反映,实践教学中实践基地不足、教学方式单一,成为影响八成以上学生反映,法学实践学习的障碍(见表8)。

表8　你认为现在法学实践教学的主要问题是什么(可多选)?(N=247)

	人数(人)	比例(%)
A.法学实践教学的定位存在偏差	111	44.94
B.课程设置存在问题	124	50.20
C.实践基地不足,教学方式单一	200	80.97
D.实践教学过程存在问题	78	31.58
E.老师和学生重视程度不够	109	44.13
F.考核方式存在问题	65	26.32
G.其他	6	2.43

从同学们的反映情况来看,法学实践教学在定位中最严重的问题在于过度重视理论教学而忽视实践教学,反映这一问题的同学超过了80%,这也是长期以来

我国高校法学教育所面临的问题(见表9)。

表9 如果你认为法学实践教学定位存在偏差,则主要问题有哪些(可多选)?(N=111)

	人数(人)	比例(%)
A.过度重视理论教学,不重视实践教学	90	81.08
B.过度重视实践教学,不重视理论教学	22	19.82
C.缺乏明确的实践教学定位	76	68.47
D.实践教学内容忽视了对社会需求的关注	58	52.25
E.其他	0	0

从统计数据来看,将近80%的法学学生接受的实践教学比重低于30%,这与法学实践教学课程的设置不无关系。虽然有66%左右的学生认为实践教学所占的学分比重并不低,但是实践教学课程的体系化缺失、课程门类匮乏、理论教学与实践教学的分离仍然是多数学生公认的实践教学课程设置中存在的问题。在目前法学课程体系中,专门的实践课程仅有教学实习一项,模拟法庭并未成为法学教学的专业课程;社会实践并未要求以法学作为内容,众多的法学学生开展的社会实践与法学并无关系;法律诊所作为一个从国外引进的实践教学方式,开设的院校有限,并未在法学教育中得到普及。因此,法学实践教学主要依赖于教师授课过程中的案例讲习与讨论,严重限制了法学实践教学的开展(见表10)。

表10 如果你认为实践教学课程设置存在问题,则主要存在哪些问题(可多选)?(N=124)

	人数(人)	比例(%)
A.所占学分比重太低	42	33.87
B.课程体系不够科学	84	67.74
C.课程门类较少	82	66.13
D.法学专业教学过于理论化,与实践教学隔离	89	71.77
E.其他	2	1.61

在法学实践教学中,影响其开展效果的主要问题在于实践教学基地不足、缺乏老师的专门指导以及教学实习的形式化。由于缺乏专门的、固定的、长期的实

践教学基地，学生获得实践学习的途径相对匮乏；同时，在教学实习、社会实践等法学实践活动中，由于缺乏老师的指导，实践教学难以真正落到实处；即便是作为必修课程的教学实习，在缺乏科学考核方式的情况下，很多学生也是将教学实习流于形式，并非真正地投入到教学实习中(见表11)。

表11　如果你认为实践教学过程存在问题，则主要存在哪些问题(可多选)?(*N*=78)

	人数(人)	比例(%)
A.缺乏教师的专门指导	61	78.21
B.教师不具备实践教学能力	31	39.74
C.教学实习只是走形式，没有落到实处	53	67.95
D.案例分析所选用的案例过于简单	27	34.62
E.实践教学基地不足	63	80.77
F.其他	1	1.28

在法学实践教学的考核方式方面，最突出的问题在于方式过于笼统，没有系统科学的考核方式，认为存在该问题的人数占比达到了76.92%。实践教学不同于理论教学，后者可以通过应试来考查学生的学习效果。实践教学侧重于考查对法学知识技能的应用，不能简单通过应试来考查学生的学习效果。此外，实习单位碍于情面，无论学生表现如何，基本都给予较好的评价，也使得法学实践教学的考核可靠性降低(见表12)。

表12　如果你认为考核方式存在问题，则主要存在哪些问题(可多选)?(*N*=65)

	人数(人)	比例(%)
A.考核机制需要改革	42	64.62
B.评价标准过于笼统、模糊	50	76.92
C.考核方法过于简单	31	47.69
D.实习单位、实践部门的评价可靠性低，人情成分大	42	64.62
E.其他	1	1.54

从统计数据上看，教师和学生对于法学实践教学的重视程度不够，认为教师

很难参与到学生的实践教学过程中和教师投入精力不够的人数占比均超过了70%。基于以上的统计数据可知,在法学实践学习的过程中,学生缺乏专门老师的指导,也就导致了老师很难参与到学生的实践教学过程中。评价机制的不科学性,既影响了老师对于实践教学的积极性,也影响了学生对于实践学习的重视。因此,加强老师和学生对于法学实践教学的重视程度,重点在于解决在法学实践教学开展和评价过程中的各个问题(见表13)。

表13　如果你认为教师、学生重视程度不够,则主要原因有哪些(可多选)?(N=109)

	人数(人)	比例(%)
A.教师很难参与到学生实践教学过程中	78	71.56
B.对于教师参与实践教学的评价不够,教师不愿投入更多的精力	79	72.48
C.实践教学对于学生评价不会产生大的影响	67	61.47
D.实践教学对于学生就业影响不大	30	27.52
E.其他	2	1.83

当前,法律职业伦理相关课程已经成为绝大多数法学院的专业选修课程,有的甚至成为必修课程。虽然如此,但是多以课堂教学的方式进行,教学内容以理论为主。而在实践教学的过程中,缺少专门的职业伦理教育,也会导致单一的理论教育效果并不理想。在不能发挥实际作用的情况下,学生对于法律职业伦理教育就难以重视(见表14)。

表14　你认为学生的职业伦理教育存在哪些问题(可多选)?(N=247)

	人数(人)	比例(%)
A.缺乏职业伦理教育的专门课程	123	49.80
B.职业伦理课程内容过于空泛,并未发挥实际作用	169	68.42
C.学生对于法律职业伦理教育不够重视	129	52.23
D.职业伦理教育的方式过于单一	125	50.61
E.其他	1	0.40

（三）法学实践教学问题解决的实证分析

从统计数据来看，培养学生的法律理解和法律适用能力、培育职业法律人，是被大家广为认同的法学实践教学的目标，赞同这一定位的人数占比超过了80%，这也应当成为法学实践教学的定位（见表15）。

表15　法学实践教学应当采取什么样的定位（可多选）？（*N*=111）

	人数（人）	比例（%）
A.培育法律职业工作者	94	84.68
B.培养学生的法律理解和适用能力	101	90.99
C.促进学生理论学习的系统性	65	58.56
D.通过国家统一法律职业资格考试	34	30.63
E.其他	1	0.90

根据统计数据，法学实践教学课程设置中最被认可的改革方式是增加案例研习、模拟法庭等专门的课程，有85.48%的同学赞成这一改革措施。当前，在大多数法学院系中，模拟法庭仅作为一种补充，并未进入法学专门课程中；案例研习也是如此，穿插于其他课程的课堂讲授之中，根据教师的安排进行，并未成为专门的课程。增加案例研习、模拟法庭等专门课程，将有效丰富法学实践教学的课程类型，满足法学实践教学的多样化需求。同时，对于增加法学实践教学的学分、课时，通过强制性的要求提高学生法学实践学习的参与度，也得到了半数左右学生的支持（见表16）。

表16　针对法学实践教学课程设置上的问题，可以采取哪些方式解决（可多选）？（*N*=124）

	人数（人）	比例（%）
A.改变法学实践教学的学分比重	61	49.19
B.增加案例研习、模拟法庭等专门课程	106	85.48
C.提高对学生毕业的实践教学学分和课时要求	72	58.06
D.开展实践教学重要性的宣传教育活动	57	45.97
E.其他	2	1.61

对于法学实践教学中的问题，两项解决措施受到大多数同学的认可：一是丰富实践教学形式，包括设置模拟法庭、法律诊所、专业实验室、实训基地等，采用多种法学实践教学方式。二是增加实践教学基地，以解决当前实践教学基地无法满足学生需求的问题。这两项措施的支持率都超过了80%。同时，在课堂上采用新的实践教学方法，开展个案全过程教学，也得到了多数同学的认可（见表17）。

表17　针对法学实践教学过程中存在的问题，可以采取哪些方式解决（可多选）？（N=78）

	人数（人）	比例（%）
A.将案例教学纳入课堂教学中	54	69.23
B.开展个案全过程教学法，将案例信息全面、系统地提供给学生，进行综合性的分析	56	71.79
C.采取模拟法庭、法律诊所、专业实验室、实训基地和校外实习基地等多种实践教学形式	70	89.74
D.在课堂教学过程中采用案件示例法、角色模拟法、仿真实习法、实战演练法等多种教学方法	53	67.95
E.学校或者学院加强与律所、法院、检察院等部门合作，建立更多的固定实践教学基地	63	80.77
F.其他	1	1.28

对于法学实践教学的评价问题，得到多数同学认可的改革方式是建立实践教学单位与学校的联动考核机制，双方主体进行综合考核，但是如何实现实践教学单位与学校的对接，是需要进一步明确的问题。同时，综合性考核因素的设置也得到了多数同学的认可，但是这些因素比较抽象，如何使这些标准具体化，不至于造成评价机制的笼统，仍然需要进一步设计规划（见表18）。

表18　针对考核方式中存在的问题，可以通过哪些方式加以解决（可多选）？（N=65）

	人数（人）	比例（%）
A.将实践教学通过学术论文、案例分析、毕业设计、调研报告等多种形式呈现	41	63.08
B.设置合理的考核因素，综合考虑学生的精力投入、合作精神、工作难度、竞赛成绩等因素合理测定成绩	50	76.92

续表

	人数(人)	比例(%)
C.建立学校与实务部门的联动考核机制,不能依赖实习单位、实践部门的一纸鉴定,应结合学生的投入、工作效果、报告等因素确定相关成绩	54	83.08
D.加大对校外实践基地的回访并提高回访质量	40	61.54
E.其他	1	1.54

根据以上统计结果,学生之所以对于法学实践教学不够重视,主要是因为实践教学对于学生的评价不会产生太大的影响。因此,提高法学实践教学在学生评价体系中的影响力是关键一环。提高学分比重、细化考核要求、加大考核难度等强制性要求,可以提高学生的重视程度。同时,法学实践教学作用的宣传和教育也能起到一定的作用(见表19)。

表19　针对学生重视程度不够的问题,可以通过哪些方式解决(可多选)?(N=109)

	人数(人)	比例(%)
A.加大实践教学的学分比重	68	62.39
B.细化实践教学课程的考核要求,提高考核难度	78	71.56
C.开展对于实践教学意义和作用的宣传	69	63.30
D.其他	2	1.83

从统计数据上看,对于职业伦理教育,最受欢迎的还是采用法学实践教学的方式,支持率达到了76.52%。通过讲座、经验介绍、案例学习进行职业伦理教育,虽然也为人们所认可,但是与以往的职业伦理教育差别不大(见表20)。

表20　针对职业伦理教育中存在的问题,可以通过哪些方式加以解决(可多选)?(N=247)

	人数(人)	比例(%)
A.在实践教学中进行职业伦理教育	189	76.52
B.组织职业伦理教育主题讲座和法律人士的经验介绍	165	66.80
C.对违反职业伦理的案例进行反思	167	67.61
D.加大职业伦理课程教学中的实践因素	143	57.89
E.其他	1	0.40

二、法学实践教学改革的理论基础

长期以来，学者积极探讨法学实践教学改革问题，在研究过程中过度重视“法学性”的本质属性，却忽略了“教学”的固有属性。法学实践教学改革的本质属于教育问题，而非法学问题，必须从教育理论的基础出发来进行法学实践教学体制的改革。

（一）法学实践教学改革的新制度主义理论

法学实践教学体制作为一种教育制度，实现法学实践教学制度的改革需要破除既有的体制障碍，即对现有的实践教学制度进行分析，挑选出一种最符合受益主体利益的制度，并阐释选择该种制度而排斥其他可能的利弊得失。法学实践教学体制是由人为的规则和程序作为基本构成单元，这些人为的规则和程序独立地存在于有利害关系的个体之中，当被个体的认知行动赋予了意义之后，便具有了客观社会结构的威力[①]，即我们长期以来所建构的法学实践教学体制，为实践教学的主体——教师、学生、院系、学校、实践单位等所认知。他们对于法学实践教学的行为和效果产生了稳定的预期，基于这种预期的稳定性，实践教学的体制便具有了固定法学实践教学主体行为的效力。

在这种教学体制中，教师和学生对于法学实践教学所采取的态度和行为是由普遍行为所决定的。由于教师和学生对于法学实践教学都产生了稳定的预期，因此他们之所以做某件事情，是因为他们得出结论——“我们都是这样做的”，“服从在很多情况下是因为没有觉察到还有其他的行为形式，遵从常规做法是因为它们被理所当然地作为‘我做事情的方式’”。[②]在当前的实践教学体制中，也存在着控制各主体行为的一种信念系统，这种信念系统被称为“制度逻辑”。这种“制度逻辑”成为另外一种组织原则，也成为教学实践中人们的行动指南。任何行为一旦结构化和模式化，就意味着它无法根据外部环境的变化发生改变，这也就是长期以来所形成的法学实践教学体制随着社会的发展越来越无法满足法学教育人才培养需要的原因。因此，法学实践教学体制就产生了制度危机，这种制度危机来

---

① 参见[美]海因兹-迪特·迈尔、布莱恩·罗万：《教育中的新制度主义》，郑砚秋译，《北京大学教育评论》2007年第1期。

② W. R. Scott，*Institutions and Organizations*，London：Sage Publications，2001，pp. 47-70.

源于结构层面,就制度本身而言,法令、规范和认知三个层面发生了不一致。[①]在法令层面,国家和各高校对于法学实践教学的时长、课程、内容有强制性要求,通过培养计划、培养方案反映出来;在规范层面,各教学组织对于法学实践教学的形式、内容提供了指导;但是在认知层面,有的教师和学生将法学实践教学视作可有可无,或者仅做表面文章,或者被动应付。这种内部结构的不一致导致法学实践教学体制内部产生了张力,亟须制度更新。

(二)法学实践教学改革的理论困境

长期以来形成的具有稳定预期的“制度逻辑”是很难改变的,这是由其本身特征决定的。

首先,制度逻辑的形成是“集体行为”,单方面的改变很难成功。制度逻辑一旦形成,各方就会以此为行动基础,成为集体行为的必需。例如,本科教学长期以来一直以理论教学、课堂教学的方式进行,以理论记忆与理解为主要考查方式,单一老师改变授课、考查方式会造成学生“逃”向其他老师的课程,无法改变长期形成的制度惯性。法学实践教学改革必须要根据人才培养的需要重新协调整个“制度逻辑”,这也要求改革者必须具有控制整个法学实践教学领域的能力,而这恰恰是改革者所缺乏的。

其次,基于制度逻辑产生的预期,会固化人们的思想,并且难以理性地改变。制度逻辑本身会使人们对自己的行为产生相应的预期,并固化信念。同时,因为符合制度逻辑,行为并不需要根据外部环境的变化而作出调整。以实践报告为例。长期以来,学生形成的认知是对于教学实习的课程,以实践报告为必要,是否完成足够的实习时长以及实习效果如何均不是制度考查之重点,因此,基于理性思考所作出的选择自然是制度逻辑的要求——满足一篇实习报告的要求即可。

最后,个体往往很难意识到制度逻辑的影响,很难有意识地纠偏和改变。制度逻辑往往是在当事人“理所当然”地形成意识的过程中对当事人施加影响,并非在当事人产生意识之后再去纠正当事人的意识。习以为常的行为、行为习惯和惯常的认知假设,都是制度逻辑潜移默化的结果。当事人有意识的行为越多,纠正制度逻辑的可能性就越大。例如,在教学实习的过程中,学生惯常地认为教师是没有必要参与其中的,依赖自我的学习以及实习单位老师的指导就可以完成。这种惯常的认知假设就是长期存在的实践教学与理论教学相分离的教学体制造成

① 参见罗燕:《教育的新制度主义分析——一种教育社会学理论和实践》,《清华大学教育研究》2003年第6期。

的。教师对于实践教学的参与程度低成为学生在实践教学过程中认为“理所当然”的行为,这是制度逻辑惯性存在的结果。[①]

事实上,在法学教学实践的过程中,学生和老师在不知不觉中重复着制度逻辑,在重复制度逻辑的过程中,对于不同于以往认知的行为,就会不自觉地剔除。在这样“一来一去”的过程中,制度逻辑在实践中反复被强化。这就是法学实践教学改革一直在进行,但效果却无法令人满意的原因。只有从根本上打破长期以来的“制度逻辑”,才能真正取得理想的改革效果。

(三)新制度主义法学实践教学改革理论进路

新制度主义要解释的问题是制度的性质以及制度如何影响人的行为,它像关注个体行为一样关注社会活动的制度基础,强调制度因素的解释性。[②]法学实践教学中体制性障碍的克服就在于明确当前的制度缺陷如何影响教师和学生的行为,并在明确影响机制的前提下进行法学实践教学的体制改革。关键在于破除已有法学实践教学中的制度逻辑,构建新的制度框架。

法学实践教学体制作为一种规范,其内容符合制度的三大要素构成系统,参见表21。[③]

表21　法学实践教学体制内容符合制度的三大要素构成系统

	法令规章	行为规范	文化—认知
命令的基础	法令条文	法律认可	共同的认知框架
服从的基础	权宜之计	社会义务	建立在共同理念上的不假思索性
发生机制	外在强制力	社会义务	模仿
逻辑	工具性	得体性	正统性
指标	法律、规则和奖励	证书与认证	流行的概念和行为
合法性基础	法律认可	符合道德要求	为社会文化所理解、接受和支持

培养计划、培养方案或者教学大纲中对于法学实践教学的要求构成了法学实

① 参见柯政:《学校变革困难的新制度主义解释》,《北京大学教育评论》2007年第1期。

② 参见周琴:《试论比较教育研究中的新制度主义》,《比较教育研究》2009年第6期。

③ 参见冯振业、李晓倩:《从新制度主义视角看教育制度》,《辽宁教育行政学院学报》2008年第5期。

践教学的法令规章,各种教学方式的具体要求构成了行为规范,而学生对于法学实践教学的作用和内容的理解构成了“文化—认知”。在服从基础层面,学生对于法学实践培养方案的服从是为了顺利毕业,是一种“权宜之计”;而其对于各种教学方式的服从是因为各种教学方式长期以来一以贯之,是大家普遍的服从,属于“社会义务”;学生在法学实践教学中的各种行为也是一种从众行为,其中缺少了个别的价值判断。在逻辑层面,培养方案的“工具性”体现在实践教学的学分、时长以及课程本身并不是目的,这些都是实现法学人才培养目标的必要工具;实践教学方式的“得体性”体现在只有完成该种教学方式要求的内容,才能达到预期的效果;而学生对于法学实践教学认知的“正统性”则体现在亦步亦趋,人云亦云,这种共同认知的传承表现出了“正统性”。在指标上,法学实践教学的培养方案是以“法律和规则”作为指标,强制性要求学生完成培养方案中的各项指标,否则将无法获得毕业资格;而实践教学方式则以“认证”为指标,只有按照普遍“认证”的方式开展,该项实践教学方式才能获得认可;学生对于实践教学的认知则以“流行的行为”为指标,以此完成自己的教学实习。

在制度系统中,“文化—认知”作为法令规章和行为规范基于制度逻辑产生的结果,对于制度系统的改变不具有决定性作用,因此,制度系统改革的关键在于改变法令规章和行为规范。于法学实践教学而言,就是要改变培养方案和教学方式。其中,“服从的基础”“发生机制”“逻辑”都是法令规章和行为规范效力发生的路径,这种路径是无法改变的。因此,制度系统改革的核心是改革法令规章和行为规范的“命令的基础”“指标”和“合法性基础”。于法学实践教学而言,就是改变培养方案的要求、考核方式,改变各种教学方式的内容、考查方式。

三、法学实践教学体制性障碍的克服路径

从调查问卷统计的结果来看,当前我国法学实践教学主要存在的问题包括:定位存在偏差,课程设置存在问题,实践基地不足,教学方式单一,实践教学过程存在问题,老师和学生重视程度不够,考核方式存在问题。其中,定位是法学实践教学从制度设计到贯彻执行的一个出发点,却不是法学实践教学体制性障碍所在。老师和学生的重视程度不够作为制度系统中“文化—认知”的内容,是基于法学实践教学制度逻辑产生的结果,因此对于体制性障碍具有结果性意义,却不具有原因性意义。由此可知,法学实践教学体制性障碍破除的路径在于解决以下三个问题:实践教学课程设置问题、法学实践教学方式问题、法学实践教学考核方式问题。

基于法学实践教学体制性障碍克服的理论基础,教学改革应当从“法令规章”

和“行为规范”两个层面入手。

(一)法学实践教学的“法令规章”改革

根据《普通高等学校本科专业类教学质量国家标准(2018)》的要求,法学实践教学应当包括法学实验、实训、专业实习,社会实践和毕业论文(设计)三种方式。其中法学实验、实训专业实习包括模拟法庭、法律诊所、专业实验室、实训基地和校外实习基地,专业实习时长不得少于10周,社会实践时长不得少于4周,毕业论文可以采取学术论文、案例分析、毕业设计、调研报告等多种形式。[①]并且根据《卓越法律人才教育培养意见》,法学实践教学累计学分(学时)不得少于总数的15%。这为法学实践教学提供了基础要求。

我们以某普通高等院校法学院的培养方案为例,在实践教学方面,课内实践课程为7个学分,224个学时,占总学分比重为4.7%;独立设置实践课程为16个学分,学时为19周,占总学分比重为10.7%,总体上满足了《卓越法律人才教育培养意见》的要求。从课程设置来看,专门的实践教学课程仅有教学实习、创新创业教育实践、毕业论文三门课程,并且毕业论文兼有理论教学与实践教学的功能,而专业教育必修课程共27门,专业教育选修课程也有15门。而在美国,以研究性学习为主要形式的非讲授式课程共计有111门、占课程总数的39.5%,职业导向课程有19门,占6.9%,两类课程相加共计为130门,占总课程的比例为46.4%,几乎为总课程的一半。[②]法学实践教学课程缺乏体系性是长期以来改革的一个重要方面[③],但是法学理论教学与实践教学课程比例失衡的问题却一直未得到改善。虽然很多课程中有课内实践教学的要求,特别是司法口才与法律谈判、司法文书、证据法学、刑事侦查学等课程,但是基于长期以来对于实践教学的忽视以及课堂授课的限制,课程内的实践教学开展的时长有限。在调查问卷中,对于“法学课程体系存在的问题”,有2/3的同学认为“课程体系不够科学”“实践教学课程门类较少”“法学专业教学过于理论化,与实践教学相分离”也印证了这一点。

在制度系统中,培养方案发挥着“法令规章”的作用,其本身就是制度逻辑的起点,依靠外在的强制力发挥制度影响力。在没有配套课程作为制度约束进行实践教学的情况下,单纯的兴趣培养难以满足卓越法律人才实践能力培养的要求。

---

① 参见教育部高等学校教学指导委员会编:《普通高等学校本科专业类教学质量国家标准》(上),高等教育出版社2018年版。

② 参见汪习根:《美国法学教育的最新改革及其启示——以哈佛大学法学院为样本》,《法学杂志》2010年第1期。

③ 参见房绍坤:《我国法学实践教学存在的问题及对策》,《人民法治》2018年第16期。

以模拟法庭为例,近些年,有不少法律院系参加各种形式的国际模拟法庭比赛,进而组织了一些校内、区域性或全国性模拟法庭比赛,但却很少引起法学教育界的正视或重视,有意无意地将其作为学生的“课外活动”“自娱自乐”,将其作为一种教学“点缀”,至多是把参加一些区域或国际性模拟法庭比赛作为提高学校知名度或参加锦标赛获取名次的手段。①法学培养方案中法学实践教学与理论教学失衡,再准确的法学实践教学定位也无法反映到法学实践教学体制中。因此,必须要增加法学实践教学的课程门类,增设案例分析、模拟法庭、法律检索、诉讼法实务、证据实务、侦查实务和司法鉴定等实践教学课程作为专业选修课②,以弥补理论课程与实践课程数量上的失衡。

在“法令规章”的指标机制方面,法学实践教学监管明显不到位。在认识上,实践教学监管主要体现在课时数、资源条件保障、教师指导考核等方面,并未突出对实践教学效果的监控;在制度上,实践教学环节质量保障缺乏完整的制度设计,没有有效的监管方式,并且监管信息也难以反馈;在执行上,由于监管人员的不足,法学实践教学的监管也难以落实到位。③根据相关院校的调查统计,见习期间学院对于学生的监督率为50%—81%,监督的主要方式为法学院(系)见习老师电话访问、工作检查、定期开会等。④

法学实践教学体制以其外在强制力发挥制度效力,而外在强制力作用指标的生成就在于监管。监管的缺位无疑使得法学实践教学体制的外在强制力形同虚设。法学实践教学制度体制改革在平衡课程体系的基础上,一定要对实践教学形成有效的监管体系,发挥制度约束力。要明确法学实践教学监管的目标,将监控评分纳入法学实践教学评价体系中。同时,针对监管人员不足的问题,要形成多元主体参与的实践教学监控体系,推进建立二级学院、实践基地、教师、学生等多元主体参与的实践教学监控体系,实行实践教学质量监控责任制,明确各主体的监控责任,构建责任分化与质量监控相统一的体制机制。⑤

---

① 参见王晨光:《我国模拟法庭教学的理论阐释及功能设置》,《中国应用法学》2017年第6期。

② 参见任燕珠:《应用型高等院校法学本科实验实训教学的设计与实施——以刑事案例评析课程为例》,《海峡法学》2019年第2期。

③ 参见周海涛、胡万山:《本科教学质量保障的突出问题及优化路径》,《法学教育研究》2019年第3期。

④ 参见张曼:《知识产权专业见习教学模式改革与创新》,《法学教育研究》2019年第4期。

⑤ 参见周海涛、胡万山:《本科教学质量保障的突出问题及优化路径》,《法学教育研究》2019年第3期。

（二）法学实践教学的“行为规范”改革

行为规范作为制度系统中具有直接指导意义的行为规则，是制度系统改革的过程中产生直接效果的层面。在法学实践教学体制中，行为规范的“命令基础”在于各种实践教学方式的具体内容，“指标”则是实践教学方式的各种评价要素。

根据调查情况来看，当前法学实践教学中“行为规范”在“命令基础”层面的主要问题在于缺乏老师的专门指导，教学实习只是走形式，没有落到实处，以及实践教学基地不足；在“指标”层面的主要问题在于考核机制需要改革，评价标准过于笼统、模糊，实习单位、实践部门的评价可靠性低。

虽然在法学实践教学中采取了案例评析、模拟法庭、法律诊所、教学实习等多种方式，但是各种实践教学方式的开展都是各主体按照自己的理解、习惯进行，没有形成较为统一的指导规范，造成了各种方式的实践效果参差不齐。例如，在模拟法庭中，往往是学生扮演某种角色参与庭审，通过庭审了解相关法律程序，至于案件涉及的各方在案件中的焦点问题、证据材料，乃至双方的质证、辩论，都是事先已经固定，忽视了实践过程的考核，并没有对学生的案件剖析能力、辩论能力、临场应变能力进行根本、实质性训练，偏离了设置该课程的初衷，庭审实训仅完成了形式要求，实际效果并不理想。[①]在理工类学科的科学研究中，各种实验仪器的操作，各种实验的开展往往都有详细的操作规程或者实验指导，但是法学实践教学的各种方式却从未形成统一的指导规则。因此，法学实践教学“行为规范”的改革，方向在于制定相对统一的行为规范守则。

1.案例教学

在当前的案例教学中存在着以下问题：第一，所选用的案例要么是虚拟案例，要么是根据真实的案例予以设计剪裁的案例，具有事实清楚、争点明晰的特点，与现实案例差距较大，学生无法感受真实的司法实践。第二，案例在教学过程中被过度拆解，呈现碎片化。第三，教师在案例教学中居于主导地位，案例教学课程变成老师对知识点的讲解和传授，案例教学方式异化。[②]

中国的案例教学可以以兰代尔案例教学法为蓝本，创建新型案例教学方法。第一，案例的选取。在当前人工智能的支持下，案例选取已经成为一项简单工作。教师在案例选取的过程中，应当优先选择最高人民法院发布的典型案例、公报案

---

① 参见任燕珠：《应用型高等院校法学本科实验实训教学的设计与实施——以刑事案例评析课程为例》，《海峡法学》2019年第2期。

② 参见李训虎：《通过新兴科技实现案例教学的迭代升级》，《法律适用》2018年第16期。

例，使案例具有典型性、现实性。第二，课前准备。在老师提前下发案例材料的情况下，学生需要熟悉案例，包括案件的事实、证据材料，收集与本案有关的法律法规、司法解释以及相关判例，研究与本案相关的法学理论和学术观点，形成个人对本案的处理意见。[①]第三，上课时，老师应要求学生归纳案件的基本事实，总结双方的观点及争议点，阐述法院判决及其理由。然后，由另一学生提出问题，前一学生回答问题；提问学生又从对方的回答中找出矛盾或漏洞、提出新的问题，让对方回答，主要包括：法院为什么如此判决？理由是什么？这些理由是否充分？在事实、程序和法律上是否存在瑕疵？你是否同意这一判决结果？为什么？当然，提问可以具有随机性。[②]第四，课堂总结。课堂总结可以分为两种方式，一种是老师对案例讨论情况进行总结陈述，对同学讨论进行评析；另一种是老师要求学生于课后就案例讨论情况提交课堂总结报告。

在案例教学规范中，应当将案例讨论的思路、步骤、提问问题的纲要进行细化，以形成统一的案例教学范式。

2.模拟法庭

尽管模拟法庭在实践教学中应用已经有很长的历史了，但是由于缺乏系统的教学指导，学生很难具体模拟，在缺乏翔实的案件资料的情况下，学生在法庭辩论时不得不各取所需，模拟法庭很大程度上沦为了辩论赛。

在制定模拟法庭的规程之时，一定要将模拟法庭进行立体化的设计。第一，在案例选取时，并不一定以典型为必要，一定要选取案件证据材料充分，或者学生有机会调查取证的证据材料，以防止模拟法庭变为辩论赛。第二，在角色选定上，过去的模拟法庭一般仅选取原被告双方，但是在实际的诉讼中，审判长、审判员、人民调解员、代理人、公诉人、辩护人、书记员、证人等角色都具有相当的挑战性，他们对案件的把握能力与准备程度直接决定诉讼的效果。[③]因此，应将所有角色纳入模拟法庭设置当中，并且可以根据课程进度让学生轮流担任角色，让学生在角色变换中学会综合考察案件。第三，在模拟法庭内容上，应当尽可能地将模拟法庭的各个阶段纳入其中。当前的模拟法庭大多采用法律文书与口头辩论相结

---

① 参见石经海：《交叉渗透教学模式的刑事疑难案例教学实践》，《法学教育研究》2016年第2期。

② 参见汪习根：《美国法学教育的最新改革及其启示——以哈佛大学法学院为样本》，《法学杂志》2010年第1期。

③ 参见孙展望、王艳丽：《模拟法庭课程的立体化设计——突出实践技能的法科学生综合培养》，《黑龙江省政法管理干部学院学报》2014年第4期。

合的方式，这种方式设置包含了庭前准备和开庭审理阶段，但是缺少了合议庭评议和判决阶段。因此，模拟法庭应当增设合议庭评议和判决等阶段。

3. 教学实习

在当前的教学实习中，由于缺乏指导规范，很多情况下依靠学生自己选择实习单位，自己安排实习内容。由于学校很难对这些实习学生进行全程指导和监督，这样造成一些学生不认真参加实习活动，部分学生托熟人找关系随便盖个章就应付过去[①]，教学实习的质量大打折扣。在学校很难专门为教学实习配备充足的监管教师的情况下，通过建立教学实习规程，规范过程监督，以规则监督替代人员监督，将有效提升教学实习的效果。

由于法科学生教学实习单位多为法院、检察院、律所等，在实习的过程中能够接触较多的真实案例，因此可以以"三段六步全程参与式庭审实战教学法"为基础方法建立教学实习规程。但是，此方法是在学校与法院合作的基础上，运用联合培养机制的一种法学实践教学方式，并且需要有法院与法学院"双师型"团队的带领[②]，因此对于未开展联合培养的院校来说，该种实践教学方式不具有可实现性。因此，需要对此方法进行以学生为中心的改革，以适应普通教学实习的需要。

对于教学实习过程的监督，最简单有效的方式是对过程性成果进行监督。结合"三段六步全程参与式庭审实战教学法"的教学内容，可以将以规范方式完成固定数量的案例实践作为实习要求。根据此方法的要求，案例实践的规程可以分为庭前优选、庭中观摩、庭后提升三步。在庭前准备阶段，实习生要挑选案例，并且根据原告、被告及法院三方诉讼任务及目的，分别为原告准备诉状、代理词以及质证策略，为被告准备答辩状、答辩策略和质证策略，并且站在法院的角度理清审理程序、双方法律关系，并固定争议焦点。在庭中观摩阶段，学生要比较自己的准备工作同原告方、被告方、主审法官在庭审过程中的差别，并对这些差别进行分析总结。在庭后提升阶段，学生要自行完成案件判决书的写作。在案件审理完毕之后，要通过与法官或律师的交流、比较自己所写的判决书与法官的判决提升自己。[③]

由于法学实践教学的方式多种多样，以上仅能简单列举，难免挂一漏万，不一

---

① 参见张邦铺：《法学专业实践教学模式存在的问题及改进策略》，《教育评论》2016年第7期。

② 参见夏新华：《法科"三段六步"实战教学法的理论建构与实践检视》，《时代法学》2017年第5期。

③ 参见刘湘琛：《法学实践教学的本土化探索：三段六步全程参与式庭审实战教学法——基于与法律诊所式教学法的比较》，《时代法学》2019年第2期。

而足。并且法学实践教学的内容繁杂,教学规程的具体规则内容非常丰富,在文中也只能进行建议性的指引,无法完全覆盖全部内容。编纂一部《法学实践教学规程》是一项巨大的工程,但却是完善法学实践教学行为规范、破除法学实践教学体制性障碍的重要一步。

四、结论

我国法学专业重新开设已经有40多年的时间,法学教育长期面临"重理论轻实践"的局面。培养应用型法律人才,提升法学生的实践技能,既是我国法学教育走出困境的关键,也是卓越法律人才培养的内在要求。长期以来,学者们从各个方面对于法学实践教学的改革提出了各种意见,各种新的法学实践教学方式也被应用到实践之中。但是,当前的研究忽视了法学实践教学问题属于教育问题的本质,单纯从法律层面探讨法学实践教学的改革无法从根本上实现法学实践教学的更新。我们应当从教育学的视角,将法学实践教学首先作为一种教育方式,更新法学实践教学的教育理论基础。法学实践教学的根本问题在于体制问题,体制性障碍使得法学实践教学的改革效果不佳,当前所进行的各项改革仅是在原有体制上的小修小补,难以真正解决法学实践教学中的根本问题。法学实践教学改革的关键还是在于破除体制性障碍。

法学实践教学体制作为一种教育制度,新制度主义理论为我们提供了新的方向引领与理论支撑。在构建制度要素系统的基础上,法学实践教学体制完全契合"法令规章""行为规范""文化—认知"的制度构成以及"命令的基础""服从的基础""发生机制""逻辑""指标""合法性基础"的作用机理。在制度要素系统的指引之下,对于法学实践教学体制中的"法令规章"和"行为规范"层面的制度进行改革,更新法学学生培养方案,构建更加合理均衡的课程体系,建立更加具体科学的评价指标体系,编纂《法学实践教学规程》,将法学实践教学纳入新的体制框架内,才能克服原有的体制性障碍,让中国的法学实践教学走上一个新台阶。

法学理论教学与实践教学的关联研究

马建红

一个国家法学教育的成功与否,关系着国家法治建设的前途。法学是一门理论教学与实践教学结合非常紧密的学科。正如耶鲁法学院的欧文·费斯教授所言:“法律,是一门融合了学术性与职业性的奇妙艺术。”法学教育一方面需要涵盖社会学、历史学、哲学乃至经济学等学科,从而获得一种学术上的洞察力;另一方面,法学院要“通过职业训练来解决法律职业共同体在权力运作过程中所产生的具体问题”①。因此,在法学教育中,理论教学与实践教学处于同等重要的地位。然而,在我国法律院校的法学教育中,大多存在着理论教学有余而实践教学不足的倾向。如何将二者有机地结合起来,既培养学生具有扎实的法学理论功底,又能掌握灵活有效的适用法律的技能,是一个值得我国法学教育从业者深入思考的问题。本文旨在以法律教育沿革史为切入点,就实现法学理论教学与实践教学有机结合的问题提出自己的浅见,期待对推动我国法学教育的全面发展有所助益。

一、法学教育的理论性与实践性概述

了解法学教育的特点与培养目标,把握法学教育的基本规律,是培养合格的法律人才的前提条件。注重学生理论知识的把握及司法技能的训练,是对法学教育的基本要求。

---

① [美]欧文·费斯:《耶鲁所理解的法律》,许书咏译,谢进杰主编:《中山大学法律评论》2010年第1期,法律出版社2010年版,第378页。

(一)法学教育的培养目标

在官方给定的定义中,法学教育被认为是我国高等教育的重要组成部分,它是以传授法律知识、训练法律思维、培养合格的法律专业人才为内容的教育活动。同时也为法学教育设定了目标,具体体现为:掌握基本法律概念和法律规则;掌握现行法律体系框架;运用法律推理,依循法律逻辑,解决实际问题;进行价值考量,理性评判法律规则;分析案件事实,把握法律关系,作出法律解释,适用法律规则;等等。不过,法律人才应该具备怎样的素养,需要加以提炼和概括。20世纪30年代,我国近现代著名的法学家、东吴大学法学院教授孙晓楼在其《法律教育》一书中,提出了法律人才所应具备的条件。

孙晓楼教授认为,法律的事业,是公益的事业,是社会的事业。研究了法律,却不能为社会服务、为公众谋利益,而专为自己个人寻好处求享用,这样的人不能算作人才,更不能算作法律人才。他认为,法律人才的培养,需要具备三个条件。一是“要有法律的学问”。法律学问的求得,第一个步骤是要认识法律,了解法律究竟是怎么一回事;第二个步骤是运用法律;最后一个步骤是要在认识和运用法律之外,知道哪种法律适应现实的时代和社会,如何可以使法律现代化、社会化。二是“须有法律的道德”。法律道德不仅是法律人在执行律务时所应当注意的,也是在平时应当有的道德修养。道德修养的第一点即是应当有守正不阿的精神,不徇情面不畏强域,不屈不挠,无所畏惧;第二点是要有牺牲小我的精神,也就是说,不管是什么议案,也不管是什么法律,既经合法的手续产生,那么无论如何都应当拥护这个法案的实行,而不应当固执成见,做出阳奉阴违的事来。这两点是最重要的道德,律师、法官都应当特别注意。三是“要有社会的常识”。法律不外乎人情,人情就是社会的常识。法律问题就是人事问题。对于社会上发生的种种问题,加以详细的研究,得到相当的阅历,那么对于是非曲直的判断,就会比较清楚和周到,将来运用法律的时候,不至于一知半解、专顾学理而不顾事实。所谓法律有事实性、空间性、时间性的三度论,只不过是引起学者注意事实、环境和时代罢了。因此,法律教育的目的,是在训练为社会服务、为国家谋利益的法律人才。这种人才,一定要有法律学问,才可以认识并且改善法律;一定要有社会的常识,才可以合于时宜地运用法律;一定要有法律的道德,才有资格来执行法律。法律学校即应从这三方面着眼,来陶冶法律学生。[①]

孙晓楼有关法律人才培养目标的见解,虽然是在20世纪30年代提出来的,但

① 参见孙晓楼:《法律教育》,商务印书馆2017年版,第9—11页。

这些观点，即便是在今天也不过时。法学教育所培养的人才，首先要有最基本的专业素养，全面掌握法学基本理论和基本知识，具有“法律的学问”，知其然且知其所以然，对法律在社会中的运作有切实的了解；法学人才也必须有基本的道德素养，具有普遍的社会正义感，且为了公平正义的实现，可以作出必要的牺牲；从事法律工作需要有一定的社会阅历，需要对基本的社会常识有较深切的了解，在执业中作出的法律和事实判断能获得民众的认同，实现法律定分止争的功能。而这些能力的培养与获得，既需要学理的培养，也需要法律实践中的训练，法律教育的理论性与实践性二者缺一不可。

（二）法学教育的理论性

法学院要教给学生什么？要回答这个问题，首先需要了解法律的概念。而关于法律的概念则是聚讼纷纭，不同的法学流派对于法律有不同的看法。不过，对于多数法学家来说，规则就是法律的核心。因此，围绕规则的制定，制定规则的原则，规则的适用，规则与社会、政治、经济、科技、文化、环境等的关系的讨论，就构成了法学研究的基本内容。举凡法学的知识、结构、体系等，即成为法学院在开展法学教育中的基本内容，这也正是孙晓楼先生所说的“法律的学问”。

重视法律理论的教学，可以说是我们法学院的一个传统。在我们的课程体系中，绝大多数为理论类的课程，这是奠定专业通识知识基础的课程，这类课程基本上与法律实践没有直接的联系，却是整个法学知识的基础。法理学、法哲学、中国法制史、中国法律思想史、外国法制史、西方法律思想史等，均属于此类课程。此外，部门法的课程则构成理论类课程的主体，旨在培养学生对某一部门法理论知识的掌握。这类课程的数量较多，根据教育部《普通高等学校本科专业类教学质量国家标准(2018)》的规定，法学专业核心课程分为指定必修课程10门和各高校根据自己的办学特点开设的必修课程×门。在10门指定课程中，属于部门法课程的有宪法、刑法、民法、刑事诉讼法、民事诉讼法、行政法与行政诉讼法、国际法；在×门非指定课程中则包括经济法、知识产权法、商法、国际私法、国际经济法、环境资源法、劳动与社会保障法、证据法、财税法等课程，这些课程即属于部门法的理论类课程。法学专业知识类之外的职业伦理课，也具有理论的性质，这为培养学生的道德或职业素养所必需。在《普通高等学校本科专业类教学质量国家标准(2018)》中，法律职业伦理也被列为法学专业学生必修的10门课程之一。

（三）法学教育的实践性

法学教育毋庸置疑要培养学生掌握基本的法律知识、法律理论与法律原则，使学生在未来的执业生涯中，能一以贯之地贯彻规则背后的学理，通过法律的运用，实现社会的公平与正义。与其他学科不同的是，法科学生对法学知识与法学理论的掌握，端赖法律的实践，可以说，在所有的社会科学门类中，法律理论是与法律实践结合最为密切的一门学科。抽象的学理必须在一个个的具体案例中实现，正义的观念是抽象的，人们却希望通过法律实践去“看得见”正义的面貌。因此，训练学生掌握司法的技能，运用法律去定分止争，是法学教育的题中之义。

在法学院的整个课程体系中，包含有实务类的课程。其中一些为基础技能课程，如法律文书写作、法律论文写作、法律语言或司法口才、专业文献检索、证据调查等，重在培养和提升学生的专业写作、表达沟通等基础职业能力。还有一些为法律方法与法律思维方面的课程，如法律方法论、法律思维、法律逻辑（形式逻辑）等，主要在于对学生进行方法论的教育，培养其法律思维能力。严格说来，学生修学这类课程，并不必然地掌握法律实践的技能。这类课程充其量只是教会学生如何适用法律，是沟通理论知识与法律实践的桥梁。法律的原理与原则，只有通过恰当的法律方法，运用法律思维，才可以准确地适用于个别化的案件事实。“教授法律知识的院校，除了对学生进行实在法规和法律程序方面的基础训练外，还必须教到他们像法律工作者一样去思考问题和掌握法律论证与推理的复杂艺术。”①在西方国家，还有一种说法是“像律师一样去思考”，也即法学教育中，还要教会学生独特的思维方式与方法。

因应实践技能训练的需求，在实务类课程之外，法学院大多还开设有实践类的课程。要将课堂上学到的法学知识与方法，用来解决实际的问题，就要让学生有实际“操作”的机会，锻炼“动手”的能力，虽然不像技工那样手拿钳子、扳子等“作业”，但在具体的案件审理过程中，通过一步一步感知程序法的内容，将实体法一步一步地实现，对于学生将抽象的理论知识具体化，具有重要的意义。

在实践类课程中，有一部分是通过“虚拟”的场景，让学生学习和掌握相关的知识，这类课程包括刑法案例研习、民法案例研习、行政法案例研习、劳动法案例研习、知识产权案例研习、商法案例研习、民法实务、行政法实务、民事诉讼实务、刑法实务等，最常见的还有学生经常进行的模拟法庭。而在实际场景中进行操作的课程，则有法律诊所式教学、法律援助中心的工作、法律社会调查及在各级人民法院、检察院、律师事务所进行的实习。

---

① [美]博登海默：《法理学、法律哲学与法律方法》，邓正来译，中国政法大学出版社2004年版，第532页。

（四）法学教育理论性与实践性的结合

从法学教育的最终目的来看，法学院培养的学生，会有一部分走上法学教学与科研的岗位，他们的兴趣不在于个案式的分析，而是进行学理的探讨与研究。不过，走上这条路的学生毕竟是少数，绝大多数学生还是要走出校门，做律师，任法官或检察官，也可能会参与立法工作或者从事行政执法。总而言之，在实践中与法律“打交道”是大部分法科毕业生的不二选择。对于他们来说，学习与掌握法学专业知识，与掌握运用法律技能，同等重要。只是在我们的法学院校中，总体的情况是，长于理论的灌输而忽视实践技能的训练，使得毕业生在社会上长期无法胜任工作。那么，如何在法学教育中注重理论性与实践性的结合，尤其是加强实践课程的教学，就成为今后法学教育所应给予重视的问题。

二、法学教育模式从学徒制到学院制的变迁

在法学教育的发展过程中，曾经历了从学徒制即注重法学实践教学，到学院制即注重法学理论教学的发展历程。它反映了社会的发展对法学人才供求关系的变化，也在发展中呈现出了两种法律人才培养模式的优劣。

（一）美国法学教育模式的变迁

1. 见习式法学教育

美国早期的法学教育是从学徒开始的，19 世纪初期，一个人要想成为律师，需要先在律师办公室做见习生，主要是做些杂务。这与美国法学教育以培养律师从业者为其目标有关。

美国的法律教育主要始于独立战争期间的包括正式考录机制在内的“学徒见习制”的法律职业培训体系，在美国最初的律师资质架构中，只有一个州没有对律所见习期的硬性规定。在见习制这种培训体系中，导师对学员耳提面命式的教学方式，使学生获得了法律从业的实际经验。美国第六任总统约翰·昆西·亚当斯曾这样描述过他自己的导师塞弗勒斯·帕森斯：“对我们来说，律师事务所里有帕森斯存在，算得上最大的福利。他本人就堪比一座法律图书馆，对于法律执业的任何方面都十分精通。但帕森斯最大的优点，在于其乐于解答的程度远超弟子们爱问问题的程度。作为一位从来没有被问倒过的导师，帕森斯不仅会就问题本身作答，还会将与之相关的其他关联问题一一道来，如数家珍。我开始相信，能有这样

一位见习指导老师,算得上是一种福分。"[①]然而,像他遇到帕森斯这样的好老师的情形似乎并不多见,比如他的父亲即美国第二任总统约翰·亚当斯在马萨诸塞州的律师事务所见习时,就曾被要求大量阅读自然法、普通法、民法及国际法的相关著作,老总统对其导师就颇有微词。[②]而且,从当时的一些记录来看,学徒见习模式对于见习者来说,基本是一种无意义的无用功,因为"见习工作无非是千篇一律、枯燥无味的文书校对,见习学徒与普通文书抄写员的唯一区别在于,前者被认为应在尽可能不依赖见习导师的情况下,搞清楚柯克在其所著《英格兰法律总论》的评论观点",而杰斐逊也曾说过,"一直以来,我始终认为让年轻人跟随律师见习,至多算是打杂"。[③]通常认为,见习生的工作,应该是跟随导师实际地参与案件的调查或审判,是一种身临其境的学习,属于"实践性教学",然而,在美国早期的这种见习制学习中,见习生却把大量的时间消耗在"永无止境地誊抄判例"上,这对学习法律来说,并无什么实际的效果。

2. 法学院培养模式的兴起

从当时人们的记录来看,律师见习制度并不能真正发挥训练法律人才的作用,不过不能否认的是,也有一些律所在培养律师实习生方面成绩斐然、口碑卓越,于是从这些律所中发展出了最早的私立法学院,其中最负盛名的是于1784年始建于康涅狄格州的"里奇菲尔德法学院"。该院宣称其所教授的"法",是作为一门科学的存在,这门科学不仅仅,或不主要是机械科学或对于碎片化知识的单纯简单收集与堆砌。从这个意义上看,里奇菲尔德法学院在推动美国法学教育的文化建设层面,具有独树一帜的重要性。

此后,私立法学院如雨后春笋般在北美大地上广泛建立起来,法学专业如何开设的设想也在各个法学院校进行尝试。如1812年之后,大卫·霍夫曼曾在马里兰大学设想开办七年制的法学专业,他最初的课程设置,包括13门必修课以及4门(后增加至9门)选修课。课程内容涵盖范围很广,其中有道德、政治哲学、政治经济学、历史及地理。霍夫曼笃信英国普通法学家布莱克斯通的兼容并包式的法学理念,认为只有这样,才能"赋予最广大受众以最强大的理解力",同时"将所

① [英]罗伯特·史蒂文斯:《法学院　美国法学教育百年史——19世纪50年代至20世纪80年代》,李立丰译,北京大学出版社2017年版,第14页"注释5"。

② 参见[英]罗伯特·史蒂文斯:《法学院　美国法学教育百年史——19世纪50年代至20世纪80年代》,李立丰译,北京大学出版社2017年版,第14—15页。

③ [英]罗伯特·史蒂文斯:《法学院　美国法学教育百年史——19世纪50年代至20世纪80年代》,李立丰译,北京大学出版社2017年版,第14—15页。

有人类行为与关注重点都包括其中”。霍夫曼的教育理念,来自其对法以及法学研究的理解,即如果要体验法学研究的乐趣,就必须首先了解相关原则,寻找共性,从而将大量科学问题按照研究方法或关注度加以整合排序。他尤其强调方法的重要性,认为法作为一门充满理性的科学,只有通过系统的方法才能对其加以研究,不过,他对于过度依赖死记硬背学习法律的积弊深恶痛绝,主张法科生应该通过研习法的发展流变,把握其本质与根据。然而,霍夫曼七年制的法科教育模式改革并未成为现实,但他的努力却对其他法律学院的发展有很大的启发。

促使各法学院放弃学徒见习模式的原因,很重要的一点,在于人们对法学的全新认识。比如,纽约大学宣称其创办法学院的目的,在于满足公众获知立法技术、法律理论与实践的迫切需求。而对于佐治亚州未来的律师来说,学习的内容绝非裁判规则的简单堆砌,而是一种将制裁建立在相互关联的永恒真理原则基础上的逻辑体系。佐治亚州大学法学院恪守的信条是,获得律师资格的学生,应当具备在不借外力,独自从上至布莱克斯通的《英国法释义》,下至《基缇论合同法》中收集资料的能力。阿尔巴尼大学法学院则对律师事务所研习法律的做法深不以为然,“茫茫大海之上,有谁会想在一位只有浴盆里研究过航海的年轻人的引领下,御浪前行?”纽约大学法学院则直接批评学徒见习制,他们认为:“见习者根本无法真正获得任何的法律指导、法学释义乃至法学测试。只能不加辨别地囫囵吞枣,根本分不清哪些法律原则依然有效,哪些早已失效。这些人在执业后,往往要以牺牲可怜的当事人利益为代价,才会发现,之前的所谓学习,根本没有获得任何让自己成为杰出律师,退一步,哪怕是合格律师的看家本领。”[①]见习制既然无法承担起培养合格的法律从业者的重任,寻找一种取而代之的方法就成为必然。

总体上看,这一时期的法学院都在为自己的生存谋出路。以哈佛大学为例,该校的法学教育是从1829年开始步入正轨的,一方面,哈佛大学延揽美国联邦最高法院大法官约瑟夫·斯托里加盟教习,以壮大自己的师资力量;另一方面,哈佛大学还将北安普顿法学院的全部学生纳入其法学院,使其生源得以扩大,这种“学”与“用”的强强联合,极大地促进了哈佛法学教育的发展。不过,哈佛法学院真正显示其影响力,则是在第一位院长兰德尔进行教学改革之后。教学方法的改革,为成规模地培养高层次的、能满足社会需求的法律人提供了可能。哈佛大学的“案例教学法”,实际上是法学理论教学与实践教学的一种结合。

哈佛大学法学院从1870年起,在第一位法学院院长克里斯多弗·哥伦布·兰

---

① [英]罗伯特·史蒂文斯:《法学院 美国法学教育百年史——19世纪50年代至20世纪80年代》,李立丰译,北京大学出版社2017年版,第32—33页。

德尔的领导下，开始进行法律教育改革。兰德尔认为，法律是一门科学，因此必须以科学的方法来教授，法学院学生必须透过阅读上诉案件提炼出法律的原则。他开创了“案例教学法”：不以演讲的方式，而以苏格拉底式的问答法来教授法律。苏格拉底问答法，应该可以打造出比较精细的法律思维头脑。当然，并不是每个人都相信法律是一门“科学”，而学习法律的原则，就是对法律科学原则的培育。法律科学的信仰虽未统领整个法律思想领域太久，而兰德尔的教学法、教学的技巧以及课程的安排方式却存活了下来，而且越来越受到各法学院的青睐，因为这种方法可以培训学生“像一个律师一样去思考”。要求法学院的学生研读被选出并收录于“案例汇编”中的上诉案例，师生间的问答也应该以这些案件为根据。在20世纪早期，哈佛教学法取得全面性的胜利。哈佛教学法的成功，同时也是哈佛大学法学院的成功，这让他们赢得了美国法学教育的领导地位。哈佛教学法及其众多的模仿者造成的后果，是使得学徒制烟消云散。法学院教育成为迈向法律界的主要通道，后来很快就变成唯一的途径。学徒制依赖密切的人际关系，它预设了一种相同的背景、习惯、思考方式。而随着来自世界各地的移民的增多，出现了不同族裔背景的律师，这使得正统的学徒制没有立足之地，而是以非正统的方式存活下来，法学院毕业生在律所或政府机关中实习，取代了学徒制。

从此以后，培训的任务，转而由法学院来承担。1901—1902年，全美最大的法学院——密歇根大学法学院，有854名学生。1910年，在从事律师职业的人中，有2/3是从法学院毕业的。1922年，超过643人参加了纽约市政府组织的第一次职业律师资格考试，只有9人没有经受过法学院的教育。法学院培养的律师，能充分满足大型企业对律师“能言善辩、世故老成”的要求。在法学院教育中，可以获得较好的教育，当然或许还相对缺乏实际经验。①

（二）我国古代法学教育模式的变迁

总体上看，我国古代各个朝代对于法律教育的重视程度各不相同，且都没有形成系统的法学教育体系。近代以来，随着西学东渐，近现代法学教育兴起，授徒式教育逐渐转向学院式教育。

1.传统法律教育模式的沿革

西南政法大学博士研究生郑晓龙在其论文《形式、内容与理念：从律学兴衰看传统法律教育之流变》中，对我国古代律学教育的发展进行了系统的梳理。其论

① 参见[美]劳伦斯·弗里德曼：《二十世纪美国法律史》，周大伟等译，北京大学出版社2016年版，第40—47页。

文将古代法律教育分为三个阶段。

第一个阶段是“春秋至两汉:律学设立前的法律教育”。在春秋战国时期百家争鸣的过程中,出现了一批精研法律的法家学者,通过开办私学来传授法律知识,如郑国的邓析即是其中的一位,他“与民之有狱者约,狱一衣,小狱襦裤。民之献衣襦裤者,不可胜数”[①]。私学没有固定的机构和完备的教学制度,一般以法律知识渊博、德高望重的学者或官吏为师,教学内容、学制时间和考核方式等均由老师决定。秦代禁私学,实行“以法为教,以吏为师”的教育政策。朝廷建立学室作为法律教育场所,仅招录政府中管理档案文书的吏员“史”的子弟学习律令,为其将来工作作准备;在中央则由政府选聘官吏教授法律,培养各级官吏。汉代复兴私学,学习法律除了以吏为师外,还可通过私学相授。汉武帝时,官学太学兴旺,但太学中没有开设专门的法律教育,仅在儒家教材中涉及一些儒家的法律观念和私学阐述。西汉末年到东汉初,私学成为法律教育的主流,主要表现为由一批学者和官吏通过世家传习与师承相授方式,对汉律进行注疏、解释、研究和传授,产生了许多法律世家。

第二个阶段是“魏晋与唐宋:律学兴起时的法律教育”。封建王朝在五经博士之外置律博士,使法律教育从经学中独立出来;设律学作为专门的法律教育机构,让官学成为法律教育的主要形式。曹魏明帝时在廷尉中置律博士,标志着法律教师开始专业化;后秦在长安设律学,这成为历史上最早的专门性官学教育机构。这一时期的法律教育主要体现为职业培训性质。唐代律学招生对象为18—25岁、文武八品以下官员子孙或庶民家庭有志习律者,招生名额为50人,修业年限为6年,每年进行一次考试,及格者可参加尚书省考试,不及格者继续学习,若3年考试不及格且学习已满6年者,除名遣返。宋代律学招生对象仅限在职官员和举人两种,主要以提升官员的法律水平为办学宗旨,律学招生须通过考试,学习律令者考大义与道,学习断案者考试案一道。唐宋时期的律学费用均由国家承担,学生不仅不缴纳学费,还可享受免费的住宿和膳食。

第三个阶段为“元明清:律学衰落后的法律教育”。这一时期国家正规的官办专门法律教育被取消,其后再未恢复过,传统法律教育只能以私学、幕学等民间教育来支撑,最终随着法律教育近代化改革而被推出历史舞台。明清时期的私学法律教育,主要在州县衙门中的幕友、官府的书吏和民间的状师间通过师承关系、师徒相授进行,表现为一种学徒式、小作坊式的人才培养模式。这类私学法学教育

---

① 吕不韦:《吕氏春秋》,上海古籍出版社1989年版,第157页。

入学门槛低，职业化程度不够，又没有统一的考核标准，学生知识水平和出师标准均由老师决定，所以长期维持在数量有限且低水平化的程度。在明清时期形成的刑名幕友之学这一法律教育的特有形式中，幕友主要来自科举落地的读书人，他们通过拜师或家传方式相授。受学幕者未来工作性质决定，幕学更注重法律实务与技能的提升，主要以律例及其解释、案例汇编、审判程序、法律文书写作等为学习内容，实用性较强。[①]

2.近现代法学教育的兴起

清末以来，随着民族危机的日渐深重，变法图强的声音响彻朝野。在清廷推行的新政中，废除科举，兴办新式学堂，成为一种社会潮流。在与西方列强打交道的过程中，清政府越来越意识到法律在国际上的外交与国内政治生活中的重要性，尤其是在作出预备立宪的决策后，法律人才的多寡似乎成为变法新政能否成功的关键。有市场的需求就会有供给，兴办法政学堂，在法政学堂中学习法律，无疑具有不错的发展前景。于是，在晚清时期出现了一股兴办法政学堂热，学生选学法律也蔚然成风，甚至在日本的许多大学也开始兴办法政速成科，受到留学生们的欢迎。学院式教育逐渐取代了明清时期授徒式的传统法律教育模式。

但这种“学校式的法律教育”培养出来的人才，却不怎么受社会各界人士的待见。正如孙晓楼先生所说，国内的大部分法政学校，大部分的学制和教材，都是以日本的法律学校为蓝本，教员只要有法律教，学生只要有法律学，学满了几年便算为法律人才。他们承认法律是支配社会的重要工具，同时承认法律任务是社会的任务，法律事业是公益事业，法律教育也是训练社会服务人才的教育，而法政学校一时便人满之患了。不过法律教育发展到现在，学习法政的人已充满了国家各机关，在朝在野的政客以及乡间无业者，都以学习法政之人为最多；甚至很多人认为官场的贪污、政治的腐败、国家的扰乱都种因于此。社会秩序的纷乱，都反证法律本身的无用和无力，所以一般人从以前对法律事业的奢望，又渐转至于失望，由失望而至于鄙弃，以致中央政府最近对于法律学校，有裁并或限制的主张，法律教育的前途经此一大打击，又有自全盛时期回转至没落的时期了。[②]孙晓楼总结时人将社会上出现的各种乱象，都归结为法律本身的无用与无力，继而归结为法律教育的失败，虽然为“法律教育不能承受之重”，但也从一个侧面反映了法律教育在培养法律人才方面的不足。他因此而提出了办理法律教育，需要认清其目标，认

① 参见郑晓龙：《形式、内容与理念：从律学兴衰看传统法律教育之流变》，《法学教育研究》2020年第4期。

② 参见孙晓楼：《法律教育》，商务印书馆2017年版，第13页。

清什么样的法律人才是中国社会最需要的,并因此而提出了对于法律教育改革的建议。

总之,中国的法律教育从私学转向官办,从授徒式转向学院式,从重视实践操作转向理论传授,反映了时代对法律的看法及对法律人的需求的变化。

三、我国法学教育中存在的问题

我国当代法学教育,起自20世纪70年代末80年代初。众所周知,新中国成立后,经过1952年的院系调整,从事法学教育的只剩下了著名的“四院四系”,即北京政法学院、华东政法学院、西南政法学院、西北政法学院、北京大学法律系、中国人民大学法律系、吉林大学法律系、武汉大学法律系。改革开放的前十年,法学教育更是处于停滞状态。1977年恢复高考制度,只招收了极少量的法科学生。随着我国政治生活的正常化,大多数高等院校恢复了法律系,法学教育重新步入正轨。改革开放40多年来,我国的法学教育取得了丰硕的成果,为国家法治建设培养了各种各类的法律人才,充实了法律实务界与法学界的队伍,在法治发展中发挥着积极的、重要的作用。

不过,社会上对法科毕业生的批评也较多,比如毕业生只懂得书本知识,所学知识与司法实践脱节,缺乏必要的社会常识等。对法科毕业生的批评,一定程度上反映了我国法学教育中存在的问题,与社会对法科学生的要求有一定的偏差。

(一)重学术培养,轻实践教学

我国的法学教育,从新中国成立以来,就注重对学生的理论传授,甚至是用意识形态的宣传教育取代对学理的研讨,忽视了对学生个人未来职业所必需的素质和能力的培养。改革开放以来,随着新时期法学教育的重建,其中的政治色彩虽然有所弱化,但学术培养的成分依然偏高。无论从课程体系的设置上,还是从老师的教学方式上,都可以看到我们的法学教育存在着重学术培养、轻实践教学的倾向。

在课程体系设置上,从前文“法学教育的理论性”所罗列的课程中我们可以看出,理论基础类课程自不必说,即便是在实务类课程中,绝大多数也都偏重于理论教学。当然,法学教育中首先要树立“法学是一门科学的学科”的理念,要让学生了解法学的基本理论,不懂得法律背后的学理,在实践中就有可能成为只会机械适用法律的机器。法学理论是法律实践的向导,要培养一名合格的法律人才,只有当其具备深厚的法学理论素养时,才能够提高其对具体法律问题的洞察力和理解力。[①]法科毕业生在实践中解决实际问题,化解矛盾与纠纷等能力的培养,端赖其是否具有扎实的基本专业理论知识。因此在法学课程设置中,偏向于理论类课程本无可厚非。

然而,法学毕竟是一门实践性很强的学科,无论是理论性课程,还是实务类课程,我国的传统教育模式基本上都是教师灌输式的讲授,缺乏教师与学生之间的互动,更不用说由学生主导的、以实际案例为素材的辩论,很难调动学生学习的主动性,也很难培养学生解决纠纷的能力及实践中所需的应变能力。这种课程体系及教学模式下培养出来的学生,很难在毕业后短时间内适应工作要求,遭到社会的诟病也就在所难免。

(二)几种实践教学模式的利弊分析

在法学院的课程体系中,既有实务类课程的教学模式主要以课堂教学为主,只是教学内容与教学方法上与理论类课程有所不同。实践类课程是通过让学生直接接触或从事法律实践工作提升其实践能力,让学生在具体的法律实践工作中将理论类课程和实务类课程中所学到的理论与方法运用到活生生的现实中,解决真实的法律问题,以加深其对理论和方法的理解和掌握。[②]在现阶段我国各高校法学院系中普遍通行的实践课程中,主要有模拟法庭、法援中心、诊所式教学、法院、检察院及律所的实习几种模式。综合而言,这几种实践教学模式各有利弊,所取得的效果也不尽相同。只有在充分研究分析的基础上,综合各种模式的优劣,进行相应的改革,才能真正使学生有所收获。

1.模拟法庭

现代高等院校法学院的基础设施建设中,通常会有一个模拟法庭。法庭内设施齐全,包括审判台、两造或控辩双方的座席、被告人席位、证人席位,以及能容纳人数不一的旁听席。模拟法庭是一种法庭审判的"演习",法庭上的角色,包括法官、检察官、人民陪审员、书记员、律师、犯罪嫌疑人或当事人、证人、鉴定人、法警甚至旁听观众,均由不同的学生"分饰",在模拟的过程中,让学生直观地了解审判程序中的各个步骤以及每个角色在法庭上的地位,这对于学生掌握书本知识有所助益。

模拟法庭的优点一如上述,其缺点是它一般作为学生会或学生社团的一种业

---

① 参见郭广辉、王晓烁等:《卓越法律人才培养与法学教学改革》,中国检察出版社2014年版,第13页。

② 参见赵勇:《实践能力培养为中心的法学本科课程体系的构建》,《乐山师范学院学报》2021年第10期。

余活动,法庭上各类角色主要是由社团成员或热心社团活动的学生来担任,绝大多数学生并没有参与的机会,充其量只能在台下“看热闹”,没有身临其境的参与,很难体会其中的法律的真谛。而许多学校的模拟法庭,更多的时候只是作为会议室或报告厅,真正能发挥作用的时候较少。

2.法律援助中心

法律援助是国家建立的为经济困难的公民和符合法定条件的其他当事人无偿提供法律咨询、代理、刑事辩护等法律服务的制度,也是公共法律服务体系的组成部分。根据我国2021年8月21日通过的《中华人民共和国法律援助法》(中华人民共和国主席令第93号)的规定:“高等院校、科研机构可以组织从事法学教育、研究工作的人员和法学专业学生作为法律援助志愿者,在司法行政部门指导下,为当事人提供法律咨询、代拟法律文书等法律援助。”因此,我国各高校的法学院,一般也会设有法律援助中心,在老师指导下,让学生有为当事人提供法律服务的机会。

法律教育中很重要的一点,是要让学生在实践中掌握运用法律的技巧和经验,只了解书本知识而没有实战经验,当法官可能会错判,做律师可能会给当事人造成损失。因此,法律援助中心的工作,正适合于学生的学习。法援中心的工作与模拟法庭不同,后者针对的是设计好了的虚拟的案件,而前者所面对的是真实的案例,且当事人或“客户”一般都是经济能力差或身体有残疾或疾病者,他们需要高质量的法律援助,以维护其合法权益。这种“真实”的案例,容不得一丝一毫的疏忽与懈怠。由学生来做法援人,最大的问题就是学生的实战经验不足,因而需要有相关老师的指导。但现在学校存在的问题是,老师们一般都面临科研的压力,有精力又有耐心做指导工作的屈指可数,而且老师们一般也是学院派的读书人,自身的理论功底可能很深厚,所缺乏的也是实战的经验。这就造成法援中心的学生把大部分时间用来搞街头的法律宣传,真正进行实战的机会较少的情形。另外,由于司法行政部门有专门的法律援助中心,需要援助的对象往往已由法援中心指派给相应的律师,所以,法学院校的法援中心往往存在案源匮乏的问题。

3.诊所式教育

诊所式法律教育是在欧美国家诞生的一种教育模式,它是指学生在导师的监督下,与当事人面对面处理现实法律问题。它更加关注对学生的职业教育和职业训练,使学生在法律实践能力方面得到充分的发展,引导学生从法律职业的角度去思考社会问题。诊所式法律教育类似于医学院学生在医院的实习,在功能与作用方面类似于法学院的法律援助中心,只是其所服务的对象不唯经济条件较差或身体有残疾或疾病者，而是举凡有要求的均可作为服务对象。

我国引进诊所式教育，希望借鉴医学专业学生在医疗临床实习过程中所应用的模式，但在实践的过程中需要确保学生具备相应的法律和律师执业技能。诊所式法律教育在我国并不是太成功。一来是因为我国属于法典法国家，对于学生的培养往往更注重学术方面，关注学生对理论、概念等的掌握，诊所式法律教育基于案例的教学模式有水土不服之感。二来，与法援中心存在的问题类似，诊所式教学模式中对教师的要求，也是侧重实战经验，而我国现有的教学体系则主要以评估教师的讲授水平尤其是科研水平为标准，教师缺乏诊所式教育的积极性，对学生的考核也没有硬性要求。因此，在各高等院校的法学院里，或许可能看到挂着“诊所式教学”的办公牌子，实际上却是一个几乎无人问津的领地。

4.法院、检察院及律所的实习

在法学院的教学评估体系中，通常会有实习“学分”的设置。一般高校也会统一安排学生到法院、检察院或律师事务所实习，时间一般是两个月。这项工作在20世纪八九十年代推进较好。在实务部门实习的优势是显而易见的，学生可以跟着实习指导老师阅卷，开庭，草拟判决书、起诉书或答辩状等，旁观法律的实际运用过程，将书本上的法律知识与实务相对照。

近年来的学生实习也存在着不少问题。一是一些学院对实习课的重要性认识不足，认为实习可有可无，于是统一的实习安排被取消，学生采取“散养式”的实习模式，到时找熟人开个假实习证明蒙混过关。二是学生的实习一般安排在大三下半学期或大四上半学期，这时候的学生忙于准备法律职业考试或研究生考试，心思不在实习上，即便是到了实习单位，也以自己看书为主。三是学习单位接收学生统一实习的积极性不高，要对学生的安全负责，还需要腾出手来教学生。有些单位倒是欢迎学生去实习，却将学生当作廉价劳动力，让学生做些订卷、行政工作的杂活儿，学生学不到真正的法律职业本领。如果在律所实习的话，指导教师虽然也有用心指导的，并且会把学生拉进自己的工作团队，但就大多数律所实习生来说，几乎处于无人问津的状态，实际效果可想而知。

四、完善我国法学教育的对策

从上述分析中可以看出，学徒式法学教育模式已成为明日黄花，学院制教学可谓一枝独秀。由此而产生的问题，就是理论培养充分而实践教学不足，法科毕业生在从事实务工作后，缺乏法律实操的能力，遇到问题除了知道一些抽象的理论和条文外，往往不知道如何下手，学校教育也多因此而遭诟病。如何在培养学生的学理素养的同时，又能提高学生的实践能力，需要有专门的应对策略。在当下，需要积极营造一种有利于实践教学的学术氛围，加强对具体案例的系列讲评，辅之以相应的测验与考核，改变实践教学流于形式的状况，探索行之有效的实践教学方式，这是一件值得倾力去做的事情。

（一）完善法学专业实践教学的课程体系

在我国现有的高校法学专业课程体系中，绝大多数为理论类课程，即便是实务类课程，也以讲授式教学为主，学生只是被动地接受灌输给他们的知识。而实践类的课程，则没有硬性的开课要求，也没有相应的评估考核体系。要完善实践教学体系，需要在强化课程考核机制上下功夫。因为对于学生来说，什么课能拿到高分，什么课能提升"绩点"，是他们最关心的。只有加大实践类课程的考核力度，才能引起学生足够的重视，也才能够收到实效。而实践类课程又是综合性高素质法律人才培养所不可缺少的一环，因此必须予以重视。

（二）完善实践类教学模式

前述几种实践类教学模式虽然有各种弊端，但我们不能因噎废食，弃之不用，而是应该在权衡利弊的基础上，结合学生的兴趣特点，设定一种主要模式，辅之以其他类型的教学，最终起到增加学生实践经验的效果。

笔者认为，在上述几类实践课中，将模拟法庭作为学生主要的实践课程是很有必要的。学生的实习课的学分是2分，可以通过在模拟法庭上的表现对学生成绩作出评估。比较可行的做法是，在大二或大三年级，要求所有学生都选修模拟法庭。根据学生兴趣，给学生布置民法、商法、婚姻法、刑法、行政法等方面的具体案例，由学生自行组队，分别担任原被告的代理人。平时学生在教师指导下自己查阅资料，期末时分几天在模拟法庭中进行答辩式考试。考试老师可由学院教师担任，也可聘请法官、检察官或律师担任。这样即可避免现有模拟法庭纯粹"模拟"、法庭上只是"表演"的弊端。这样的"实战"，有利于学生开动脑筋，自己查阅相关法条、司法解释，搜寻相关案例，撰写书状，提出司法建议等。长期坚持下去，形成特色，定能收到实践教学的良好效果。

现有的诊所式法律教育几乎形同虚设，可以将其与法律援助中心合并，遇到有当事人咨询时，可以在老师指导下，为当事人提供服务，也可将中心所服务的案件提供给模拟法庭，这类还未经判决的案件，正好让学生代表虚拟的原被告双方提出自己的看法。虽然最终的结果，要由经学院同意的老师指导下的学生教给当事人，其他同学也会因其参与而锻炼了自己的能力。不过，只有少数学生会参与到法律援助的工作中，因此，不能将其作为实践教学的主战场。

对于传统的前往法院、检察院或律师事务所实习的方式，因其在实践中难免流于形式,可以不再由学院统一组织学生进行,而是由学生自行联系。如果学生自己能够找到合适的实习场所与负责的指导教师,这当然是最好的;学校可以组织相关活动,比如让学生去旁听某一次庭审,在旁听中感受法院法庭的威严。

另外,在平常的教学实践中,尤其是对一些实务类课程,可以考虑聘请法官、检察官、律师作为兼职的实务教师,他们的课程可以是自己曾经办理过的案件,也可以是社会上引起广泛关注的热点事件,课堂上可以主要由学生主导,以讨论为主,相当于由哈佛大学率先倡导、在现代美国的法学院中普遍采行的案例教学法。与美国不同的是,我们的学生无需从案例中发现和归纳法律原则或法律规则,而是在两可之间确定最相契合的法律条文。这种训练,对于未来的法律执业群体是非常有必要的。

总而言之,在我国法律教学重理论而轻实践的现状下,有必要在课程体系的设定与教学模式的选择方面,向实践教学作一些倾斜。当然,不是要否定学理的重要性,而是要做到理论教学与实践教学的有机结合,以培养高层次或“卓越法律人才”,满足社会对法学教育的需求。

法学实践教学平台体系研究

柴瑞娟　吴丽娜

大江流日夜，慷慨歌未央，当今中国法治建设正在进行时。一个高水平的法学院，应当为国家承担起培养和输送高层次法学人才的神圣使命，三尺讲台上的谆谆教导不应只是引导学生追求纯粹的知识，法学教育的职业化是必然趋势，莘莘法科学子必将走入社会，投入法治建设的浪潮，法律的生命不在于逻辑，而在于经验。正如习近平总书记于2017年在中国政法大学考察时强调，法学学科是实践性很强的学科，法学教育要处理好知识教学和实践教学的关系。就当前来讲，理论教学已经形成了相对完善的培养体系，而实践教学或重视不足，或效果不好，尤其是实践教学的效果在某种程度上陷入一种“形式繁荣、内涵贫瘠”的瓶颈。虽然很多高校实践教学较为丰富，也取得了一定效果，但是总体上仍然存在对于实践教学的评价考核机制不完善，理论上的实践教学较多而以学生为主体的实践参与较少，个别平台覆盖面较小，学生重视不足，缺乏体系性等问题。对法学实践教学的地位进行重新检视与规划是必然要求，需加以重视，并采取措施对症下药，建立起可操作、可执行、有效果、可评价的法学实践教学平台体系。

一、法学实践教学的定位

（一）法学教育的目标

要明确实践教学的定位，须首先对法学教育的目标作出回应。法学教育的目标，是一个具有根本性的问题。只有解决了目标问题，才能以其作为一个标尺，来衡量现有的法学教育到底有哪些缺陷、应当如何改进。[①]法学教育可体现一国法律制度之关切,社会对法的认知对法治文化的影响至关重要,可直接关涉受教育者法律素养的形成,塑造其法律职业伦理,可以说法学教育的目标决定了该如何教育,决定了实践教学的地位。

理论界认为法学教育的目标有以下几种:通识教育、专业教育、通识及专业的结合、精英教育,对于专业教育又存在分野,即专业理论教育抑或专业职业教育。笔者认为,法学教育为专业职业教育较为合适,这也是当前的主流观点。何谓通识教育?其为非职业性的人文教育,目标是使受教育者获得通识知识,并有独立思考的能力,可以说,通识教育被涵盖在专业教育之中,是其内在应有之意,是与其他大学学科的共同特征。[②]法学教育的目标不应概括为通识教育。而精英教育虽为培养高素质法律人才所必需,但仅仅在几年时间内既要学会理论知识,又具备职业技能,成为经世济民的卓越高素质拔尖人才是很难实现的。教育应当为需求所服务,法学生将来主要从事法律实务,学校应当培养学生这方面的能力,向职业化方向发展是法学教育的必由之路。[③]如模拟法庭、法律诊所、案例实践等实践教学模式对实现法学教育的专业职业导向的作用不言自明。

(二)法学理论教学与法学实践教学的关系

实践教学的定位问题,关键是在法学教育中理论教学与实践教学何者为重的问题,即两者的内在关系问题。关于如何对待两者,在学界有以下三种观点:一是重理论,轻实践;二是重实践,轻理论;三是理论与实践并重,相辅相成。笔者认为,第三种观点较为合理。"徒法不足以自行",法学具有实践性,其非纯理论的学科,终究要面向社会生活,为人们出现的矛盾和冲突答疑解惑,定分止争,寻求解决方案[④],这也是法律存在的意义。若闭门造车,与社会脱节,法学研究也将成为空谈;同时,法学是一门治国理政的大学问,无理论指导下的法学实践极易出现矛盾,走入歧途,波澜壮阔的法学实践也对理论创新提出了新要求。

在实践中,无论是从课时设置、老师授课形式还是学生反馈上,如今法学教育普遍更加重视理论教育,轻实践教学,即使是提出两者并重理念的法学院,实践教学效果也不尽如人意。上已提出,法学教育既然是专业职业教育,实践教学的重要性也就不言而喻,跃然纸上了。当然,实践教学并不等同于可以实现专业职业

---

① 参见葛云松:《法学教育的理想》,《中外法学》2014年第2期。

② 参见葛云松:《法学教育的理想》,《中外法学》2014年第2期。

③ 参见徐显明:《职业化是未来趋势》,《光明日报》2012年10月5日。

④ 参见舒国滢主编:《法理学导论》,北京大学出版社2012年版,第67页。

教育，两者不能画等号，理论教学也是实现专业职业教育的必要内容。可以说，理论教学与实践教学并重也并不意味着课时和教学任务并重，而是应当放在同等地位，相辅相成，不可偏废。具体来说，实践教学与理论教学也不应存在先后的问题，以往的教学路径是先理论后实践，认为实践是理论指导下的实践，但理论也应是在实践中得到深化和升华的理论。如果仅仅先系统地进行理论教育，不得不要面对的一个问题是，学生在课堂上可能并不会认真听讲，只有让学生深入到实践中，了解生活中的鲜活案例，才更能在学以致用的理论倒推下提高课堂教学效果。故理论与实践教学应是同步进行的。①

二、法学实践教学的必要性

一是从法学的性质来看，法学是一门实践性的学问，理论从实践中来，也必将回到实践中去。如果法学研究不能应用于实践当中，那么再好的理论也是空谈，非“真研究”。且实践中案件错综复杂，远远不是理论可以叙述清楚的，亲身面对比说教往往更具形象力。二是从就业上看，法科生若在学校期间就实现了理论与实践的并融发展，以实践拉动理论学习，掌握职业技能，培养思维能力，对于就业及未来的发展将是重大助力。而且法科生毕业后主要进入律所、公司、公检法等实务部门，教育应当为需求服务，职业化、实务化是必然要求。三是从法律思维的培养上看，若对实践教学重视不足，对于法律思维的锤炼将大打折扣，很多法学毕业生在单位工作中遇到案件依然手足无措，不知道如何分析，如何下手处理，法律思维和处理案件能力不强，在很大程度上打击了工作信心，带来了挫败感。四是法学学科如同医学学科，均为“看病救人”之务实学科，只不过法学为医人心之病，医科学生在研习理论的同时，跟随导师在医院坐诊、出诊已成国内医学院培养常态，但是法学的实践教学与之相比仍很欠缺。五是从为国家培养法治人才的角度看，为培养应用性、复合性法律人才，顺应卓越法治人才计划，必须要解决学生实践能力不足的问题，改革当前法律人才培养模式，实现理论与实践的结合。②

① 参见于志刚：《法治人才培养中实践教学模式的中国探索：同步实践教学》，《中国政法大学学报》2017年第5期。

② 参见许身健：《卓越法律人才教育培养计划之反思与重塑》，《交大法学》2016年第3期。

三、法学实践教学存在的问题与困境

(一)课程设置不合理

目前,理论教学培养方案已日趋完善并呈体系化,但实践教学却存在重视不足的问题,教学理念上并未真正转变,具体体现为实践教学课程安排不合理。首先,课时时数安排较少。虽然各院校法学院都基本符合《法学类教学质量国家标准(2021年版)》[①]中提出的实践教学课时要求,但很多都控制在最低标准,要真正发挥实践教学应有的作用,这还远远不够。其次,法学实践教学课程中的必修课较少,基本只有教学实习和毕业论文这两门课纳入学分,其余多为选修,而如模拟法庭、律师实务讲授、社会实践等更连选修课都不算,没有以课程的形式纳入课程体系,多为学生自主参加。即使纳入必修课的实践教学,也存在很难考核、流于形式、敷衍应对的局面。最后,理论上的实践教学较多而以学生主体的实践参与较少。

(二)实践教学缺乏足够投入

实践教学投入不足,缺乏有效的实践平台,在设备及场所上难以得到有效保障。学生实习及其他实践教学方式需有依托点,有力的平台可解决实践教学存在的问题和保证欲达到的效果。[②]法学实践教学主要有校内和校外两个平台,目前对于校内来讲,资金投入尚不足以支撑可开设的实践教学课程,教学设施及设备未能得到有效保障。法学校外实践基地往往不稳定,实行年度签约,未能达成长久合作,且由于多种因素,不能保证数量,存在较多变动因素,未能提供充足及有质量的实践平台,也由此易导致学生不加重视。此外,由于缺乏相应的配套机制,这些实践教学基地的运行效果往往和实践教学目标相差很远。

(三)评价体系不健全

评价体系不健全是法学实践教学平台构建的一大桎梏,无合理评价易导致流于形式,敷衍应对,尤其对于实践教学这种主观性考核比重较大的教育模式。主

---

① 《法学类教学质量国家标准(2021年版)》规定:法学类专业课程总体上包括理论教学课程和实践教学课程。理论教学课程体系包括思想政治理论课、通识课、专业课;实践教学课程体系包括实验和实训课、专业实习、社会实践与毕业论文。法学类专业培养方案总学分应控制在160学分左右,其中实践教学累计学分不少于总学分的15%。

② 参见黄宁:《创新高校行政管理专业实践教学模式的探讨》,《广西教育学院学报》2014年第3期。

要表现如下：首先，评价标准不科学。由于设备不足、教材缺失、教师缺乏经验等各方面原因，制定可操作可执行的评价标准并非易事，尤其应注意到的是，由于传统教学模式“深入人心”，评价体系亦“根深蒂固”，故难免在实践教学评价体系建立时遵循理论教学的路径，但两者存在差异，这易导致制定的评价标准不够科学，使得学生无所适从甚至出现证明造假的情况。其次，从事法学实践教学的老师对学生的法律实践活动成绩的评价主观性强，随意性大。由于对实践教学不够重视或者缺乏经验等原因，部分实践老师往往容易对教学结果随意评价，得分往往相差甚近，不能反映受教育者的真实水平。[①]再次，实践教学形式多种多样，但很多形式如法律诊所等并不计入考评，不在学分之列，选修课较多，甚至一些课程只要及格乃至参与即可，没有硬性要求，学生参与积极性不高。最后，对于教师参与实践教学的评价机制也存在欠缺。

（四）师资力量缺乏

教育之初，学生为本，师资为关键辅助，师资力量的缺乏不利于法学实践平台体系的建立，而今窥析现状，总体不容乐观。首先，实践教学重视不足的大环境背景下，很多老师仍以理论教学为重，传统教学思想依旧深入人心，这导致对于实践教学改革的重视不足，积极性不高。其次，实践教学能力难以保证，有待提高。当前高校老师的培养路径大多为从高校到高校，一直接触的是法学理论教育，欠缺实践工作经验，难免力不从心，且在传统教学方式的培养下，经验不足，教学方法尚有欠缺。[②]再次，专门从事理论教学的老师可谓群星璀璨，而实践教学的老师多为兼职，专职实践的老师数量更是寥若晨星。另外，受评价机制的制约，对于老师的评价，未能将实践教学的效果归纳其中，高校教师尤其是年轻教师，研究任务重，投入到实践教学上的时间和精力相对不足。最后，即使有实践经验丰富和精力充沛的老师进行实践教学，但由于课时过少等因素，也很难将实践教学发挥最佳作用。

（五）实践教学方法多流于形式

目前，法学实践教学的主要方式有模拟法庭、案例教学、法律诊所、基地教学、法律援助、教学实习等，但是各自都多多少少存在问题，缺乏科学的教学训练

---

① 参见梅龙生：《论法学实践教学体系的完善》，《河南教育学院学报》（哲学社会科学版）2016年第6期。

② 参见李永格：《困境与出路：法学本科实践教学体系探索》，《黑龙江省政法管理干部学院学报》2019年第2期。

方法。

模拟法庭以各种法律纠纷的解决方式的模拟演练和训练为主要工作内容，包括比赛和课程两种性质。前者如"Jessup"国际法模拟法庭辩论赛、"贸仲杯"、"理律杯"、法学院模拟法庭比赛等，需进行选拔，规格较高，参与人数有限，大多数同学并不能有效参与进来。如果开学伊始没有参与进来，后期想要再参与，很难跟得上，得到锻炼的往往是少数人。后者更像一个事先排练好的演出，各个角色都有成型的台词，且分工不合理、对抗不足、模拟方式单一，容易流于形式。一次模拟庭审耗时甚多，不能保证学生可多次练习。案例教学重法律思维、轻法律知识，多为课堂讲授的辅助，容易忽视学生主体地位。老师仍居中心地位，本质上还是简单地以案说案且缺乏系统性；实践教学的案例往往为编制案例，并非真实，只为说明某一问题，缺乏系统性；案例的研习缺乏对事实认定的训练，导致学生往往会定性寻求法律解决方案，但在寻求证据、认定事实方面存在极大不足；此外答案往往唯一，缺乏对学生思辩能力的训练。当前开设法律诊所的高校并不多，并且存在一些问题，比如挂牌之后，鲜有前来进行法律咨询的人；学生往往只是做一些打杂的辅助性工作，很难真正介入，并且不能保证全程参与案件的时间；法律诊所是要培养学生像律师那样思考，而不是培养法官、检察官的思维，但目前部分教师对法律诊所定位模糊，致使学生无法以律师身份开展法律活动；此外，诊所式教学的经费以及指导教师的选定、工作量的考核等也很难得到解决和落实，致使参与人数有限。基地教学欠缺有效的管理和监督，学校难以把控，同时存在兼职教师有名无实的问题。[①]还有学生的毕业实习往往流于形式，在实习单位学不到实践技能，如不少学生反映在法院就只是被安排干装订卷宗等辅助工作；本科毕业实习往往为一到两个月，时间太短，还未全程亲历一个案件就结束了；实习往往安排在大学四年级，其间准备考研、司法考试、写毕业论文、找工作等同时进行，很多学生会放弃实习机会，以便争取更多的时间；实习单位对实习生往往不够重视且实习生众多，没有具体落实指导老师，并未形成一套具体的指导方案等。

四、困境的解决：法学实践教学平台体系的构建

（一）优化实践教学课程体系和训练方法

首先，扩大和充实法律实践教学课程内容，加强实践环节，加大其在课程中的

① 参见田宏伟：《诊所式法律教育：法学实践课改革新尝试——美国法律实践教学对我国法学教育的启示》，《教育探索》2007年第1期。

比重,切实提升学生法律实务能力。

其次,高校可根据自身情况,打造多个实践教学平台,营造特色。法学实践教学平台的构建可以从多方位入手构建,其主要支点有律师法务教学平台、司法业务(公证、司法鉴定、监看)教学平台、法律援助与法律服务教学平台、法律诊所教学平台、模拟法庭竞赛教学平台、案例教学平台、毕业实习平台等。同时,应当意识到,为了避免沦为程序化的表演和敷衍的走过场,课程平台建设切忌过分追求大而全,这样容易失去焦点,所以在设计实践教学平台时,应注重打造精品平台,以集中发力为主,兼顾多平台的全面运营。

最后,优化平台体系建设,改善训练方法,汲取经验,扬长避短,尽量克服当前平台建设的缺点。具体可分为校内及校外,律师法务教学平台、司法业务(公证、司法鉴定、监看)教学平台、毕业实习平台通常在校外进行,三者存在交叉,都属于通常意义的实习,可先开设课程进行律师法务及司法业务的教授,课程主要以引导为主,引导同学完成课后作业,培养必要的如写起诉书、抗辩书及审查合同的技能,而后进入校外实习基地,可结合实践教学老师的改革,加强管理,切实使学生得到锻炼。实习可提前开始,并不局限于最后的毕业实习,在验收时可进行一定的真实性调查,避免出现浑水摸鱼的现象。对于法律援助与法律服务教学平台、法律诊所教学平台,可加大投入,配备必要的场所及设施。法律援助可以学生为主体,老师进行指导运营,学校须提供必要的资源,加大宣传,使得法律援助真正运营起来。法律诊所平台可线上线下共同开展,配备诊所老师,老师进行指导,多位学生根据案件情况提交文案材料,老师进行审核点评,负责最后的把关,这些文案都可作为平时的考核成绩。模拟法庭的进行,除了国内外高规格的比赛外,学校可以自主开展或者联合同地区的高校开展小规模的比赛,给同学更多机会参与,并且可尝试扩大获奖比例。对于案例教学,可多引导同学进行讨论,引入考试及考核内容,引起学生重视。可增加课堂作业,要求同学就某个问题进行案例检索,形成案例汇编总结,分析规律,引导同学课上发言,并形成书面作业。案例的选择可不必局限于某一章的内容,可复杂多样,使知识更加融会贯通。

(二)增加投入,构筑稳定的实践教学平台

其一,高校应增加实践教学的资金投入,建设、完善实践场所和设施。法学实践教学应当顺势而为,不断充实和完善法学实践教学设备,可开展线上和线下两条线。线上可建立丰富的资料库或者信息库,包括司法机关的裁判文书、律师起草的各类法律文书、法院庭审视频资料、各级司法机关公布的各类具有指导意义的典型案件和社会热点问题调查报告等。线下可建立模拟法庭、案例实训室等,

训练室可面向更大范围的同学开放,而不仅仅只面向比赛的同学。

其二,高校应推进合作,从校方和实务界的合作关系入手,分析二者各自的优势和需求,从中找到结合点,完善校外实践教学基地建设。注重与法院、检察院、律所等的合作,建立教育实践基地,构建良好互动的校外平台。学校可组织学生在外进行课题调研、提供基地保障,并为其实习提供良好条件,使得学生实现司法业务教学、律师法务教学等,还可邀请校外平台的法官、检察官或者律师等到学校为学生专题授课、指导模拟法庭、完善案例教学等,为学生提高实践能力助力。①

(三)健全考核机制

重视实践教学,实现法学教育的目标,考核评价体制的改革是必然趋势。要使教师的工作得到相应的回报,使学生的学习得到合理的测评,才能助力实践教学,建设成健全的法学实践教学平台。

其一,对于学生要设置合理的考核因素和方案。建立动态跟踪式评价体系,关注学生是如何参与法律实践的、做了哪些工作、成效如何、有何经验与教训等。同时,对于不同的课程平台考核要因时而宜,有所区分,如在开展法律诊所教育过程中,教师还应重视当事人对学生工作的评价与反馈。在教学实习中,建立学校与实务部门的联动考核机制,不能仅靠实习单位的一纸鉴定书就给定成绩,要结合学生的工作效果、工作投入、工作报告等多方面业绩综合算定成绩。可根据实习单位的性质,如法院的话,需学生根据特定案卷材料写成判决书,让学生自己动手。对模拟法庭,应当综合考虑工作投入、工作难度、合作精神、竞赛成绩等因素合理测定成绩。

其二,在实践教学方面,要合理测算工作量,不唯课时论,使得教师的付出有回报。确保实践教学在老师的职称评定、津贴待遇等方面占一定的权重,使实践教学得到重视,充分调动教师参与实践教学的积极性,完善测评,形成以考核促效果的合理机制。②

(四)完善实践教学教师机制

针对师资问题,可采取以下几项措施:一是"双千计划"的继续完善化和措施具体化,在职称职位、津贴待遇等方面保证工作人员不受影响,不对实践教学存有

---

① 参见付子堂:《探索政法高校法治人才培养新机制》,《中国高校社会科学》2017年第4期。

② 参见房绍坤:《我国法学实践教学存在的问题及对策》,《人民法治·法律实施》2018年第8期。

抵触心理,安心工作、发挥促进作用。①二是高校应探索建立高校与法律实务部门人员互聘制度,打破现有体制的限制。一方面,高校应加强对在校教师的培养,组织教师到实务部门锻炼;另一方面,将具有丰富经验的实务专家引进到师资队伍中来,弥补经验不足的问题。三是加强现有法学师资建设,培养高校教师的实务能力和丰富其知识结构,同时提供条件,使得其有时间和精力进行实践教学。四是可发展专职实践教学教师。由于当前对于教师的考核指标仍是科研,要使实践教学有效果,打破师资力量不足困境,可尝试发展专职教师,拥有独立的实践教学教师队伍。②五是高校可吸收法律实务部门的专家,参与卓越法律人才培养,使法律实务部门由单纯的招录用人单位变成共同培养单位。具体而言,双方可以共同建设实践基地、制定培养目标、开发优质教材、设计课程体系、实施课堂教学等。③

(五)编写及选用合适教材

有学者指出,法律职业需要从业者具有法律思维能力、法律文书的书写能力、案件分析能力、表达能力和法律检索能力。④如此方为当今优秀的法律人才所必须具备的能力配置,但是仅从目前教科书来看,并不能促进法科生上述能力的培养。现阶段教材多是对于理论的解读,对于案例分析、文书写作等缺乏相应教材。要使法学实践教学有教材依托,首先,应该继续完善实践教材的编写,使得各类实践教学模式有书可循,针对没有涉及的领域填补空白。其次,要与时俱进,实践教学与理论教学不同,前者有着更强的发展性,要根据实践发展及时补充。再次,要根据不同的实践教学模式与教育目标,有的放矢,选用合适教材,若无合适教材,各高校可探索自行编写及汇编,形成一套体系。最后,尽可能采用典型真实的文书材料、案例材料、检索及综述材料等。⑤

应当清醒地认识到,法科生从开学伊始到就业乃至成为一名优秀的法律职业人需要漫长的时间,需要在实践中千锤百炼,需要长久的再学习、再培训,仅仅依靠法学实践教学就能成为优秀成熟的法律人才并不现实,高等学校培养任务也不仅限于此。实践教学作为高校法学教育的重要形式,其应当注重于法学知识方法

---

① 参见王立民:《双千计划与法治人才的培养》,《上海政法学院学报》2017年第5期。

② 参见蔡立东、刘晓林:《新时代法学实践教学的性质及其实现方式》,《法制与社会发展》2018年第5期。

③ 参见包玉秋主编:《法学人才培养模式改革研究》,法律出版社2013年版,第89页。

④ 参见丁德昌:《案例教学法与法学本科生法律素质的培育》,《高教学刊》2016年第15期。

⑤ 参见王文华:《卓越法律人才培养与法学教学改革》,《中国大学教学》2011年第7期。

的传授，通过实践教学的模式，使受教育者能够实现对法律职业共同体的认同，对法律伦理的正确认识，对法律思维方式的锤炼，对职业技能的掌握，最终形成以不变应万变的职业素养，贯通法律知识体系，熟练运用法律技术。尤其要掌握解决实践问题的基本思路和方法，举一反三、触类旁通，不要面对实践问题时无从下手。在法学教育体系中，法学院必须明确自己的定位，以高效的法学实践教学，授人以渔，培养学生的法律职业素养。

法学实践教学的模式归纳与反思

赵　恒

一、法学教育的内涵及其理解

（一）法学教育的基本含义及其类型

法学教育是以法学专业教育为基础，以法律职业为取向的教育形态。在过去40年间，中国法学教育的内涵经历了三次发展，对此，可以将其粗略分为三个阶段：义理传承、学以致用、慎思明辨，分别对应着法学的知识积累、能力培养和理念塑成。义理传承采用的教学场所一般是课堂，以教师的灌输为主要方式。学以致用侧重将法律操作的能力和法律应用的素养作为培养的重点。慎思明辨注重采用专门训练的综合体系。[①]

正是由于法学教育内涵丰富，法学教育可以根据学位项目、法学专业与非法学专业、专业法学教育与非专业法学教育等不同标准，而被划分为不同类型。在此，仅举几个例子。(1)按照法学教育的学位项目分类。考虑到我国法科教育的学位项目种类较多、专业划分较细，40多年来，已有10余种法学学位项目(其中有8种学位同取得法律职业资格相关联)，构成庞大而复杂的法学学位教育体系。[②](2)按照普通高等教育的本硕博类型课程体系设置。本科生的课程设置大体包括两个部分：一个是教育部高等学校法学学科教学指导委员会确定的核心课程，构成了法学学生必修的课程，保证了法学学生有共同的学术背景。另一个是选修

① 参见吴汉东：《法学教育发展的历史轨迹与中国道路》，《中国大学教学》2016年第1期。

② 参见冯玉军：《略论当前我国法学教育体制存在的问题》，《政法论丛》2014年第1期。

课，在尊重学生学习和了解兴趣的同时，也可以发挥授课老师的专业特长，为学生们关注更多样的学习动态提供了有益的平台。硕士研究生主要定位于应用型、高层次、综合性人才。2000年教育部在《关于加强和改进研究生培养工作的几点意见》(教研〔2000〕1号)中就曾经指出，硕士生课程设置要在本科教育的基础上，充分体现研究生层次的特点。课程体系要有足够的宽广度和纵深度，并具有前沿性和前瞻性。法学博士学位课程有别于硕士研究生，但如果没有课程体系的整体变革，是不利于创新型法学博士研究生培养目标实现的。①(3)按照法学专业、非法学专业进行分类。根据教育部的要求，“思想道德修养与法律基础”是所有高校学生必修的公共基础课，其中，“法律基础”的相关内容是非法学专业学生的“法学必修课”。对非法学专业学生进行普法教育，主要是在校级公选课平台开出的法律课程公选课以及在校园内部进行的其他形式的法治宣传。

(二)法学教育的交叉发展

随着社会发展、科技进步，尤其是进入21世纪以来，除了传统的法学教育，一些相对新颖的法学教育类型逐渐出现，其教育体系趋于成熟，由此直接影响到法学教育教学方式与方法的多样性、多元化。概览之，受到社会环境尤其是新冠肺炎疫情防控等方面的影响，当下法学界讨论较多的有两类，即公共卫生法学、互联网法学。

1.公共卫生法学

公共卫生事业发展关乎广大人民群众的身体健康。进入新时代，我国社会的主要矛盾已经转变为“人民日益增长的美好生活需要和不平衡不充分的发展之间的矛盾”。这一转变对我国公共卫生事业的发展提出了更高的要求——推动公共卫生治理体系和治理能力现代化。面对突发重大公共卫生事件，大力发展公共卫生法学教育，是加强和完善公共卫生法治建设的必然路径。对此，有学者提出，公共卫生法学教育应当成为有力推动国家和政府履行相关义务，保障国民基本健康权利的利器，因此，开展公共卫生法学教育，需要从以下几个方面培养复合型高素质法治人才队伍：首先，公共卫生法学教育应培养德法兼修的高素质法治人才；其次，公共卫生法学教育应该致力于培养“既懂法学，又懂医学”的复合型人才；最后，公共卫生法学教育应该致力于培养兼具良好的理论素养和较高的实践能力的优秀复合型人才。②

---

① 参见莫洪宪：《创新型法学博士研究生培养模式探索》，《法学杂志》2013年第1期。

② 参见郭为禄：《探寻公共卫生法学教育之道》，《法学》2020年第4期。

2.互联网法学

全球化、信息化对法学教育产生重大影响。对此,法学教育应当不断适应科学技术给法学教育带来的挑战并作出适应性发展。特别是,在“互联网+”时代,云计算、大数据、区块链和人工智能等各种新兴技术的发展,给法律教育带来了前所未有的挑战。当然,这种挑战也含有机遇。因此,不少观点指出,法学教育需要以法学和智能科技融合的方式创新人才培养模式,利用大数据、网络技术进行教学,在现有法学课程中开设数据法学类课程,设置人工智能法学、网络法学学科,以培养“互联网+”的复合型法律人才。[①]

二、法学教学的主要含义及其类型

(一)法学教学的基本内涵

关于何谓“法学教学”,其是否等同于法学教育,不同学者的立场有别。例如,有观点认为,法学教学是狭义上的法学教育,即由高等院校法学院组织开展的具有系统化、科学化的法学专业学习。[②]通常情况下,法学教学涉及法学学士、硕士、博士等学生群体的教育培养,另外,法学教学还包括专业教学与职业教学、理论教学与实务教学相结合的体系。[③]由此,我们可以认为,法学教学的基本组成部分是复杂多样的,包括培养目标、培养模式、课程体系、教材选择、教学方法、考核模式等多个方面。

(二)法学教学的不同类型

由于分类标准或者关注视角的不同,可以将法学教学划分为多种类型。在此,仅讨论以下四个类型:其一,按照法学教学的群体学历不同,法学教学可以分为本科法学教学、研究生法学教学、双学位法学教学,等等,其中,研究生法学教学还可以分为硕士生法学教学、博士生法学教学。其二,按照法学教学的内容划分,法学教学可以分为理论法学教学和部门法学教学。很多学者认为“理论法学”是以探讨法学的基础理论、一般理论为主要任务的法学学科,与之相对应的是应用

① 参见王渊、吴双全:《“互联网+”时代法学教育变革研究》,《高教探索》2019年第7期。

② 参见张能全:《法治视野中的本科法学教学再改革》,《兰州学刊》2012年第4期。

③ 参见季连帅、肖凌:《社会需求视域下的法学专业教育教学改革策略研究》,《黑龙江高教研究》2013年第7期。

法学或者就是指部门法学。[①]其三，按照法学教学的模式划分，法学教学可以分为理论教学和实践教学。前者是指，教师采用课堂讲授的方式进行必要的引导以开启学生的自主思维活动的教学模式；后者是指，引导学生把所学过的知识应用于社会实际工作，将社会视为大课堂，通过师生平等、有效的互动，充分调动学生学习的主观能动性，培养学生接触社会、了解社会以及知识应用等多方面的综合能力的教学模式。[②]目前，我国法学专业实践教学以案例教学、模拟法庭、法律诊所等为主。[③]其四，按照法学教学的方法划分，法学教学可以分为启发式教学、探究式教学、讨论式教学、参与式教学、体验式教学、案例教学等类型。[④]

（三）法学教学的新型样态

1.翻转课堂

翻转课堂教学方式是一种适应信息化发展的新型教学模式。通常认为，这种教学方法起源于美国，其注重引导并培养学生自主学习能力，追求提高学生应用能力和创新能力的教学效果。正是如此，根据课程教学的步骤与阶段，尽管翻转课堂与传统课堂都是由课前、课中和课后三个环节组成的，然而，翻转课堂颠覆了课前简单预习、课堂集中传授、课后被动作业的传统模式，而是创造性地将课堂教学与开展分为两个阶段：其一，知识信息传递阶段。首先，在课前由学生自主完成，通过资料收集、数据分析、视频讲座、课前测试、互动讨论等方式完成知识信息的梳理和传递；随后，在课堂上完成，集中突破知识的重点和难点、分析讨论以及应用创新。其二，内化应用阶段。在课后，学生自主规划学习内容、节奏、风格和呈现知识的方式，教师可以通过对学生课前表现、课中参与以及课后应用等方面的情况进行综合评价。正是如此，有观点指出，翻转课堂颠覆了传统法学的教学结构与教学流程，有利于法律职业人才应用能力和实践能力的培养。[⑤]

---

① 参见吴晓玲、陈和平：《理论法学及其在法学学科体系中的功能》，《江西社会科学》2008年第12期。

② 参见王太芹：《法学本科实践教学改革探索》，《中国政法大学学报》2014年第3期。

③ 参见张邦铺：《法学专业实践教学模式存在的问题及改进策略》，《教育评论》2016年第7期。

④ 参见刘燕：《法学教学方法的问题与完善途径——以案例教学为例》，《中国大学教学》2013年第7期。

⑤ 参见潘淑岩：《翻转课堂教学模式在法学课程教学中的开展》，《教育理论与实践》2019年第27期。

2.虚拟实验教学

教育部高等教育司《中国高等教育的质量革命启动实施“六卓越一拔尖”计划2.0有关情况》提出,应当全面推进新文科建设,提高高校服务经济社会发展能力。由此,与新文科相适应的一种新型教学方法,即虚拟实验教学法,成为高校正在积极探索的教学方式。通常情况下,所谓“法学实验”,是指在法学教师的专业指引下,法学学生在法学实验室中进行对法学学科理论和知识的实验论证或对法律实践操作技能训练的创新教学活动。在新文科背景下,法学虚拟实验教学就是利用现代信息技术,缩小社会对法学实践需求和培养目标之间的差距。在此基础上,帮助学生提前适应新的法律实践、法律服务环境。因此,可以初步认为,设计并推行法学虚拟实验平台,是为法学专业人才培养的新模式探索提供新的路径选择。①

3.网络模拟法庭教学

网络模拟法庭教学是指,利用信息技术手段创设一个法庭审理空间,通过网络再现课堂教学,营造法庭场景,运用信息资源,实施自主探索、多元互动和协作学习。一般而言,此种教学方法贯彻情景再现、突出庭审重点、依托丰富资源与突出互动联系等四个原则,由此,可以通过计算机多媒体技术,创设模拟法庭环境,虚拟设置法庭审理场景,充分发挥网络教学的资源优势,在引导学生积极学习的同时,有效实现交流和互动。②

4.网络法学课程(MOOC等)

网络课程教学又被称作线上课程,是在适应信息化、科技化发展的基础上,为了打破法学学习的物理空间等方面的限制,灵活安排课程内容和学习方式,引导学生结合实际情况自主选择学习主题和学习进度,以彰显法学学习的个性化特征。而且,线上课程通常是不同高校共享教学内容,网络课程教学帮助学生利用课上、课下时间,既可以进行自主学习,又可以突破院校之间的师资限制,尤其是,部分网络课程教学涉及国内外教学资源,对此,学生还可以通过MOOC课程,学习国外法学知识、参与国外法学课程。③

---

① 参见张静:《法学实践教学存在的问题与改革对策》,《教育理论与实践》2014年第33期。

② 参见卢兴文、和国哲:《网络法学课程实践师生互动式教学方式探究》,《成人教育》2017年第2期。

③ 参见卢兴文、和国哲:《网络法学课程实践师生互动式教学方式探究》,《成人教育》2017年第2期。

三、法学实践教学的主要内容及其发展

随着国家培养法律应用型人才要求的提出,法学实践教学日渐受到学界的重视,已具备与法学理论教学同等重要的地位。从培养法律专业型、应用型人才层面出发,可以认为,法学实践教学是我国应着重推行的教学理念与教学举措。

关于何谓"法学实践教学",不同学者从不同立场提出了相应的主张。例如,有学者提出,法学实践教学主要是指通过课内外的实践工作形式(包括校外实习和校内模拟实训),培养学生相应工作技能的教学方式,并以培养学生的实践动手能力为最终目的,以弥补课堂教学教条化和理论化的不足。[①]也有学者认为,法律实践教学一般是指在传统法律理论知识学习的基础上,为培养学生的法律思维和法律逻辑,解决实践生活中的法律问题,而专门设置的法律实践环节。[②]综合而言,法学实践教学包含课内实践教学与课外实践教学两个部分,都是为了培养、提高学生的法律实务能力和法学思维能力而设置的教学方式。

(一)法学实践教学的基本组成

(1)课堂内的实践教学。课堂内实践教学主张在课堂教学中要坚持教学内容的实务导向性,以及教学形式的实践性与开放性。目前,课堂内的实践教学主要包括针对不同的教学内容或者二级学科专业开展的课堂案例讨论(案例分析、司法实务)、司法口才以及模拟法庭等。不过,应当意识到,此类课程大都是为了帮助学生理解法理知识或者专业理论,其本身缺乏足够的实践导向。由此,学生在这些课堂上的学习方式以及学习收获可能会与理论知识的学习体悟存在较大的相近性。换言之,课堂内的实践教学更多地具有实践之名,其发挥的作用在于帮助学生围绕理论知识展开辩论和练习。

(2)课堂外的实践教学。课堂外的实践教学包括学生在学校学习期间自主举行的法律知识交流活动、法律辩论性以及法律类的社团活动,对学生的法律思维和法律逻辑进行的初步训练。此处的"实践"既包括学生在社会环境中向法律知识实践者的学习或者运用法律知识解决法律问题的实践,亦包括法律见习活动和不同形式的法律实习活动,等等。[③]

---

① 参见张静:《法学实践教学存在的问题与改革对策》,《教育理论与实践》2014年第33期。

② 参见蒋梅:《基于现代教学设计理论的法学实践教学设计》,《教育研究》2012年第2期。

③ 参见李喆:《法学专业学生实践教学的困境与出路研究》,《法学杂志》2014年第9期。

(二)法学实践教学的基本要求

(1)对学生基本素养的要求。第一,强调学生需要具备较强的法律专业基本功。法学实践教学要注重多方面的配合,包括法学理论教学与实践教学的配合以及法学课堂内的实践教学与课堂外的实践教学的配合。第二,法学生对法律专业的基础知识要具备较强的运用能力。以模拟法庭为例,教学的第一步是师生对案例展开分析,即选择相应的实体法、程序法;第二步是要求学生找到并了解具体的法律规定,包括司法解释等;第三步是针对不同角色的学生安排相应的重点学习内容。可见,这门课程要求学生必须具有相关的法律知识的实践技能。①

(2)对教师及学校的基本要求。第一,理论教学与实践教学相互衔接、相互支撑。鉴于法学理论教学在法学教育中的地位和与法律技能形成的密切关系,法学实践教学首先应当坚持的原则是与理论教学相衔接,构建理论教学与实践教学相互支撑的体系:一方面通过理论教学为学生实践技能的形成奠定理性基础,另一方面通过实践教学深化学生对法学基本知识和原理的理解。②第二,实践教学自身体系的建构与完善。法学实践教学应当遵从学生能力的成长规律,设置相应的实践教学课程,确定相应的实践教学内容,从而形成一个由单一到综合再到实战的紧密衔接的实践教学体系。

(三)关于教学理念与教学思路的认识

对此,法学界有不同的认识。例如,有观点认为,法律实践教学是一种与法学作为实践学科的属性与特质比较切合的教学方式、方法。③有观点指出,法律实践教学是一个教学环节,是在传统法学教育的基础上,为培养学生分析和解决法律问题的能力,强化训练学生法律实践能力而专门设置的教学环节。④有学者认为,它是一种教学模式,是在我国本科法学教育过程中开展的旨在训练法科学生实践技能的教学模式。⑤当然,还有学者从内容和形式两个角度来对法律实践教学进行解读,将其与理论教学和课堂内教学分离解读。然而,有学者并不认同上述区

---

① 参见张静:《法学实践教学存在的问题与改革对策》,《教育理论与实践》2014年第33期。

② 参见房文翠:《法学教育中的法学实践教学原则》,《中国大学教学》2010年第6期。

③ 参见蔡立东、刘晓林:《新时代法学实践教学的性质及其实现方式》,《法制与社会发展》2018年第5期。

④ 参见何妙:《法学实践教学研究》,《商场现代化》2010年第10期。

⑤ 参见房文翠:《法学教育中的法学实践教学原则》,《中国大学教学》2010年第6期。

分，认为实践教学的手段和形式不断地更新和完善，课堂内的实践教学和课堂外的实践教学越来越难以区分，法律实践教学不排斥法律基本知识以及法律通识教育。①

四、法学实践教学的主要问题及其原因

目前看，我国法学实践教学仍存在不少有待解决的疑难问题，而这些问题的产生缘由也是多元的、复杂的。

（一）观念认识

1.对法学实践教学的重视程度不够

我国现行的法学教育模式重视对学生法律专业理论知识的灌输，轻视甚至忽视对学生实际应用能力的培养。法学专业实践教学不仅计划学时少，而且形式单一，学生理论联系实际能力的培养多数处于自发状态，缺乏教师的系统指导。②

2.法学人才培养定位不准确

二十多年来，我国教育管理部门将法学教育设立为大学科培养模式，形成了以学历为衡量标准的多层次法律人才培养体系。当前的法学教育培养模式缺乏理性的“宏观调控”和有效的指导。这集中反映了法学人才培养定位的现实问题。③

（二）关系不明

此处所指的关系主要是实践教学与理论教学的关系。当前，法学实践教学在地位上仍存在附属于理论教学的倾向，在高校教学领域，法学实践教学被当作辅助理论教学、理论学习的手段。正是如此，实践教学课程的设置缺乏合理性，在培养方案中，实践性课程学分在总学分中所占比例偏低。而且，以毕业实习为代表的法学实践教学方案有明显形式化特点，无法发挥其应有的价值和功能，不利于学生真正培养实践能力。

---

① 参见叶永禄：《论法学实践教学与卓越法律人才培养教育——有感于教育部“卓越法律人才教育培养计划”》，《云南大学学报》（法学版）2013年第3期。

② 参见邢绡红：《我国高校法学实践教学的现状分析及对策——以诊所式法律教育模式为视角》，《黑龙江高教研究》2011年第4期。

③ 参见张静：《法学实践教学存在的问题与改革对策》，《教育理论与实践》2014年第33期。

(三)教学资源

1.法学实践教学资源匮乏,缺乏有效的实践平台

近年来,我国高校法学专业招生规模急剧膨胀,高校的实践教学资源(包括实习基地、指导教师以及实习经费等)愈显匮乏。以毕业实习为例,为解决实践教学资源匮乏问题,部分高校采取由学生自主联系实习单位的实习模式。然而,由于学生社会接触面狭窄,难以找到合适的实习单位,这就使得相当数量的学生会倾向于就近实习或者回老家实习。然而,应当关注的是,这种管理方式实际上是一种学校无法对学生进行有效监管的实践教学模式,而且,以下现象也不是个例——很多学生都是带着应付交差的态度来对付实习,有的根本没有参加实习,只是交实习报告草草了事。[①]

2.缺乏一批高质量的实践教学教材

在高校教学领域,教材的重要性不言而喻。目前,法学实践教学方面的教材过于注重对概念的诠释以及对理论知识的讨论,其实践性、实务性导向不足,尤其是缺乏对代表性案例的深度剖析,难以发挥培养学生理解与分析能力的作用。[②]

(四)课程设置

1.法学实践教学未能系统化

一方面,法学实践教学缺乏科学的、系统的理论指导。目前的法学教学相对较少地关注如何培养学生具备专业能力的问题,未能形成一个关于法学实践教学的系统研究,更没有上升到可以指导实践教学课程设置与开展的理论高度。另一方面,高校层面的法学实践教学常态模式尚未成型。相当数量的高校除了要求法学生撰写毕业论文并开展毕业实习以外,并未能根据专业或者培养需要,开展系统化的、体系化的实践教学计划和具体工作。

2.实践教学课程设置与模式单一

如前所述,当下我国法学实践教学主要以案例教学、模拟法庭、法律诊所等为主。一些授课老师还可能存在这样的误区——实践教学可等同于案例教学,而授课老师的案例教学又停留在“案例释法”的阶段,实践中,教学案例通常是已知或虚拟的案例,这就产生一个现实问题:授课老师对法律适用讲得多,对事实认定讲

① 参见邢绡红:《我国高校法学实践教学的现状分析及对策——以诊所式法律教育模式为视角》,《黑龙江高教研究》2011年第4期。

② 参见张邦铺:《法学专业实践教学模式存在的问题及改进策略》,《教育评论》2016年第7期。

得少;知识灌输多,技能培养少,忽略了对学生学习主动性的培养。以模拟法庭为例,这种模拟法庭教学活动成了“法学舞台剧”或者“法庭模仿秀”,学生参加模拟法庭,往往会提前准备各种台词和固定表达,在一些情况下,控辩双方或者原被告双方都会交流彼此的“台词”,尤其是一些实践中发生的热点案例。一方面,裁判文书等都已经是现成的,另一方面,无论是教师还是学生都无法获得一手的证据材料,只能根据公开的一些二手甚至是多手的材料进行改编、创设,不仅不利于调动学生参与的积极性,而且会损害学生对庭审活动的认识立场。换言之,这种教学方式难以有助于提高学生的实践能力与批判能力。

(五)师资队伍

目前来看,在法学实践教学方面,师资队伍有待规范以及教师教学能力有待提高等方面都需要得到专门的关注。后者集中表现为法学教育师资结构不合理,部分法学教师法律技能不足。无论是理论教学教师还是实践教学教师,都应当具备深厚的专业功底和丰富的职业经验,才能真正帮助学生掌握专业知识并指导学生解决问题。需要承认的是,目前一些法学教师尤其是从事法学实践教学工作的教师缺乏必要的实践经历,不能充分了解法律实务。

(六)质量评价体系

法学实践性课程的灵活性为其质量的监管增加了难度。例如,多数学校校内都没有能容纳大批法学学生实习的场所,学生实习单位也比较分散,学校很难对这些实习学生进行全程指导和监督。这也是实践教学质量评价体系不完善带来的弊端。有效的实践教学质量评价体系的缺失,易造成实践教学流于形式。

五、法学实践教学的应对思路及其方案

针对前文提及的法学实践教学方式的发展及其问题,课题组认为,应当从以下几个方面采取应对举措。

(一)观念认识

第一,明确法学实践教学的培养目标,即法学教师必须明确法学实践教学是以培养合格的法律职业人为目标。教师应从法学教育的实践性、职业性特点出发,以应用型法律人才为培养标准,培养并提升学生适应法律实务实践的专业能力。第二,转变传统法学教育观念。树立法学教育职业化和实践化理念,对我国目前的法学教育模式进行实质性改革。要将过去“以教师为主导”的“满堂灌”“注入式”的教学观念转变为“以学生为主体”的“启发式”“能动性”的教学理念,努力

让学生通过解决实际案件来学习法律知识和技能。[①]第三,准确定位培养目标。法学实践教学同样强调法学素质教育,其核心在于培养学生的实践能力、创新意识。那么,高校及其教师应当充分了解社会需求,并将教学与之有机结合。法学培养目标设定应从实际出发,要有针对性、预见性和调整性,即要求法学教育以社会需求为主,社会需要什么样的人才就培养什么样的人才。[②]

(二)教学资源

1.加大对法学实践教学基地的建设,为培养学生的实践能力搭建平台

一方面,法学实践教学基地是培养学生实践能力的重要场所,是实现法学专业人才培养目标的需要,是学校与司法部门实践互动的重要桥梁。因此,学校应整合、利用各种社会资源,加强同公安、检察、法院、司法和律师事务所等单位和部门的沟通与合作,既要鼓励优秀教师到司法部门中挂职锻炼或者到律师事务所做兼职律师,又要邀请专业能力突出的实务专家担任高校的实践教师或者授课教师,这有利于培养"双师型"的教师队伍,能够在一定程度上解决学生人数急速增长和实践教学资源严重匮乏的矛盾。另一方面,构筑稳定的实践教学平台。第一,高校应增加实践教学的资金投入,建设、改善实践场所和设施。第二,高校应完善实践教学平台,搞好校外实践教学基地建设,这是实现培养应用型人才目标的保障。第三,高校应该从校方和实务界的合作关系入手,分析二者各自的优势和需求,从中找到结合点。[③]

2.编写一批高质量的启发性应用型教材

优秀且专业的法学实践教学教材的不足,是当前制约课程质量的重要因素。换言之,优化实践教学课程体系,需要有教材作保障,教材建设有利于总结实践教学的程序、策略、内容和方法。法学应用型教材应该突出实践性和操作性特征。对此,有观点指出,可以通过法院、检察院等实务部门定期收集最新的典型案例,再由法学专业教师梳理案例中的相关法律问题进行案例教材的编撰。[④]

---

① 参见邢绡红:《我国高校法学实践教学的现状分析及对策——以诊所式法律教育模式为视角》,《黑龙江高教研究》2011年第4期。

② 参见张静:《法学实践教学存在的问题与改革对策》,《教育理论与实践》2014年第33期。

③ 参见张邦铺:《法学专业实践教学模式存在的问题及改进策略》,《教育评论》2016年第7期。

④ 参见张邦铺:《法学专业实践教学模式存在的问题及改进策略》,《教育评论》2016年第7期。

（三）课程设置

第一，建立科学的实践教学内容体系。现有的实践教学模式存在诸多弊端，无法发挥法学实践教学的应有价值。应对我国的法学实践教学进行改革。第二，调整与完善课程设置。准确判断学校的学科优势与教学优势，结合优势设立具有特色的实践课程，并围绕社会需求增加相应环节或者项目，进一步促进既有实践教学课程实践化。第三，构建多元化、多层次的实践教学模式。一方面，贯彻以学生为中心的教学理念，扩大和充实法律综合实践教学课程内容；另一方面，加强实践教学基地建设，搭建更多的实习实践平台。

（四）师资队伍

第一，调整教师职称评定标准，鼓励教师加强法学实践教学理论研究工作。适当调整教师职称评定和经费分配标准，加大对教师教学方法和教学效果的重视程度，调动教师从事实践教学以及实践教学理论研究工作的主动性。

第二，推进"双师型"教师队伍的规范化完善。应当说，高校与实务部门进行合作，是推动法学实践教学进步的必然路径，其中，关键要素之一是围绕师资队伍加强合作，即建立并完善实践教学团队，按照立法实践、执法实践、司法实践、法律诊所及社会服务等类型将师资队伍类别化，有区别地开展教学，打造一支了解社会需求，教学、实务经验丰富的"双师型"队伍，使得高校走向与法律实务部门合作的开放式培养模式，实现学业与职业的零距离对接。尤其是，理论教学教师与实践教学教师可以共同制定培养目标、共同设计课程体系、共同实施课堂教学（如双师课堂教学）、共同开发优质教材、共同建设实践基地等。

（五）构建法学实践教学的评价体系

为了提高实践教学评价的真实性和科学性，第一，事先制定一套符合法学实践需要的实践教学评价标准。第二，确立考核指标。法学实践教学考核指标应当注重类型化设计，即从法律实务、司法实践的具体场域及其工作需要出发，探讨不同领域、不同工作的考核指标要素，突出学生的理解能力、分析能力、创新能力、写作能力等综合考察。第三，建立动态跟踪式评价体系。法学实践考核应注重过程性，关注学生是如何参与法律实践的、做了哪些工作、成效如何、有何经验与教训等。同时，在过程评价体系中，应引入学生自评、学习小组互评的参与机制。

法学实践教学实习设计研究

曲　仪

法学专业教学实践环节是高等学校法学教育教学体系中的一个重要的组成部分。作为一门实践性很强的社会科学,法学从产生之日起就从来没有离开过社会发展的实践。近代著名法律教育家孙晓楼教授在论及法学理论与法学实践的结合时说,研究法律一定要学与术并重,太偏重理论,不免于空泛;太偏重运用,亦不免于迂腐,必也有法律之术,法理之学,互相为用,而后可以渐臻于美备。其中所谓的"法律之术"就是指法律的应用,法律的实践;法理之学就是指法学理论;学与术并重就是要法学理论的学习与法律实践同样注重,紧密结合,最终才有可能达到完美完备。法学是一门应用性很强的学科,不能脱离实际而进行孤立的理论研究。21世纪的法学教育必须知与行统一,理论与实践相一致,这要求中国的法学教育既要重视理论讲授,也要重视实践应用。由此可见,法学专业的实践教学环节在整个法学教育过程中以及在大批法律人才和高层次复合型的治国人才培养中的举足轻重的地位。

党的十九大以来,全面依法治国作为国家的重大战略得到了前所未有的重视。近年来,习近平法治思想的提出更是法学实践教学更新与进步的重要契机,习近平总书记在考察中国政法大学时指出,法学学科是实践性很强的学科,法学教育要处理好知识教学和实践教学的关系。要打破高校和社会之间的体制壁垒,将实际工作部门的优质实践教学资源引进高校,加强法学教育、法学研究工作者和法治实际工作者之间的交流。本课题研究即在此基础上,探索在新时代、新文科建设背景下,如何以习近平法治思想为引领,深化法学专业实践教学,培养知行合一、德法兼备的法律人才。

一、新时代下的山大法学实践教学：背景、意义与困境

（一）新时代背景下的法学实践教学

伴随中国特色社会主义进入新时代，中国特色社会主义法治工作也对固有的人才培养机制提出了新的要求与挑战。新的形势要求新的人才，具体到法学学科的教学而言，如何处理理论与实践的关系，如何培养一大批顺应时代发展要求的法律人，是考验着每一个法学教育工作者的重要课题；对于法学院而言，是在新的时代起点巩固和发展自身培养能力的重要机遇。

1.习近平新时代中国特色社会主义法治思想要求下的实践人才培养

2020年11月，中央全面依法治国工作会议在北京召开，习近平总书记发表重要讲话，指出“推进全面依法治国要全面贯彻落实党的十九大和十九届二中、三中、四中、五中全会精神，从把握新发展阶段、贯彻新发展理念、构建新发展格局的实际出发，围绕建设中国特色社会主义法治体系、建设社会主义法治国家的总目标，坚持党的领导、人民当家作主、依法治国有机统一，以解决法治领域突出问题为着力点，坚定不移走中国特色社会主义法治道路，在法治轨道上推进国家治理体系和治理能力现代化，为全面建设社会主义现代化国家、实现中华民族伟大复兴的中国梦提供有力法治保障”①。

第一，党的领导是法治实践人才培养的基础和前提，是正确培养法治实践人才的根本保障。在设计与执行法学实践教育的相关计划时，必须注意应当坚持正确的政治方向，把党的领导贯彻到培养法律实践人才的全过程和各方面，在正确的方向上开展相应的实践教育。必须不断加强党的领导，巩固党的执政地位，完成党的执政使命。这是由全面依法治国的性质和任务决定的，也是由党的领导和社会主义法治的一致性决定的。

第二，以人民为中心是培养法治实践人才的本质要求。全面依法治国最广泛、最深厚的基础是人民，推进全面依法治国的根本目的是依法保障人民权益。在设计法学实践教学计划过程中，必须将服务人民群众、保护人民群众作为设计的核心与重要关切，通过开展法律援助、普法宣讲等实践教学活动，不仅能够提升学生的法治实践素养，也能够培养法学生心怀正义、服务人民的社会担当意识。

第三，建设德才兼备的高素质法治工作队伍是培养法治实践人才的主要目

---

① 《习近平在中央全面依法治国工作会议上强调：坚定不移走中国特色社会主义法治道路 为全面建设社会主义现代化国家提供有力法治保障》，《人民日报》2020年11月18日。

的。建设德才兼备的高素质法治工作队伍是推进全面依法治国的一项基础性工作。全面推进依法治国,必须建设一支德才兼备的高素质法治工作队伍。培养高素质法治人才是建设高素质法治工作队伍的前提。高校作为法治人才培养的第一阵地,要充分利用学科齐全、人才密集的优势,加强法治及其相关领域基础性问题的研究,对复杂现实进行深入分析、作出科学总结,提炼规律性认识,为完善中国特色社会主义法治体系、建设社会主义法治国家提供理论支撑。要强化法学教育实践环节,处理好法学知识和法治实践教学的关系,将立法、执法、司法实务工作部门的优质法治实践资源引进高校课堂,加强法学教育者、法学研究工作者和法治实务工作者之间的交流。

2.新文科建设背景下的法治实践人才培养

2020年11月3日,由教育部新文科建设工作组主办的新文科建设工作会议在山东大学(威海)召开。会议研究了新时代中国高等文科教育创新发展举措,发布了《新文科建设宣言》,对新文科建设作出了全面部署。会议指出,文科教育是培养自信心、自豪感、自主性,产生影响力、感召力、塑造力,形成国家民族文化自觉的主战场、主阵地、主渠道。新文科建设对于推动文科教育创新发展、构建以育人育才为中心的哲学社会科学发展新格局、加快培养新时代文科人才、提升国家文化软实力具有重要意义。会议强调,新文科建设不仅影响文科本身、影响理工农医教育,更影响高等教育全局。推进新文科建设要遵循守正创新、价值引领、分类推进"三个基本原则",要把握专业优化、课程提质、模式创新"三大重要抓手",要抓好中国政法实务大讲堂、中国新闻传播大讲堂、中国经济大讲堂、中国艺术大讲堂"四大关键突破",培养适应新时代要求的应用型、复合型文科人才。

新文科建设的发展战略对于人文社科领域的教育活动产生了广泛而深刻的影响,对于法学实践教学而言,《新文科建设宣言》为法学实践教学开辟了新的空间,也提出了新的挑战。在法治实践日益复杂与现代科技飞速发展的背景下,对于法律实践人才的要求也在日益提升,实践对于人才的要求已经不仅仅局限于过去的通过司法考试、初步掌握法律知识等层次,案多人少的巨大压力要求公检法等部门的人才掌握计算科学等交叉知识,充实自己的多维知识谱系,方能够应对新的问题与新的挑战。

(1)学科交叉是新文科建设对于法学实践教育的核心要求。这就要求法学实践教育要进一步打破学科专业壁垒,推动文科专业之间深度融通、文科与理工农医交叉融合,融入现代信息技术、赋能实践教育,实现自我的革故鼎新,紧扣国家软实力建设和文化繁荣发展新需求,紧跟新一轮科技革命和产业变革新趋势,积极推动人工智能、大数据等现代信息技术与法学实践教育的深入融合,打造文科

"金专",不断优化文科专业结构,引领带动文科专业建设整体水平提升。

(2)中国特色是新文科建设对于法学实践教育的特别需要。新时代改革开放和社会主义现代化建设的伟大实践是深耕新文科的肥沃土壤。推进新文科建设,要坚持不懈挖掘新材料、发现新问题、提出新观点、构建新理论,加强对实践经验的系统总结,形成中国特色文科教育的理论体系、学科体系、教学体系,为新一轮改革开放和社会主义现代化建设服务。

(3)立德树人是新文科建设背景下法学实践教育的根本支撑。牢牢把握文科教育的价值导向性,坚持立德树人,全面推进高校课程思政建设,推动习近平新时代中国特色社会主义思想进教材、进课堂、进头脑,提高学生思想觉悟、道德水准、文明素养,培养担当民族复兴大任的新时代文科人才。

(二)新时代法学实践教学培育的重大意义

法学实践教学,是为了实现法学教育培养目标,增强法学专业毕业生的竞业能力,在法学理论教学的基础上,以注重培养学生法律道德素质和法律实践工作能力为主的一种教学方式,加强实践教学对于培养法学学生的创新能力具有十分重要的意义和作用。

1.培养法律专门人才的最有效手段

实践是大学生成才的重要途径。知识来源于实践,能力也需要在实践中不断提高,素质更需要通过实践养成。各类实习、实践是培养学生社会适应能力、创业能力、创新能力的一个非常重要的途径。法学学科具有很强的实践性、应用性,法学教育不仅是单纯的知识传授,其教学应重点突出实践能力的养成。只读法学书籍,不可能完全懂得各种实体法和程序法的精神实质。因此,运用实践教学方式开展法律教学,将法学理论及其理解和运用放在真正的事实环境之中,使法学理论与法律实践紧密相结合,让学生生动地学习法律知识,可以极大地提高学生学习法律的兴趣和学习能力,从而真正地做到"以法眼看世界",提高学生从事法律职业的能力,更好地完成法学专业的教学目标。可以说,实践教学是法学人才培养的基本途径和有机组成部分,是法律专门人才培养的最有效手段。

2.有利于提升法学专业学生职业道德

孙晓楼先生曾指出:"一定要有法律的道德,才有资格来执行法律。"法律职业是一种现代性和专业性的道德实践,其道德修养是维护法律职业的一个不可或缺的重要因素。法律职业共同体的培养要求强化法学专业学生的职业道德素养,同时,强化法学专业学生的职业道德素养也是法学教育顺应并推动法治社会发展的使命。法律职业道德是与法律活动的职业化相伴而生,随着法律工作日益专门化而逐步形成的，主要体现为一种个人的道德选择和道德品性。只有通过实践，法律职业道德才能深刻地扎根于头脑意识之中。传统法学教育模式在对学生进行法律职业道德教育时，更多的是理论上的教育，不可能使学生进入真实的角色境界，这样学生也无法真正体验一个法律工作者应负有的社会责任和应当遵守的职业道德。而实践教学则通过寻求一种不同角色交往的教学方法，使学生在真实的案件中体会法律的真谛和自己所肩负的正义，在实践中将职业道德标准转化为内心信念，并落实在行动上，从而确立自己作为法律职业工作者所应有的行为操守和法律信仰，并最终促进法律职业道德人格的养成。

3.实现政法院(系)服务社会的职能

在现代社会，高校政法院(系)不仅是教书育人的“摇篮”，承担为国家输送高质量法律人才的任务，同时，更是社会活动的重要引擎，承担着服务社会的职责。法学实践教学让学生通过大量的具体事务和问题情境，得到进行法律分析和运用法律解决实际问题的机会，形成价值判断和伦理选择。这不仅使学生学得的法律知识在实践中得到丰富，也提升了他们的法律职业道德和社会责任感，使他们对社会有了更多的了解，从而越来越关心社会的发展，成为致力于社会发展的公民。而且在法学实践教学中学习的学生，不仅仅是通过实务的操作更好地掌握法学理论知识，而是已经开始介入社会，通过自己学得的法律知识为社会服务。从一定意义上说，市场经济就是法治经济，高校尤其是高校人文社会学科必须树立起为市场经济不断深化发展作出贡献的思想。通过法学实践教学，一方面，可以直接为社会发展提供服务；另一方面，透过实践性课程向社会全方位辐射深层法治理念，最终对良好社会文化品格的形成发挥良性的、潜移默化的作用。

(三)新时代山大法学院法学实践教学的现实困境

长期以来，我国传统的法学教育注重理论基础知识的传授，学生对法律条文及法学理论知识基本能够掌握，但在实践方面却重视不够，造成学生在法律职业工作者应当具备的能力、技巧方面严重不足。近年来，随着我国法学界法学教育观念的不断更新，对法学实践教学重要性认识的不断提高，法学实践教学逐步得到重视，一些新型实践性课程如模拟法庭、法律事务与案例研习、审判观摩、法律诊所等不断被引进，从形式上丰富了实践性课程。

但是总体而言，法学实践性课程在实际运用中仍然存在诸多问题，难以满足现实社会对培养具有创新精神和实践技能法律人才的需求。尤其就山东大学法学院而言，学院住址的迁移对于法学实践教学而言具有极大的改变与影响，周围实践环境、实践条件与实践氛围的变化几乎使得山大法学实践教学面临从头开始的问题,加之学校政策的相应改变,更对学院实践教育产生深刻影响。具体而言,山东大学法学院实践教学的现实困境主要体现在如下几个方面。

1.实践性课程设置有欠科学

虽然实践性课程是法学教育的重要组成部分,但受传统法学教育的影响,实践教学课程在课程总量中所占的比重明显偏低。如在山东大学法学院法学本科专业教学计划中,毕业实习和毕业论文等实践性课程数占课程总数的比例较少,大都不到10%。除了专业实习和毕业论文,在实践教学方面,包括山东大学在内的不少高校还引进了一些新的实践课程,如社会调查、案例研习、模拟法庭、刑事侦查与物证技术试验、诊所式法律教育等。这些课程零散不成体系,比例也比较低,常常使教师和学生误以为它是课堂教学之外的"业余活动"。

2.实践教学时间难以保证

实践性教学更强调主体参与的亲历性和理论运用的过程性,它是在多个主体的互动过程中完成的,因此,它比其他教学更耗费时间和精力。目前的法学教学中,由于对实践教学重视不够,实践教学时间不能保证。如案例教学,主要是通过课堂教学中的案例分析、疑案讨论等手段进行的,在课堂教学的学时数有限、要保证法学理论讲授的情况下,开展实践能力训练的教学时间就不能得到有效的保证。再拿模拟法庭来说,它要求学生具有一定的基础知识及技能,大学低年级的法科学生要进行模拟法庭审判是非常困难的,而高年级的学生由于毕业论文及找工作的压力无心参与,且模拟庭审角色有限,在有限的时间内,不可能让每个学生都有机会参与。

3.实践教学机会相对较少

因为学院地处青岛市即墨区鳌山卫街道,距离青岛市区相对较远,对于学生而言,只能采用地铁、公交车等公共交通工具进入青岛市区参与实践活动,路途较远,时间成本较高。与此同时,学院与青岛地区相关单位的实践合作虽然日渐密切,数量在快速增长,但仍然难以覆盖全体学生。在学生组织或学院组织的法学实践活动中,常常面临意愿参与人数较多而机会较少的情况。据统计,在法学院职业发展中心组织的"法律近距离"活动中,报录比常常达到1:5左右。这一数据可以反映出同学们对于某些实践活动的参与热情相对而言较为高涨,但往往机会较少,大部分同学无法得到锻炼和提高。

4.实践教学质量控制缺失

对教学质量实施监控,是提高教学质量的一个重要手段。法学实践性课程具有灵活性的特性,这就为教学质量控制带来了较大的难度,而现在很多高校对法学实践教学质量控制缺少具体的、可操作的监控方法,使得法学实践教学质量控制流于形式。如集中几个月的司法实习,其目的是让学生在公检法等实务部门真实地体验案件的处理,但由于这些部门在工作上都有严格的规程,学生很难实质性地参与进去,只能做些事务性的工作,如随同取证、装订案卷等,极易使得实习流于形式。加之部分院系和学生对实习重视不够,表现为院系没有和实习单位进行很好的沟通,指导教师缺乏必要的指导和监督,而学生也只是到实习单位点个卯,开个证明,这就使得培养学生实践能力的目的根本不能实现。

5.难以调动学生参与实践教学的积极性与主动性

山东大学学生综合评价体系改革后,取消素质性发展分,对于学生主动参与课业实践的积极性有较大影响。根据学生就业单位的反馈及学生管理教师的总结,目前学生较集中地存在在校期间缺乏实践能力提升的紧迫感,而就业后出现本领缺失严重的现象。在这一背景下,学生参与缺乏吸引力的实践教学就缺乏积极性与主动性,一方面,无法最大程度地发挥法学实践教育对于学生法学素养与工作能力的提升作用;另一方面,有可能使学生产生逆反与疲倦心理,从而更加不利于法学实践教学工作的开展。因此,如何设计活动内容与形式,创新活动激励机制,鼓励与促进更多的同学参与活动,是课题研究的重中之重。

二、法学实践教学的山大经验与山大成绩

课题立项以后,山东大学法学院在法学实践教学工作中,从学院自身禀赋与特点出发,在基础设施以及工作组织等方面开展一系列创新与改革,广泛联系校内外资源,发挥学校、学院、校友、学生等各方面作用,推动了法学实践教学发展,取得了一定成绩,但也体现出一定问题。

(一)以山东大学法律援助中心与实践基地为平台,提供校外实习实践机会

法学教育要着重培养能够为法治社会、市场经济所需的高素质、实用型法律专业人才,这就需要学校与校外机关、企事业单位合作建设一个优质、高效的学生实践应用能力培养体系,而校外实训基地无疑是这一体系中最为关键、最为核心的重要组成部分,为提升学生实践应用能力与综合素质提供了基础保障。法学专业是一门应用性强的学科,其本质是知识实践的合理性,法学专业教学的生命力就来源于社会实践性,因此法学教育应该根植于社会,尤其要注重教学经验的意义。法学实训基地的建设目标就是要将法学专业的学生带入法律实践训练中,法律实务工作者与法学专业教师共同展开教育,让学生在实践中感受到法律的智慧

与魅力，研究法律条例、模仿法律案例、传承法律精神。

广泛建立校内外实习实践基地符合目前社会的实际需求，目前由于经济发展引发的新案件种类繁多，疑难案件、复杂案件逐渐出现，法律工作者的任务越来越繁重，原有的法律实务工作者已经不足以满足目前的人才需求，而且伴随着第三产业的发展，创业变得更加轻松与简单，法律相关专业的人员正在逐渐流失，这对于目前的法律人才市场无疑是雪上加霜，成为法学专业人才需求量增大的原因之一。法学专业的学生作为法律人才主要的人才储备应该被广泛利用起来。建立法学实训基地，让法学专业的学生在实训基地中完成实践训练，一方面提升学生自身的实践能力、巩固所学知识，另一方面在实训中解决社会人才缺乏的问题，可谓是一举两得。此过程需要充分利用企事业单位与司法资源等有利条件，作为优质的教学内容，开展学生模拟法庭、学生法务实习、实际法务案件处理以及参与提升观摩等实践教学活动。促使学生对法务案件进行深入研究、深度探索，深入到公检法部门与律师事务所一线、各个企业的法务部门中，通过实践训练实现实践应用能力养成的最终目的，为社会培养具有实践能力的法律专业人才。

山东大学法学院经过数十年的发展与摸索，与山东省内许多单位建立了友好合作关系，包括法院、检察院、律师事务所、知识产权公司等全方面的实习实践资源，初步形成了全山东省的法学专业实习实践图景，主要内容如表1所示。

表1　山东省法学专业实习实践基地

	建立时间	所在城市	校方负责人
山东省高级人民法院	2012年	济南	郑智航
济南市中级人民法院	2013年	济南	郑智航
泰安市宁阳县人民检察院	2013年	泰安	郑智航
众成仁和律师事务所	2010年	济南	郑智航
山东文瀚律师事务所	2010年	济南	郑智航
齐河县人民法院	2013年	德州	郑智航
齐河县人民检察院	2013年	德州	郑智航
东阿县人民检察院	2014年	聊城	郑智航
千慧知识产权代理咨询有限公司	2015年	济南	郑智航
文康律师事务所	2016年	青岛	郑智航

续表

	建立时间	所在城市	校方负责人
德州市武城县人民法院	2016年	德州	郑智航
博翰源律师事务所	2016年	济南	郑智航
山东琴岛律师事务所	2016年	青岛	郑智航
山东康桥律师事务所	2017年	济南	郑智航
山东鑫士铭律师事务所	2017年	烟台	郑智航
北京市中伦(青岛)律师事务所	2017年	青岛	郑智航
山东海鲲律师事务所	2017年	青岛	郑智航
上海锦天城(青岛)律师事务所	2017年	青岛	郑智航
寿光市人民法院	2017年	寿光	郑智航
济南市人民检察院	2017年	济南	郑智航
青岛市中级人民法院	2017年	青岛	郑智航
青岛市人民检察院	2017年	青岛	郑智航
金杜律师事务所	2017年	青岛	郑智航
段和段(青岛)律师事务所	2018年	青岛	郑智航
淄博市中级人民法院	2019年	淄博	郑智航
青岛市即墨区人民法院	2019年	淄博	郑智航
东营市河口区检察院	2020年	东营	郑智航
青岛市市中公证处	2021年	青岛	郑智航
山东文衡科技股份有限公司	2021年	济南	郑智航
山东省商业集团有限公司(鲁商集团)	2021年	济南	郑智航
江苏天贤律师事务所	2021年	苏州	郑智航

分析表1可得,山东大学法学院建立的实习实践基地大部位于山东省境内,主要集中于济南与青岛两地。其中,济南和青岛各有10家实习实践基地,其余基地位于德州、烟台等地。可以看出,山东大学法学院自搬迁至青岛校区以后,积极

开展实习实践基地建设，已经在数量上初步达到甚至赶超济南时期的法学实践教学资源情况。

此外，山东大学法学院实习实践基地所属全部都是法律行业内的单位，具体集中于公、检、法为代表的国家机关以及律师事务所，这也符合大多数同学就业时的工作倾向，一方面能够锻炼学生的法学实务工作能力，达到法学实践教学的目的；另一方面也有利于学生就业工作的开展，为以后进入相应的单位工作奠定良好的基础，有利于保障法学院学生就业的稳定。

通过学生自主报名、学院推荐，已有相当数量的学生进入了相应的实习实践基地开展法学实践活动，相关合作单位通过配备指导实务老师，有针对性地布置任务等方式对于学院推荐的学生进行实践教学，使学生在实践中体悟法学专业知识的应用性与综合性。课题组回访了五位参与法学实践教学的学生，其体悟如下。

1. 于潇，2020级刑法学硕士研究生（前往青岛市人民检察院实习）

本次实习我被安排到了青岛市人民检察院第二检察部，该部门主要负责故意杀人案、毒品案、危害国家安全案等重大刑事案件。在近一个月的实习中，我有幸跟着本部检察官参与了几次提审与庭审，参与这些具体的司法实务工作使我进一步认识到了法学理论同司法实践的差异。

法学作为一门实践性较强的学科，如果脱离群众、脱离司法实践便会成为“无源之水”。良好的法学学习方法应该是学会在司法实践中发现问题并将其凝练为精华予以研究，总结出科学的理论知识，再将其应用于实践中，并循环往复。

2.刘心悦,2019级法学本科生(前往潍坊市中级人民法院实习)

很荣幸能有机会在暑假到潍坊市中级人民法院实习,不知不觉中,实习已经过了大半。我实习所在的庭室是行政庭,在这里的所学、所见、所闻让我收获很多,也成长很多。

因为还没有系统学习过行政法和行政诉讼法,我对行政案件的内容和审理流程并不是特别了解。刚来行政庭时,法官和书记员姐姐们就很耐心地给予我指导和讲解。因为现在实行卷宗电子化,所以传统的实习内容,比如整理纸质卷宗就无需交由我来做,因而我的工作相对轻松,也让我空余出许多时间去对法院的环境和其他工作进行了解。通过跟随书记员姐姐开展工作,目前我对行政案件的审理流程和其所涉及的主要内容都有了一个初步了解。也希望自己在接下来的实习中能更深入感受和了解行政案件,感受法院文化。

3.杨杰,2018级法学与英语双学位班(前往青岛市市南区人民法院实习)

能来到市南区检察院进行我人生中的第一次法律实习,我感到十分荣幸。实习第一天,政治部的工作人员热情地接待了我们几位实习生,给我们讲解了在检察院的实习工作纪律,然后给我们安排实习岗位,我被分配到第三检察部的刑事执行检察室。报到伊始,我的实习老师宋检察官向我介绍了所在部门的主要工作内容:执检部门主要负责“减、假、暂”等刑事执行环节的监督,包括社区矫正和财产刑执行情况的监督。该部门一般不办理公诉案件,但是特殊情况下,比如罪犯在缓刑考验期内社区矫正期间又犯新罪的情形,也可由执检部门直接负责公诉工作,但是这种案件较为罕见。巧合的是,我报到的第一周,该部门正在办理这样一起案件,因此我有幸接触到一些公诉案件办理流程的工作,在这个过程中,宋检察官以及同办公室具体带我的赵姐姐教给我很多相关工作知识和工作技能,他们平易近人、和蔼可亲的人格魅力以及严谨细致、勤勉负责的工作态度使我受教良多。

4.秦锦涛,2020级民事诉讼法学硕士研究生(前往青岛市仲裁委员会实习)

因为在日常的学习中对于仲裁领域接触相对较少,也对仲裁委员会的工作充满了好奇,我更加期待参与此次的青岛市仲裁委员会的实习。仲裁与传统的诉讼有着较大的差别,仲裁更加强调当事人间的意思自治,也更加注重保密性,一裁终局也使得纠纷能够得到较快的解决。随着社会主义市场经济的不断发展,仲裁已成为越来越多的市场主体间纠纷解决的优先选择。从最初的熟悉仲裁规则、整理案件卷宗、旁听仲裁、庭审辅助工作到旁听仲裁庭合议等,系统地接触各类仲裁工作使我更加全面地理解仲裁与诉讼的区别。在仲裁中,仲裁员往往由经验丰富的实务工作者或学者担任,而申请人与被申请人在调解以及质证等环节所表现出的对于法律知识的理解以及庭审中的技巧也是很重要的学习内容,从旁听中我不仅加深了对法律知识的理解,也了解到仲裁员、仲裁秘书等岗位的工作内容、仲裁庭审的完整流程,将书本中的知识更好地内化于心,法律思维与逻辑也进一步得到了训练。在接下来的实习中,我也会继续保持积极主动的工作态度,向青岛市仲裁委的各位老师请教学习,不忘初心,砥砺前行。

5.孙格格,2020级法律(法学)硕士研究生(前往青岛市即墨区人民法院鳌山法庭实习)

尽管之前有过相关的实习经历,但第一次到法院实习的我仍然怀着激动与忐忑的心情。这里的很多同事与我年龄相仿,都很平易近人,再加上已经提前来到这里实习的小伙伴,我紧张的心情逐渐消散,很快地适应了这里的工作氛围。这里的实习不同于以往的"打杂",而是让我接触到了很多实质性的工作,总的来说,可以用"一听二看三写"来概括。"一听"即旁听庭审,庭审是一个案件至关重要的环节,法官需要时刻掌控庭审节奏,抓住关键问题,同时也要通过当事人的表情、语气判断案件的真实情况。通过旁听庭审可以让我们对案件有最直观、最真实的感受。"二看"即看案卷材料,特别是证据材料,法官对案件进行最终的判决必须依据客观证据,而不能仅凭主观的认知。"三写"即写法律文书。在我们熟悉了案卷材料后,法官会让我们试着写判决书。以前看法院判决的时候,觉得写判决并不难,但是真的到自己写的时候,一字一句都需要斟酌半天。写完之后法官会进行修改,并将修改好的判决书反馈给我们,同时指出我们的不足以及以后需要避免的问题。当然,更多的还是给予我们鼓励与肯定。这种方式让我们发现自己的不足并加以改进,真正地得到了锻炼,获益匪浅。

"从实践中来,到实践中去",理论只有来源于实践,作用于实践,才具有强大的生命力。这次实习让我更加懂得了法学理论与实践相结合的重要意义。

(二)聘请实务导师,发挥导师的指导与激励作用

法学既是一个需要雄厚理论知识的专业,也是一门实用性非常强的学科,具有自身的专业与学科特性。它是经世致用之显学,在推动我国法治建设的进程中,法学教育和法学人才的培养将起着举足轻重的作用。因此,应加大对法学学科的建设和支持力度,加强法学师资的培养,加大学科经费的投入,强化学科建设,以便更好地服务于新时代,与社会经济发展相协调。

更重要的是,应调整法学师资队伍结构,加大实务型师资的占比。例如,韩国在法学教育改革中曾明确要求教师队伍中五年以上司法实务经验的教师(即法官、检察官、律师等)应占1/5;同时,为了保证授课质量,规定教师与学生的人数

比例应为1:15。我们可借鉴国外的这些做法，明确规定法学教师队伍中实务型教师需要达到一定比例，使得师资力量结构更合理，更符合时代发展和法学人才培养的需求。

为更好地开展法学实践教学，山东大学法学院自2019年开始聘任实务教师，通过开设相关实务课程，针对在校学生进行法学实践教学，在专职教师和实务教师的共同配合下，为学生营造更全面、更完善的学习环境。聘请实务教师是山东大学法学院在区位并不占据优势情况下的一次探索，通过实务教师进校园开展相关讲授以及模拟法律实务活动，可以尽最大可能地使法学实践教育覆盖全体学生，从而能够达到扩大法学实践教育范围、提升法学实践教育效果的作用。

2019年第一批实务教师分别为纪晓昕、韩振兴、董杰、王磊、杜勇、李可书和王葆兵，实务教师队伍整体水平较高，覆盖司法机关、法律服务机构等法律行业的各个领域，且各实务教师对于法学院法学实践教学热情高涨。在聘任仪式上，实务教师代表纪晓昕法官表示，此次受聘为山东大学法学院实务教师，不仅是让她重回校园、进一步提升自我的机遇，亦能在青岛市中级人民法院和山东大学法学院之间搭建一座沟通的桥梁，并以此为契机，为学生提供更好的实务教学。纪晓昕认为，实务教师在正常教学之外，还应成为学生职业的领路人，努力向学生传递法律职业正能量。实务教师董杰律师认为，担任法学院实务教师对他而言是一种挑战，促使他不断探索授课的新方式、新内容，为学生带来更实用、更丰富的课程。

以实务课程“法律谈判”为例，该课程由山东文康律师事务所合伙人董杰律师开设，主要讲授在法律谈判中的注意事项。课程内容包括谈判着装、谈判方式、谈判技巧等各个方面，不仅有法律知识的讲授，也有实务工作中与法律知识无关的内容，通过课程的相关讲授以及后期的模拟谈判过程，学生更能体会法律实务的注意事项，在实务工作中提升自己的法学本领与综合素质。

（三）开设实务讲座，补足理论与实践的鸿沟

法律实务讲座是指聘请具有多年法律实务工作经验的专业人员向学生传授法律实务经验的讲座。从事多年法律实务工作的专业人员往往具有极强的实践能力，不但能熟练地运用法律条文，而且对于法律实践中如何处理每一个现实环节具有极强的“实战”经验。将法律实务讲座设置为法律实践教学的重要一环，可以有效解决学生光知道法律是怎么规定的，但不知道如何在现实生活中运用它的困惑。法律实务讲座的内容应包括主要的法律实践环节，如律师实务讲座、立法实务讲座、公安实务讲座、狱警实务讲座、执法实务讲座、司法实务讲座等。例如，可以聘请有多年从业经验的律师向学生讲解律师执业初期应当注意的要项和掌

握的技巧;聘请拥有多年从业经验的执法者介绍执法的意识、礼仪、程序、对突发事件的处理办法等。法律实务讲座课程主要应利用学生的课余时间进行集体讲座,每学期设置3－4次的实务讲座,可以使学生对法律实务的操作有比较感性和全面的认识,为以后的实战做好准备。

法律实务界人士是一个以法官、检察官、律师为主体所构成的具有共同的知识背景、思维模式、职业利益链及职业价值目标的社会群体。法律实务界人士是一国法治体系中的重要力量,该社会群体不但在国家的立法、执法与司法领域发挥着重要作用,同时,在多数西方发达国家,该社会群体在高校法学专业教育与教学领域也发挥着不可替代的作用,并对西方高校法学专业发展产生了深远影响。自搬迁至青岛后,法学院积极广泛联络社会实务资源,邀请资深法官、检察官、律师等法律实务届人士到校开展卓越法治人才培养系列学术活动30余场。法学院2018级本科生王懋祺在参加首期检察官实务讲堂后表示,绍兴市人民检察院余钊飞副检察长关于枫桥经验的系统介绍,不仅深化了他对于基层法治和实务工作的了解,也培养了他更加广阔的学术视野与更加全面的学术品格。

法学院开设的讲座论坛类活动具体如表2所示。

表2　法学院开设的实务讲座

实务讲座题目	主讲人
山东大学法学院鑫士铭法律实务大讲堂第五讲:新时代的刑事司法理念	胡云腾
山东大学法学院鑫士铭法律实务大讲堂第四讲:培养国际化视野　融入全球法治文明	李志强
山东大学法学院鑫士铭法律实务大讲堂第三讲:从执法实务角度审视经营者的垄断梦	崔云芳
卓越法律人才培养系列讲座:漫谈法科生的律师之路	任洁
山东大学法学院鑫士铭法律实务大讲堂第二讲:从仲裁的理论与实务谈当代大学生的职业规划	郝芳、孙晓鸣
山东大学法学院鑫士铭法律实务大讲堂第一讲:关于政府法治建设的若干问题	江必新
中国司法改革的过去、现在和未来:法院话题	赵贵龙
法医鉴定实务	李宝增
检察官业务素养的养成与提升	鲁统富、束斌、孙振江

续表

实务讲座题目	主讲人
法官的人文品格	纪晓昕
法律实务技能打造——法律搜索、案例分析与法律英语	李可书
审视与展望:境内外仲裁实践及前沿问题探究	孙巍
企业刑事合规管理和律师服务	姜先良
困惑与前行:律师执业技能的培养与提升	吴锋
从司考到法考:主观题变化的基本趋势与未来走向	王朝勇
枫桥经验与中国社会治理的法治化	余钊飞
司法改革语境下的中国法院	赵贵龙
中国黑社会性质组织犯罪立法的若干重大问题	张向东
司法实务中的程序法理——以先诉民间借贷再诉不当得利案件为例	吴泽勇

(四)开发校友资源,借助校友开展实践教学

从2019年起,山东大学法学院有计划地开展校友服务工作,广泛联络各行各业校友,通过校友寻访、校友回校讲座等形式加强学院尤其是学生与校友的联系,充分发挥校友这一法学实践教育资源。校友的成长经历对于学生而言是最为生动丰富的实践教育案例,通过校友对于成长历程的复述以及发展经验的总结,学生能够作出更加符合个性的实践经验选择。

山东大学法学院将校友工作融入法学实践教学主要基于如下考虑:首先,以校友风采诠释新时代山大精神,为山东大学120周年校庆献礼。以本次校庆活动为切入点,充分展现山东大学在新时代的发展情况和育人成果,增进社会各界对学校的了解和支持,强化竞争优势,提升学校在社会的知名度和美誉度。其次,通过开展校友工作坊系列活动,增进优秀校友和母校的联系,共话山东大学下一个百廿愿景,共谋山东大学更快、更好发展;加快推进山大学子服务山东建设,为山东省发展贡献“山大智慧”和“山大力量”。再次,通过邀请优秀校友分享职业思考和人生经验,发扬“传帮带”的优良传统;通过创业、公务员、实务等八个不同专题的活动,为在校青年学子传授学习方法,指点人生迷津,促进学生就业,提升就业素养和就业能力,从而整合优秀校友资源,造福莘莘学子。同时,利用校友工作坊活动的规模效应,增强校友对母校的认同感、归属感,营造“敢想、敢拼、敢闯”的校

园文化氛围,激发全校师生的爱校情怀,鼓舞校友建校荣校的热情,稳步推进学校各项工作。最后,通过组织学院特色品牌活动,增强学生会凝聚同学、服务同学的能力,打造思想引领型和服务主导型组织,为校友和在校学生构筑交流之桥,为学校的发展和个人的成才贡献学生组织的力量。通过组织不同热点专题活动,向社会传达学校对社会热点问题的思考,展现社会大背景下教育、扶贫、公益等不同领域的“山大担当”,提高社会对弱势群体等热点问题的关注。

就宣传工作而言,为了让更多的学生参与其中,较多地采用院内及校内平台进行宣传,包括山东大学法学院网站,进行师生交流、信息交互的平台“山小法”,以及本科生公众号“山东大学法学院”和山大法学研究生公众号“SD法研”,以更大程度地激发学生的参与积极性,提高师生的参与度,从而使活动得到更大程度的关注。除学院内部的宣传平台外,还运用了校内众多效率较高、传播信息快捷的网站平台,如隶属于山东大学学工部、为师生提供最新校园咨询和优质原创内容的“学生在线”,山东大学团委公众号“青春山大”等网站平台,“SDUQD团学”“SDUQD就业服务”等公众号进行宣传,使法学院之外的山大学子积极参与到活动中。通过新闻媒体,还面向校外大众进行推广宣传。通过《齐鲁晚报》《半岛都市报》《山东商报》等媒体的相关平台进行扩大宣传报道,推广山大经验;今日头条、腾讯新闻等新闻媒体平台,微博、抖音、哔哩哔哩等自媒体平台,共同向社会展现山大法律人在创业、实务、国际、政界、公益等专题领域的法律实践和研究成果,彰显山东大学的卓越风采,推动山东大学走向全国、面向世界。此外,开通腾讯会议等直播平台,通过实时转播,提高师生及公众的参与度,使大家切实地了解、贴近校友的成长感悟。

校友风采分享与校友讲座主要产生了如下效益:借助山东大学120周年校庆契机,邀请校友回访母校,重温师生情谊,展现校友风采,并对学弟学妹的学习成长和职业规划提出谆谆教诲;切实加强校友与母校的联系,助力学校建设与发展,共同献礼山东大学120周年华诞。通过校友分享职业思考与人生经验,提升在校学生的就业能力与就业素养,增强实践能力与择业信心;通过实地参访工作单位,准确把握择业期望值,积极把握择业中的机遇,按照社会需要精准塑造,了解与就业有关的因素。通过展现山大杰出校友的风采,为在校学生树立榜样,打造山东大学向上向优的校园文化;向社会传达“山大关注”“山大思考”,展现“山大担当”“山大智慧”,从而弘扬山大精神,提升山东大学的整体形象和社会评价。利用本次活动,促进山大校友更高质量、更高效率地推进服务山东的工作,带动山东教育、科研等事业的发展与繁荣,提高社会对教育、扶贫、中外交流等热点问题的关注,加强对弱势群体的重视和服务,展现出新时代山大学子强烈的责任感、使命感。

截至2021年12月,法学院已经推送校友风采相关内容73篇,内容质量较高,且选取部分结集为《法潮——山东大学法学院校友风华录》已经由山东大学出版社出版,使山东大学法学院的法学实践教育范围不仅仅停留在一地一域,而是对于全社会的法科生都有所助益;就校友专题讲座而言,法学院以"校友工作坊"为名组织以法学实践、实习、就业为导向的专题讲座共16期,具体如表3所示。

表3　法学院以"校友工作坊"为名组织的以法学实践、实习、就业为导向的专题讲座

"校友工作坊"主题	分享校友
法律人的创新创业之路	夏傲福,山东文衡创业服务有限公司董事长
学术之路修炼手册	瞿灵敏,中国海洋大学法学院副教授;曹晟旻,中国海洋大学马克思主义学院讲师
法科生职业发展论坛	朱彬,山东文康律师事务所合伙人;宿敏,青岛市中级人民法院金融审判庭副庭长;于美玲,青岛市李沧区人民法院民一庭副庭长;李政,北京中航泰达环保科技股份有限公司综合管理部经理;刘常通,山东省人民检察院第九检察部检察官助理
红圈所律师的成长秘籍	徐静,金杜律师事务所合伙人
外语能力,为创业,更为就业	韩进,济南元朗教育科技有限公司创始人
法律思维下的新媒体创客	王永,法君传媒执行董事、总经理
法科生的读博启程	管伟康,南京大学法学院博士研究生;韩睿,清华大学法学院博士研究生;张瑞斌,山东大学法学院博士研究生
法科学生的学业态度和职业选择	刘奇耀,山东财经大学合作发展处处长、校友办公室主任
央企法务的进修之路	牛传勇,中国建筑第八工程有限公司发展建设公司总法律顾问
法科背景下的证券从业者	王占伟,中泰金融国际优先公司山东总部总经理
高校辅导员,比你想象的更加超能	高扬,山东财经大学法学院学工办主任、辅导员;董朝,中国海洋大学医药学院团委副书记、辅导员

续表

“校友工作坊”主题	分享校友
法科生的定向选调征程	李盖,就职于济南市纪委监委;蒋玉伟,就职于潍坊市中级人民法院;孙悦,就职于青岛市委政法委
法科生的国际知识产权征程	蒋贤起,美国纽约州执业律师
法考人的别样法律人生	李佳,现从事培训行业,获2020年新浪微博“十大影响力教育大V”
多元化纠纷解决机制下公证员的成长秘籍	冷春,山东省青岛市市中公证处主任、山东省公证协会监事长
商业律师的成长之路	叶涵,植德律师事务所北京办公室合伙人

法学实践教学实习的问题与对策研究

郭传凯

一、问题的提出

在法学教育职业化的背景下，法律职业技能训练已经成为提高法律人才培养质量的关键，因此，法学实践教学受到了教育主管部门、司法实务部门的高度重视，各法律院校也在积极进行法学实践教学改革，采取各种措施以提高法学实践教学的质量。

(一)法学实践教学的实施背景

1.全面反思传统法学教育

面对社会发展的要求，传统法学教育日益凸显以下问题：现行的法学教育模式偏重于向学生传授必要的法学原理和基于现行规范的法律知识，忽视了对学生实践能力和操作能力的培养，课堂教学亦多限于知识的系统性而割裂了文本与实际的联系，忽略了对学生实际运用法律能力的训练。因此无论是司法实务界，还是法学教育界，都愈加重视和加强实践教学，并将培养学生的实践能力和创新能力作为中国高校法学教育教学改革的主题和重心。就普通法学教育规模迅速扩张的同时所遇到的学生就业率低下、轻视职业技能训练的情况，徐显明教授和郑永流教授提出了“4+2”的六年制模式，即可通过四年基础学习和两年应用学习两个阶段，获得法学本科和法律硕士两个学位。季卫东教授提出了“三三制”，即在法学本科教育第三年结束之后，从第四年开始分流，选拔少数适才适性者连续接受三年的高层次法律职业教育，最终获得硕士学位。王晨光教授认为，法学教育从问世之初就陷入两难境地，即职业培训性和学术研究性的二重对立。他回顾了历史上各种法学教育——中国历史上的“以吏为师”模式，西方从私相授受的学徒式到大学教育，我国法学教育的学科化和学院化，特别指出美国法学教育中的变革即从案例教学到诊所式等实践型课程，明确阐明了法学教育的演变。

2.德法兼修：新时代卓越法治人才培养的基本要求

习近平总书记在2018年全国教育大会讲话中指出：“新时代新形势，改革开放和社会主义现代化建设、促进人的全面发展和社会全面进步对教育和学习提出了新的更高的要求。”①全面依法治国战略的持续推进，也对全国法律教育工作提出了新的要求。高校应当扩展学校—社会—行业单位分工协作的一体化人才培养机制，打破原有的封闭式的传统培养模式，主动与实务部门开展合作，完善协同育人机制，推动建立区域性乃至全国性法律职业共同体，在人才培养方案、教学团队、课程体系、课堂教学、教材编写、实习实训等方面开展合作，培养德法兼修的卓越法治人才。卓越法治人才是“应用型、复合型法律人才”的升级版，德法兼修人才是“应用型、复合型法律人才”与“法治文明信仰者”的结合。一方面，法律教育必须培养“应用型、复合型”法律人才，这旨在强调法学专业人才培养需要实现法学教育与法律职业之间深度衔接，将法律职业技能教育、法律职业所需复合型知识结构、法学理论知识教育相结合，保证法治人才培养在理想信念、职业伦理、知识结构、思维方式与职业技能方面达到卓越法律人才的基本要求；另一方面，我们看到，社会上法律事务人员司法腐败、知法犯法的现象屡见不鲜，反映出法律信仰的缺失、法治精神的匮乏和对法律的敬畏感不强，因此需要对学生进行法律信仰、法律精神、法治意识和法律职业伦理的教育。法律科学是一门技术操作性质很强的学科，就其本身来讲，在学习理论的同时一定要注意对应用于实践的素质培养。它要求学习它的人不但要在骨子里培养出无时不在的法学思维，还要求学生能够将博大精深的法学理论应用于纷繁复杂的社会实践当中，尤其是以法律案件为表现形式的司法实践当中。

3.“嵌入式”法学实践教学十集中式法学实践教学模式

三位一体的嵌入式法学实践教学法分三步走：首先由老师讲授基本法学知识，并提出问题；其次由老师主持庭审，老师选择有代表性的个案进行真实的法庭审理，学生则带着问题听法庭审理案件；最后环节由老师结合庭审情况和学生互动，相互交流，共同解决在学习法律知识中产生的疑惑。嵌入式实践教学的另一项题中之义，自然也包括法科学生复合型能力的培养，通过嵌入式实践教学的形

① 《习近平在全国教育大会上强调：坚持中国特色社会主义教育发展道路　培养德智体美劳全面发展的社会主义建设者和接班人》，《人民日报》2018年9月11日。

式对其他与法学相关学科的专业知识进行引入，帮助学生形成相关专业的简单认知。而在“1”的加项中重构集中式实践教学任务，也就是说对加项“1”重新理解。“1”不仅仅是指最后的1年，其更深的含义在于是一种集中式的锻炼和培养，“1”要完成的目标是认知型实践和能力型实践的综合，即认识到再认识的提升与飞跃。总体来说，在嵌入式阶段，学生已经掌握了相关法学知识和理论，而不同阶段的适当的集中式实践教学则分阶段提升学生的实践认知能力、实践动手能力，并在最后完成实践综合能力的提升，实现飞跃。

4.实践成效

目前各高校法律课程的教学目标中也都重视学生的实践能力的培养。首先，目前我国开设法学专业的高校在法学专业设置中都加重了实践教学的比重，实践教学在学分比例上也大幅度地得到提升。各高校法学根据各自情况以及师资条件，主要开展诸如见习、法律咨询、模拟法庭、实习等实践方式。大部分高等院校都将毕业实习纳入课程设置中，对法学学生开展基本的职业训练和直观的职业介绍。其次，许多院校还在法院、检察院、律师事务所建立实践教学基地，以保证实践教学的良好开展。也有许多学校建立法律援助中心，让学生在律师的指导下直接参与实际案件的解决，进一步丰富实践知识。最后，许多高校通过定期开展模拟法庭竞赛，进一步促进法学实践教学的推广。因此，目前各高校普遍建立了比较系统的实践教学模式，并得到了良好的运转。

（二）法学实践教学存在的问题

不可否认的是，从总体上看，当前法学实践教学的效果与质量并不理想。我国高校法学教育在教学计划的安排中，以通识教育为主，对学生实践能力的训练很少，而已有的实践教学方式要么流于形式，要么难以普及。我国法学实践教学存在以下需要解决的问题。

1.法学实践教学的定位不够清晰

该问题又涉及两个方面的问题：首先需要明确法学实践教学与理论教学之间的关系。法学实践教学和理论教学是法学教学的两个基本组成部分，二者在法学教育中具有不同的价值和功能：从性质上讲，实践教学与理论教学一样，属于教学而非实践，因此，法学实践教学应当遵循法学教学的总体规划，教学内容和教学方法按照教学标准和教学要求进行严格、系统的规划设置，以满足教育目标的要求。但是在实践过程之中，法学实践教学却呈现形式化和走过场的倾向，高校对于法学实践教学的定位仍旧模糊不定，明显重视程度不高。毛泽东曾在《实践论》中论述道：“我们的实践证明：感觉到了的东西，我们不能立刻理解它，只有理解了的东西才更深刻地感觉它。感觉只解决现象问题,理论才解决本质问题。这些问题的解决,一点也不能离开实践。”这表明,在教学方面实践教学不能替代理论教学,而理论教学一点也不能离开实践教学。其次弄清楚法学实践教学所要实现的基本目标是什么。“纸上得来终觉浅。”在高等教育改革呼声日益高涨的今天,我国高等教育所培养出来的法律人能够坚守职业道德和情操,将理论应用于实践,在复杂的社会利益冲突中科学地作出衡量和判断,富有成效地运用法律工具促进社会和谐发展,是法学实践教学所想要实现的基本目标,即培养应用型、复合型卓越法律人才。但是当前高校却多是流于形式,出现了目标置换的情况,实践教学的完成只是学校政策目标的实现、学生获得学分的一个事项而已。因此,清华大学法学院张卫平教授指出:“从法学教育观念上来讲,我们一直比较注重理论方面的教学,注重灌输理论知识,在法学教育人才的培养上,没有把培养具有法律操作技能的法律实用人才作为培养的目标。”

2.法学实践教学的课程设置缺乏体系性

我国台湾地区法学家王泽鉴先生认为:“法学教育的基本目的在于使法律人能够认识法律,具有法律思维和解决争议的能力。”目前各大法学院特别是知名法学院皆已经形成了系统化的理论课程体系,有些法学院甚至还开设了特色课程,但法律实践教学课程体系却依旧缺乏体系化。实践教学尚不能真正融入法学教学培养体系,从课程设置、学时费计算、教学考核等多方面都只将其作为可选择的辅助性教学方式,是否进行实践教学、采取什么方式进行实践教学,其实是与教师、学生的个人意愿密切相关的,学校并没有如理论教学一样进行严格的管理。法学实践教学是一门紧密结合实践、以学生参与为手段、以解决问题为终极目标的课程。既然是课程,就要科学合理地设置课程体系,同时要注意课程就必须要有教学目标、教学内容、教学手段、教学要求等,但是遗憾的是,许多高校没有认识到这一点,常常与纯粹的实践活动相混淆。实践性教学可大体分为课内实践性教学和课外实践性教学。课堂内教学包括课堂内的案例分析、情景模拟、热点讨论、问题辩论、小课题研究、实务讲座、参访等。课堂外教学包括教学实践基地、实习、法律诊所、社会调研和社区服务等,由于实践教学的手段和形式不断地更新和完善,已经越来越难以区分课堂内的实践教学和课堂外的实践教学。

3.法学实践教学的训练方法缺乏科学性

即使不突出法律实践教学,我们也应当知道法律是实践的科学。而实践训练本身也应当具备充分性与科学性,否则很可能是缘木求鱼。法学实践教学内容一般应当包括庭审旁听、法律咨询、社会调查、专题辩论、模拟审判、疑案讨论、法律诊所实习等，并对实践课程的一些课程内容和要求进行加强。但是，实践中的模拟法庭训练可能仅仅停留在简单地举证、质证等环节，学生常常处于被动状态，缺乏学习兴趣，参与程度不够，收效不大，并且往往重表演轻实战，学生难以从案卷阅读、庭审对抗、事实认定和法律适用、法律文书撰写等方面得到有效的训练。法律诊所则更多地体现为教师带领学生进行案件旁听或者参观司法机关等活动，众多事项主要由教师完成，学生只是一个旁观者或者辅助者的角色，难以使自身的法律诠释能力、法律推理能力、法律论证能力及探知法律事实的能力得到有效提升。简而言之便是，多数教师是在“兼职”从事实践教学工作，因此往往会出现两种错误倾向：一种是法律诊所（包括其他实践教学课程）附属化，把法律诊所作为部门法授课的延续以及申报各种教学成果的“噱头”，即把实践教学作为理论教学的附属；另一种是法律诊所案例化，即将讲授案例、学生办案、观摩庭审、模拟法庭混同为法律诊所教学。这些训练是不利于学生获得系统的实践技能的。于志刚曾指出，模拟法庭被众多法学院所奉为实践教学的标志，但在开展时却放手以“绝对信任”的方式让没有任何实务经历、经验的年轻教师作指导老师，甚至是高年级学生指导低年级学生，让学生“自娱自乐”，教师更多地充当“评委”“观察员”角色，缺少教师理论指导尤其是缺少实务指导，整体规划的模拟法庭不再是一种教学活动，更多成为一种实践活动。同样的问题在实践实习、法律诊所等方面均较为突出。这些现象不得不引起我们的反思。

4.法学实践教学的考核机制不健全

由于法学实践教学的考核机制不健全，因此，各方参与的热情都不高。一方面，由于实践教学需要教师投入相当多的时间、精力，而现有职称评定、津贴待遇等大多以科研成果为衡量标准，使得教师难以在此方面投入充足精力。也就是说，目前高校对教师的考核主要集中在课时、职称和科研上，而且后两项对于文科教学来说主要是以论文的形式进行评估，实践教学及其成果尚未被严格纳入教师考核体系。“上有所好，下必甚焉”，考核评估方式与每一个从教人员的生存发展密切相关，实践教学是建立在对实践的付出基础上的，一堂实践课的顺利进行往往需要教师搜集、分析大量的一手资料（如卷宗），或者对学生进行较长时间的辅导（如学生以法律援助者的方式参与案件办理），要耗费大量的精力和时间。为了能够获得更好的发展，教师往往首先选择纳入教师考核体系内的理论课授课、撰写论文和承担科研项目，而实践教学则是在前者完成而尚有余力的情况下才会参与。教师在自身的成长过程中也难以深入实践，实践经验后天也不足。另一方面，受应试教育的影响，很多学生不愿意花费时间和精力参与实践教学，即使参与也往往是应付了事。

5.法学实践教学的管理缺乏规范化

现今对于法学实践教学明显缺乏制度的规范化，还是保守地保留在“讲授为主”的层面，没有建立精细化的培养观，这一点对于理论教学而言是无可厚非的，但是若在理论教学中加入实践教学的目标，那么在制度上就必须把“指导为主”的教学模式确立为法学实践教学模式。法学实践作为一个系统，必须要有评估，评估是在教学过程中对教师教学、学生学习情况进行分析，根据相关的评价体系，把教学过程中发生的情况真实、全面地反馈给系统的各方面，用以发现问题，提高各方面的素质。这是教学质量监控系统中的一个重要环节，是提高教学质量的极其重要的因素。全面的实践教学监管有助于及时总结实践教学过程中的经验教训，以外力督促师生对实践教学的重视程度；科学的实践教学激励有助于激发师生参与实践教学的热情，以兴趣为出发点，更好地践行实践教学的宗旨。而缺乏规范化的管理则往往会造成反方向的结果，会极大减少师生对于实践教学的积极性和主观能动性。此外，法律实践教学的灵活性导致很难对学生的实践成果进行量化监控。以实习为例，学生在实习时大部分选择去法院、检察院或者律师事务所。但是法院、检察院的工作有严格的程序，实习的学生往往从事案卷的装订、随同取证等工作，难以参与实质性的工作。与此同时，实践教学的考核标准有待明确。

本课题预计针对以上问题进行有针对性的调研，以山东大学法学院的教学环节和师生互动为标本进行相应的研究，依据调研数据提炼出要点，从而提出行之有效的对策建议。

二、山东大学法学院实践教学实习现存的不足

山东大学关于本科生培养的目标是“致力于培养最优秀的本科生”，这一目标体现在法学教育上是“致力于培养知识结构合理、专业基础扎实、实践能力突出的高素质法治人才”，但是法学院现行的培养模式、课程设置一定程度上已经无法让本科生掌握法律职业者应当具备的技巧、能力和素养，长此以往，法学本科毕业生实践能力的缺失现象将会越来越严重。

实践教学在法学院主要有日常教学中的实践教学与集中的实践教学两种类型，本课题在征集了法学院本科各个年级部分学生的意见后，总结梳理出以下问题。

(一)日常实践教学存在的主要问题

在日常的实践教学中，学院是规则的制定者与监督者，教师是主要组织者，学生是主要参与者，三方主体共同推动日常实践教学的开展，但是普遍存在重视程

度不够的问题。

1.学院重视程度相对不够

目前学院的教学主要是以理论教学为导向,过分突出了法学理论的教学地位,尤为注重对法律规范以及相关内容的理论讲授,从而忽视了学生批判性法律思维和法律职业技能的培养。近两年学院在这方面进行了尝试,但是效果有限。比如,在连续两年开展的本科生研究创新项目中,将实践运用类和实证调研类项目提到重要位置,但是这个项目缺乏后续跟进考核,在学院统一组织开题后,便没有了后续跟进。在第一批项目周期已经结束、第二批立项已经开始的情况下,学院未组织考核验收并落实激励机制,以至于大量第一批的研究创新项目自开题后一直处于停滞状态。又比如涉外人才培养,虽然积极响应国家政策方针,但是对于涉外法治人才培养的具体培养计划、如何进行体系的教学等实际上还存在较大的上升空间。总之,目前学院"填鸭式"的理论教学仍然占据了大部分的教学实践。在课程设置中实践教学往往单独开设课程,因而在部门法的教学中往往很少涉及实践教学。然而作为实践性很强的法学,其实践性应当贯穿于每一部门法的教学当中。仅仅靠开设一些实践性课程或短期实习,很难训练学生的实践能力和操纵能力。另外,学院在实践教学的课程设置上也存在较为随意的问题,很多实践课程的设置目前并没有比较成熟的、系统的理论。学院现今还没有建立好以学生为主体,以课堂分析为起点,以法院旁听为铺垫,经过教师编写案例、学会集体修改、校内师生自行编排、校外专业人员指导、法院庭审实演的综合性的实践教学方法。

2.教师重视程度不够

教师在课堂中注重传授理论知识,过度依赖课本,个别教师存在照搬教材机械授课的情况。在这种模式下,虽然有可能帮助学生建立系统完整的法学理论体系,但是会导致学生实践能力的丧失,学生法律综合实践技能和创造性思维能力无法得到锻炼与培养,而作为未来的法律职业从业者,他们更需要将必要、系统的法律理论知识与大量非法学知识技能相结合。近年来,为了提高教学质量,学院加大了人才引进和人才培养的力度,一大批具有高学历的人才进入教师队伍,这些措施在造就一大批优秀法学教师的同时也带来了弊端:法学类教师大多埋头法理研究,没有法律实务工作经验,进行法学实践教学的热情也不高。虽然一定程度上建立了一支专兼职结合、素质较高、规模合理、结构优化的实践教学师资队伍,但是还是存在着很大的不足。学院设想的是由学校的专职实践课教师及兼职实践课教师、合作院校的兼职实践课教师、社会科研机构的兼职实践课教师共同组成教师队伍,大家结合自己的特色各展所长,从多个层面扩宽实践教学的内容和范畴,以满足不同层面的教学、科研要求。可惜这个设想目前还处于理想化的构思阶段,在实践层面还远远没有达到该愿景。教师更倾向于“讲授为主”,在制度上没有建立以“指导为主”的教学模式,教师在课堂上也较少运用启发式教学法、讨论式教学法、参与式教学法、判例式教学法、诊所教学法以及模拟教学法等,没有突出教师的指导作用。教师也很少对学生发现问题、分析问题及解决问题能力进行点评,并在技术方面为学生提供比较好的选择方案。

3.学生参与积极性差

现行的本科生评价机制是以课程考试成绩为唯一评价标准,没有将实践学习成果纳入评价体系,以至于学生缺乏参与动力。学生只满足于理解和记忆教师讲授的教学内容,把主要精力放在记录、整理和背诵课堂笔记上,很少去研究和教学有关的资料和书籍,更谈不上独立进行社会调查和独立分析、解决问题,这种教学方式不利于法学教育基本目标的实现。在目前以考研为本科毕业后主要导向的大环境下,本科在校生缺乏内在动力去主动参与到实践教学中,以至于大多数学生起初根本不知实践教学为何物,也不知实践教学能够给自己带来什么积极意义。大多数学生抱着完成学院布置的任务的心态参与实践教学,重视参与的事实却不注重参与的过程,并多持放任自流、事不关己的态度;重视社会实践者,大多并不寄希望于从中获取实践经验,而是为了取得奖项或高绩点。尽管学院每年都开展“大创项目”,但毕竟立项数目有限,根本无法以点带面地实现实践教学培养。在本科阶段的第三学年,由于国家司法考试的安排,多数时间被学生安排为复习时段,受时间和精力的限制,法学实践教学无法深入地开展,虽然这样的考量具备非常浓厚的功利主义色彩,但为师者不得不为学生的就业考虑,法学本科教育既要教书育人,又要完成职业教育,这早已成为不争的现实。所以在实践教学体系设计上只能够维持与课程相伴的嵌入式实践教学。

上述实际上是对“嵌入式法学实践教学”模式中存在的问题进行的详细分析。在嵌入式阶段,学生实际上已完成了法学基本理论的学习、相关专业的粗浅认知、法学实践的认知和法学专业知识的基本运用,基本达到了法学人才需具备的知识储备和能力要求。但是也存在着上述诸多问题,从而使得法学实践教学的基本目标难以达到其理应达到的效果。

(二)集中实践教学项目的主要问题

目前本科生实践教学主要是由寒暑假社会实践与毕业实习两个项目构成,但是这两个项目都存在一定问题。

1.寒暑假社会实践

作为法学院本科生实践学习的重要途径,寒暑假社会实践活动有以下可以完善的方面。

(1)社会实践活动集中化、定期化。目前学生的社会实践活动集中于寒假、暑假两个时段完成,日期较为固定且时间短,开展时间一般为一周左右。学院层面常态化的社会实践团队与社会实践项目尚未建立,学生在校期间社会实践的机会很少,无法在理论学习之余,在社会实践活动中得到充分的理论检验和实践反馈。山东大学学生法学社作为“全国十佳学生社团”,设立的目的是组织法学院学生开展模拟法庭、法庭旁听等实践活动并给本科生提供学术交流的平台,尽管该社团有着辉煌的历史和学院的大力支持,但是目前该社团运营面临诸多困难,无法确保最初目标的实现。

(2)实践基地空置化。每年寒假、暑期社会实践时,学生团队均自行联系实践接收单位,存在一定程度上的不便。一方面,学生团队无法保证实践接收单位的质量,现实反馈来看,自行联系的接收单位鱼龙混杂、单位运行很不规范,对于学生的实践学习作用有限。另一方面,学院层面与多家国内、省内优质法院、检察院以及成熟律师事务所、司法行政单位建立了学生实践合作关系,合作建设了相当规模的社会实践基地。但现状是这些实践基地并不向社会实践学生团队开放,仅作为毕业实习接收单位,导致丰富的社会实践基地资源空置、浪费。此外,实践教学基地覆盖面狭窄,主要限于法院、检察院、律师事务所,很少有将企事业单位、行政执法部门作为实习基地的,不能满足培养应用型、复合型法律职业人才的需要。实践教学基地不实用,缺少深度合作,不能真正训练和提升法学专业学生的实务能力,比如说与法院建立实践教学基地主要是参与旁听活动,未能形成双向交流和联合培养机制。总体上看,没有形成良好的实践基地运作机制。实践教学基地是高校提高学生实务操作能力和人才综合素质的重要物质基础,也是深入高校对实践教学的认知和理解的重要经验来源。基地教学不仅有助于提高学生的实务能力和水平,也是提升教学科研水平、打造高校品牌和扩大社会影响的重要途径,因此有必要重视起来。

(3)指导老师挂名现象普遍。社会实践团队指导老师设置的目的在于使学生团队在老师的专业指导下达到最好的实践学习效果,但由于社会实践集中于假期等原因,指导老师的指导作用被大大削弱,老师挂名而不指导的现象突出。学生团队只能在自我摸索的情况下开展相关实践调研学习,经验不足成为实践项目深度研究的桎梏,无法形成教师与学生的良性互动。

(4)激励机制不完善。在学院层面,社会实践的激励机制主要是由校/院团委设立校级荣誉和院级荣誉,予以精神奖励,但在物质方面的激励政策有限,经费报销额度和比例有待提高。实践经费作为学生团队开展实践一大考量因素,往往有团队会因为经费问题削减实践项目,实践成果也流于表面。必须认识到,实效性的考评是对教师进行的激励和监督,实效性的收获是学生对实习乃至对实践教学发挥主观能动性、积极响应的必要鼓舞。同时,尽管社会实践已经与形势政策学业考评挂钩,一定程度上激励同学们认真完成实践任务,但是学分占比十分有限,对学生的激励效果极为有限。再者,学院层面缺少优质社会实践团队常态化项目建设的规划和激励政策,大量社会实践团队往往在一个假期取得丰硕成果后销声匿迹,并无进一步实践成果发掘,学院层面也未关注、引导优秀团队的常态化建设、活动开展,导致目前深度实践成果较少。此外,学院对学生的人均投入不足,学院下大力气投入实践基地的建设,而在投入的生均师资和经费却是九牛一毛,即“硬件建设”过度投入而“软件建设”投入不足。一方面,由于学生人数多,很多实践教学课程都无法实现小班教学;另一方面,只注重实践基地的启动建设,而忽视运行过程中持续性的经费投入。纵向对比其他学院我们可以得到一些启示,以山东大学化学与化工学院为例,该学院有着固定的社会实践项目,其中一个项目是由社团从事暑期支教调研,该社团已有接近十年的历史。其通过“招募”的方式吸纳优秀的成员,每一届的优秀社会实践者会继续留任到下一年,成为下一届的队长或者核心成员,用“前浪带后浪”的模式使得优秀实践经验能够传承下去。

(5)实践教学评价考核单一。在学生层面,对学生的考核和评价缺乏与实践相关的指标。法院旁听、法律诊所模式、社会调查等社会实践活动一般作为学生实践活动、社团活动的一部分,在教学考核系统中的比重还不足。在教师层面,对教师的考核单一。学校评价教师主要是从教师课堂教学的数量出发,而学生评价教师的教学水平与效果则主要通过老师对其要求是否严格、教学效果等方面来评定,对实践教学的评价指标体系设置不够完整。在学院层面,对学院的考核单一。如今官方、非官方评价体系都相对看重该学院或者学校的经费数量、生源质量、师资力量、写作机会、科研成果等一般性指标,尽管在这些考核中对实践教学也有所照顾,但仍然缺乏完整的体系。

2.本科生毕业实习

本科生寒暑假社会实践是由共青团法学院委员会组织开展的实践活动,在开展规格、经费方面受限,而本科生毕业实习是由本科生院纳入本科生必修课程、由法学院进行管理规范的,其重要意义不言而喻,但是目前本科生实习仍存在一些可以完善的地方。

(1)时间冲突导致实习流于形式化。本科生实习课程一般在大学四年级上学期开设,可以由学生自行联系选择实习基地,也可以是学院统一组织学生开展实习,并不强制学生进行选择。然而法律职业资格考试与研究生入学考试也集中在这个时间段,在考试与实习之间进行抉择,学生普遍会选择前者,通过熟人关系找到一些单位,在实习证明表上盖章以应对学院考核,从而使实习流于形式化。尽管有学生在考试、升学结束后会自行联系实习,但是这个比例很小而且缺乏组织性。

(2)学生普遍不重视。学校和学院缺少对实践教学的宣传与强调,尤其是无法阐明实践教学的重要意义(在何方面对学生有所裨益),事实上如今存在的实践教学方式的确也无法带给学生足够多的收获。

(3)实习内容相对固定,学生获益有限。本科生毕业实习开始之时,保研评优等大多已尘埃落定,且那时学生疲于应付升学,对实习参与兴趣低。即使部分学生参与学院统一组织的教学实习,也普遍是前往法院、检察院进行卷宗归档整理工作,这是一种机械性的活动,对学生实践能力提升有限,与实践教学的目的存在一定差异,无法真正提高学生运用知识去解决问题的能力,而且会给学生造成较强的心理落差,从而使学生产生抵触情绪。

总之,法学具有很强的实践性、应用性。法学教育应当使走出象牙塔的大学生能够熟练地运用法律解决实际问题。王泽鉴先生指出:"'法律人'要具备三种能力:一是法律知识,即明了现行法制的体系,基本法律的内容,各种权利义务关系及救济程序。二是法律思维,即依循法律逻辑,以价值去向的思考、合理的论证、解释适用法律。三是解决争议,即依循法律规定,做合乎事理的规划,预防争议发生于先,处理已发生的争议于后,协助建立、维护一个公平和谐的社会秩序。具备上述三种能力使一个法律人能够依法律实现正义,担负起作为立法者、行政者、司法者或公私企业法律事务工作者等的任务。"山大法学院法学实践教学实施过程之中也面临着各种难题,必须思考解决方案,从而更好地培育法律人才。

三、以增设法律诊所课程为主要突破口的解决路径分析

(一)增设法律诊所的意义

上文论述已经列明了法学院实践教学的主要问题,本课题不打算提出诸如增强激励等空洞化的建议,而是在对主要问题背后成因进行提取之后找寻提升实践教学水平的真正突破口。通过分析不难发现,实践教学主要问题形成的根本原因在于学院未正视"实践教学"的概念内涵。"实践"二字意味着包括案例讲解在内的课堂学习都不能算作实践,但却可以为相应的实践提供指导,而"教学"二字意味

着相应的活动不能让学生独自盲目地去完成,亦不能通过教师形式化指导的方式去完成。实践教学,是指教师教导学生将理论知识与具体实践相结合的过程。因此,解决实践教学问题的根本举措是让实践教学回归教学的场域。教师指导不足、学生激励缺乏、实践教学流于形式、现有资源无法充分调动等问题在根本上都可以通过回归教学场域的思路进行解决,增设实践课程成为可行出路。本课题主张在法学院开设法律诊所课程以实现前述目标。

法律诊所源于20世纪70年代的美国高校法学院,主要是针对法学学生局限于书本理论知识、缺乏实践能力,传统法学教育具有巨大局限性,所以开设了这门课程。它区别于传统的实践课,这本身就是一个巨大的创新。实践课并不意味着说没有理论性的东西,法律诊所同样是有一部分理论课程的,不过这个理论比较偏向于技巧,和传统课程中的知识相比还是有所不同的。现在的法律诊所基本上是分为对内、对外两个部分。对内是对于学生的不同于传统的教育,对外是以学生为中心,对外提供法律咨询,甚至于帮助需要的人打官司,具有部分公益性质,同时也锻炼学生真正运用课本知识的能力。如果以中国政法大学为例,那么中国法律诊所教育前景是比较不错的。

开设法律诊所课程可以把各个老师课堂上所传授的经验和技巧、法律实践环节所受到的训练融为一体,把各个片段予以归类整合,通过让学生操办真实的法律事务,让学生对法律实践技能有一个整体的、系统的把握。它实际上是通过独特的教学手段,运用一系列新颖的教学方法,通过具体的教学环节训练学生,提高学生运用法律知识解决实际法律问题的能力。当前诊所教育是有待进一步发展的,在具体实践过程之中仍旧存在着很多的问题。(1)作为域外引入的教学模式,没有和原有的实践教学进行有效整合。(2)诊所课程多有域外司法的成分,缺乏本土化的教学内容。(3)小班教学无法满足法学院学生人数较多的需求。(4)诊所教学方式和内容千差万别,缺乏规范化。(5)有的法学院缺乏法律援助机构或者类似组织的支持,其诊所教学的社会资源有限。(6)教学资源与教学课程还存在"时差"的问题。比如说诊所课程上了一半,才有当事人来寻求法律服务;负责一审诉讼业务的诊所学生由于诊所课程结束,而无法负责二审的诉讼业务等。

之所以开设诊所教育,除可以加强师生联系、强化教师对学生的指导、为实践教学助力以外,还可以整合现有的教学资源,克服实践教学空洞化、形式化的弊端。据不完全统计,法学院目前与实践教学有关的组织、基地和中心主要有院学生会(本科、研究生)、学生法律援助中心、医事法研究中心、知识产权法研究基地以及刑事法律方面的研究中心、大数据法律问题研究基地、地方立法研究中心、环境科学与生态损害鉴定中心等,法律诊所课程的开设应当妥善运用前述组织、基地与中心的资源。依据本课题粗浅的计划,法学院可以在未来增设行政法律诊所、医事与劳动法律诊所、消费者保护法律诊所、知识产权法律诊所、刑事科学法律诊所、前沿法律问题诊所、环境法律诊所七个诊所。这些法律诊所实际是一体两面的,既有实践面向,同时又是一门课程,以此实现教师与学生的教学相长、理论与实践的互为推进。

(二)法律诊所课程的具体展开

法律诊所课程的主要开设对象是法学院全日制本科生,特别欢迎有公益心、总想帮助有法律问题的群众但又囿于自身知识局限的同学,自身曾经遇到法律问题但求助无门的同学,有志于从事实务工作的同学,计划出国、需要通过公益服务获得证明信的同学以及虽然不是法学专业但对法学有兴趣并且同时具备较强公益心的其他院系的本科生同学。

本课程主要面向有一定法学基础的同学,因此学院在大三开设这一课程为宜。通过这一课程,教师应当主要培养学生的三大习惯。首先是自省的习惯。在法律诊所里,学生在专业教师的指导下担任当事人的代理人或者承担其他法律职业角色。这一教学方法是基于这样一个认识:学生们为了获得专业知识就必须学习各种复杂的技能。但这些技能通过单纯的实践不会得到明显改善,只有伴随教师给予的评价反馈以及学生对自身表现的反思,才能促进专业能力的提高。而且如果学生能够养成一种自我评价的习惯,学习就会得到进一步巩固。其次是亲历的意识。包括法律诊所在内的体验式教学模式恰恰抓住了这一精髓,设计、添加了很多学生亲自参与的环节。可是学生的参与不能仅仅停留在身份和思维的体验上。随着网络时代的到来,以及现代通信工具的发达和普及,学生们更习惯于通过网络、电话等方式与当事人沟通,获取信息,而忽略了到现场实地观察、验证的重要性。同时,很多学生怠于外出,惯于“宅”着,害怕麻烦,主观上也不愿意亲历现场调查、处理。“宅”和“懒”是两个必须首先破除的痼疾,只有腿勤、手勤、嘴勤、笔勤、脑勤,才能真正学有所得。最后是细致准备的习惯。一方面,诊所的学员基本上都是完全没有实务经验或实务经验不丰富的,专业知识储备也有限,一旦遇到实际问题,专业上和实务上都会捉襟见肘、腹背受敌。即便是在诊所里学习过一学期的老学员,会见当事人时,对于当事人追问的、超出准备范围的问题,也鲜有能够准确、清晰回答的,仍然要经过资料的检索和小组的探讨才能给出较为圆满的答复。另一方面,法律诊所是实践教学的课程或组织,学生进诊所的目的不光是能够接触实践,更是着眼于通过实践来学习。如果能够就一个实际案件的解决,思考了所涉及的很多种解决途径和可能性,也就是相当于一下子办理了多个相似的实案,经验的增长显然要比办一个案子多得多。这种细致准备的精神同样可以通过在诊所内部进行相应的制度设计来体现,而这些严密的制度设计本身,也体现了教师对课程的细致准备,更是一种言传身教的好办法。与此同时,诊所教育应当帮助同学们力戒拖延、找借口、想当然和情绪化的弊病。

若学院论证通过法律诊所方案,则可以先从上述所列七个诊所中选择其一进行试点,成为学院新增的选修课,课时安排为36学时,每周4学时,共9周,2学分。课程由"导入、体验、必要知识简单讲解""实际操作""操作后分享""教师点评""点评后再操作"等环节构成,课程安排不仅可以与学院的基地、中心相衔接,亦可以邀请律所、法院的实务老师分享具体案例,带领同学们进行文书写作,有条件的可以分批次带领同学们参与庭审。在课时与学分上本课程与其他课程并没有差异,但本课程却需要花费大量的时间查找资料,对于达到办案数量和质量要求的同学,可以由诊所指导教师出具实践证明,供奖学金评定、出国留学申请、折抵暑期社会实践等用途使用。当然,本课程的开设还要处理好与学院已有的诸如法律谈判与司法口才等课程的关系,具体操作还需要探索。

法律诊所课程的开设预计需要克服以下难题:其一,法律诊所往往是作为一门理论加实践的课程,一般来说只有一个任课老师而没有专门的指导老师,要求其在课堂之外投入精力、劳动,但工作评定却与其他教师完全一样,在一定程度上压制了有这方面意愿的老师的积极性。其二,法律诊所学生人员常常不固定,时常没有进行明确的分工,造成内部管理混乱。其三,法律诊所作为一个自发自愿的课堂形式(前面已经提到不能作为一个组织),没有硬性的规范,主要依靠参与学生和老师的自觉,难免会产生"搭便车""出工不出力"的问题,导致效率低下。其四,法律诊所作为一个长期的理论加实践课程,需要投入大量的时间和精力,往往和其他专业课程会有冲突,这也影响了法律诊所的发展。

四、小结

法治是国家治理的基本方式之一,法治的实现有赖于大量的法治人才的涌现,这里的法治人才不是指刚毕业的法学本科学生,而是说成熟的法律职业人才,其必须具备能够运用法律知识解决实践问题的能力,而成熟的法律职业人才大都是从法律院校走出来的。必须认识到,法学是一门应用性很强的社会学科,法学教育的生命力在于实践性,而实践教学就是培养学生参与法律操作、解决实际案件和实际问题的能力。从事法律职业不仅要掌握大量的专业理论和专业知识,还要有熟练、完善的法律业务技能,善于思考,善于表达。法学专业学生的实践能力应当包括逻辑思维能力、交流能力、谈判能力、诉讼能力、调研能力和随机应变能力等，而这些知识的获取和能力的培养仅在法学理论课堂上是很难全面掌握的，只有通过时间才能得到培养、锻炼和成长。我们社会需要多层次的法学人才，高等教育就应该提供多层次的法学人才，这也是国家和社会发展高等法学教育的意义和目标，脱离实际将使得高等教育与社会发展脱节。社会不仅需要法学专家研究法理问题，还需要大量的法律实务人才来解决社会现实问题，社会是一个分工协作的有机体，各种人才都应该按合理的比例携手合作。因此，需要清醒地认识到法学实践教学的定位是什么、其基本目标是什么，在此基础上探究法学实践教学所存在的问题和提出相应的解决措施。

在法学教育职业化的时代背景之下，高校如何改变以往一贯的教学模式以创新法学实践教学人才培养，成为当下急需解决的主要问题之一。本课题以山东大学法学院实践教学具体实施过程作为研究的切入点，展开有针对性的调研活动，并以此调研数据作为研究基础阐述山东大学法学院实践教学实习过程之中所面临的具体问题，对其一一进行深入的解读和分析。最终提出以增设法律诊所课程为主要突破口的解决方案，进行漏洞的填补和修正。希望能够由点及面，对法学实践教学改革提供一定的建设性帮助，从而提高法学实践教学的质量，增进法学生们的知识运用能力以及实践技能。

案例教学法在法学本科教学中的应用研究

——以典型案例的应用为分析对象

向　力

当案例指导制度于2010年在我国正式确立以后,司法实践对案例采取了指导性案例、典型案例、一般案例的三分法。[①]其中,前两者并非司法实践中自然生成的原始裁判文书,而是经过遴选和剪辑后发布的司法产品。一般而言,指导性案例和典型案例相较一般案例在裁判说理论证方面更为充分,同时在法律事实和法律争议方面更具有代表性。因此,本课题主张法学本科教学中应侧重指导性案例和典型案例的应用。

迄今,最高人民法院已发布了29批165件指导性案例,而其发布典型案例的司法文件则多达192项,案例已近2000件。[②]就国际经济法和海商法的教学而言,

① 中国法院网"案例报道"专题将案例区分为指导案例、典型案例、其他案例三类。

② 笔者在北大法宝"中央法规司法解释"数据库以"典型案例"进行标题检索,然后在"发布部门"中选择最高人民法院,检索结果显示共有192项(检索截至2021年11月3日)。最早一份司法文件为《最高人民法院关于印发醉酒驾车犯罪法律适用问题指导意见及相关典型案例的通知》(法发〔2009〕47号),最近的一份司法文件为《最高人民法院发布十四起人民法院服务和保障长三角一体化发展典型案例》,发布时间为2021年11月2日。

目前这两个领域的指导性案例稀少，典型案例的数量更为丰富。[①]鉴于此，本课题对案例教学法在法学本科教学中的应用研究以典型案例为分析对象。为提升研究的针对性，本课题需要选择特定典型案例作为分析样本。

最高人民法院先后于2015年、2017年发布两批"一带一路"冠名典型案例，这两批典型案例集中于国际经济法和海商法领域。[②]相较其他冠名典型案例，其具有如下特点。其一，除具备"基本案情""裁判结果""典型意义"这一冠名典型案例的惯常体例外，其标题中增添了最高人民法院按语。[③]这有助于更清晰地辨识此类案例的发布意图和典型意义。其二，发布行为具有连续性。[④]这既有助于对典型案例的功能进行连续考察，又能满足功能分析的对象须是某一标准化的(即模式化和重复的)事项这一基本要求。[⑤]其三，发布行为直接与"一带一路"倡议这一

① 国际经济法领域的指导性案例目前仅有3例:(1)指导案例111号:中国建设银行股份有限公司广州××支行诉广东××能源发展有限公司等信用证开证纠纷案;(2)指导案例109号:安徽省××建设(集团)有限公司诉东方××房地产有限公司保函欺诈纠纷案;(3)指导案例107号:××国际(新加坡)有限公司诉×××冶金产品有限责任公司国际货物买卖合同纠纷案。海商法领域的指导性案例目前有4例:(1)指导案例112号:×××有限公司申请设立海事赔偿责任限制基金案;(2)指导案例110号:交通运输部南海救助局诉×××投资公司、香港×××有限公司上海代表处海难救助合同纠纷案;(3)指导案例108号:浙江××不锈钢有限公司诉A.P.穆勒－×××有限公司海上货物运输合同纠纷案;(4)指导案例52号:海南××粮油工业有限公司诉中国××财产保险股份有限公司海南省分公司海上货物运输保险合同纠纷案。

② 最高人民法院2015年7月7日发布《为"一带一路"建设提供司法服务和保障的典型案例》，2017年5月15日发布《第二批涉"一带一路"建设典型案例》。

③ 冠名典型案例的标题中出现按语目前仅见于"一带一路"典型案例，绝大部分冠名典型案例的标题仅包括案件名称，少数冠名典型案例会利用副标题突出案件中的重要信息。后者参见最高人民法院2018年6月26日发布的8起毒品犯罪及涉毒次生犯罪典型案例、2019年6月26日发布的2019年十大毒品(涉毒)犯罪典型案例。

④ 在最高人民法院迄今发布的典型案例中，除"一带一路"典型案例外，仅有"征收拆迁典型案例""海事审判典型案例""保障民生典型案例"具有明显的批次性。

⑤ 参见[美]罗伯特·K.默顿:《社会理论和社会结构》，唐少杰、齐心等译，译林出版社2015年版，第151页。

元政策关联,这有助于更直接地考察典型案例与公共政策之间的关系。①需指出的是,从外部来看,上述不一致不过是冠名典型案例一种更大的同构性当中的一些变量。②鉴于此,本课题以"一带一路"典型案例为分析样本,探讨案例教学法在法学本科教学中的应用问题。

一、以典型案例进行教学的素材:典型案例的存量和体例

(一)典型案例的存量

最高人民法院发布的两批"一带一路"冠名典型案例共18例,详见表1。

表1　最高人民法院发布的"一带一路"冠名典型案例

	案件名称	简称
1	新加坡中华××科技集团有限公司与×××环保科技集团(福建)有限公司股东出资纠纷案	I-1号案
2	德国×××冶金产品有限责任公司与××国际(新加坡)有限公司国际货物买卖合同纠纷案	I-2号案
3	×××海运公司与上海××化工有限公司、日本××海运株式会社海上货物运输合同货损赔偿纠纷案	I-3号案
4	塞拉利昂籍"LEDOR"轮遭阿尔巴尼亚船东×××船务有限公司弃船所引发系列纠纷案	I-4号案
5	××(武汉)注塑系统有限公司与××国际运输代理(中国)有限公司武汉分公司航空货物运输合同纠纷案	I-5号案
6	浙江××石化有限公司与卢森堡×××技术有限公司申请确认仲裁条款效力案	I-6号案
7	江苏××锅炉股份有限公司与×××工程有限公司、中国银行股份有限公司无锡分行保函欺诈纠纷案	I-7号案
8	波兰×××股份有限公司申请承认和执行波兰共和国法院判决案	I-8号案

① 按照政策作用层次的不同,公共政策分为元政策、基本政策、具体政策三类。"一带一路"倡议属于元政策,是对国家和地区长远发展具有宏观指导意义的政策。参见黄萃:《政策文献量化研究》,科学出版社2016年版,第15页。现有冠名典型案例尽管也不同程度地涉及公共政策,但较少在冠名中直接与某项公共政策关联。

② 参见[美]米尔伊安·R.达玛什卡:《司法和国家权力的多种面孔:比较视野中的法律程序》,郑戈译,中国政法大学出版社2015年版,第2页。

续表

	案件名称	简称
9	中国建设银行股份有限公司广州××支行与广东××能源发展有限公司等信用证开证纠纷再审案	Ⅱ-1号案
10	英属维尔京群岛××融资咨询私人有限公司、马来西亚叶某某与××建材集团有限公司居间合同纠纷上诉案	Ⅱ-2号案
11	栖霞市××果蔬有限公司与中国银行股份有限公司北京市分行信用证转让纠纷再审审查案	Ⅱ-3号案
12	×××国际贸易(上海)有限公司与上海黄金××有限公司申请承认和执行外国仲裁裁决案	Ⅱ-4号案
13	××集团股份有限公司申请承认和执行新加坡高等法院民事判决案	Ⅱ-5号案
14	现代××有限公司与中国××银行股份有限公司浙江省分行独立保函索赔纠纷上诉案	Ⅱ-6号案
15	山东××投资有限公司与新加坡LAURITZ KNUDSEN ELECTRIC CO.PTE.LTD.股权转让合同纠纷上诉案	Ⅱ-7号案
16	大连市海洋与渔业局与××海运有限公司、××汽船保险协会海域污染损害赔偿纠纷再审审查案	Ⅱ-8号案
17	徐州××金属资源有限公司与××航运股份公司、东京××株式会社海上货物运输合同纠纷再审审查案	Ⅱ-9号案
18	A.P.穆勒—×××有限公司与上海××携运物流有限公司深圳分公司、上海××携运物流有限公司海上货物运输合同集装箱超期使用费纠纷再审案	Ⅱ-10号案

这18例典型案例分布于海商、国际投资、涉外独立保函、外国法院判决承认与执行、国际商事仲裁、涉外信用证、涉外居间合同、国际航空运输合同、国际货物买卖合同九个法律领域。除海商法领域有5例外,其余领域各有1—2例。

(二)典型案例的体例

典型案例在体例上包括“编号”“标题”“基本案情”“裁判结果”“典型意义”五部分。相较指导性案例,其缺乏“关键词”“裁判要点”“相关法条”“裁判理由”四部分,多了“典型意义”。

对于典型案例体例上缺乏的“关键词”“裁判要点”“相关法条”“裁判理由”四部分,应考察它们在指导性案例中的功能设定。指导性案例列出关键词是为了有利于检索和查询,列出裁判要点和相关法条是为了有利于参照适用。[①] 裁判要点是法院在裁判具体案件过程中,通过解释和适用法律,对法律适用规则、裁判方法、司法理念等方面问题,作出的创新性判断及其解决方案。裁判理由则是裁判要点的来源和基础,是联系基本案情和裁判结果的纽带。[②]“裁判要点”和“裁判理由”是能比较明确表现规范性效力的内容可能出现的两个地方。[③]由此可见,上述四部分正是供给裁判规范所需的核心“零部件”。典型案例的此种缺失似乎表明,其功能设定并不在于供给裁判规范。

值得注意的是,典型案例和指导性案例体例上的共同部分在实质内容上仍然存在如下重要差异。

其一,在编号上典型案例不及指导性案例严谨统一。指导性案例采用阿拉伯数字连续编号,典型案例未采用连续编号且两批案例的编号方式不统一。首批采用“案例+阿拉伯数字”方式,第二批采用“案例+中文数字”方式。此种编号方式不利于典型案例的检索与查询。

其二,在标题拟定上指导性案例采取单一式标题,典型案例采用类似新闻标题的复合式标题。具体而言,典型案例首先使用引题(最高人民法院按语)交代典型案例的意义,然后根据案涉主体和案件领域拟定主题。[④]

其三,在基本案情陈述上典型案例不像指导性案例那样具有固定模式。指导性案例的“基本案情”包括三个部分:首先是原告(上诉人)诉称内容及诉讼请求,其次是被告(被上诉人)辩称内容,最后是法院经审理查明的内容。典型案例的“基本案情”陈述无固定模式。[⑤]

其四,二者的裁判结果内容存在较大差异。指导性案例的裁判结果是对母本

---

① 参见胡云腾、吴光侠:《〈关于编写报送指导性案例体例的意见〉的理解与适用》,《人民司法》2012年第9期。

② 参见胡云腾、吴光侠:《〈关于编写报送指导性案例体例的意见〉的理解与适用》,《人民司法》2012年第9期。

③ 参见蔡琳:《案例指导制度之“指导”三论》,《南京大学学报》(哲学·人文科学·社会科学)2012年第4期。

④ 以“I-1号案”为例,其引题为“公正高效司法 平等保护中外投资者合法权益”,主题为“新加坡中华××科技集团有限公司与×××环保科技集团(福建)有限公司股东出资纠纷案”。

⑤ 例如,“I-1号案”“I-2号案”“I-3号案”在“基本案情”中简要概括了原告基本情况及其诉讼请求,同时概述了一审法院的裁判理由和裁判结果;“I-4号案”在“基本案情”中则仅简述了案件基本情况和原告诉讼请求。

案例所有审级裁判文书之裁判结果的汇集,典型案例的裁判结果内容驳杂,除包括母本案例的最终裁判结果外,还包括母本案例所经审级的梳理,对法院裁判理由的概括,以及对法院宣布裁判结果之后的后续行为的提及。

二、以典型案例进行教学的基础理论:区分典型案例的典型性

学界对案例的典型性见仁见智。或认为典型性是案例在法律效果和社会效果上所具有的正面价值。①或认为存在三种不同层次的典型性:一是案例具有一定社会影响;二是案例中的法律关系、权利义务与相应法律规范的契合最为完整;三是案例对法律发展起着转折作用,代表了法律本身和法律方法的发展。②或认为典型性指案件有明确法条可以遵循。③或认为典型性指在法律适用方面具有代表性意义,能够有效指导某一类高发、频发案件的审理。④上述所论,除少数从抽象的法律效果和社会效果角度理解外,更多从裁判规范角度把握典型性的内涵,只不过有的侧重案例中法官援引法律规范的代表性,有的侧重案例中法官构造裁判规范的代表性。⑤

跳出追寻典型性内涵的窠臼转而从司法治理视角观察,不难发现典型案例同时还是"抓典型"治理方式的产物。此种治理方式在传统社会表现为旌表制度,新中国成立后表现为国家通过树典型来开展各种运动和传播新的意识形态,其对国家整合和社会动员发挥了巨大作用。⑥身处政法体制中的最高人民法院,对党和国家"抓典型"的工作方法向来运用自如。千余件冠名典型案例正是最高人民法院在所冠名的领域树立的司法审判典型。

因此,典型案例是典型治理术和供给裁判规范双重逻辑交织的产物。事实上存在三类典型性。I类典型性是典型治理术下对典型案例正面法律效果和社会效

① 参见张忠民:《典型环境案例的案例指导功能之辩——以最高人民法院公布的23个典型环境案例为样本》,《法学》2015年第10期。此种观点显然受到了最高人民法院追求裁判的法律效果和社会效果相统一的司法政策的直接影响。

② 参见蔡琳:《案例指导制度之"指导"三论》,《南京大学学报》(哲学·人文科学·社会科学)2012年第4期。

③ 参见周赟:《非典型与典型案件:术语、成因及其关系》,《中国法学》2015年第5期。

④ 参见陈兴良主编:《中国案例指导制度研究》,北京大学出版社2014年版,第57页。

⑤ 关于裁判规范的类型划分,参见谢晖:《民间法与裁判规范》,《法学研究》2011年第2期。

⑥ 参见李元珍:《典型治理:国家与社会的分离——基于领导联系点的分析》,《南京农业大学学报》(社会科学版)2015年第3期。

果的主观评价。因为法律效果和社会效果是一种实证的结果,脱离实证分析谈这两种效果,只会是一种关于效果的主观评价。[①]Ⅱ类典型性是典型案例在援引法律规范形成裁判规范方面具有代表性。具有此类典型性的典型案例有明确法条可以遵循,案例与相应法条完整契合。Ⅲ类典型性是典型案例在构造裁判规范方面具有代表性。具有此类典型性的典型案例无法直接援引法律规范进行裁判,需要法官按照法律的精神和原则,借助法律或其他社会规范,并依据经验、直觉和理性,构造适用于该案件的裁判规范。[②]下文将基于此种类型化梳理样本的典型性。详见表2。

表2 "一带一路"冠名典型案例的典型性类型

	I类典型性[③]	Ⅱ类典型性	Ⅲ类典型性
I-1号案	公正高效司法,平等保护中外投资者合法权益	无	确定外国投资者的司法管理人和清盘人的诸事项应适用外国投资者登记地法律
I-2号案	准确适用国际条约,依法支持当事人选择准据法	援引CISG第1条、第25条	无
I-3号案	完善海上货损赔偿规则,有效规范国际航运秩序	无	采用货物贬损率的计算方式认定涉案货物的赔偿额
I-4号案	依法及时分配船舶拍卖款,保障海上丝绸之路畅通有序	无	无
I-5号案	准确理解公约条款,明晰国际航空运输纠纷裁判规则	援引《蒙特利尔公约》第19、22、23条	无

① 参见陈金钊:《被社会效果所异化的法律效果及其克服——对两个效果统一论的反思》,《东方法学》2012年第6期。

② 参见谢晖:《民间法与裁判规范》,《法学研究》2011年第2期。

③ 出于统计的便利,本文对I类典型性的概括限于典型案例"引题"概括的法律效果和社会效果。需指出的是,较之"典型意义"的内容,引题对典型案例正面法律效果和社会效果的概括无疑是不全面的。

续表

	Ⅰ类典型性	Ⅱ类典型性	Ⅲ类典型性
Ⅰ-6号案	尊重当事人仲裁意愿，推动仲裁国际化	无	首次认可当事人约定由中国常设仲裁机构依据域外仲裁规则管理仲裁程序的条款效力，并明确该条款约定的是机构仲裁而非临时仲裁
Ⅰ-7号案	严格把握保函欺诈标准，维护国际金融秩序。	无	在我国对独立保函无法律规定的情形下严格把握独立保函欺诈的认定标准
Ⅰ-8号案	切实履行司法协助协定，依法承认和执行外国民商事判决	无	无
Ⅱ-1号案	准确适用合同解释原则，明晰提单持有人的权利性质	无	确定提单持有人是否因受领提单的交付而取得物权以及取得何种类型的物权取决于合同的约定
Ⅱ-2号案	尊重当事人意思自治，合理保护居间者的报酬请求权	援引《合同法》第426条	
Ⅱ-3号案	明确中介行过错赔偿责任，维护信用证交易安全	无	确定中介行负有准确通知信息的义务以及违反义务需承担相应损害赔偿责任
Ⅱ-4号案	恪守《纽约公约》裁决执行义务，营造自贸试验区优质法治环境	无	认可自贸试验区内外商独资企业之间的合同纠纷具有涉外性
Ⅱ-5号案	认定中新两国互惠关系，首次承认和执行新加坡法院商事判决	援引《民事诉讼法》第282条	无
Ⅱ-6号案	依约适用国际商会见索即付保函统一规则，保障独立保函交易秩序	援引URDG第2条	无

续表

	I类典型性	Ⅱ类典型性	Ⅲ类典型性
Ⅱ-7号案	正确界定涉外股权转让合同性质,维护合资企业投资者权益	无	肯定股权投资估值调整协议的法律效力,且该协议合意必须清晰地约定于合同中
Ⅱ-8号案	准确解释《1992年责任公约》,明确排除公约规定赔偿范围之外的索赔[①]	援引《1992年责任公约》第1条第6项、第3条第4项	无
Ⅱ-9号案	合理填补《国际海运固体散装货物规则》空白,完善国际海事裁判规则	无	认定《国际海运固体散装货物规则》规定的TML系指整批货物的TML而非其中细小颗粒的TML
Ⅱ-10号案	依法认定海运集装箱超期使用费,维护公平航运贸易秩序	援引《海商法》第257条	无

表2表明,I类典型性是所有典型案例必备的典型性。这是典型治理术的必然要求。某一案例被选作典型案例,发布者自然需首先作出其具有某种正面法律效果和社会效果的价值判断。表2显示,具有Ⅱ、Ⅲ类典型性的典型案例分别为7例和9例。这表明绝大多数典型案例在形成裁判规范方面具有代表性,同时表明仅一半的典型案例在构造裁判规范方面具有代表性。而在严格意义上,只有具备Ⅲ类典型性的典型案例才算真正供给了裁判规范。因为仅仅适用实证法而未创造新的裁判规范的司法裁决根本不构成判例,判例最重要的要素就是法律创制功能。[②]反观指导性案例,最高人民法院要求其"裁判要点"应在法律适用规则、裁判

① 此处《1992年责任公约》指《1992年国际油污损害民事责任公约》。

② Hans Kelsen, Will the Judgment in the Nuremberg Trial Constitute a Precedent in International Law? *The International Law Quarterly*, Vol. 1, No. 2, 1947, pp. 153-154.

方法、司法理念等方面作出创新性判断。[①]此外，所有典型案例必备Ⅰ类典型性而仅有部分典型案例具有Ⅱ、Ⅲ类典型性进一步表明，典型治理术才是典型案例发布的主导逻辑，而供给裁判规范则是从属逻辑。[②]

三、典型案例在国际经济法教学中的运用及需注意的问题

（一）典型案例在国际经济法教学中的运用

1.典型案例在CISG公约适用教学中的运用

“德国×××冶金产品有限责任公司与××国际（新加坡）有限公司国际货物买卖合同纠纷案”（I-2号案）在CISG公约（《联合国国际货物销售合同公约》）的适用方面具有典型性，我们在国际经济法教学中适宜将之作为讨论CISG公约适用问题的绝佳案例。

“I-2号案”的基本案情如下。2008年4月11日，××国际（新加坡）有限公司（以下简称××新加坡公司）与德国×××冶金产品有限责任公司（以下简称德国×××公司）签订了购买石油焦的《采购合同》，约定本合同应当根据美国纽约州当时有效的法律订立、管辖和解释。××新加坡公司按约支付了全部货款，但德国×××公司交付的石油焦HGI指数（哈氏可磨性指数）仅为32，与合同中约定的HGI指数典型值为36—46不符。××新加坡公司认为德国×××公司构成根本违约，请求判令解除合同，要求德国×××公司返还货款并赔偿损失。

最高人民法院从“I-2号案”中提炼出的裁判要点有两方面。第一，国际货物买卖合同的当事各方所在国为CISG的缔约国，应优先适用公约的规定，公约没有规定的内容，适用合同中约定适用的法律。国际货物买卖合同中当事人明确排除适用CISG的，则不应适用该公约。第二，在国际货物买卖合同中，卖方交付的货物虽然存在缺陷，但只要买方经过合理努力就能使用货物或转售货物，不应视为构成CISG规定的根本违约的情形。

将“I-2号案”运用于国际经济法教学时，可采取如下步骤。第一，让学生在联合国条约法数据库查询CISG的缔约国情况，确认新加坡、美国和中国的缔约国

---

① 参见胡云腾、吴光侠：《〈关于编写报送指导性案例体例的意见〉的理解与适用》，《人民司法》2012年第9期。

② 这并非样本的个殊性，有学者对最高人民法院发布的23例环境保护典型案例的分析亦表明，其典型性（意指Ⅰ类典型性）有余而代表性（意指Ⅱ、Ⅲ类典型性）不足。参见张忠民：《典型环境案例的案例指导功能之辩——以最高人民法院公布的23个典型环境案例为样本》，《法学》2015年第10期。

身份及其有否对公约的适用作出保留；第二，让学生判断“约定本合同应当根据美国纽约州当时有效的法律订立、管辖和解释”是否构成对CISG公约的排除适用情形；第三，让学生结合CISG条文判断“德国×××公司交付的石油焦HGI指数仅为32，与合同中约定的HGI指数典型值为36—46不符”是否构成根本违约。

2.典型案例在国际商事仲裁教学中的运用

“浙江××石化有限公司与卢森堡×××技术有限公司申请确认仲裁条款效力案”(I-6号案)和“×××国际贸易(上海)有限公司与上海黄金××有限公司申请承认和执行外国仲裁裁决案”(Ⅱ-4号案)在确认仲裁条款效力和承认与执行外国仲裁裁决方面具有典型性，我们在国际经济法教学中适宜将之作为讨论国际商事仲裁的案例。

(1)“I-6号案”在教学中的运用

“I-6号案”的基本案情如下。浙江××石化有限公司与卢森堡×××公司于2003年4月28日及6月15日分别签署了两份技术许可协议，约定“有关争议、纠纷或诉求应当提交仲裁解决；仲裁应在中国北京中国国际经济贸易仲裁中心(CIETAC)进行，并适用现行有效的《联合国国际贸易法委员会仲裁规则》”(以上约定的原文为英文，即“The arbitration shall take place at China International Economic Trade Arbitration Centre (CIETAC), Beijing, P. R. China and shall be settled according to the UNCITRAL Arbitration Rules as at present in force”)。2012年7月11日，卢森堡×××公司向中国国际经济贸易仲裁委员会提出仲裁申请。2012年10月29日，浙江××石化有限公司以双方约定的仲裁本质上属于我国仲裁法不允许的临时仲裁为由，向宁波市中级人民法院申请确认仲裁条款无效。

针对“I-6号案”，宁波市中级人民法院经逐级报请最高人民法院审查后，于2014年3月17日作出终审裁定，认为：当事人在仲裁条款中虽然使用了“take place at”的表述，此后的词组一般被理解为地点，然而按照有利于实现当事人仲裁意愿目的的解释的方法，可以理解为也包括了对仲裁机构的约定。虽然当事人约定的仲裁机构中文名称不准确，但从英文简称CIETAC可以推定当事人选定的仲裁机构是在北京的中国国际经济贸易仲裁委员会。本案所涉仲裁条款不违反我国仲裁法的规定，裁定驳回浙江××石化有限公司请求确认仲裁条款无效的诉请。

将“I-6号案”运用于国际经济法教学时，可采取如下步骤。第一，引导学生讨论分析当事人约定由中国的常设仲裁机构依据《联合国国际贸易法委员会仲裁规则》管理仲裁程序的条款效力，尤其是引导学生讨论该条款约定的究竟是机构仲裁,还是临时仲裁。第二,对当事人理解存在分歧的合同用词,引导学生学习运用有利于实现当事人仲裁意愿的目的解释方法进行解释。

(2)"Ⅱ-4号案"在教学中的运用

"Ⅱ-4号案"的基本案情如下。2005年9月23日,黄金××公司与西××公司通过招标方式签订了一份货物供应合同,约定西××公司应于2006年2月15日之前将设备运至工地,如发生争议须提交新加坡国际仲裁中心进行仲裁解决。双方在合同履行中发生争议。黄金××公司在新加坡国际仲裁中心提起仲裁,要求解除合同、停止支付货款。西××公司在仲裁程序中提出反请求,要求支付全部货款、利息并赔偿其他损失。2011年11月,新加坡国际仲裁中心作出裁决,驳回黄金××公司的仲裁请求,支持西××公司的仲裁反请求。黄金××公司支付了部分款项,尚欠仲裁裁决项下未付款及利息合计人民币5133872.3元。西××公司依据《承认与执行外国仲裁裁决公约》即《纽约公约》,向上海市第一中级人民法院请求承认和执行新加坡国际仲裁中心作出的仲裁裁决。黄金××公司抗辩认为,应不予承认和执行该仲裁裁决,理由为:双方当事人均为中国法人,合同履行地也在国内,故案涉民事关系不具有涉外因素,双方约定将争议提交外国仲裁机构仲裁的协议无效,若承认和执行案涉裁决将有违中国的公共政策。

针对"Ⅱ-4号案",上海市第一中级人民法院经逐级报告至最高人民法院并获答复后,认为根据《纽约公约》的规定,裁定承认和执行涉案仲裁裁决。关于仲裁条款约定本案争议提交外国仲裁机构仲裁是否有效的问题,关键在于认定系争合同关系是否具有涉外因素,如有涉外因素则仲裁条款有效,反之则无效。综观本案合同所涉的主体、履行特征等方面的实际情况,根据《最高人民法院关于适用〈中华人民共和国涉外民事关系法律适用法〉若干问题的解释(一)》第1条第5项的规定,可以认定系争合同关系为涉外民事法律关系,具体理由为:一是西××公司与黄金××公司虽然都是中国法人,但注册地均在上海自贸试验区区域内,且其性质均为外商独资企业,与其境外投资者关联密切。二是本案合同的履行特征具有涉外因素,案涉设备系先从中国境外运至自贸试验区内进行保税监管,再根据合同履行需要适时办理清关完税手续、从区内流转到区外,至此货物进口手续方才完成,故合同标的物的流转过程也具有一定的国际货物买卖特征。故案涉仲裁条款有效。且仲裁裁决内容亦没有与中国公共政策抵触之处,因此承认与执行该仲裁裁决不违反中国的公共政策。同时,该裁定还指出黄金××公司实际参与全部仲裁程序,主张仲裁条款有效,并在仲裁裁决作出后部分履行了裁决确定的义务。在此情况下,其又以仲裁条款无效为由,主张拒绝承认与执行涉案仲裁裁决的申请,不符合禁止反言、诚实信用和公平合理等公认的法律原则,故对其主张不予支持。

将“Ⅱ-4号案”运用于国际经济法教学时,可采取如下步骤。第一,引导学生讨论分析注册地均在上海自贸试验区的中国法人西××公司和黄金××公司在主体上是否具有涉外因素。第二,引导学生讨论分析本案合同的履行特征是否具有涉外因素。第三,就上述问题的讨论,尤其要提醒学生注意上海市高级人民法院对这一案件的不同意见。

(二)国际经济法教学中运用典型案例应注意的问题

在将典型案例运用于国际经济法教学时,我们应注意同一母本案例的不同版本典型案例在裁判规范要点方面的区别。以“新加坡中华××科技集团有限公司与×××环保科技集团(福建)有限公司股东出资纠纷案”(I-1号案)的母本案例“×××环保科技集团(福建)有限公司与中华××科技集团有限公司股东出资纠纷案”为例,“I-1号案”的“裁判结果”与《中华人民共和国最高人民法院公报》2014年第8期所登该案的“裁判摘要”一致。二者都针对两方面:一是我国外商投资企业与其外国投资者之间事项的法律适用,以及外国投资者的司法管理人和清盘人的民事权利能力、民事行为能力等事项的法律适用;二是公司法定代表人变更登记的效力。然而,《人民司法·案例》2015年第4期所登该案的“裁判要旨”仅有上述第二方面,缺失了第一方面。

鉴于此,我们在教学中使用典型案例时,需同时溯源其母本案例和其他版本的典型案例,比较不同版本的案例在裁判摘要方面是否存在差别,引导学生以裁判摘要概括完整的案例为分析对象。

四、典型案例在海商法教学中的运用及需注意的问题

(一)典型案例在海商法教学中的运用

1.典型案例在海上货物运输法教学中的运用

“×××海运公司与上海××化工有限公司、日本××海运株式会社海上货物运输合同货损赔偿纠纷案”(I-3号案)、“徐州××金属资源有限公司与×××航运股份公司、东京××株式会社海上货物运输合同纠纷再审审查案”(Ⅱ-9号案)和“A.P.穆勒-×××有限公司与上海××携运物流有限公司深圳分公司、上海××携运物流有限公司海上货物运输合同集装箱超期使用费纠纷再审案”(Ⅱ-10号案)在海上货物运输合同纠纷领域具有代表性。我们在海商法教学中适宜将之作为讨论海上货物运输合同问题的绝佳案例。

(1)“I-3号案”在教学中的运用

“I-3号案”的基本案情如下。2008年8月23日,涉案1001.53吨苯酚在西班牙维尔瓦港装船,承运人日本××海运株式会社公司签发了清洁指示提单。上海××化工有限公司经背书受让了该提单,并据此在卸货港青岛港提取了船货物。因承运期间苯酚色度升高造成货损,上海××化工有限公司提起诉讼,要求日本××株式会社公司和实际承运人×××海运公司连带赔偿货物损失人民币8347849.57元及其利息损失等。青岛海事法院以货物修复费用计算货损赔偿额,判令日本××株式会社公司、×××海运公司连带赔偿上海××化工有限公司货物损失人民币3715676.30元及利息;驳回上海××化工有限公司的其他诉讼请求。山东省高级人民法院采用实际价值差额法,予以部分改判。×××海运公司向最高人民法院申请再审。

最高人民法院于2013年12月6日作出再审判决,认为:《中华人民共和国海商法》第55条规定:“货物损坏的赔偿额,按照货物受损前后实际价值的差额或者货物的修复费用计算。货物的实际价值,按照货物装船时的价值加保险费加运费计算。”本案不涉及修复费用,应以货物实际价值差额即货物受损前后的到岸价之差计算货损。《海商法》第55条排除了市价损失,故承运人对涉案苯酚的市价损失无赔偿责任。本案应采纳货物贬损率计算方法,即以目的港货物完好的市场价值减去受损货物的销售价值,再除以货物完好的市场价值,得出贬损率,再通过贬损率来计算货物因运输损坏造成的价值损失额。据此,撤销一、二审判决,改判×××海运公司、日本××株式会社公司连带赔偿上海××化工有限公司货物损失人民币2055837.30元及利息,并驳回上海××化工有限公司的其他诉讼请求。

将“I-3号案”运用于海商法教学时,可采取如下步骤。第一,引导学生讨论分析《海商法》第55条对承运人对责任期间货物损坏的赔偿额设定的两种计算方法的适用情形,尤其是在没有发生实际修复行为时,是否能够采取货物的修复费用计算。第二,引导学生讨论分析最高人民法院采用的货物贬损率计算方式是否符合《海商法》第55条的规定。

(2)“Ⅱ-9号案”在教学中的运用

“Ⅱ-9号案”的基本案情如下。2010年12月29日,徐州××金属资源有限公司与CJ公司签订买卖合同,向其购买5万吨(加减10%)散装印度尼西亚红土镍矿。2011年1月28日,承运人×××航运股份公司和东京××株式会社海上货物运输公司共同所有的“海运漓江(Maritime Lijiang)”轮驶抵印度尼西亚北克纳韦港接收货物,因质疑货物水分过高而决定该轮自2011年2月12日起停留北克纳韦港锚地开舱晒货并取样检验。之后，该轮于2011年3月27日航行两天后于3月29日抵达菲律宾达沃港继续开舱晒货并检验，5月16日驶离达沃港，于5月23日抵达目的港连云港。CJ公司作为托运人取得承运人为涉案货物签发的全套正本清洁指示提单，徐州××金属资源有限公司通过信用证付款方式取得了该套正本提单。徐州××金属资源有限公司于2011年6月28日以承运人违反了不得绕航和速遣义务为由向上海海事法院起诉，请求判令承运人赔偿其货物市价下跌损失人民币1414万元及其利息。

上海海事法院一审认为承运人在装货港及达沃港采取停航、晒货、检验等行为不属于不合理绕航，不违反合理速遣义务，据此判决驳回徐州××金属资源有限公司的诉讼请求。徐州××金属资源有限公司不服，提起上诉。上海市高级人民法院二审认为，“海运漓江”轮绕道达沃港停留属于不合理绕航，但徐州××金属资源有限公司不能证明其货物转卖损失的客观性与合理性，遂判决驳回上诉，维持原判。双方当事人均不服二审判决，申请再审。

最高人民法院经审查认为：根据双方当事人的一致选择，本案纠纷应当适用中华人民共和国法律审理；中华人民共和国作为经修正的《1974年国际海上人命安全公约》的缔约国，《国际海运固体散装货物规则》依据该公约成为强制性规则，于2011年1月1日对中国生效。根据《国际海运固体散装货物规则》的规定，托运人在装货前须向船长或其代表提供易流态化货物的水分含量、适运水分极限等适当信息的声明与测试证书，以便能够采取必要的措施对货物进行妥善贮存和安全运输；易流态化货物除装于专门建造或装有专用设备的船舶上外，只有在实际含水量少于适运水分极限时方可装船运输。托运人和承运人提供的检验报告等证据均没有明确涉案货物中尺寸大于7毫米或者6.7毫米货物的适运水分极限和整批货物的适运水分极限，承运人在装货港判断货物不适合安全运输的理据相对充分，船舶航行至达沃港，属于合理绕航。据此，裁定驳回双方当事人的再审申请。

将“Ⅱ-9号案”运用于海商法教学时，可采取如下步骤。第一，引导学生结合该案判断合理绕航的构成要件。第二，引导学生思考最高人民法院对《国际海运固体散装货物规则》的解释是否合理，即认定《国际海运固体散装货物规则》规定的TML系指整批货物的TML，而不仅仅是其中细小颗粒的TML，认定货物是否适运应当对比整批货物的含水量与整批货物的TML。

(3)“Ⅱ-10号案”在教学中的运用

“Ⅱ-10号案”的基本案情如下。2010年1月，××深圳分公司委托A.P.穆勒××公司将5个集装箱货物从广东黄埔运到印度新德里。2月23日，货物运抵目的港，其后托运人不断变更收货人，但一直没有人提取货物。2011年2月21日，集装箱货物被印度孟买新港海关拍卖。2月28日，海关签署了提货单，要求A.P.穆勒××公司将货物交付买受人。2012年2月27日，A.P.穆勒××公司提起诉讼，请求判令××深圳分公司和上海××公司共同承担从2010年3月1日开始计算的集装箱超期使用费8026425卢比（按起诉当日汇率计算折合人民币1029554.51元）。

“Ⅱ-10号案”经广州海事法院一审、广东省高级人民法院二审。两级法院均认为，本案是海上货物运输合同纠纷，诉讼时效期间为一年，自权利人知道或者应当知道权利被侵害之日起计算。造成A.P.穆勒××公司权利被侵害的原因是A.P.穆勒××公司提供的集装箱被超期占用，该损害事实持续不间断发生，直至货物被海关拍卖后，集装箱超期使用所造成的损害才停止，费用数额才固定。故A.P.穆勒××公司行使请求权的时效期间应从印度孟买新港海关向其发出交付货物通知之日，即2011年2月28日起算，至2012年2月27日A.P.穆勒××公司向一审法院提起诉讼，未超过一年的时效期间。因无人提货导致涉案集装箱被长期占用而不能及时投入运输生产，托运人××深圳分公司应当承担赔偿责任，集装箱超期使用费以重新购置新的集装箱的价格为限。遂判决××深圳分公司和上海××公司共同向A.P.穆勒××公司赔偿涉案5个集装箱超期使用费损失人民币150000元。××深圳分公司和上海××公司向最高人民法院申请再审。最高人民法院裁定予以提审。

最高人民法院再审认为，涉案货物运抵目的港后，因××深圳分公司指定的收货人没有提取货物，导致承运人A.P.穆勒××公司为履行运输合同提供的集装箱被长期占用而无法投入正常周转，构成违约。A.P.穆勒××公司有权根据海上货物运输合同关系就迟延履行归还集装箱的义务所造成的违约损失向托运人××深圳分公司提出集装箱超期使用费的赔偿请求。依照《最高人民法院关于承运人就海上货物运输向托运人、收货人或提单持有人要求赔偿的请求权时效期间的批复》的规定，该请求的诉讼时效期间为一年，应从A.P.穆勒××公司知道或者应当知道其权利被侵害之日起算。根据各方当事人的确认，托运人××深圳分公司从2010年3月1日开始应当向A.P.穆勒××公司支付集装箱超期使用费，A.P.穆勒××公司请求给付集装箱超期使用费的权利已经产生，即A.P.穆勒××公司从2010年3月1日起就知道或者应当知道其权利被侵害。××深圳分公司于3月30日通过电子邮件承诺托运人将承担集装箱超期使用费，构成《中华人民共和国海商法》第267条规定的时效中断情形。故本案时效应当从2010年3月30日起算，A.P.穆勒××公司于2012年2月27日提起诉讼已经超过一年的诉讼时效，丧失了对该项请求的胜诉权。最高人民法院改判撤销一、二审判决，驳回A.P.穆勒××公司的诉讼请求。

将“Ⅱ-10号案”运用于海商法教学时，可采取如下步骤。第一，引导学生结合案情判断海事诉讼时效的起算和时效中断。第二，引导学生讨论滞箱费的计算标准。

2.典型案例在船舶污染损害赔偿教学中的运用

“大连市海洋与渔业局与××海运有限公司、××保险协会海域污染损害赔偿纠纷再审审查案”（Ⅱ-8号案）在解释《1992年国际油污损害民事责任公约》方面具有代表性，适宜作为船舶污染损害赔偿的教学案例。

“Ⅱ-8号案”的基本案情如下。葡萄牙籍油轮“阿提哥”轮（77399总吨）于2005年4月3日在大连险礁岩（38°57.34′N，121°54.53′E）搁浅，船体破损泄漏原油，造成海洋污染。××海运有限公司、××保险协会分别为该轮所有人、油污责任保险人。大连市海洋与渔业局于2005年5月23日向大连海事法院起诉，请求判令××海运有限公司与××保险协会连带赔偿损失人民币5907.6万元（含海洋环境容量损失和海洋生态服务功能损失人民币5647.6万元、调查估损鉴定费人民币260万元）。

大连海事法院一审认为，海洋与渔业局属于依法行使海洋环境监督管理权的部门，是请求本案油污损害赔偿的适格主体；但海洋渔业局未能证明其于污染事故发生后实际采取恢复措施，相反，根据国家海洋环境监测中心司法鉴定所的报告，溢油影响海域在未采取任何措施的情况下已实际恢复，遂判决驳回海洋与渔业局的诉讼请求。海洋与渔业局不服，提起上诉。

辽宁省高级人民法院二审认为，海洋与渔业局诉请的海洋生态环境损失包括海洋生态服务功能损失和海洋环境容量损失，属于对海洋环境损害提出的赔偿请求；海洋与渔业局在二审庭审中提供其已经支付了人民币50万元的评估监测费用的凭证，该费用属于合理费用，应由××海运有限公司承担。辽宁省高级人民法院遂作出二审判决，撤销一审判决；判令××海运有限公司赔偿海洋与渔业局评估监测损失人民币50万元；驳回海洋与渔业局的其他诉讼请求。海洋与渔业局不服二审判决，向最高人民法院申请再审。

最高人民法院经审查认为，中华人民共和国系《1992年国际油污损害民事责任公约》的缔约国，一、二审判决适用该公约解决本案纠纷正确。根据该公约第1条第6项的规定，对环境损害的赔偿应当限于已经实际采取或者将要采取的合理恢复措施的费用。该公约第3条第4项规定，除非符合该公约，否则不得向船舶所有人提出污染损害赔偿请求。海洋与渔业局提出的海洋生态环境损失能否得到赔偿取决于该损失是否属于公约规定的赔偿范围。海洋与渔业局并无证据证明其已经对受污染海域采取了实际恢复措施并产生费用,其虽根据损失评估报告主张污水处理费用人民币5520万元属于“将要采取的合理恢复措施”,但是根据国家海洋局北海环境监测中心及国家海洋环境监测中心司法鉴定所的检测结论,本案溢油事故发生25天后的2005年4月28日,溢油海域的水质未超过海水水质二类标准;到2005年10月,海洋环境已经恢复,海洋与渔业局亦无证据证明对该海域进行污水处理的必要性,因此一、二审判决认定上述费用不属于公约规定的实际采取或将要采取的合理恢复措施的费用,并无不当。最高人民法院于2015年12月29日裁定驳回海洋与渔业局的再审申请。

将“Ⅱ-8号案”运用于海商法教学时,可采取如下步骤。第一,引导学生讨论分析海洋与渔业局在该案中提出的海洋生态环境损失是否属于《1992年国际油污损害民事责任公约》规定的赔偿范围。第二,引导学生讨论《1992年国际油污损害民事责任公约》下的环境损害赔偿为何仅限于合理恢复措施的费用,同时引导学生将其与我国《环境保护法》《民法典》的环境污染损害赔偿规定进行对比学习。

(二)海商法教学中运用典型案例应注意的问题

1.应注意同一母本案例的不同版本典型案例对裁判规范要点的表述差异

同一母本案例的不同版本的典型案例对裁判规范同一要点的内容表述存在较大差异。“I-3号案”在“裁判结果”中阐明的裁判要点在于,适用《海商法》第55条确定海运货物损害赔偿额时,如果采用货物受损前后实际价值的差额进行计算,此时应使用货物贬损率计算方法。当同一母本案例被作为《中华人民共和国最高人民法院公报》案例发布时,其“裁判摘要”为“海上货物运输合同的承运人对其责任期间发生的货损依照《海商法》第55条的规定承担赔偿责任。《海商法》第55条规定的货物实际价值不包括市价损失”。显然,后者仅仅明确了《海商法》第55条不包括市价损失,但并未提供排除市价损失的具体方法,而这恰恰是“I-3号案”在“裁判结果”中陈述的要点。

2.典型案例多重典型化现象对案例教学的影响

不论将裁判规范视为法律规范,还是法律规范的具体化,抑或是法官创制的意欲普遍化的规范,其内容都应具有确定性。[①]据此,如果典型案例的运行存在有

① 对裁判规范内涵的不同认识,参见张其山:《裁判规范的创立原则》,《政治与法律》2009年第10期。

损规范确定性的事实,那么必然对最高人民法院供给裁判规范产生负功能。从该视角观察,我们发现典型案例存在显著的多重典型化现象,即最高人民法院把同一母本案例作为不同形态的典型案例发布。

例如,“新加坡中华××科技集团有限公司与×××环保科技集团(福建)有限公司股东出资纠纷案”(I-1号案)的母本案例另现身于《中华人民共和国最高人民法院公报》2014年第8期和《人民司法·案例》2015年第4期;“×××海运公司与上海××化工有限公司、日本××海运株式会社海上货物运输合同货损赔偿纠纷案”(I-3号案)的母本案例又被发布于《中华人民共和国最高人民法院公报》2016年第2期;而“塞拉利昂籍LEDOR轮遭阿尔巴尼亚船东×××船务有限公司弃船所引发系列纠纷案”(I-4号案)的母本案例则出现于《中华人民共和国最高人民法院公报》2014年第10期,且被归为“人民法院保障民生典型案例之三”;“浙江××石化有限公司与卢森堡×××技术有限公司申请确认仲裁条款效力案”(I-6号案)的母本案例出现于《人民司法·案例》2014年第18期。此种多重典型化对裁判规范确定性的损害体现在如下两方面:其一,多重典型化导致裁判规范要点不统一;其二,多重典型化导致裁判规范同一要点的内涵存在较大的差异。

五、结语

将典型案例运用于国际经济法和海商法的教学可以有效地弥补学生缺乏法律实践和一手经验材料的短板,是理论教学的有益补充和支撑。在将典型案例运用到国际经济法和海商法的教学中时,教师应首先对典型案例的典型性有充分的判断,从形形色色的典型案例中筛选出在构造裁判规范方面具有代表性的典型案例,进而结合案情和裁判规范要点,引导学生思考与教学内容紧密关联的法律争点。在案例教学的过程中,切忌将典型案例仅仅定位于一个以案说法的实例,而应引导学生不盲从典型案例的裁判规范要点,利用所学对典型案例的裁判说理进行批判性反思,获得举一反三的效果。

打造法学“金课”的理念与方法研究

李长勇　田　蕙

习近平总书记在2020年第22期《求是》杂志发表重要文章《推进全面依法治国，发挥法治在国家治理体系和治理能力现代化中的积极作用》。文中指出，要坚持全面依法治国，夯实中国之治的制度根基。①我国正处于建设中国特色社会主义法治国家、全面推进依法治国的关键时期。建设中国特色社会主义法治国家是一个综合、系统的工程，法治人才培养是其中的重要一环。法治人才培养上不去，法治领域不能人才辈出，全面依法治国就不可能做好。而法学高等教育是高等教育体系中的重要组成部分，是培养法律理论和实践人才的基础，承担着培养高素质法学人才的功能。为此，法学高等教育必须适应全面建设中国特色社会主义法治国家的需要，深化教学体制和教学方式改革，为培养高素质法学人才服务。

在深化高等教育改革的背景下，2018年6月21日，陈宝生部长在新时代全国高等学校本科教育工作会议上首次提出，对大学生要合理“增负”，提升大学生的学业挑战度，合理增加课程难度，拓展课程深度，扩大课程的可选择性，真正把“水课”变成有深度、有难度、有挑战度的“金课”。随即在8月份，教育部专门印发了《关于狠抓新时代全国高等学校本科教育工作会议精神落实的通知》（教高函〔2018〕8号），提出各高校要全面梳理各门课程的教学内容，淘汰“水课”、打造“金课”，合理提升学业挑战度、增加课程难度、拓展课程深度，切实提高课程教学质量。这是教育部文件中第一次正式使用“金课”这个概念。整顿高等学校的教学秩序，“淘汰水课、打造金课”首次被正式写入教育部的文件。本课题就是要研究和探讨在法学高等教育领域建设法学“金课”的原则和方法。

---

① 习近平：《推进全面依法治国，发挥法治在国家治理体系和治理能力现代化中的积极作用》，《求是》2020年第22期。

一、我国法学高等教育课程体系的历史

(一)新中国成立前的法学教育

主流观点认为,我国古代有律学而无法学。[①]法学教育发轫于清末。自近代以来,内忧外患之下的清政府不得不通过学习西方的科技、文化乃至政治制度,希冀挽回自身的命运,法学教育也在西学东渐的背景下引入我国教育体系中。1862年,清政府设立京师同文馆,作为洋务派创办的最早的外国语学堂,1867年,时任同文馆英文教习的美国长老会教士丁韪良(1827—1916)开始讲授“万国公法”一课。“万国公法”是丁氏翻译的美国国际法学家亨得·惠顿所著的一部国际法专著,其原名为《国际法大纲》。“万国公法”的问世,标志着西方近代的国际法著作第一次被完整地介绍到中国,在沟通中西法律文化和促进中国法律近代化历程中占有不容忽视的地位。丁氏所讲“万国公法”一课为清廷处理对外交涉事务提供了帮助,对当时公法观念的普及亦起到积极作用,直接影响了维新派知识分子康有为、梁启超等人。[②]因而,丁韪良在同文馆所讲授的“万国公法”,可以被看作中国近代法律教育诞生的胚胎。显然,清末展开的近代法学教育,与其他变法图强的政治改革措施类似,肩负着富国强兵的期待,带有明显的移植性、实用性和工具性的特征。即便如此,由于义和团运动的兴起、国外敌对势力的入侵以及国内革命运动的此起彼伏,包括法学教育在内的许多高等教育和学校被迫停办。

辛亥革命胜利后,虽然北洋军阀政府和南方国民革命政府交替执政,但由于中央由专制走向共和,地方军阀割据推行自治自决,国家包括立法、行政、司法在内的各个机关反而更加需要具有法学专门知识的人才,法学教育在这一时期反而兴盛一时。南京国民政府成立后,国民政府注意到了法科学生基于法学教育所得的民主、自由、宪政等思想而产生的对政府统治形成的“挑战”,开始颁布相关高等教育法令法规,对既有的混乱的法政教育进行整顿的同时,限制法学教育。南京国民政府于1929年颁布《大学组织法》和《专科学校组织法》,教育部还公布了《大

① 对中国古代有无法学,20世纪80年代以来学术界有不同看法。张中秋先生认为“中国的传统法律学术是‘律学’而非‘法学’”。参见张中秋:《中西法律文化比较研究》,南京大学出版社1991年版。梁治平先生也认为,沈家本先生所叙的中国古代的法学,“乃律学而非法学”,“中国法学之兴,实始自本世纪初(20世纪)”。参见梁治平:《法学盛衰说》,《比较法研究》1993年第1期。

② 参见董节英:《1949—1957年的中国法学教育》,中共中央党校(国家行政学院)博士学位论文,2006年,第12页。

学规程》和《专科学校规程》,对法学教育机构进行一定数量的裁撤,限制法学专业的招生人数。通过对全国教育体系的整顿,将法律教育机构限定为大学所属的法学院系和独立学院两种形式,禁止设立专门的法律学校或者法政大学;对已经设立的法律专科学校,限期停办。国民政府的这些措施,虽然使清末以来鱼龙混杂的法政专科学校的形式归于消灭,客观上将法学高等教育限定为综合性大学中展开的单一模式,但法学高等教育也由此被置于综合性大学良好的文理科教育环境之中,使之趋于制度化、规范化、定型化。基于法律的实用性,南京国民政府时期的法学教育,突出强调理论与实践的互动,通过司法官考试制度将大学法学教育与法律职业紧密结合起来,使法学高等教育的经历成为一种法律职业资格条件,使经由法学高等教育培养的法学人才可以直接进入法律职业领域。[①]

与此同时,随着中国共产党领导下的革命进程的不断推进,在革命根据地和解放区,展开了与北洋军阀政府和南京国民政府截然不同的政法教育模式。与辛亥革命后的历史需求类似,中国共产党领导的人民民主政权对法学人才的需求,为法学教育提供了发展的动力。革命根据地和解放区的法学教育和实践,显然服务于当时的革命战争的需要。因此,革命根据地和解放区时期的法学教育,体现出更为浓厚的政治性、政策性和实践性。这一时期的法学教育与干部而非群众的教育密切联系在一起,也就是说,法学教育的目的是适应战争和巩固政权的需要,增强革命军人的行政和司法能力。而且,法学教育和法律实践一样,都与政治密切联系,法律是政治的一部分,是服务于政治的。受战争环境的影响,法律建设本身并不完善,多数问题需要靠政策而不是法律去解决,因此与之相对应的革命根据地和解放区的法学教育也缺乏制度化、体系化和规范化。[②]

(二)新中国成立后的法学高等教育

新中国成立后,我国法学高等教育与我国历史发展阶段相对应,经历了一定的起伏。

在新民主主义向社会主义过渡时期,伴随着恢复国民经济和社会主义三大改造的进程,在政法领域,中共中央1949年2月发布了《关于废除国民党的六法全书与确定解放区的司法原则的指示》,在摧毁旧法统的同时,着手对旧法学教育进行改造。1952年,改革国民党政府时期综合性大学中的文法课程,

---

① 参见董节英:《1949—1957年的中国法学教育》,中共中央党校(国家行政学院)博士学位论文,2006年,第24—25页。

② 参见董节英:《1949—1957年的中国法学教育》,中共中央党校(国家行政学院)博士学位论文,2006年,第42—43页。

同时以革命根据地和解放区的政法干部教育体系和传统为基础，建立专门的政法院校，为当时的国家司法工作提供急需的政法人才。通过合并、取消和新设，设有政法专业的高等院校由新中国成立初期的53所调整为6所。大批法学教师被调离工作岗位。

同时，在意识形态斗争激烈的国际环境中，我国吸收借鉴国外先进法学高等教育的途径被极大压缩，苏联模式成为可行而且唯一的选择。我国在这一时期引进苏联的高等教育模式，成立了中国人民大学，以马列主义、毛泽东思想为指导的社会主义法学教育得以发展。但改革过程中，我国的法制建设和法学教育在破旧立新的过程中出现了改革力度过大甚至被迫中断的情况。法学教育与法制建设实践严重脱节，法学教育培养的人才也远远不能适应新中国政权建设的需要，不能为国家和社会在正确的道路上前进提供应有的帮助。[①]

“文革”结束后，我国各项事业重归正途。法学高等教育也经历了从恢复发展到超常扩充，再到反思整顿的不同阶段。

以1977年恢复高考制度为标志，包括法学高等教育在内的教育体系逐渐归于理性，开始进行拨乱反正。各大学为开展法学教育确定了较为统一的课程体系与教学大纲，编写了全国通用的法学教材(包括司法部所属大学通用教材、重点综合性大学通用教材和全国通用教材三种)，举办了法学师资培训班，恢复了硕博研究生招生，为法学高等教育的发展奠定了基础。[②]从1986年开始，我国确立了以经济建设为中心和全面实现工业、农业、国防和科学技术四个现代化的发展目标，1993年又进一步确定建立和发展社会主义市场经济体制，这都给与之相配套的法学教育和法制建设提供了大发展的历史时机和强大动力。我国法学高等教育由此开启了一段黄金发展时期，表现为我国新设的法学专业不断增加，法学高等学校建设在省市层面尤其是沿海发达地区和开放城市的地域覆盖面越来越广，设置法学专业的民族类、财经类、理工类大学也不断增加等。

1997年，教育部成立高等学校法学学科教育指导委员会(以下简称教指委)，承担对我国法学教育的长远发展进行具体规划工作。教指委认为，法学本科专业学生的培养目标与知识结构存在专业划分过细、难以适应社会需求的问题，强调要厚基础、宽口径，淡化专业的改革方向，并于1997年提出按照一级学科招生的建议。同时抽出规范法科学生的专业素质教育，划定出14门课程为法学专业核

---

① 参见董节英:《1949—1957年的中国法学教育》，中共中央党校(国家行政学院)博士学位论文，2006年，第115—117页。

② 参见徐卫东:《中国高等法学教育三十年发展回顾》，《当代法学》2008年第1期。

心课程,由核心课、专业选修课、共同必修课与跨专业选修课构成课程体系。1998年开始试行,次年起全国的大学都按照统一的一级学科招收法学本科学生。这一做法在一定程度上改变了各高校专业设置上的不统一甚至是过度随意的混乱状况,对于政法类、综合大学以外的大学法学专业教学工作产生了重大影响,初步达到了法学教育"基本规格"的统一。同时,委托高等教育出版社出版含14门核心课程的全国通用教材(2007年又增加为16门核心课程)。①

而随着我国党和政府日益重视依法治国,"建设社会主义法治国家""国家尊重和保障人权"等彰显法治价值的条文被写入宪法,法学高等教育和法学专业规模在1998年开始的大学扩招浪潮中有了历史性的增长。主要表现在新设法学本科专业数量空前增多(2007年5月达606所),民办独立学院新设法学专业成倍增加,理工类大学新设法学专业数量增长迅猛。

进入21世纪,我国法学高等教育在教育部教指委的指导下,基本上形成了以16门核心课程(1999年规定的法理学、宪法学、中国法制史、刑法学、刑事诉讼法学、民法学、经济法学、民事诉讼法学、商法学、知识产权法学、行政诉讼法学、国际法学、国际私法学、国际经济法学14门,2007年增加环境法与资源保护法、劳动法与社会保障法两门)为基础、以自由选修课程为补充的课程体系。各法学教育单位在此基础上可以制定自己的法学本科专业教学计划。从客观上来说,这种既限定基本课程设置的种类和数量,又在一定程度上允许办学主体灵活安排课程时间、突出自身办学优势和特点的课程体系模式,为促进我国法学专业学科发展、完善人才培养模式、统一法学教育标准、促进法学教育适应法律实践需求发挥了一定的积极作用。

二、我国法学高等教育课程体系存在的问题

我国现阶段法学高等教育发展过快,反而引发了很多问题,给法学高等教育带来了诸多负面影响,如法学高等教育宏观管理压力巨大,各办学主体教学条件参差不齐导致教学质量不稳定、不统一,法学专业本科生招生计划出现空余、本科毕业生就业率下降等。造成这些问题的原因是多方面的,就本课题专注的课程建设方面来说,我们认为有以下几个原因。

(一)课程类型等级化区分造成教学安排的混乱

我国目前的法学高等教育课程,如果按照教指委的规定把16门课程作为核

---

① 参见徐卫东:《中国高等法学教育三十年发展回顾》,《当代法学》2008年第1期。

心课程的话,那么其他法学课程自然就是非核心课程;而在各教学主体的教学计划中则将法学课程分为必修课、选修课,甚至进一步细化为必选课、专业限选课,分别设置学分和学时。作为核心课程的16门主干课,当然是作为必修课,而根据大学本科教育所需学分,取得法学学士学位仅仅学习16门课显然是不够的,而且也不能满足法学专业本科毕业生走向社会所应具备的能力的要求,因此法学培养单位设置的必修课,一般多于核心课程。那么,将哪些非核心课程列入本单位的必修课,就成了各教学单位进行专业分类和设置教学计划需要仔细考量的问题。

从学时分配看,一般法学本科学制四年,以每学年两个学期计算,法学本科生共计八个学期。在八个学期中,第一、二学年的四个学期一般还要安排入学教育、军训、马克思主义理论、大学英语等课程,最后一个学年还要安排毕业论文、毕业实习和答辩离校等活动。核心课程作为必修课,学时不能太少,因此非核心课程的数量和学时都被严重压缩,也就意味着学生对法学课程的自主选择空间被极大压缩。

从现实来看,必修和选修课程的区分,虽然体现了不同培养单位的教学特色,但实际上也是受制于本单位的师资力量、办学条件等客观因素。由此,法学高等教育课程的区分和设置,在很多地方和高校与本校学生的学习兴趣乃至本校毕业生的就业需求发生了错位。

(二)课程质量与课程定位并无必然联系

法学高等教育水平的高低,取决于课程质量的高低。核心课程的质量并不必然高于非核心课程,同样,必选课课程质量也并不必然高于选修课课程质量。核心还是非核心,必修还是选修,取决于课程内容,而课程质量的高低,则更多取决于师资以及教学方式和手段。在办学历史不长、办学经费不多、办学师资不强、办学经验不足、办学条件不好的法学教育培养单位中,课程质量难以保证。

另外,学生对课程的兴趣和选择,也对课程质量有所影响。对于学生学习兴趣浓厚、效果反映强烈的课程,教师教学积极性也会有所提高,由此形成师生互动,促进教学质量提升。相反,学生对于某些了解不够或者需求不足而不感兴趣的课程,可能上课积极性差、课堂表现不好,教师的教学积极性也会受到影响,也没有动力投入到教学中,导致课程质量不断下降,表现就是学生逃课或者“身在课堂、心在课外”。

从实践来看,法理学、宪法学尤其是中国法制史,由于偏重理论或者与学生日常生活经验的关联度较低,课程本身对学生的吸引力不足。另外,国际法、国际经济法和国际私法由于参考资料中的外文文献较多,对外语水平有一定的要求,可能会使部分外语能力不足的学生失去学习的动力。相比而言,民法、刑法、行政法等课程由于课程内容偏重于理论与实务相结合,教学素材可以穿插大量可见的案例或者实例,教学方法容易实现多样化,学生的学习积极性比较高。另外,一些新兴的与法律部门有关的课程或者法学培养单位结合自身的地域特征、学校特色和办学优势设置的特色课程,如金融法、互联网安全法、人权法、国别法、不动产法、航空法等,学生的学习自觉性明显较高。

(三)课程教学手段和教学方式单一

由于法学扩招,法学专业招生人数剧增带来的后果就是多数法学教学单位实行的是传统的大班制教学。也就是说,多数法学课程包括平行课,也是由主讲教师一人面对几十甚至上百名学生进行授课。在这种课堂上组织课堂讨论比较难,师生之间讨论的时间也不可能超过教师讲解的时间。另外,法学属于人文社会科学。法学的学习必须要以基础知识为主,即使是实践性比较强的课程,也要设置相当一部分学时进行基础理论部分的学习。因此教师的讲解、答疑是不可或缺的环节。而这一以教师为主的环节,在课堂氛围不活跃、教师教学能力有限的情况下,很容易沦为照本宣科的说教。

三、法学高等教育改革中的法学“金课”

(一)法学“金课”概念的提出

就法学高等教育而言,其根本任务是要培养适应建设中国特色社会主义法治国家需要的法学人才。如果说法学专业是人才培养的基本单元,那么法学课程就是人才培养的核心要素。法学学生从大学里受益的最直接、最核心、最能体现培养效果的就是法学课程。因此,提升法学高等教育质量首先就是要提升课程质量。

中国特色社会主义进入了新时代,中国高等教育进入了新的历史发展阶段,本科教育引起各方高度关注,需要采取坚强有力的措施推动高等教育迈上新台阶。为了改变法学高等教育中课堂内容陈旧、教学手段单一、教学方法落后、教学质量不高、学生学习兴趣低的状况,2018年6月21日,教育部召开了改革开放以来第一次新时代中国高等学校本科教育工作会议。会议上提出,对大学生要合理“增负”,提升大学生的学业挑战度,合理增加课程难度、拓展课程深度、扩大课程的可选择性,激发学生的学习动力和专业志趣,真正把“水课”变成有深度、有难度、有挑战度的“金课”。①

由此，淘汰法学“水课”、建设法学“金课”，成为当前法学高等教育改革中的热点问题。

（二）什么是法学“水课”

总体上来说，法学高等教育中，不论普通的本科教育课程体系还是特色班课程体系，已经基本形成。各门具体的课程在整体上说应该有一定的合理性，只不过是课程内部的个别内容或者课程内容以外的部分存在问题，导致个别课程成为所谓的“水课”。所以，“水课”和“金课”是相对而言的，核心课程、必修课也可能沦落为“水课”，非核心课程、选修课也可能建设成为“金课”。

所谓法学“水课”，是指理论滞后、内容陈旧、方法单一、脱离实践的法学课程。“水课”的形成，一方面有法学培养单位的客观因素如办学历史较短、办学经验和教学管理经验不足等，但更多的应该是由于教学主体自身的的主观因素造成的。

一门法学课程，首先是要包含该法学的基本理论，如基本概念、调整范围、基本原则、发展历史等，其次还要学习该部门法的主要法律规范的内容，如法律渊源、实体法律规范和程序法律规范等，再次还要学习该部门法在实践中的应用，如典型案例、发展前景等，最后还应进行学习结束之后的考核以检验学习效果，如组织考试、要求提交论文等。

在课程的各个环节出现问题，都可能使该课程沦为“水课”。有的课程理论中有落后于时代的部分而没有作相应的修改，补充新的理论；有的课程教材和教辅资料建设不完整，甚至没有基于法律法规的变化作出及时修订；有的课程内容本身具有很强的应用性，但课程过程中却缺乏代表性案例，缺少实战锻炼；有的课程最后的考核流于形式，把关不严，不能反映学生的学习情况，搞皆大欢喜式考核，应付了事。

凡此种种，教师授课熬时间，与学生之间的互动几近于无，照本宣科地满堂灌，不考虑授课效果；学生学习走过场，身在课堂心在课外，无法形成完整的法律知识体系和有效的法律实战能力。在这样的教学状况之中，再重要的法律、再重要的课程，学生也学不到什么法学知识，提升不了法律技能，可谓水分过多，没有干货的“水课”。

① 参见陈宝生：《在新时代全国高等学校本科教育工作会议上的讲话》，《中国高等教育》2018年第Z3期。

(三)什么是法学“金课”

与法学“水课”相对,法学“金课”就是对传统的法学课程中存在的问题进行有效改革后而形成的法学课程。具体而言,是指教学视野兼具本土化和国际化视角,教学内容能够涵盖本学科前沿理论和发展动态,教学工具引入现代化的科技手段,教学考核具有实战性的法学课程。2018年6月的新时代全国高等学校本科教育工作会议上,陈宝生部长强调要突出本科教育的重要地位,提出“一流本科是建设高等教育强国的根基,本科教育是高等教育的立命之本、发展之本”。坚持“以本为本”,推进“四个回归”,是新时代全面振兴本科教育、建设双一流大学的基本遵循,也是一门法学课程能否成为法学“金课”的评价标准。

法学“金课”不仅能够实现一门法学课程的基本教学目标,还应当能够适应现代大学所处时代的要求,唤醒学生的学习兴趣,发掘学生的学习能力和满足学生的要求。具体而言,一门法学课程除了为学生提供基本的法学知识外,还应当培养学生从国际化的角度分析问题的思维能力,使学生具备扎实的理论功底和灵活运用所学知识解决实际问题的应用能力。

四、建设法学“金课”的基本理念

(一)法学“金课”建设要以学生为中心

法学“金课”以提升法学本科高等教育质量为目标。法学本科高等教育的对象是学生,因此法学“金课”建设应当围绕本科学生做文章。

首先,法学“金课”应当发掘学生学习法律、参与法学课程的兴趣。兴趣是最好的老师。学习兴趣是学生热爱并认真学习法学课程的起点,也是法学本科教学成败的关键之一。如果学生对法学课程学习兴趣不高,没有学习的求知欲望,那么学生身处教室很可能成为一种煎熬。在这种状态下的学习,容易使学生产生心理甚至身心的疲倦,反过来丧失学习的兴趣。法学“金课”课程的设计和进度,应当考虑学生对该课程的认知、理解等状况,并及时作出回应和调整,使学生认识到与该课程相关的法律部门在法制体系中的定位和法治建设中的作用,体味到该课程学习的乐趣和解决问题的成就感。

其次,法学“金课”应当调动学生学习法律的自觉性、主动性和积极性。课程的学习归根到底还是学生的学习。学生在学习中的心理状态,直接关系到课程计划能否实现,关系到课程学习质量的高低。充分调动学生学习的自觉性、主动性和积极性,对于促使学生主动查阅法学课程的参考文献、深入学习法学基础理论知识、认真研读法律规范含义、积极参与法律案例研讨和法律实务实践具有积极意义。在法学“金课”中,学生不应该是被动的由教师灌输法学知识的对象,而是主动地在教师的辅助下自主学习法律知识的主体。

再次,法学“金课”应当培养学生自主学习法律的能力。法学高等教育课程的目的,不仅是为学生传授法学知识,更重要的是培养学生获取法学知识和信息的能力;不仅是为学生讲解法律规范的含义,更重要的是指导学生真正理解法律部门的精神和原则,从而使学生掌握不同法律的发展规律,形成对该法律未来发展方向的科学预见能力。授人以鱼,不如授人以渔;授人以鱼只救一时之急,授人以渔则可解一生之需。当今社会是知识爆炸的社会,单纯的背诵不能解决问题。学生只有掌握学习的技巧,养成自主学习的习惯和能力,才能适应不断出现的新的问题、新的知识。

最后,法学“金课”应当培养学生灵活运用法律知识的能力。法学高等教育必须适应法律职业发展的需求,而不能与法律职业相脱节。法学高等教育与法律职业相结合,既有利于法学高等教育自身的发展,也有利于满足社会对法学教育的需求。法学高等教育的基本任务是培养建设新时代中国特色社会主义法治国家所需要的各类法律职业人才,在这个意义上,法学高等教育的基本定位就是法律职业教育。因此,法学“金课”不仅要使学生掌握基本的法律知识,更重要的是使学生能够灵活运用这些知识,实际解决法律争议、应对社会问题。法学“金课”的课程内容,应当坚持传授法学知识和学习方法与培养应用能力和实践技能并重。

(二)法学“金课”建设要发挥教师的引导作用

法学“金课”仍然是法学高等教育的课程,是法学高等教育的组成部分。而法学教师是承担法学高等教育教学任务的主体,是法学课程的直接组织者和实施者,是执行法学“金课”教学计划、执行法学“金课”教学任务、实现法学“金课”教学目的的直接责任人。教师教学活动的质量直接影响到法学“金课”的质量。建设法学“金课”必须重视任课教师的职责定位,发挥任课教师的引导作用。

教师在建设法学“金课”过程中应当转变教学理念。传统的课程教学理念是给学生传授尽可能多的知识,但法学高等教育改革的目标是塑造建设中国特色社会主义法治国家所需要的新型法律人才。这就要求学生通过接受法学高等教育,不仅要具备一定的文化素质和专业知识,更应当具有与社会主义法治国家的人际关系相适应的人文情怀、自我学习的能力以及认识和融入国际化、多元化社会的能力。显然,教师如果仍固守传授知识的教学理念,是不能帮助学生实现从在校学生向社会需要的法律人才的转变的。法学“金课”的教学理念应当是聚焦法律人才的培养,也就是要以学生的全面发展、能力培养为理念。这一理念,要求教学活动从以"教"为中心,向以"学"为中心转变。

教师在建设法学"金课"过程中应当转变角色定位。法学"金课"的重要作用,在于提升学生的学习兴趣、增强学生的学习自觉性、发掘学生的学习潜力、培养学生的问题意识。教师应当从知识的传播者,转变为思想的启迪者;从法学课程学习的主导者,转变为法学课程学习的引导者。这种角色定位的转变,核心就是要打破师生之间由于身份、角色造成的隔阂,引导学生参与到课程中,使学生从被动的接受者转变为主动的学习者,使法学课程的学习氛围既严肃认真,又轻松活泼。法学是一门实践型、应用型学科,高素质的法律人才培养,离不开学习过程中的实习、锻炼。如果学生在学习中感到压力,畏手畏脚,不敢发表自己的观点或者提出自己的问题,那么他们就难以学深学透,也不可能形成对所学知识的实际应用能力。

教师在建设法学"金课"过程中应当丰富教学手段。法学"金课"与传统法学课程相比,以培养适应新时代要求的法律人才为目标,以学生的全面发展为中心,那么必然要求与传统法学课程不同的教学手段和教学方法。法学"金课"必须要改变陈旧的灌输式的教学方法,而采用多样化、互动式的新型教学方法。教师应当充分利用现代化的科技手段辅助教学活动,通过课堂上师生间的即时互动、学生法律实践的角色扮演以及线上讨论和线下学习相结合等多种方式,进行翻转式教学、沉浸式教学、代入式教学。尤其需要重视互联网在法学"金课"中的作用,既避免不良信息对教学活动的干扰,又要充分利用互联网信息丰富学生的学习内容。引导学生对互联网上各种法学思潮、法学观点、法律信息和法律现象进行思考、批判,形成正确的法律信仰。同时通过互联网,充分利用国内外的开放性微课、慕课、公开课等优质课程资源,满足学生课堂内外的学习和锻炼的需求。

教师在建设法学"金课"过程中应当适当增加学习难度。法学课程的内容如果仅仅停留在对一般性知识的机械性理解、背诵、记忆层面,对于学生而言是枯燥的,也是没有什么难度的。学习目标的挑战性,在于在学习的过程中解决不断出现的问题,这往往也是学习的魅力所在,也才能够使学生对该项学习任务产生兴趣。目前国内法学高等教育的课程多数侧重基础知识学习而忽略应用能力培养,考核也往往脱离实务要求。法学课程考核偏重理论,评价标准单一,容易过关,造成国内本科阶段学生平常不重视课堂学习,考前"集中学习",最终导致学生考完就忘,毕业后无法胜任法治建设工作。教师在法学"金课"中应当对学生在不同学习阶段的学习效果进行及时评价,从传统的一次性考试、结果考核,转变为期中期末考试、过程考核相结合。

（三）法学"金课"建设要重视学校的支持作用

如果说法学"金课"是法学高等教育的"体"，那么法学高等院校就是法学"金课"的"体"，建设法学"金课"必须对学校的课程管理体制进行改革，以适应法学"金课"建设的需求，助力法学"金课"。以本为本，体现在法学"金课"建设对学校的要求上，就是要求学校的各项工作、各项制度都应当有利于法学"金课"建设。

学校应当重视法学"金课"有关的制度化建设。法学"金课"建设是法学高等教育改革过程中的重大举措，也是对传统法学教育模式的改革和创新。在法学"金课"建设过程中，需要不断摸索试验有关措施和教学方式、模式，并及时将有益于法学"金课"建设的经验进行归纳总结，通过制度化、规范化将这些经验加以确定并推广开来，提升法学高等教育的平均质量。通过制度化建设，促使法学"金课"建设得以长期和稳定地发展，不因地区、领导、教师、学生等的变化而影响课程质量。

学校应当重视作为法学"金课"建设外部条件的法律人才培养模式改革。法学高等教育应当培养中国特色社会主义法治国家建设需要的法律人才。我国的法治建设对于法律人才的需求是多元化的，包括应用型法律人才、研究型法律人才，也可以分为立法类法律人才、行政类法律人才、公安类法律人才、检察类法律人才、审判类法律人才、监察类法律人才等。法律人才中需求最大的还是应用型法律人才。法学高等教育应当区分不同教育阶段法律人才培养的重点，以应用型人才培养为本科教学模式改革的目标。法学高等教育中，博士研究生阶段可以侧重于研究型法律人才培养，硕士研究生阶段可以兼顾应用型法律人才和研究型法律人才培养，而本科生阶段应当侧重应用型法律人才培养。法学高等教育培养单位应当改变过去以书本、教材为核心的知识体系，应当通过案例教学、模拟法庭等途径大幅度增加与实务、热点相关的课程内容。法学高等院校本科阶段的专业设置、课程体系设置、课程建设等教务管理活动，都应当以应用型法律人才培养为核心；师资队伍建设、教学规范体系建设、教学硬件投入、教学效果评价等教务服务活动，都应当以应用型人才培养为目标。

学校应当重视承担法学"金课"教学任务的专门师资培训。法学"金课"的教学方式与传统课程相比有较大改变，内容与传统课程相比更是大幅度增加，同时，在互联网背景和大数据时代下的法学"金课"，其教学手段和硬件条件与传统课程相比也不可同日而语。因此，学校应当大力培养能够熟练运用现代化教学手段、胜任法学"金课"教学任务的新型法律教学人才，提升教师的教学水平。学校应当通过各种培训，把法学"金课"的任课教师从"传授者"模式调整为"组织者"模式。

学校尤其应当关注法学青年教师的成长与培养。青年教师是高等院校法学学科建设的战略资源。法学高等院校应当丰富本校教师的师承结构。重视吸收实践型人才和交叉型人才进入法学教师队伍;还可以将博士后纳入高校师资力量,既可以拓宽博士后培养渠道,同时又可以扩大教师选聘的途径、丰富教师队伍的结构。

学校在法学“金课”建设过程中,应当在教师评价、晋升机制方面向“金课”教师适度倾斜。法学“金课”建设是法学高等教育的重大变革,是法学高等教育领域内的综合性工程,需要集中本单位各种资源进行建设。学校在法学“金课”教师的评价机制方面,应该改变传统的重视论文和以课题为中心的评价标准,增加广大教师在课程研发、课堂教学、课堂考核、师生交流、学生打分等评价因素的权重,鼓励教师在提升教学质量、打造法学“金课”方面下功夫。在青年教师的晋升方面,综合考虑科研和教学表现,甚至可以设置对教学类职称进行单独考核、晋升的机制,以促使教学类人才安心教学、研究教学,把法学“金课”建设当作一项重大课题、长期课题来做。

学校应当为法学“金课”建设提供充足的有力的物质保障。法学“金课”建设不仅需要广大教职员工投入大量的时间、精力,还需要与之相适应的硬件软件环境。2018年年初,教育部发布了《普通高等学校本科专业类教学质量国家标准》,这是我国在高等教育领域发布的第一个关于教学质量的国家统一标准。它在普通高等学校本科专业目录的基础上,囊括了92个本科大类和587个本科专业,其中《法学类教学质量国家标准》是在教育部高等教育司的组织下,由教育部高等学校法学类专业教学指导委员会研究制定,并由教育部部务会议通过,最终经教育部对外发布的部门规范性文件,从适用专业范围、培养目标、培养规格、课程体系、教学规范、教师队伍、教学条件、教学效果、质量保障体系这几个方面对法学本科专业建设提出了系统化和标准化的要求。法学高等教育培养单位在法学“金课”建设中,应当积极筹措资金,改善基本教学条件,建设法学“金课”所需的基本信息资源,稳步提升教学经费方面的投入。

五、法学“金课”课堂教学的实施方法

法学“金课”建设是法学高等教育领域中的重大变革,涉及学校办学模式、教育理念、师生关系、物质保障等多个领域和环节,但体现法学“金课”与传统法学教育之间区别的最直观的环节,仍是课堂教学。

（一）法学“金课”课堂教学的准备

进行课堂教学应当提前进行一定的准备工作，全部课堂教学应当按统筹规划有序展开。这是大学教师承担教学任务应有的态度和最基本的要求。法学“金课”课堂教学的准备工作应当具有更高的标准。

法学“金课”课堂教学的准备，不仅仅是翻翻教材、写写讲义、搞个PPT那么简单。在整个课程开始之前，法学“金课”任课教师应进行教学计划编制工作，按照对应用型法律人才培养的需求，对涉及的法律部门的基本理论和重点内容在每个课时的分布进行规划。

法学“金课”课堂教学的准备，不仅仅是对教案的准备，还应当课前对学生加以了解，以便对教学方法、教学形式、课堂内容等进行有针对性的调整工作。要了解学生的基础知识掌握情况，准确预测学生在学习本节课时可能遇到的困难，并为引导、帮助学生克服这些难点进行有针对性的准备。如果学生有一定的知识储备，甚至是有与课程直接相关的实践经历，可以在一定程度上提升学习深度和难度，并尽可能地围绕学生的实践经历设计研讨环节。

法学“金课”课堂教学的准备，不仅仅是任课教师的准备，而是师生之间双向的交流、学习活动。因此法学“金课”课堂教学的准备工作也包含了对学生的要求。学生应当充分了解该课程的教学计划和学习难点，并就学习的重点和需求与任课教师进行沟通。

（二）法学“金课”课堂教学的实施

法学“金课”与传统法学教育相比承担着更高的培养目标和更重的教学任务，因此在课堂教学的形式上应当作出更多改变。

在理论教学方面，应当改变单纯为了学习理论而讲解理论的传统授课思维。理论必须与实践相结合，树立对法学理论的学习是为了法治实践的理念。将理论学习与制度和案例结合起来，不仅要讲解理论的内容，更要突出法学理论对法治实践和案例的影响，重点分析未来法治发展方向所遵循的法治理论和历史规律。

法学“金课”在实务教学方面，应当对案例教学法进行进一步发展。案例教学不仅仅是对案例的分析，还应当通过引导学生进行分组讨论、角色模拟等代入训练，增加学生对指导性案例的实际操作练习。毕竟法学是一门实践性学科。课堂教学中的实践性训练越多，学生的法律实务能力就越强，法学高等教育的质量就越高。案例教学在法学高等教育中已经受到广泛关注，但就法学“金课”建设而言，应当更加重视理论对实践的指导作用。教师要引导学生运用法学理论知识分析案例,而不仅仅是对案例中的规范和因果关系进行梳理;应当在时间分配上更加向学生倾斜,指导学生参与案例教学、对案例进行讲解,而不是完全由教师进行分析、讲授。教师更多的是承担组织、启发和点评的工作。通过师生合作,关注学习的过程,增强学生的自主学习能力。

法学“金课”在课堂内容方面,应当增加翻转课堂的教学比重。翻转课堂也称作“颠倒课堂”,是指在信息化环境中,教师提供以教学视频为主要形式的学习资源,学生在上课前完成对教学视频等学习资源的观看和学习,师生在课堂上一起完成作业答疑、协作探究和互动交流等活动的一种新型教学模式。[①]翻转课堂的应用使传统的课堂教学模式发生了颠覆。传统的课堂教学以教师进行知识讲解为主,案例分析、练习和课下复习为辅。而翻转课堂模式下,传统的课堂教学内容提前到了课前的预习阶段,并且主要是由学生自学完成,课堂上则主要进行学生为主的讨论、答疑等活动。显然,翻转课堂的形式更加符合法学“金课”的培养目标。

(三)法学“金课”课堂教学的考核

法学“金课”的课堂教学服务于法学“金课”的教学目标,即培养建设中国特色社会主义法治国家所需要的法律人才。因此组织法学“金课”课堂教学的考核,也应当为法学“金课”的教学目标服务,并与此相适应。

法学“金课”课堂教学的考核,应当提高一定的难度。法学高等教育与其他高等教育类似,在严苛的高考结束后的本科学习阶段,往往进入一定的“舒适期”:学习内容简单、课堂纪律宽松、考试难度降低、考核容易达标。考核相对轻松,也使学生降低了学习的要求。法学“金课”旨在培养高素质的法律人才,通过提升考核难度,倒逼学生加大学习力度。

法学“金课”课堂教学的考核,应当增加平时考核的权重。传统的课程结课考试,一般以期中考试、期末考试的形式,一考定胜负。这导致个别学生不重视日常学习,而是采取考前“突击”、只学考点的方法应付考试。考试不再是检验学习的手段,学习反而成了应付考试的手段。法学“金课”课堂学习应当改变这种“应试教育”,将课堂学习的考核与讨论、发言等平时的学习活动结合起来,综合考察课堂教学以及学生学习的效果。

---

① 参见钟晓流、宋述强、焦丽珍:《信息化环境中基于翻转课堂理念的教学设计研究》,《开放教育研究》2013年第1期。

六、结语

法学“金课”建设是我国法学高等教育发展历史中的重大变革。我国正处于建设中国特色社会主义法治国家的重要历史时期,同时,互联网技术、大数据等高科技手段也给法学高等教育提供了千载难逢的发展机遇。在新文科建设的背景下,我们有责任也有条件,通过法学“金课”建设,使中国法学高等教育实现向“新法学”的转变。[①]

法学“金课”必须回应新时代对法学高等教育提出的要求,即党的十九大报告中提出的人民对民主、法治、公平、正义、安全和环境的新要求。法学“金课”必须将人民对这六个方面的要求,作为高素质法律人才应当具有的历史使命感贯穿到人才培养中。

法学“金课”必须服务于我国法治建设的新目标。党的十九大报告明确提出了我国法治建设的时间表,即到2035年要基本建成法治国家、法治政府和法治社会;到本世纪中叶,要建成社会主义现代化强国。法学“金课”要为社会主义现代化强国的法治建设服务。

法学“金课”必须聚焦于我国法治发展中的新的课题。我国的社会主义法治建设不断面临新的国内外矛盾,例如,党的十八大以来国家安全立法对法治建设提出的新要求,“一带一路”建设对法治发展提出的新任务,世界范围内保守主义、孤立主义、民粹主义、极端主义抬头给法治发展带来的新风险,中美贸易摩擦给法治发展带来的新挑战,现代信息技术给法治发展带来的新期待等。法学“金课”必须对这些问题进行深入思考并作出回应。

---

① 参见徐显明:《新文科建设与卓越法治人才培养》,《中国高等教育》2021年第1期。

课程思政在法学实践教学中的运用

刘俊霞

一、引言

(一)研究背景

习近平总书记在2016年12月7日至8日召开的全国高校思想政治工作会议上强调:“要用好课堂教学这个主渠道,思想政治理论课要坚持在改进中加强,提升思想政治教育亲和力和针对性,满足学生成长发展需求和期待,其他各门课都要守好一段渠、种好责任田,使各类课程与思想政治理论课同向同行,形成协同效应。”①教师承担着最庄严、最神圣的使命,既要做学问之师,又要做品行之师,以人格魅力引导学生心灵,以学术造诣开启学生的智慧之门。教师肩负着培养社会主义事业建设者和接班人的重要责任,既要精于“授业”“解惑”,更要以“传道”为责任和使命。“课程思政”正是通过深化课程目标、内容、结构、模式等方面的改革,让教师把政治认同、国家意识、文化自信、人格养成等思想政治教育导向与各类课程固有的知识、技能传授相互融合,促进学生全面发展,充分彰显教书育人的责任。

专业课是高校教育中占比最大的课程类型,具有学分高、门类多、时间长、专业性强、学生较为重视的特点,在专业课中开展课程思政具有得天独厚的优势。专业课教师在教育教学过程中融入对学生的思想政治教育,营造以文化人、以德育人的环境,如春风化雨、润物无声般实现对学生的价值引领,从而实现知识传递

---

① 《习近平在全国高校思想政治工作会议上强调:把思想政治工作贯穿教育教学全过程 开创我国高等教育事业发展新局面》,《人民日报》2016年12月9日。

与价值观引导。因此,将课程思政应用到法学教育实践中,在传授大学生法学专业知识的同时,可以帮助学生树立正确的世界观、人生观、价值观以及掌握与此相关的正确立场观点方法和思维方式,有助于将法学专业学生培养成国家和社会所需的法学人才。

（二）国内外研究动态

1.国内研究情况

在上海高校思想政治教育综合改革的实践过程中产生了“课程思政”,上海高校自2014年以来通过在通识教育中开设“中国系列”课程、由名师大家主讲国家建设发展成果、在课堂教学中根植社会主义核心价值观的方式落实“立德树人”根本任务,“课程思政”正是由此升华的课程理念。2018年9月10日全国教育大会召开后,教育部制定《关于加快建设高水平本科教育　全面提高人才培养能力的意见》(教高〔2018〕2号),要求推动高校全面加强课程思政建设。2019年8月,中共中央办公厅、国务院办公厅印发了《关于深化新时代学校思想政治理论课改革创新的若干意见》,首次以中央文件提出“整体推进高校课程思政”,强调要“推动建立思政课教师与其他学科专业教师交流机制”,深度挖掘高校各学科门类专业课程蕴含的思想政治教育资源,解决好各类课程与思政课相互配合的问题。①

自课程思政实施以来,我国学者进行了大量研究,成果比较丰富,研究方向大致包括以下几类:思政课程与课程思政的关系辨析(何红娟,2017;王景云,2019);对课程思政质性和价值的认知(朱飞,2018;何玉海,2019);人工智能、移动互联、信息碎片化对课程思政产生的冲击(邵明英,付宇杰,2020;方莉,2019);高校课程思政改革的维度、着力点与策略(张弛,2020;吴月齐,2018;王明华,2019);对高校课程思政的整体性思考(杨守金,2019;伍醒,顾建民,2018;刘承功,2018);等等。

通过在知网检索发现,关于“课程思政和法学教育”内容的研究大概是从2018年开始的,研究方向大体可分为两种:一是从法学类或法学专业课程的角度对课程思政改革进行探索研究(时显群,2020;金玉,2019),主要涵盖法学思政教育的重要性、开展情况、法学开展课程思政教育的具体策略等方面;二是从行政法学、经济法学、知识产权法学、民法学等某一门法学课程的角度对课程思政改革进行研究(尚苏影,2020;王小萍,孙晓红,2019),主要从课程设计、创新方法手段和教学体系、课程教学与社会实践的有机衔接等方面进行探讨。对于课程思政在法

① 参见伍醒、顾建民:《“课程思政”理念的历史逻辑、制度诉求与行动路向》,《大学教育科学》2019年第3期。

学教育中实践情况的研究比较少,学者目前大多还是注重课程思政理论和改革的研究。

2.国外研究情况

其他国家的措辞有所不同,多数国家没有使用"课程思政"一词,主要是通过道德教育的方式来进行,对该问题的研究分散在不同的学科领域,如教育、管理、哲学、伦理等。研究的问题主要围绕:高校道德教育应包含的因素(Sung,2019);教育与道德的关系(Park,2018);学校课程能否促进道德教育(Segev,2017;Lee,2017);教师对道德教育的影响(Lee,2017;Kim,2017)。至于具体的实施路径,也是通过学科交叉的方式,如将道德教育融入商事、语言、体育等专业中(Marques,2019;West,2019);还有学者重新审视了教育环节中道德与种族、性别、正义等的关系,体现了与各国具体国情的结合(Rosa,2019)。

3.简要评析

我国目前的研究成果主要集中于对课程思政本身的研究,很少结合专业教育,只有为数不多的几篇论文分别就法学和社会科学类课程探讨了专业课教师推进课程思政的实践(时显群,2020;何源,2019;罗仲尤,2019)。而由于学科划分不同,国外就该问题的研究分布在不同的领域,虽然涉及与某一特定专业的结合,但所涉专业比较分散。鉴于此种现状,本课题可以很大程度上丰富法学专业课教学中课程思政的理论研究,从而推进我国高校教学实践中法学专业知识与思政元素的无缝衔接。

(三)学术价值和应用价值

本课题在借鉴前述学术成果的基础上,运用文献研读、比较研究和调查研究的方法,对高校课程思政在法学教育实践的运用进行探讨,以期促进法学专业教育与思政教育的融合。

学术价值:一是为高校法学专业课中开展课程思政提供理论支持。加强法学专业课课程思政是高校教育理念改革的需要。高校法学专业是培养社会主义法治建设人才的摇篮,法学专业的学生未来的就业方向主要是从事政治、法律工作,如法官、检察官、律师以及其他党政机关政法岗位公务员,因而该群体不仅需要有法律知识,还需要加强思想道德修养,坚定政治立场,弘扬社会主义核心价值观、人权观和法治观,实现立德树人的育人目标。二是为我国高校法学专业课课程思政提供域外参考。通过借鉴其他国家的高校道德教育情况,学习其有用经验,结合我国的具体国情,推进法学专业课的课程思政建设。

应用价值:通过调研,总结我国当前高校法学专业课课程思政的开展情况、产生的效果、面临的问题等,有针对性地研究法学专业课程思政教育的路径,包括推动课程思政的改革创新、提升法学专业课教师的思政建设意识和能力、挖掘法学专业课中的思政元素等,促进课程思政在法学教育实践中的运用。

(四)研究目标和创新之处

本课题通过分析课程思政的基本内涵以及高校思政课程与课程思政的关系,探讨高校法学专业课课程思政的内在逻辑必然性和优势,同时对域外高校道德教育的情况进行考察。通过介绍我国高校课程思政中知识传授和价值引导中存在的问题,探索专业课教师课程思政能力培养方法以及课程思政中价值引导的教学方法,明确法学专业课课程思政的目标原则,深入落实法学专业课课程思政改革的路径。借助上述问题的研究,本课题的最终目标是促进法学专业教育与思政教育的融合,在专业教学中开展包含精神指引在内的综合素质教育,运用德育的学科思维,提炼专业课程中蕴含的文化基因和价值范式,着力探索构建价值塑造、能力培养、知识传授"三位一体"的人才培养模式,更好满足学生成长发展需求,帮助新时代大学生在纷繁复杂的社会思潮中建立正确的价值观,让法学专业课堂真正做到围绕学生、观照学生、服务学生,思学生之所想,答学生之所疑,解学生之所惑,帮助学生健康成长。

本课题试图从以下两个方面进行创新。

从研究视角来看,法学专业课中蕴含着丰富的思想政治教育元素,对推进课程思政有重大意义,目前对课程思政在法学教育实践运用情况进行的研究很少,且多数成果多注重理论研究,对法学专业课程思政的实践情况研究不足。作为一名专业课一线教师,笔者将立足专业课的内部视角看待课程思政,不同于思政课老师的外部视角。由此进行的专业课课程思政研究可以有效地补充、丰富对课程思政的理论。

从研究方法来看,本课题采用实证调研的方法,考察高校法学专业课教学实践中课程思政的实施现状、值得借鉴推广的经验、存在的问题、改进的路径等。

二、高校专业课课程思政的基本问题

(一)课程思政的内涵

课程思政是思想政治教育领域的新探索,它将马克思主义立场、观点和方法贯穿到各学科的教育教学中,让思想政治教育更具有现实性和穿透力,将价值引导贯穿于知识传授的过程中。申言之,课程思政是指除了专门的思政课程之外,教师在教学过程中充分挖掘蕴含在专业知识中的德育元素,实现专业课与思政的有效联合,将德育渗透并贯穿于教育和教学的全过程。课程不应被简单地理解为提供知识,它还应包括向学生传授未来学习生活的经验,强调在传授知识的同时帮助学生树立正确的世界观、人生观和价值观。其所追求的是价值塑造、能力培养、知识传授三位一体的教学目标。

首先,课程思政的实施主体是专业课教师。专业课教师作为与大学生接触时间最多、对大学生思想言行和成长影响最大的第一群体,其在立德树人和育人育才方面承担着重要责任,因此需要具有课程思政的意识,通过言传身教,引导大学生树立崇高的理想信念,形成正确的价值观念。其次,课程思政的主要载体是专业课程。专业课程具有开设比重大、授课时限长、课程类型多等特点,专业课教师结合各自专业特色,挖掘专业课中的思想政治教育元素,将思想政治教育自然地融入课堂教学中。最后,影响课程思政的关键要素是评价及保障机制。有效推进课程思政需要高校构建系列以落实立德树人这一首要任务为核心的评价保障机制,引导广大教师以德立身、以德立学、以德施教、以德育德。①

新时代对高校人才培养提出了更加明确的要求,特别是对高校人才培养的思想政治标准提出了更高要求。党的十九大报告强调了青年在“两个一百年”奋斗目标中的使命与担当,而高校立德树人根本任务的达成,是新时代青年能够肩负重任的重要保障,这是课程思政开展的基础和依据。课程思政在强调专业课程传授知识的同时,彰显了课程的育人功能,即将知识传授与价值引领有机融合,从而推进思想政治教育与专业课教学有机融合,实现高校立德树人的根本任务,促进人的全面发展。将所有课程都上成思想政治理论课不是课程思政的目的,课程思政寻求的是将各类课程中的文化基因和价值范式贯穿于课堂教学的过程中,把学科资源、学术资源转化为育人资源,加强对学生在政治和思想上的引领,突显价值使命和理想信念教育的意义,实现知识传授和价值引领的有机统一,让受教育者求技与求道相融合,实现大学教书育人的使命。

(二)思政课程与课程思政的关系

在高校课程育人过程中,为加强思想政治教育体系建设,不仅需要思想政治理论课在改进中加强,还需要将思想政治理论的深层逻辑在各类课程中展现出来。课程思政就是强调专业课不仅是传授知识,还需要进行正确的价值引领,这样专业课程教学才能够不迷失方向,有利于知识传授、能力培养与价值引领相互

---

① 参见罗仲尤、段丽、陈辉:《高校专业课教师推进课程思政的实践逻辑》,《思想理论教育导刊》2019年第11期。

融合、相互协调。有的人会认为课程思政让专业课具有“思政味”,这在一定程度上弱化或者否定了专业课的专业性。事实并非如此,课程不仅传授知识,还对学生进行价值引领,专业课课程思政是让育人的价值得以回归,从而让教书育人名副其实。

课程思政的深入开展使得思政课程不再孤立无援,两者双管齐下,共同促进高校思想政治教育体系建设。思政课程可以从更广泛的范围内教授学生爱国主义情怀、社会责任感、文化自信、人文精神等价值范式,超越具体的专业问题归纳总结出共同的价值范式;而课程思政立足于补齐思政课程的短板,寻找专业知识中的思政因素,促进专业教育与思政教育的融合。两者协调统一,共同实现传道授业、教书育人的目标。课程思政是对以往思想政治教育途径的改革创新,课程思政和思政课程虽然对学生思想政治教育的形式不同,但所追求的目标和承担的责任是统一的,即共同服务于立德树人的根本任务。

三、法学专业课程进行思政建设的必要性

法学专业课程思政建设是通过课堂教学、教材等(既包括法理学、民法学、刑法学等理论课堂教学、教材等,也包括模拟法庭训练等实践课堂教学、教材等),根据哲学上普遍联系的原则,将专业知识中的思政元素贯穿于法学知识讲授过程中,实现教书育人目标的高等学校教育实践活动。法学专业课教师肩负起教书育人的神圣职责,可以在进行法学理论、法学案例分析时附带着、顺理成章地引入思想政治的内容,其目的是辅助学生更好地学习法学理论,从实证和思辨的角度更好地去看待、分析、解决法学案例中的问题。践行法学专业课程思政理念,要充分融合、发挥法学专业课程的法治教育功能和思政教育功能,将立德树人的根本任务贯穿于法学专业课程思政教育的全过程,培养德智体美劳全面发展的社会主义法治事业的建设者和接班人。在法学专业课中进行课程思政的意义主要体现在以下三个方面。

(一)回归课程内在价值追求

一是有助于回归课程育人价值追求,促进育人功能实现。我国高校课程体系自然而然地蕴含社会主义意识形态价值追求。思政课是专门对大学生进行系统马克思主义理论教育的课程,意在引导学生实现人文与科学、精神与物质、事实与价值、个体内在与外在社会之间不同领域的融通,构建起完整的世界观、人生观、价值观。另外,专业课教师可以通过分析梳理相关资源,进行知识体系的加工改造,在教学过程中将隐含的育人功能体现出来。专业课程分为哲学社会科学课程

和自然科学课程。自然科学课程知识体系自身并不具有意识形态属性,但教师在教学过程中可以根据不同教学主题,运用恰当的方式进行社会主义主流意识形态传播和价值引领,促进知识传播与价值引领目标的实现。法学属于哲学社会科学课程,天然地具有价值观导向、思想道德教育、综合素质提升等功能,可将思政因素渗透到法学教育中,无形中指引学生牢固树立起正确的世界观、人生观、价值观。二是有助于促进学科良性互动交融,整合育人成效。现代教育的学科和专业分化越来越细,造成了自然科学和人文社会科学的距离拉大、各专业课教师对话艰难、相互不理解等现象,破坏了育人目标的整体性,不利于教育目标的统一。为摒弃现有教育理念的弊端,促进学科间良性互动,树立立德树人的理念,有必要协同挖掘各类课程蕴含的思想政治教育元素,促进高校教育目标的实现。

(二)实现人的自由全面发展的内在要求

一是有助于满足学生日益增长的社会交往需要。社会意义上的全面发展是实现人的全面发展的一方面,它强调的是人在社会中交往的普遍性。随着经济全球化、社会信息化和社会变迁的推进,学生社会交往所需要的广度、深度都在扩展,这就需要培养学生批判性的思维力、深厚的情怀、开阔的视野来拓展更广泛的社会关系。法学专业的学生在将来从事法律行业中必不可少要进行社会交往,缜密的逻辑思维和人际交往能力都有助于法学生应对职业中面临的问题。在法学专业课中进行课程思政可以开拓学生的视野,引导学生从社会和国家等角度看问题,增强教育的针对性、时代性、实践性和全面性,实现教育教学体系的改革升级。二是有助于满足学生日益增长的精神文化需要。我国的教育长期存在重智育轻德育、重“主科”轻“副科”、重成绩轻能力、重理论轻实践等问题,不重视学生精神文化层面的需要和问题。随着社会对人才素质要求的提升,社会对教育有了更高的要求,如教学内容需兼具优良的学术品位和深切的人文关怀、知识获取更加全面、能力素质在就业市场更具竞争力等。法学教育就存在重理论轻实践的问题,学生将所学理论知识运用到实践的能力不足,不能适应社会的需要,所以应挖掘法学专业课程中的思想政治教育元素,满足学生多方面发展的需求,促使学生德智体美劳全面发展,为我国社会主义法治建设储备人才。

(三)实现立德树人教育根本任务的客观需要

党的十八大报告首次将“把立德树人作为教育的根本任务”写入党的代表大会报告,习近平总书记在全国高校思想政治工作会议和全国教育大会上都强调“立德树人”的重要性。专业课深入挖掘其思想政治教育元素对学生进行教育,提升了大学生道德判断和选择能力。随着现代社会转型,我国经济领域发生深刻变革,利益格局变动,人们的传统道德观念势必会受到影响,在道德判断标准和选择等方面面临困境,因而社会上出现了一些道德失范现象,有的还会演变为犯罪事件,不利于社会的和谐稳定。高校为实现立德树人的根本任务,需要挖掘课程中的思想政治教育元素,加强学生道德教育,引导大学生坚守正确的道德原则,明确自身成长发展的方向,成为德才兼备的社会主义建设者和接班人。法学生未来的就业方向主要是从事政治、法律工作,如法官、检察官、律师以及其他党政机关政法岗位公务员,在专业课教育过程中渗透爱国主义教育、国家安全意识、国家利益至上的观念尤为重要,有助于其在今后的职业生涯中坚守正确的道德原则,成为社会主义法治建设所需要的人才。我国开放程度越来越高,引进了多种多样的思想意识、价值取向、意识形态,它们之间错综复杂、相互博弈,对大学生产生深刻影响。要注重对大学生进行思想引领和主流价值观教育,提升学生意识形态辨别力,增强学生意识形态战斗力。因此,高校不仅需要加强学生思想政治课程的教育,还需要进一步推进专业课课程思政的开展,将思想道德教育渗透到日常教学中。高校法学专业教师可以在教学中引导学生辩证地看待西方法学理论,传播当代中国的法治理念、法律价值观,培养法学专业的学生对社会主义法治建设的责任感和使命感,引导他们积极投身于中国特色社会主义法治建设,争取成为中国特色社会主义法治建设需要的人才。①

四、法学专业课程思政中知识传授与价值引领的割裂问题

目前,在专业课程教学中碎片化植入思想政治教育元素比较常见,专业课课程思政缺乏系统性,造成知识传授和价值引领割裂的困境,主要表现为以下三个方面。

(一)思政教育课程与专业课程不贯通

目前,高校的课程设置按内容可分为自然科学和人文社会科学两部分,思想政治教育在内容上既具有客观实在性,又主要涉及政治、精神和价值层面的内容,具备人文社会学科的属性。在专业课授课过程中,价值引领和自然学科、人文社会学科知识传授之间缺乏贯通,缺乏互相支持、互相促进的良性互动,这样任何单一的学科和课程都无法促进学生“德才兼备、全面发展”。还有一些专业课教师由于思想认识、时间精力、交流平台等方面的局限,难以根据学生的思想需求、学生

① 参见卢黎歌、吴凯丽:《课程思政中思想政治教育资源挖掘的三重逻辑》,《思想教育研究》2020年第5期。

成长规律来开展课程思政，在话语方式上难以将政治话语与学术话语相融合。因此只有当价值引领与其他学科在理论视角、内容构成、研究方法上形成融合、补充与贯通时，知识传授与价值引领才能统一于教育目标之中，形成教育合力，实现高校立德树人的根本任务。

（二）对专业课程的思政教育元素挖掘不充分

我国的思政教育课程体系从课程设计、教育内容，到授课方式均有较为成熟、稳定的模式，随着课程思政的推进，教育主体、教育对象、教育内容和教育方法发生了变化，思政课程的内涵与外延都需要拓展，专业课程加入思政教育成为建构"大思政"格局不可或缺的部分，需要教师在传授知识时全方位灵活、有机地融入价值引领。实践中，部分专业课教师思想政治教育理论储备不足，或者太过侧重专业知识研究与讲授而忽视对课程思政的方法与技巧学习，未能充分挖掘专业课程中的思政教育元素，在专业课程教学中只能碎片化植入思想政治教育元素。因此，高校专业课教师还需在课程思政的知识构成、理念贯彻和方法运用等方面不断探索创新。

（三）评价机制价值引领的导向性不足

当前对学生的评价机制相对笼统，高校思政教育质量的目标、要素、指标等还需要进一步明确，涉及价值引领等思政教育的评价要求过于单一。在校期间，对学生思想品德方面的评价以思政课程考试分数为主，专业课课堂价值引领的效果很难得到明确反馈。对教师的评价多以课时量、科研成果数等为主要依据，教师课堂教学水平高低、学生思想道德素质是否提升等一般不是教师评价所参考的内容。在重知识传授、轻价值引领的评价机制下，教师和学生更倾向于重视课堂学习而忽视价值观念的形成。①

五、域外考察：外国高校专业课课程思政的情况

从比较的视角看，西方知识道德论的厚重传统开辟了"学以进德"的逻辑理路，彰显了课程知识道德与价值意义的历史逻辑。简而言之，国外高等教育中主要通过"道德教育"发挥"课程思政"的功能。虽然国外高校并无"课程思政"一说，也无明确的思政教育工作，但国外高校在公民教育、道德教育、情感教育、价值观教育等方面开展了大量实质性的思政工作，主要被称为"道德教育"，其实质上是

① 参见胡术恒：《论课程思政中知识传授与价值引领的融合——基于罗素教育目的观的分析》，《思想政治教育研究》2020年第2期。

发挥了课程思政的功能。

世界上各个国家都注重学生思想道德、价值观的教育。美国学校寻求某些共同的或社会公认的价值观，以体现教育的规范性和导向性[①]，把培养公民意识和社会意识作为教育改革与教学实施的重点，将“品格教育”明确为全社会普遍认可和共享的价值导向，增强学生作出正确道德选择和行动的能力。日本要求各高校通过专业教育来灌输“教养教育”的内容。英国把国家道德价值观作为课程设置的重要教育目标。新加坡要求课程设置与教学围绕“我是新加坡人”展开。

六、课程思政在法学实践教学中的改进

(一)法学专业课课程思政的目标和原则

法学专业课课程思政的目的是在法学课程中融入思想政治教育内容，与思政课程同向同行，一起肩负起立德树人的根本任务。2017 年 5月，习近平总书记在中国政法大学考察时指出：“立德树人，德法兼修，培养大批高素质法治人才。”[②]这个重要论述清晰地指明了我国法治人才培养工作必须坚持“立德树人、德法兼修”的方针，为新时代中国法学教育提供了根本遵循。2018 年 1月教育部发布的《普通高等学校本科专业类教学质量国家标准》，将法学类专业的培养目标确定为“坚持立德树人、德法兼修，适应建设中国特色社会主义法治体系，适应社会主义法治国家的实际需要”。因此高校为落实“立德树人、德法兼修”的法学专业培养目标，必须要把立“德”放在人才培养首位，落实立德树人根本任务，切实加强对法学专业学生的思想政治教育。

法学专业课课程思政坚持融合渗透的原则，从法学课程开展的路径来看，为深入挖掘课程内容的思政元素，明确课程内容与思政改革的契合点，不能强硬灌输给学生，应循序渐进地进行价值引导，坚持融合渗透的原则，将德育渗透贯彻到教育教学的整个环节，实现“法律知识的传授”与“法律价值的引领”无缝对接，潜移默化地引导学生树立正确的世界观、人生观、价值观，使学生接受的思想政治教育能够真正达到春风化雨、润物无声的效果。[③]

---

① 参见刘承功：《高校深入推进“课程思政”的若干思考》，《学科与课程建设》2018 年第6期。

② 《习近平在中国政法大学考察时强调：立德树人德法兼修抓好法治人才培养　励志勤学刻苦磨炼促进青年成长进步》，《人民日报》2017 年5月4日。

③ 参见刚彦：《法学课程思政研究综述——以CNKI期刊数据库的相关文献为素材》，《法制与社会》2020年第6期。

（二）法学课程思政中价值引导的教学方法

价值引导以平铺直叙的方式零碎化、碎片化地植入专业知识教学中，不容易引起学生的注意，会让学生感受到价值引导生硬且杂乱无章，因此专业课教师需要善于利用不同教学方法强化价值引导效果，在教学方法上做到专业知识传授和思想政治教育的有机融合。课程思政中价值引导的教学方法有以下几种。

一是对比分析法。以课程中的专业知识为切入点，提炼出其中的思想政治教育元素加以比较，从而发现相同的专业知识或技能在不同思想价值引领下可能产生的截然不同的教学结果，并深刻认识到知识教学的本质和规律，明确价值导向的目的。

二是启发式讲授法。教学要以学生为主，课堂教学不能只有教师讲授。教师是课堂的主导者，不仅要讲授知识，还要引导学生积极主动地思考，提高学生的学习积极性和课堂参与度。专业课中思想教育不能依赖于直接对学生进行价值输入，而是利用启发式教学法鼓励学生自主思考探索解决问题，由教师潜移默化地对学生进行价值引导。教学是教师和学生双方互动的过程，教师可以向学生阐述专业知识体系中的应然价值选择，在这个过程中就可以潜移默化地对学生进行价值引导，激发学生的学习兴趣和活力，推动学生形成正确的政治立场和价值判断。

三是案例教学法。案例教学法是教师在专业课程教学中以真实的事件为基础所撰写的案例进行价值引导的方法。高校专业课教师可以将社会中的事件与所授专业知识相结合，通过专业知识的具体应用、相关案例的陈述以及模拟场景的再现加深学生对现实社会的了解，还原真实世界的面貌，帮助学生树立正确的世界观、人生观、价值观。同时，专业课教师可以创建课程思政教学案例库，围绕专业知识内容，对真实案例进行典型化处理，从而使专业课程的思想政治教育内容有现实的载体，贴合社会实践。[①]

（三）法学专业课课程思政的改革路径

一是将“课程思政”理念融入法学专业教育教学的全过程。“课程思政”的实质是要将思想政治教育融入专业课教学中，充分挖掘专业课中的思想政治元素，对大学生进行价值引导。首先，将课程思政理念落实到专业人才培养方案中。高校的专业人才培养方案是组织开展教学活动、安排教学任务的指导规范，是培养专业人才的重要依据。人才培养方案的具体内容体现“课程思政”理念，是课程思政得以实施的前提。因此，高校制订法学专业人才培养方案时，应当将“课程思政”

① 参见朱飞：《高校课程思政的价值澄明与进路选择》，《学科与课程建设》2019年第8期。

理念贯穿于法学专业人才培养的全过程。其次,深入挖掘专业课程中的思想政治教育元素。法学专业学科中蕴藏着丰富的思想政治教育元素,如在“宪法”课教学中,新中国宪法的发展、实践与修改历程以及宪法规定的我国政体、国体与经济基础等内容都有可挖掘的思想政治教育元素,从而引导学生尊重学习宪法、遵守维护宪法,树立宪法意识,弘扬法治精神。在“民法”课中,民法基本原则和具体制度等内容体现着我国传统习俗和道德规范,这些是具有中国特色的民法规范,可以帮助学生树立制度自信和文化自信。总之,从法学专业课程中可以挖掘出丰富的思想政治教育元素,教师的授课不能仅是解读法学概念、法律规范,还要充分发掘和善于利用法学知识背后的思想政治教育元素,引导学生形成正确的法治思想。最后,课程思政还要体现在实践性教学中。学习法学最终是要面向社会进行实践的,因此高校对法学生进行实践性教学是必不可少的。可以通过实践教学和指导老师的言传身教引领学生完成法律道德、职业精神的深层次塑造。

二是加强法学专业教师的课程思政责任意识和能力。作为课程思政的实施主体,教师肩负着培养社会主义事业建设者和接班人的重要责任,不仅要精于“授业”“解惑”,还要以“传道”为责任和使命,树立课程思政的意识,真正做到教书育人。法学专业教师不仅需要自身加强对思想政治理论的学习来提升自我,还需要培养“挖掘—转化—融入”的能力。“挖掘能力”指的是法学专业教师能够根据思想政治教育的目标和要求,善于发现和挖掘不同法学知识中的思政元素,将社会主义法治观有机融入课堂教学之中;“转化能力”指的是法学专业教师能将所授课程中的学术资源转化为育人资源,运用理论知识解读社会时事;“融入能力”就是指将育人的价值要求与专业培养相结合,实现针对性、系统性融入。在法学专业课教学中渗透价值引领,需要法学专业教师帮助学生深入掌握马克思主义法学思想和中国特色社会主义法治理论,客观辩证地为学生分析西方的法学理念和法律制度,提高学生对西方法治思想的鉴别力和免疫力,帮助学生了解中国特色社会主义法治理论的形成与发展过程,培养学生的家国情怀,坚定学生对社会主义法治的信仰,让学生成为德才兼备、全面发展的人才。①

三是法学专业“课程思政”教学改革应遵循分阶段育人原则。分阶段育人,是指在教学安排上科学地设置分阶段教育主题,有计划、有重点、有步骤地开展教学活动,使法学专业“课程思政”教学改革循序渐进、层次分明,从而实现立德树人的目的。大一阶段,是学生学习法学知识的基础阶段,在“法理学”“中国法制史”“宪

---

① 参见何源:《高校专业课教师的课程思政能力表现及其培育路径》,《江苏高教》2019年第11期。

法学”等专业基础课中，专业课教师应当充分利用其中的思想政治教育元素，潜移默化地向学生传授马克思主义法学思想和中国特色社会主义法治思想，做好学生法治思想的启蒙。大二、大三阶段，法学生在已有的基本法学知识基础上，进一步学习“刑法”“民法”“经济法”“商法”等课程。专业课教师可以结合有重大社会影响的案件及热点问题，多角度地引导学生运用所学知识进行深入思考，提升学生的家国情怀，培养学生的法律思维能力。大四阶段，学生面临着实习、毕业、前途等问题，教师在这一阶段要注重对学生的法律职业伦理教育，培育学生关注社会、服务社会的公益服务精神。通过分阶段育人的教学安排，丰富了课程思政的内容和形式，让学生能在不同阶段得到所需的思想政治教育，从而循序渐进、潜移默化地对学生进行价值引导。

四是课程思政由碎片化植入转化为系统化设计。现有的部分课程思政教学方案和教学设计是将理想信念、社会主义核心价值观、中华优秀传统文化美德、革命文化和社会主义法治思想等内容僵硬地植入专业课程的知识点中，系统性不足。这种零散化、碎片化地植入容易让课程思政流于形式，无法实现课程育人的效果。在这个快速发展的时代，学生得到的都是碎片化的信息，无法对事物形成完整系统的认知，所以专业课的思想政治教育不能以零散化、碎片化植入的方式，而是应将思想政治教育有目的、系统性地融入专业教学中，让学生受到系统完整的思政教育，力求专业武装头脑、思政滋养灵魂。优化思想政治教育是一项复杂的系统工程，它不仅需要思政课程与综合素养课程发挥育人的作用，还需要课程思政通过自身系统设计提高育人效果。因此，课程思政要突出整体性设计，形成系统化育人格局，既要有统领性的价值导向，也要有进阶性的思维训练，层层递进，不断把育人工作引向深入，实现价值塑造、能力培养、知识传授三者的统一。[①]

五是善于利用丰富生动的教育方式推进课程思政。受传统教学观念的影响，学生对之前的思政教育学习积极性不高，教师应当寻求更具吸引力的教育方式，潜移默化地开展思想政治教育。比如，借助开展形式多样、健康向上、格调高雅的校园文化活动，或广泛开展各类社会实践，来提高学习的趣味性和积极性。同时，要运用各种现代新媒体新技术，推动思想政治工作传统优势同信息技术高度融合，增强时代感和吸引力等。[②]

① 参见朱飞：《高校课程思政的价值澄明与进路选择》，《学科与课程建设》2019年第8期。

② 参见罗仲尤、段丽、陈辉：《高校专业课教师推进课程思政的实践逻辑》，《思想理论教育导刊》2019年第11期。

(四)法学专业课教师课程思政能力的培养

一是从多维度认知传授的专业知识,拓展课程思政内容。专业课教师根据自身讲授课程内容的特点,对传授知识进行多维度认知,挖掘其中与马克思主义原理和社会主义思想相关的思政元素,并将专业知识和思政元素相互融合转化为被学生普遍理解的内容,在教学过程中将价值引领和专业知识传授相对接,达到润物无声的效果。法学专业知识中存在许多思政元素,以国际经济法学为例,从中美贸易摩擦可以看出我国日益增强的综合国力,建立“四个自信”;“一带一路”的纵深推进,反映了我国的国际影响力和话语权的提高;等等。

二是敢于尝试不同的教育手段。就课程思政的课堂教学能力而言,专业课教师应勇于尝试不同的教学手段,并将不同教育手段的优点进行合理综合,了解学生动态,学习其他优秀专业课教师的经验,以期通过一种更具新鲜感、更丰富的学习场域来调动学生学习的兴趣。法学专业课程充满着枯燥难懂的理论知识,学生在学习的过程中很容易困倦懈怠,教师可以在教学过程中将法学知识与时事热点案例相结合,并将思想价值引领渗透到这一过程中。这不仅有利于促进学生对专业知识的理解,还有利于对学生思想品德的价值引导。专业课教师还要勤于设计教学过程与内容,善于课堂教学的组织管理和语言表达,惯于在教学过程中进行观察与体察,通过小组讨论、小组展示、情景教学等方式,启发引导学生树立正确的世界观、人生观、价值观,培养学生的学习和交流能力。

三是创设和维护良好的教学氛围。就课程思政的师生互动能力而言,专业课教师要学会创设并维护良好的教学氛围。部分专业课教师往往只注重专业知识的讲解,忽略课堂氛围的创设和学生的感受,无法实现教师与学生的良性互动,更不能对学生的思想价值进行有效引导。专业课教师要注重培养出良好的师生情感关系,有意识地创造条件来促进师生在课堂上的双向交流,并在此基础上选择学生乐于接受的教学话语方式,提升课堂活力,实现知识传授和价值引领的有机融合。

七、结语

基于上述研究,本课题得出以下三点结论。

一是在专业课中开展课程思政具有独特的天然优势。课程思政不是使专业课程“去知识化”,而是要通过优化课程设置、修订专业教材、完善教学设计、加强教学管理等手段,利用专业课在大学生培养方案中占比最大以及专业课教师与学生交流机会充足的优势,挖掘各门课程所蕴含的思想政治教育元素,并融入课堂教学各环节，让教师在课程教学、课外作业、答疑辅导、论文指导等多元情境中“传道授业解惑”，实现思想政治教育与知识体系教育的有机统一。因此专业课教师可以充分运用在专业课进行思想政治教育的便利条件，对大学生进行价值引领和精神塑造。

二是充分发挥专业课教师在思政改革中的作用。课程思政是对新时代教师教书育人职责的深化和拓展，教师在课程思政过程中发挥着重要作用，且教师的思想认识水平和思想政治教育能力决定了课程思政改革的成效。因此，需要激发专业课教师参与课程思政改革的主动性，引导教师树立正确的课程观、育人观和价值观。专业教育与课程思政融合教学的方法也应及时传授给专业课教师，增加相关思政培训，提高其思政意识和能力。

三是挖掘专业课中的思想政治教育元素。根据各类专业课程内容体系与授课对象特点，将专业课中蕴含的思政元素挖掘出来，将政治引领、价值塑造、知识传授、能力培养融为一体，激发学生的爱国热情、社会正义感、文化自信等，产生润物无声的育人效果。关注时事热点和有重大影响的事件，将其与专业知识的讲授进行融合。

日本法学教育改革及对中国的启示*

周啸天

自1977年以来,中国法学教育发生了翻天覆地的变化。从1977年只有两所半法律系招生到如今有600多所高校开展法学教育,从1977年法学专业在校生只有廖廖数百人到如今法学专业在校生已达数十万人,从1977年只有本科层面的法学教育到如今形成了"专科—本科—硕士—博士"完整的法学教育体系,中国法学教育无论是在数量上还是在层次上均取得了飞速的发展[①],法学教育随之迎来了"最好的时代"。然而,在法学教育的数量和层次高速发展的同时,法学教育的质量却没有取得与之相对应的进步。不得不承认,中国法学教育依然存在培养目标不清晰、课程体系不合理、课堂教育与司法实践相脱离、评估机制不完善等诸多问题。[②]这些问题的存在导致了在报考时热门的法学专业在就业时遭遇了冷门。近年来,法学专业毕业生就业率低、起薪低已经成为不争的事实。法学教育在迎来"最好的时代"的同时无疑也遭遇了"最坏的时代"。因此,如何摆脱"最坏的时代",已经成为中国法学教育界不得不面对的当务之急。

无独有偶,日本法学教育在数量和规模快速扩张的过程中也遭遇了类似中国的上述问题。为了解决上述问题,日本进行了一系列法学教育改革。由于"中、日两国在法学教育领域相互学习与借鉴的历史源远流长"[③],因此,客观地总结日本

---

* 本论文为2019年度山东大学法学院本科教学改革项目的最终研究成果。

① 参见丁相顺:《"项目推进"与"制度改革":比较法视野下的中国法学教育改革路径》,《交大法学》2016年第3期。

② 参见许身健:《完善法学教育:路径与方法》,《中国法律评论》2017年第3期。

③ 李响:《日本法学教育改革之得失与经验借鉴》,《上海政法学院学报》2014年第5期。

法学教育改革的得失与成败,并理性地分析其各种原因,再结合本国国情"择其善者而从之,其不善者而改之",无疑有助于中国法学教育的整体质量更上一层楼。

一、日本法学教育改革的背景

为了追赶西方强国,日本在明治维新时期进行了一系列改革,其中一项内容便是效仿西方国家,推行近代化法制。尽管日本今天的宪法和刑事诉讼法等法律是效仿美国的宪法和刑事诉讼法等法律而制定的,但是在明治维新时期完善法律制度的过程中,日本几乎没有注意到美国。因为当时的美国刚刚结束南北战争,尚未被看作是能够和欧洲各国匹敌的强国。[①]此时,欧洲各国通过工业革命相继走上了工业化强国的道路,基于此,日本"把对法国、英国、德国法律制度的研究都放在同一比重上进行"。经过比较,由于德国法律具有"体系森严、逻辑严密、思想深邃"的优点,日本便仿照德国法律"确立了以宪法、民法、商法、刑法、刑事诉讼法、民事诉讼法等基本法为代表的德国型法律体系"。[②]徒法不足以自行。为了培养近代法制的推行者,"明治政府大力发展法学教育,一方面创设了以东京大学法学部为代表的官僚法制教育机构,另一方面颁布各种法令积极鼓励私人兴办法律学校,从而形成了官学与私学并存的法学教育体系"[③]。

尽管日本是第二次世界大战中的战败国,但是其法学教育并没有因此而走向衰落。第二次世界大战结束后,为把军国主义驱逐出日本、帮助日本建设民主化制度,美国"带着传教士的热情"帮助日本完善了相关法律制度。在美国的帮助下,日本制定了以保护基本人权为核心的美国型的现行宪法,从而取代了德国型的明治宪法;制定了符合现行宪法的美国型新刑事诉讼法,从而取代了战前用于镇压反战人士的德国型的旧刑事诉讼法。[④]在战后很长一段时间里,随着日本经济的快速发展,日本法学教育在宽和政策的扶持下,其数量、规模以及层次上均得到了高速的发展。然而,在表面一片欣欣向荣的背后,日本法学教育也潜伏着某种不易察觉的危机。

如前所述,明治维新时期日本的法律制度是以德国的法律制度为蓝本而制定的,相对应,当时日本的法学教育也是以德国的法学教育为模板而发展起来的。众所周知,德国型法学教育比较注重理论知识的灌输,课堂教学主要是围绕着背

---

① 参见[日]小衫丈夫:《美国法文化对日本法律实务的影响》,《中外法学》1995年第4期。

② 参见[日]小衫丈夫:《美国法文化对日本法律实务的影响》,《中外法学》1995年第4期。

③ 李响:《日本法学教育改革之得失与经验借鉴》,《上海政法学院学报》2014年第5期。

④ 参见[日]小衫丈夫:《美国法文化对日本法律实务的影响》,《中外法学》1995年第4期。

景介绍、概念辨证、法条释义、原理解析以及得失臧否等内容而展开的。[①]不可否认,此种法学教育模式有其优势,但是缺点同样也很明显。一则,由于此种教育模式注重知识的灌输而忽视师生之间的讨论互动,故而培养出来的学生往往缺乏创造性和批判精神。毕业生通常墨守成规、循规蹈矩,不知灵活变通。二则,由于此种教育模式注重讲授理论知识而轻视培训实务能力,故而培养出来的毕业生即便经过一段时间的实务技能培训,也仍然无法很好地掌握实务工作所需的基本技能,难以满足用人单位"即到即用"的需求。

与此同时,由于法学专业在校生数量增长过快而相应的教学资源没有随之获得对应的增长,法学院校也难以坚持培养精英型法律家的职业教育从而转向普及基本法律常识和基本法律思维的素质型教育。面对将来从事各种不同职业的在校生,法学院校难以根据不同职业的特点对学生进行分流教育,而是采用"千人一律"的同种教学方法、教授同种知识。此种做法带来了"高不成,低不就"的后果:对于将来要从事非法律职业的学生来说,他们从法学院校获得法学知识过多而获得其他相关专业的知识过少;对于将来要从事法律职业的学生来说,他们从法学院校获得的法学知识过少从而难以从事法律职业,以至于不得不走上进一步深造的道路。[②]

除此之外,司法考试通过率过低也使得了日本法学教育所面临的困境雪上加霜。众所周知,改革前的日本司法考试被称为"全日本难度最大的考试",其通过率长期保持在3%左右。日本司法考试通过率长期过低的现象虽然在一定程度上保证了法律职业从业人员的质量,使得日本法律职业从业人员成为"精英型法律家",但是同时也带来了诸多弊端:对于学生而言,司法考试通过率过低使得他们不得不参加校外专门机构的培训,从而在学校教育和校外培训之间顾此失彼。在日本,法学院校的课堂教育并不足以保证学生有足够的能力通过司法考试。为了通过难度极高的司法考试,学生不得不参加校外专门司法考试培训机构所举办的培训以获得应付司法考试的技巧,由此形成了"双学校"的现象。"双学校"现象的存在经常使得学生无法同时兼顾学校的课程和培训机构的培训。对于学校而言,司法考试通过率过低则使得法学院校对学生的吸引力进一步减弱。在日本,从事法律职业的首要前提是通过司法考试。众所周知,所有专业的本科毕业生均

---

① 参见李响:《美国法学教育的人才培养机制及其借鉴》,《学位与研究生教育》2019年第5期。

② 参见丁相顺:《日本法科大学院构想与司法考试制度改革》,《法制与社会发展》2001年第5期。

有资格参加改革前的司法考试。对于想要从事法律职业的学生来说，获得法学院校的专门教育并非是他们从事法律职业的必要前提。更为致命的是，法学院校的专门教育在确保学生通过司法考试方面的作用十分有限，校外专门司法考试培训机构的培训反而更有助于学生通过司法考试。这无疑使得法学院校对想要从事法律职业的学生的吸引力进一步减弱。对于法律实务界而言，司法考试通过率过低使得其无法及时获得相应数量和质量的新鲜血液作为补充。经济的快速发展使得日本社会对司法的需求量逐步增加，然而，由于司法考试通过率的限制，日本社会对司法的需求显然难以得到满足。不仅如此，由于大部分考生是以死记硬背的方式通过司法考试的，故而也经常因为“思想过于简单、视野过于狭隘”而难以达到法律实务界的要求。

事实上，日本在20世纪90年代初就已经认识到法律职业从业人员过少所带来的问题。为此，日本法官、检察官和律师提出了提高司法考试通过率、增加司法考试通过人数以增加法律职业从业人员数量的改革建议，但是律师协会对此提议表示反对，其理由是：贸然提高司法考试通过率、增加司法考试通过人数的做法不仅会使法律职业从业人员的质量有所下降，从而影响司法的公信力，而且会突然加剧份额本来就十分有限的法律市场的恶性竞争，从而不利于维护当事人的合法权益。除此之外，由于通过司法考试的人员在从事法律职业之前要在司法研修所进行一定时间的培训，而司法研修所的编制有限，无法容纳突然增加的通过司法考试的人员，故而贸然提高司法考试通过率、增加司法考试通过人数的做法也不具有可行性。①

如果说培养出来的学生通过司法考试的比例过低、从事法律职业的人数过少是日本法学教育比较显而易见的浅层次问题，那么，培养出来的学生法律实践技能较差、质量较低则是日本法学教育更为隐蔽的深层次问题。在相对封闭的国内环境中，日本法学教育的上述弊端尚且可以被经济高速增长带来的繁荣掩盖，然而，随着经济的长期萧条和国内法律市场的对外开放，日本法学教育的上述弊端暴露无疑。众所周知，改革前的日本主要依靠行政手段（而非法律手段）对经济进行宏观调控。此种经济调整模式虽然使得日本经济在20世纪60年代到80年代这段时间里得以高速、平稳增长，但是同时也使得日本经济在20世纪90年代以后陷入了长期低迷、萧条的状态。在日本经济低迷、萧条期间，一方面，日本与世界其他各国频繁产生贸易摩擦，然而日本本土的律师在国际纠纷中维护本国合法利益的作用却十分有限；另一方面，当国内律师市场对外开放时，日本本土的律师在

① 参见[日]棚濑孝雄：《日本的法学教育及其改革》，《法律适用》2002年第5期。

与美国律师的竞争中竟然输得一败涂地。上述现象引发了日本对其法学教育质量的反思。除此之外，经济的长期低迷和萧条也促使日本对以往依靠行政手段调控经济的模式产生了质疑。日本为此提出了从依靠行政的事前规制型社会向依靠司法的事后监督救济型的社会转变的改革建议。此种改革在客观上需要培养出更多高素质的法律人才作为支持[①]，而日本传统法学教育显然难以担此大任。

在上述多种因素的共同作用之下，日本决定对其法学教育进行改革。然而，在如何进行改革这一问题上，日本社会则存在诸多争议。保守人士主张保留现有法学教育体制，通过教学方法的改进与课程设置的完善，来增加司法考试的通过人数，达到提高法律从业者素质的目的。持重人士主张对现有法学教育体制进行有限改革，将本科高年级课程与研究生课程进行合并，专门实行法学实践教育，起到提高法学院毕业生实务能力的作用。激进人士则主张彻底废除现有法学教育体制，完全引入美国式的“law school”，以此体现法学教育朝向职业化目标的转进。[②]经过激烈的讨论之后，日本决定效仿美国法学教育，对本国法学教育进行改革。这是因为，一方面，美国法学教育取得了其他国家难以望其项背的成就：除了美国之外，没有哪个国家的法学院培养出了如此众多本国与外国的领袖，从而让美式法治精神构成了席卷全球的主流价值观；没有哪个国家的法学院能够教育出全世界最多和最好的律师，从而支撑起了任何国家的同行都难以望其项背的超级律师业[③]；另一方面，美国也表现出对输出包括法学教育在内的法治理念的积极姿态。[④]

为了推进法学教育改革，日本设立了多个专门机构进行准备。1999年，日本成立了司法改革审议会作为负责司法改革整体工作的机构；随后，文部省设立了“法科大学院构想研究会议”作为具体进行法科大学院制度设计的机构；2000年，“法科大学院构想研究会议”提出了关于日本型的法科大学院基本框架构想的总

---

① 参见肖萍：《日本设立法科大学院的背景、效果及问题浅析》，《日本学刊》2010年第1期。

② 参见李响：《日本法学教育改革之得失与经验借鉴》，《上海政法学院学报》2014年第5期。

③ 参见李响：《日本法学教育改革之得失与经验借鉴》，《上海政法学院学报》2014年第5期。

④ 参见[美]Judith A. McMorrow：《美国法学教育和法律职业养成》，《法学家》2009年第6期。

结报告。[1]2004年，法科大学院正式成立并招生。至此，以法科大学院设立为核心的法学教育改革正式在日本揭开序幕。

由于日本法科大学院是以美国法学院(law school)为模板而设计的，故而在介绍日本的法科大学院制度之前，有必要先简单了解美国的法学教育。

二、美国的法学教育

在美国，要申请法律执业许可证通常要经历以下几个步骤：(1)考入一所美国律师协会认证的法学院；(2)在法学院进行为期三年的学习，取得相应学分并获得相应学位；(3)通过律师资格考试；(4)通过性格和适应性测试；(5)进行入职宣誓。[2]本部分将对上述步骤进行简单介绍。

(一)律师协会的认证制度

众所周知，现代意义上的美国法学院起源于哈佛大学法学院院长兰戴尔的法律教育改革。在此之前，美国实行的是传统英国式学徒制的法律教育模式。[3]在传统英国式学徒制法律教育模式下，接受过高等法学教育并不是成为职业律师的必要条件。想要从事律师职业的学徒们通常是通过自发组织起来聘请职业律师前来授课、出席法庭旁听、观摩法庭审理和辩论等耳濡目染的方式来学习法律知识与辩论技巧的。[4]美国法学院在成立后很长一段时间内并无统一的办学标准。这使得美国产生了法学院入学门槛有高有低、培训时间长短不一以及夜校与全日制学院并立等混乱现象。此种现象的存在导致了职业律师的素质良莠不齐，法律服务市场鱼龙混杂。为了改变此种乱像，美国成立了律师协会并由律师协会负责制定律师职业准入标准以对法律服务市场进行规范。[5]时至今日，美国律师协会制定的律师职业准入标准包括每年更新一次的法学院认证标准(standards for approval of law schools)。法学院认证标准对美国法学院的组织与管理、教育方案、师资、学生招录、图书馆与信息资源、教学设施设备与技术等内容做了详尽的

---

① 参见丁相顺：《日本法科大学院构想与司法考试制度改革》，《法制与社会发展》2001年第5期。

② 参见[美]Judith A. McMorrow：《美国法学教育和法律职业养成》，《法学家》2009年第6期。

③ 参见聂鑫：《美国法学教育模式利弊检讨》，《环球法律评论》2011年第3期。

④ 参见尹超：《英国学徒制法律教育与普通法传统的存续》，《环球法律评论》2010年第2期。

⑤ 参见胡晓进：《美国律师协会的法学院设置标准》，《高教发展与评估》2011年第6期。

规定。只有符合标准所规定条件的法学院才能通过律师协会的认证,也只有通过律师协会认证的法学院才能被称为正规法学院。除此之外,律师协会对各法学院认证的结果也是各市场机构对法学院进行评分、排名的重要依据,而法学院排名的高低则会影响考生的报考热情,进而影响到其生源质量。[①]

众所周知,美国律师协会不属于政府机构,但是这并不意味着其所制定的法学院认证标准不具有强制力。事实上,美国绝大多数州把毕业于律师协会认证的法学院作为考生参加司法考试的前提条件。这就使得非毕业于律师协会认证的法学院的学生失去了从事法律职业的资格。就此而言,美国律师协会实际上获得了设定法律职业准入门槛、掌握未来律师的知识储备水平与职业技能素质的控制权,从而在源头上保证了职业律师的质量。由一个非官方的行业自治组织掌握认证法学院的权力听起来有些匪夷所思,但是这对于法律实务界和法律教育界而言实际上属于一件合则两利的好事。对于法律实务界而言,可以借助高校优质的教育资源来按照自己的意愿培养后备人才,保证法科毕业生一进入用人单位基本上就能起到即到即用的效果,从而为雇主省去了很多诸如不得不对新人开展再教育的后顾之忧;对于法律教育界而言,可以借助律师协会之手来实现对法学教育的垄断,从而可以在一个高筑壁垒的封闭市场环境中专心致志地完成对应用型法律人才如同流水线一般的生产以获取高额的学费来维系自身的运行和发展。[②]

(二)法学院的教育

1.入学考试

美国在本科阶段并没有开设法学专业,其法学教育属于研究生层次的教育。因此,申请进入法学院学习通常要求申请者至少取得学士学位,至于申请者本科所学的专业则不受限制。要申请进入法学院学习,首先要参加由法学院入学考试委员会(LSAC)举办的法学院入学考试(LSAT)。由于申请者本科所学专业并非法学专业,因而法学院入学考试并不考核申请者已有的法学知识,而是考核申请者是否具备从事法律职业所必需的阅读理解、逻辑推理、分析判断以及表达能力。可以说,申请者的入学考试成绩是影响其是否被法学院录取的最重要的因素。除此之外,申请者的背景信息、个人陈述以及此前所受本科教育的学分成绩排名等也是影响其是否被录取的重要因素。

---

① 参见许身健:《完善法学教育:路径与方法》,《中国法律评论》2017年第3期。

② 参见沈明:《法学院的生意:美国法律教育困境的制度分析》,《法律和社会科学》2015年第1期。

2.法学院的教学

根据美国律师协会颁布的《法学院认证标准》,美国法学教育的目的在于为学生将来进入实务领域后能够有效地、负责地从事法律职业做好充分的准备。[①]为了达成此目的,美国法学院在教学理念、课程设置以及教学管理等方面进行了一系列安排。

(1)在教学理念上,美国所秉持的并不是单向灌输式教育,而是双向互动式教育。美国法学院采用苏格拉底式的教学方法,师生在相互问答中得以将问题引向更深处。在教师的指引下,学生沿着合理的路径与正确的步骤对问题进行抽丝剥茧的分析,从而有助于学生养成"像律师一样思考"的思维习惯和思维方式。

(2)在课程设置上,美国法学院除了开设教授学生基本的法律知识和完备的职业伦理的理论课程之外,还开设了丰富的实务课程来培养学生必要的执业技能。在这些实务课程中,除了包括传统的案例教学外,还包括模拟法庭和法律诊所。在模拟法庭中,学生在教师的指导下模拟各种诉讼角色。通过参与会见当事人,听取当事人陈述,回答当事人咨询,询问当事人问题,调查、收集证据,论证事实,起草法律文书以及参与法庭辩论等各个环节,学生得以了解诉讼的基本程序并掌握诉讼的基本技巧。在法律诊所活动中,学生则是在律师的指导和授权下出庭为无力支付律师费的当事人处理真实的案件。法律诊所活动的作用无疑是双赢的:一方面,法律诊所活动为无力支付律师费的社会底层人士提供了法律援助,从而有利于维护社会的公平正义;另一方面,法律诊所活动也进一步培养了学生处理实务案件的技能,从而有利于学生日后进入实务领域后能够有效地、负责地从事法律职业。除此之外,美国法学院的学生也积极参与实务技能的训练。学生通常在第一年的课程结束后便开始进行暑期实习,通过暑期实习,学生不仅掌握了更多的实务技能,而且也了解了律师工作所需要的知识,从而有利于日后更加有针对性地进行学习。

(3)在教学管理上,美国法学院也存在着严格的规定,其中最引人注目的便是固定座位制度。在上每门科目的第一节课时,美国法学院的学生有选择座位的自由。但是座位一经选定,学生便不可以随意调换。通过固定的座位制度,授课教师可以清楚地掌握学生出勤和参与课堂讨论的情况,从而方便对学生进行管理、提高授课质量。[②]

---

① 参见胡晓进:《美国律师协会的法学院设置标准》,《高教发展与评估》2011年第6期。

② 参见李响:《日本法学教育改革之得失与经验借鉴》,《上海政法学院学报》2014年第5期。

(三)资格考试

1.律师资格考试

美国各州均有各自独立的法律体系,相应的,美国各州也均有各自律师协会所组织的律师资格考试。在各州举行的律师资格考试中,考生需要自行决定参加哪一个州的考试。美国律师资格考试在每年的二月和七月举行,春季毕业生参加的是七月份的考试。律师资格考试一般分两天进行,大多数州第一天的考试被称为“各州联合考试”。该场主要考查宪法、合同法、刑法、不动产法、证据法和侵权法等领域中各州的一些共通法律问题。第二天的考试则主要要求考生针对各种法律问题写一篇论述文,其考查的内容通常是各州自己的法律规定。值得注意的是,尽管法学院要求学生在校期间至少学习一门法律技能课,但是除了法律写作和法律分析之外,律师资格考试并不考查考生其他的法律技能。[①]由于美国律师资格考试是一种资格认定考试,故而其难度较低,考生一般都能顺利通过该考试。

2.性格与适应性测试

忠诚地处理当事人委托的事项既是律师的基本义务,同时也是律师应当具备的基本职业素质。为了考查申请者是否具备此项基本素质,各州律师协会在律师资格考试结束后还会测试申请者(通过律师资格考试的)是否具有适合从事法律职业的“性格和适应性”,测试的主要内容是考查申请者是否有违法和违纪的记录。一般而言,极少有通过律师资格考试的申请者因为“性格与适应性测试”的原因而不被授予律师资格。

三、日本法科大学院制度

在日本进行司法制度改革前,通过司法考试后在司法研修所进行一定时间的司法研修并取得合格的成绩便可以成为法曹。在日本仿照美国进行司法制度改革后,日本法律职业的养成过程和美国法律职业的养成过程极为相似:(1)考入法科大学院;(2)在法科大学院进行一定时间的学习,取得相应的学分并获得相应的学位;(3)参加并通过司法考试;(4)在司法研修所进行一定时间的司法研修并取得合格的成绩。

(一)法科大学院的设立

改革前的日本法学学位体系由法学部的法学学士和法学研究科的法学硕士、

---

① 参见[美] Judith A. McMorrow:《美国法学教育和法律职业养成》,《法学家》2009年第6期。

法学博士所组成。日本此次法学教育改革并不是对既有的“法学学士—法学硕士—法学博士”法学学位体系进行改革，而是在保留既有法学学位体系的基础上，以美国法学院为蓝本另外设立法科大学院，增设法务博士学位。如前所述，美国法学院的运行是由其律师协会进行认证的。与美国的做法不同，日本法科大学院的设立则是由隶属于主管高等教育的文部科学省的“大学设置（学校法人）审议会法科大学院特别审查会”批准的。为了规范法科大学院的设立，日本文部科学省于2003年3月颁布的《专业型大学院设置标准》对“法科大学院”进行了专章规定。

在师资上，日本文部科学省制定的《法科大学院的设置标准》要求法科大学教师不得少于12人，师生比不得低于1∶15，从现职司法从业人员中选任的“实务指导教师”的比率不得低于1/5（全职实务指导教师在所有实务指导教师中的比例必须占1/3以上）。其中，在法科大学院任教的理论指导教师必须有5年以上的教学经验并具有一定的学术水平，实务指导教师则必须拥有5年以上的法律从业经验。为确保有足够的司法从业人员到法科大学院进行任教，日本制定了相应的配套法律。其中，《向法科大学院派遣法官、检察官以及其他一般性国家公务员的法律》便规定：“在法科大学院提出申请，经过法官、检察官同意的基础上，应当派遣法官、检察官到法科大学院担任教员……在法官受派遣担任法科大学院教师期间，其报酬不得减少，检察官的薪金收入与其从事的实际教学工作相一致。”除此之外，日本也规定了各地律师协会协助法科大学院开设实务课程的义务。在日本，兼任法科大学院课程教师的律师可以继续从事律师业务。

众所周知，日本在本科阶段便已经开设法学专业，因此，申请进入法科大学院就读的毕业生除了非法学专业的毕业生外，还有法学专业的毕业生。为了确保法科大学院学生本科专业背景的多元化，日本文部科学省制定的《法科大学院的设置标准》要求法科大学院须确保录取的学生中非法学专业学生和具有实务经验的学生的比例达到1/3以上。如果没有达到1/2的话，需要公布学生选拔的状况。① 针对本科不同专业背景的学生，日本法科大学院规定了不同的学制：本科为法学专业的学生学制为2年，本科为非法学专业的学生学制为3年。

值得注意的是，尽管日本律师协会没有批准法科大学院设立的权力，但是却拥有对法科大学院的办学设施、教学课程、教育方法、教员组织、成绩评价、招生人数与学校容纳量比例等内容进行评估的权力。如果评估结果不合格，法科大学院则要面临停止招生、进行整改甚至取消办学资格的处罚。就此而言，日本律师协会也在一定程度上掌握了法律职业准入的控制权。

---

① 参见丁相顺：《日本法科大学院教育制度及其特征》，《法制与社会发展》2006年第3期。

（二）法科大学院的教育

1.入学考试

要进入日本法科大学院学习，考生首先要参加适应性统一考试，然后再参加由各个法科大学院自主命题的选拔考试。其中，日本适应性统一考试与美国法学院入学考试(LSAT)相同，两者都注重考查考生是否具备从事法律职业所必须具备的阅读理解、逻辑推理、分析判断以及表达能力，而不考查考生已有的法律知识。日本的适应性统一考试分为两种类型：一是由大学入学考试中心举办的法科大学院适应性考试（即DNC适应性考试），二是由“日弁联法务研究财团”举办的入学适应性考试（即JLF适应性考试）。各个法科大学院可以自主要求其考生参加这两种考试中的一种考试。

2.法科大学院的教学

根据《日本司法制度改革审议会意见书》的规定，日本此次司法改革的目的在于培养“具有丰富的人性和感觉，具有深厚的修养和专门知识，具备灵活的思考力和说服、交际能力，对于社会和人际关系具有洞察力，具备人权意识，掌握尖端的法律和外国法方面的知识，具有国际视野和语言能力”的新式法曹。[①]为了达到此目的，日本法科大学院仿照美国法学院对以往的教学理念、课程体系以及教学管理等进行了改革。

在教学理念上，为了培养学生的创造力和批判性精神，日本法科大学院一改法学部和法学研究科采用的“教师讲—学生听”单向灌输式的教育模式，转而引进苏格拉底式教学法，采用师生互动双向参与的教育模式。

课程体系上，为了培养学生理论研究和实践运用的双重能力，法科大学院按照一定的标准设置了相应的学科群。这些学科群主要包括：(1)基础科目，即为使学生系统掌握基础法律知识所开设的科目，包括宪法、民法、刑法、诉讼法、外国法等课程；(2)法律基本科目，即为培养学生法律职业伦理和法律职业技能思维而开设的科目，包括法律伦理科目、法律信息的基础教育科目等课程；(3)骨干科目，即为深化学生对基本法律领域内法律知识的理解、提高学生法律思维能力和分析能力而开设的科目，包括宪法、民事法（财产法）、刑事法、商法（公司法）、民事诉讼法、刑事诉讼法等课程；(4)先进尖端的学科领域课程，即为培养学生创造性地解决现实问题的能力和多元的、多角度法律思维能力而开设的科目，包括知识产权

① 参见张卫平、李旺：《日本司法改革审议会意见书——支撑21世纪日本的司法制度》，《司法改革论评》2002年第1期。

法、租税法、行政法、劳动法、执行保全法、破产法、环境法等课程;(5)与国际相关的科目群,即为培养学生国际视野而开设的科目,包括国际公法、国际私法、国际贸易法等课程;(6)学科交叉的科目群,即为培养学生广阔的知识背景,开拓学生学科视野而开设的科目,包括法与经济、法与医疗、法与家庭、法与公共政策等课程;(7)实务关联课程,即在前述科目的基础上,通过实践进一步提高学生法律思维能力和解决现实问题能力的科目,包括法律诊所、模拟法庭以及谈判技法演习等课程。[①]不难看出,法科大学院的课程设置具有理论与实务并重、系统性、多样性和交叉性的特点。

在教学管理上,为了能够顺利推行师生互动、双向参与的教学模式,法科大学院采用严格的小班教学模式,每个班的学生不得超过50人。

(三)资格考试与司法研修

1.司法考试

为了配合法科大学院的设置,日本对其司法制度进行了相应的改革,司法考试制度改革便属于其中一项。当2006年法科大学院的第一届学生毕业时,日本也随之启动了新的司法考试。与允许所有专业本科毕业生参加的旧司法考试不同,新司法考试只允许法科大学院的毕业生参加。为了保证法曹的质量,日本对考生参加新司法考试的次数有严格的限制。在2015年之前,日本只允许法科大学院的毕业生在5年之内参加3次司法考试,如果毕业生在3次之内仍不能通过司法考试,则需要再次到法科大学院进修才能重新获得参加新司法考试的资格。由于司法考试难度逐年增大、通过率逐年降低的原因,越来越多的法科大学院毕业生在3次内都不能通过司法考试。基于此,日本在2015年之后放松了对考生参加新司法考试次数的限制——允许法科大学院的毕业生在5年之内参加5次司法考试,如果毕业生在5次之内仍不能通过司法考试,则需要重新到法科大学院进修或者参加预备考试才能获得参加新司法考试的资格。需要注意的是,日本旧司法考试并没有立即被新司法考试取代。为了保证参加司法考试的公平性,日本直到2011年才取消旧司法考试。与此同时,旧司法考试的取消也不意味着非法科大学院的毕业生不能再参加司法考试。日本在2012年之后放松了对参加新司法考试考生专业的限制,非法科大学院的毕业生在通过预备考试、证明与法科大学院的毕业生具有同等水平之后也可以参加新司法考试。

---

① 参见丁相顺:《日本法科大学院教育制度及其特征》,《法制与社会发展》2006年第3期。

2.司法研修

在通过司法考试后，考生仍需要到司法研修所参加一定时间的司法研修并取得合格成绩之后才能成为法曹。司法研修时间也为了配合法科大学院的设置进行了相应的改革。在1999年之前，司法研修的时间为两年；从1999年到2006年，司法研修的时间为一年半；法科大学院设立后，由于法科大学院已经承担了司法研修所的部分培训，故而当2006年法科大学院的第一届学生毕业时司法研修的时间缩短到了一年。在一年的研修期间，研修生首先要在司法研修所中接受为期2个月的集体研修，然后被分配到全国各地法院所在的司法管辖区中，接受为期8个月的民事审判、刑事审判、检察业务、辩护业务、选修业务等训练，每一科目训练为期2个月。司法研修主要是采取实际体验、师傅带徒弟的方式进行。[①]从1947年到2011年的60多年里，司法研修生享受与公务员同等的工资福利。然而，由于新司法考试推行后通过司法考试、参加司法研修的研修生数量大大增加等原因，2011年之后日本政府不再给司法研修生发放工资福利，改为提供无息贷款。

四、日本法学教育改革的得失及经验教训

（一）日本法学教育改革的得失

日本此次司法改革的力度不可谓不大，至于是否实现了培养"具有丰富的人性和感觉，具有深厚的修养和专门知识，具备灵活的思考力和说服、交际能力，对于社会和人际关系具有洞察力，具备人权意识，掌握尖端的法律和外国法方面的知识，具有国际视野和语言能力"的新式法曹这一目标，至今则尚难定论。不可否认的是，日本的此次改革确实取得了一些令人瞩目的成就。

一方面，此次改革实现法曹选拔模式由"点"到"过程"的转化，提升了法曹的数量和质量。众所周知，在日本进行司法制度改革前，是否接受过法学教育对于能否成为法曹而言并不重要。考生只需要通过司法考试并在司法研修所进行一定期限的司法研究、取得合格成绩便可以成为法曹，而通过司法考试的考生通常都能通过司法研修，因而在此种模式下，法曹的选拔是依靠司法考试这一个"点"来进行的。在进行司法制度改革后，除了通过司法考试并在司法研修所进行一定

① 参见丁相顺：《日本当代司法改革与检察官养成》，《国家检察官学院学报》2011年第3期。

期限的司法研究、取得合格成绩外，考入法科大学院、在法科大学院接受法学教育通常也成为法曹的必要条件，这就使得法曹的选拔实现了从依靠司法考试这一个“点”来进行到依靠“法科大学院入学考试—法科大学院教育—司法考试”这一“过程”来进行的转变，从而使得法学教育和法律职业之间形成了相应的衔接。如前所述，改革前的日本司法考试通过率极低。严格限制司法考试通过率的做法虽然塑造了日本司法精英型的特征，保障了司法的公正性，但是同时也导致了日本司法人数不足、司法救济不够的弊端。[①]改革后，日本司法考试通过率较之改革前有了数倍的提升。尽管近年来日本司法考试的通过率有所下降，但是与改革前相比，日本司法考试的通过率还是得到了大幅度的提升。这无疑增加了法曹的数量，从而缓解了司法救济不足的弊端。除此之外，由于法科大学院在教学理念、课程体系和教学管理方面形成了较为合理的规定，故而培养出来的法曹在质量上也有所提升。

另一方面，此次改革也在一定程度上改变了日本法学教育的环境。在法科大学院设立前，日本法学教师的定位与其说是教育者，不如说是研究者。教师的主要工作是研究，教学在教师工作中只占很小比重。但是在法科大学院设立后，由于教学理念、教学内容以及教学方式等的变化，法科大学院的教师不仅要在课前花费大量的时间进行备课，而且在课堂中也要花费大量时间和学生讨论互动，教学在教师工作中的比重显著提高。与此同时，为了应付法科大学院教学方式的变化和严格的教学管理，法科大学院大部分学生对于大学的授课与学习都很认真。他们不仅长时间地进行预习与复习，而且也积极参与课堂教学。法科大学院24小时开放的自习室与图书室灯火通明成为常态。[②]除此之外，培养目标的转变也使得实务技能的培训得以进入法科大学院的课堂之中，从而改变了以往理论灌输的教学模式。

在取得上述成就的同时，由于日本此次司法改革在未作周密考虑的情况下就匆忙启动，故而导致的问题也堆积如山。[③]在1997年，日本共有20000名律师，而同为发达国家的美国、英国、德国和法国的律师数则分别为941000名、83000名、11100名和36000名。同期，日本律师与人口的比例为1:6300，美国、英国、德国和

---

① 参见丁相顺：《日本法科大学院教育制度及其特征》，《法制与社会发展》2006年第3期。

② 参见[日]铃木贤：《走到十字路口的日本法科大学院制度》，《法学家》2009年第6期。

③ 参见[日]铃木贤：《走到十字路口的日本法科大学院制度》，《法学家》2009年第6期。

法国律师与人口的比例则分别为1:290、1:710、1:740、1:1640。[①]众所周知,日本人民具有厌讼的特点,日本律师在20世纪末也主要以传统的诉讼业务为主,非诉讼业务市场尚没有得到充分开发。[②]在没有充分考虑到这一国情的情况下,日本在将其律师数、律师与人口的比例与欧美国家的律师数、律师与人口的比例进行简单比较后便得出了其律师数、律师与人口的比例过低的结论,并因此在本次改革中贸然大幅度提高了司法考试通过率和增加了司法考试通过人数。其结果是,日本律师市场迅速饱和,日本律师市场竞争更为激烈,日本律师的收入相应降低。日本律师联合会2014年的调查数据表明,2013年日本律师的平均所得收入与1999年相比,下降达47%。[③]日本律师收入降低,加上日本政府在2011年之后不再给司法研修生发放工资福利,这就直接使得律师职业对年轻学子的吸引力大大降低。这一事实又导致了有些法科大学院无法完成招生指标、倒闭关门的现象……另外,法科大学院的很多教员是法学部和法学研究科的教员兼任的,他们除了花费很多时间与精力用于法科大学院教学外,也需要负担法学部本科生和法学研究科硕士和博士研究生的教学,因而完整的时间几乎都被剥夺了,其结果是法学学术研究渐渐发生衰退。[④]上述种种现象引发了日本各界对此次改革的质疑。

(二)日本法学教育改革的经验教训

日本此次改革可谓是毁誉参半。目前,中国的法学教育仍处于改革之中,中日两国无论是在法律体系上还是在法学教育体系上均存在诸多相似之处,因此,从日本的此次改革中吸取经验教训,对于完善中国的法学教育而言无疑具有积极的意义。从日本此次改革的得与失来看,本文认为,中国的法学教育改革应当注意以下几点。

首先,应当明确培养目标。目标对于改革的重要性不言而喻。只有明确了法学教育的培养目标,才能合理确定法学教育改革的步骤和方法。毫无疑问,培养什么类型的学生应当视社会现实与未来需求而定。不言自明,中国社会当下与未

① Shigenori Matsui,"Turbulence ahead: The future of law schools in Japan", *Journal of Legal Education*, Vol.62, No.1, 2012, pp.3-5.

② 参见[日]小衫丈夫:《美国法文化对日本法律实务的影响》,《中外法学》1995年第4期。

③ 参见姚建宗、黄宣植:《日本法科大学院制度的失败与经验》,《教育科学》2019年第6期。

④ 参见[日]铃木贤:《走到十字路口的日本法科大学院制度》,《法学家》2009年第6期。

来需求最多的是直接从事法律实务工作的人才。因此,法学教育在培养目标上应当回应社会的实际需求,以培养法律职业人才作为其主要目标取向。值得注意的是,以培养法律职业人才作为法学教育的主要目标取向并不意味着不应培养学术型和通识型的人才,而只是意味着学术型和通识型的人才不应成为法学人才培养的主流。①

其次,应当改革课程体系,增加实务课程。毋庸置疑,法学院校应当设计什么样的课程取决于其人才培养的目标。如前所述,法学教育应当以培养法律职业人才作为其主要目标取向。既然如此,那么,则有必要进行课程体系改革,增加由具有实务经验的人员讲授的实务课程(例如模拟法庭、法律诊所)以培养学生的实务技能。值得注意的是,强调培养学生的实务技能并不意味着不培养学生的理论抽象能力。事实上,理论抽象能力和实务技能并不是截然对立的,二者相辅相成。在理论课程中,如果能把理论源于实践的流变讲清楚,同时又能够深入浅出结合实践把理论讲透,则会事半功倍,使学生真正理解理论的精妙之处和对于实践的指导作用;在实务课程中,如果能够进行深层的理论分析,不仅可以帮助学生学习实务技巧,而且能够使学生的思维和能力得到提高,能够从抽象理论层面进行归纳总结,进而从实践或案例教学中提炼出新的理论问题,具备理论上的分析甚至创新能力。②

再次,应当转变教学方式和理念。众所周知,一国的法律制度始终是不断变化的,司法实践也远比课堂教学更加丰富,这就在客观上要求法律职业从业人员具有举一反三、触类旁通的能力。然而,授人以鱼的单向灌输式教育显然不足以培养学生的此种能力。基于此,有必要转变以往"教师讲—学生听"的单向灌输式的教育模式,转而采用师生互动、双向参与的教学方式和理念,通过指引学生沿着合理的路径与正确的步骤对问题进行深入思考,培养学生"像律师一样思考"的思维习惯和举一反三、触类旁通的能力。

最后,应当严格进行教学管理。如前所述,美国法学院的学生除了要积极参与课堂教学外,还需要在课前花大量时间进行预习。美国学生从大学进入法学院

① 参见王晨光:《法学教育改革现状与宏观制度设计——日韩经验教训反思与中国改革刍议》,《法学》2016年第8期。

② 参见王晨光:《法学教育改革现状与宏观制度设计——日韩经验教训反思与中国改革刍议》,《法学》2016年第8期。

学习后就如同从天堂掉到了地狱一般。可以说,美国法学教育的成功在很大程度上得益于其严格的教学管理。相比于美国法学院严格的教学管理,中国法学院校则较为轻松。课前既没有多少学生会预习课本,课中也没有多少学生积极参与课堂教学,课后也没有多少学生积极复习。更有甚者,绝大部分学生在考试前几天突击背诵一下老师划的重点就能通过考试。这样的教学管理显然不可能实现应用型法律人才的培养目标。[①]因此,法学院校有必要严格地进行教学管理,细化对学生课前、课中、课后不同环节的教学管理要求,营造出学生"课前预习—课中参与—课后复习"的良好学习氛围。

① 参见葛云松:《法学教育的理想》,《中外法学》2014年第2期。

新文科背景下法学一流本科课程体系的支撑体系研究

段君尚

制定一流本科教育行动方案、打造一流人才培养体系，是新时代全国高等学校本科教育工作会议精神的重要内容。课程是人才培养的核心要素，课程质量直接决定人才培养质量。法学一流本科课程体系的优化完善，是一项系统工程、长远任务，必然离不开强有力的支撑体系。本文着眼于推动新文科建设体制机制改革，提出解决新文科建设发展瓶颈的可行性方案，完善适应新文科建设发展需要的招生培养就业等相关政策与评价激励等支撑体系，从而为新文科建设发展提供政策保障。

一、问题的提出

优质的本科教育是大学持续稳定发展的基础，也是学校学术声誉和社会声誉的重要载体。2018年6月，在新时代全国高等学校本科教育工作会议上，时任教育部部长的陈宝生强调“本科教育是大学教育的根和本”。同年8月，教育部印发了《关于狠抓新时代全国高等学校本科教育工作会议精神落实的通知》(教高函〔2018〕8号)。为加快建设高水平本科教育、全面提高人才培养能力，教育部随后又印发了《关于加快建设高水平本科教育　全面提高人才培养能力的意见》(教高〔2018〕2号)等文件，决定实施“六卓越一拔尖”计划2.0，全面推进新工科、新医科、新农科、新文科建设。

法学学科建设是新文科建设的重要组成部分。法学是一门研究国家制度和法律制度的理论之学，同时也是一门服务司法实践和社会需要的实践之学。新中国成立70多年以来，马克思主义法学在推进国家治理体系和治理能力方面发挥着理论引导的支柱性作用。[①]2018年10月，教育部、中央政法委在卓越法律人才教育培养计划基础上，发布了《关于坚持德法兼修　实施卓越法治人才教育培养计划2.0的意见》（教高〔2018〕6号），明确提出：坚持立德树人、德法兼修，践行明法笃行、知行合一，主动适应法治国家、法治政府、法治社会建设新任务新要求，找准人才培养和行业需求的结合点，深化高等法学教育教学改革。

近年来，高校也在热烈回应党与教育部的要求，响应政策，积极建设新文科。2018年12月，由中国政法大学法学教育研究与评估中心、教育部全国法学师资培训基地、中国政法大学教师发展中心联合举办的“新法学、新教法：新时代创新法学教育教学方法”研讨会在北京举行。开幕式上，时任中国政法大学副校长李树忠指出，教育最根本的目的在于培养人才，新时代对中国的高等教育提出“全面振兴本科教育”的要求。[②]建立一套科学完善、符合社会和时代发展要求、符合学科发展逻辑的本科教学体系，对于提升本科学生职业素养和学习能力，提高教师的教学质量具有非常重要的作用。[③]但是，目前法学本科课程体系还存在着一些问题和不足。例如，法学学科同其他学科交叉融合不足，社会急需的新兴学科发展不充分；有的教材编写和教学实践偏重于西方法学理论、缺乏鉴别和批判，理论建设滞后于实践，解释和回答中国现实问题的能力不足。

因此，加快新时代中国特色社会主义法学学科建设，推动法学本科课程体系改革势在必行。课程体系的改革作为一项长期任务，势必需要相关政策予以支持。本文将着眼于新文科建设对本科课程体系的新要求，针对目前法学本科课程的困境分析其深层制约因素，进而从招生、培养、评价等方面提出一流本科课程体系的支撑体系。

二、新文科对法学本科课程的要求

随着高等教育进入新时代、“双一流”建设进入新阶段、法科强校建设进入新时期，法学本科教育也承担着新任务。在新文科建设的大背景下，本科课程体系

① 参见王利明、黄文艺：《论法学学科的发展规律和发展前景》，《大学与学科》2020年第1期。

② 参见《新法学、新教法：新时代创新法学教育教学方法研讨会》，《中国法学教育研究》2019年第1期。

③ 参见陈翔、韩响玲、王洋、张鸿雁：《课程教学质量评价体系重构与“金课”建设》，《中国大学教学》2019年第5期。

在理论与实践层面均面临新的挑战。

（一）新法学建设的理论要求

经济基础决定上层建筑，法律文明随着农业文明和工业文明的发展而不断演进。进入21世纪，信息革命以其强大的压迫性与便捷性席卷全世界，形成了"百年未有之大变局"，必将深刻塑造社会经济生活从而催生出新的法治形态。这对于新法学来说，既是巨大的挑战，也是中国法学宝贵的机遇。

首先，传统的工业时代知识体系开始难以解释新的社会现象，需要我们认真关注信息革命带来的法治重构。自由、民主、法治、人权等工业时代产物的价值的实现途径正在发生变化。大数据与人工智能将人类带入智能时代，同时也加剧了社会问题，要求法学教育作出相应的改革，要熟练运用现代信息技术，从容应对新技术带来的挑战。如何理解以数据为驱动的智慧治理，如何理解未来人与机器共生的社会，都需要新法学具有更大的理论想象力。运用传统文科研究范式已经与社会发展不相适应，新文科建设命题应运而生。新文科要以问题为导向，开展研究和学科建设，突破传统学科目录的束缚，充分发挥新文科优势，合理应对人工智能对于人类社会提出的挑战。

同时，中国的复兴也对法学学科提出了新的理论需求。中华人民共和国成立70多年以来，创造了举世瞩目的经济奇迹和稳定奇迹。中国过去70多年的法治建设是人类历史上一次难得的新型法治建设实验，它既吸收了西方法治的优秀成果，又在整体上超越了西方的法治建设，为世界法学增加了多样性的法学实践经验。中国所走的法治道路，不同于西方世界统一的法治模板，需要认真梳理中国法治的特殊性与正当性，回应新格局新时代对中国法治提出的具体要求。[①]

此外，信息革命、中国崛起、新冠疫情等因素交织，也导致中美关系剑拔弩张。中美关系的变化对法学教育带来新的挑战，中美博弈要求我们补齐涉外法治的短板，这就要求加大涉外法学教育的建设力度。随着"一带一路"国际合作的推进，我国的海外利益保护也对法学教育提出了新挑战，法学研究和教育也要随着国家利益的延伸而延伸。面对紧张的国际局势，应当如何理解未来的中国与世界？如何从国际法和国际关系理论上予以回应？如何从理论上、政策上应对西方打压中国的具体措施？如何破解中国伟大成就的理论密码？如何评价中国发展对世界作出的人权贡献？如何以中国话语突破西方的理论围剿？这些问题都对新法学未来的发展提出了挑战。

① 参见支振锋：《新时代新格局需要新法治新法学》，《经济导刊》2020年第10期。

未来30年，一方面，中国将在越来越多的领域走在世界前列或者处于领跑地位，涌现出其他国家未曾遇到的、因而没有域外经验可供我们借鉴的新兴法学法律问题。这会倒逼中国法学界开拓性地研究这些新兴法学法律问题，原创性地提出解决这些问题的中国理论、中国制度，为其他将来可能会出现类似问题的国家提供可供借鉴的法学成果。另一方面，中国特色社会主义法治走向成熟，将创造出更多本土法律制度，聚集大量的法治实践经验，为法学研究提供取之不尽、用之不竭的研究资源。法学学者应当从中挖掘法治文明新材料、新元素，提炼法治实践新经验、新智慧，升华为一系列概念范畴严谨、命题判断严整、结构体系严密的理论成果，构筑起具有中国特色的独树一帜的法学理论体系和话语体系。

因此，这30年也将会是中国法学实现跨越式大发展的黄金时期。我们应当思考，如何形成对中国法治问题具有回应和解决能力、对世界法治议题具有设置和攻坚能力的科学化、现代化的法学学科体系、学术体系和话语体系。其中，推进学术创新是法学学科发展的第一要务，扎根法治实践是法学学科发展的生命之源，广泛吸收既有成果是法学学科发展的必由之路，内部分化、细化是法学学科发展的基本标志，外部交叉融合是法学学科发展的重要途径，而加强学术规划引导则是法学学科发展的体制保障。

第一，研究方法需要进一步加快创新，自20世纪80年代以来，法学学者就具有强烈的方法论意识，明确提出方法创新是法学理论创新的突破口，并持续开展法学研究方法的创新方面的研究。改革开放以来，中国法学学科的快速发展得益于一系列新的研究方法的引进和使用。但从整体上看，目前许多法学作品的研究方法仍然较为陈旧，导致思路重复、话语单调以及观点大同小异。未来30年内，中国的法学学科应当继续推进法学研究方法创新，以方法创新带动学科创新，实现成果创新。法学学科的国际话语权将大幅提升。

第二，中国特色法学学科体系将会更加健全。创新完善中国法学学科体系，应涵盖法律实践、法务市场以及法学研究等各领域，包括传统学科、新兴学科、前沿学科、交叉学科、冷门学科等诸多学科，推动构建一个全方位、全领域、全要素的法学学科体系。未来30年，随着法学研究领域的扩展和研究模式的转换，法学学科引领和服务实践需要的能力也将有望大幅度提升。[①]

第三，法学与其他学科的双向互动将会更加深入密切。在学科交叉、学科融合的大背景下，法学与哲学社会科学、自然科学的互动将会更加密切，交流与互动

---

① 参见王利明、黄文艺：《论法学学科的发展规律和发展前景》，《大学与学科》2020年第1期。

将会更加频繁。这种学科间互动,将进一步改善法学学科的知识结构和思维结构,产生更多的交叉学科和边缘学科,提高法学学科认知和解决跨界法律问题的能力。新时代法学的外部学科互动,将有望改变知识输入和输出不平衡的现状,逐步提高法学在哲学社会科学领域的影响力。未来法治研究将成为法学学科发展的制高点。面对新一轮科技革命带来的实践和理论提问,法学领域迫切需要系统性的理论反思、方法提升和制度构建,回应社会经济发展需求、满足人民美好生活需要以及服务国家"未来法治"发展战略。

(二)新法学建设的实践要求

美国霍姆斯大法官在1880年出版的《普通法》一书中写道:"法律的生命不在于逻辑,而在于经验。"(The life of law doesn't lie in logic, but in experience.)法律不是停留在纸面上的条条框框,而且在运行中体现其生命和价值。法学教育具有内在的二重性,即学术研究性和职业技能性。[①] 换言之,法学教育不单是传授知识和培养学术能力,同时也是一种职业训练。

新法科要求新的课程体系适应社会职业需要。法律职业考试是应用型法治人才培养的阶段性检验,要求法学课程体系与法律职业资格考试相衔接,法学教学应实现教学与法律职业教学相结合。法学教学体系要以系统的学科知识为基础,提高专业核心课程的教学要求,从而更进一步提高学生的法学知识理解及运用能力,形成法律职业基本素养。同时,必须在课程体系中注重实践教学,培养学生的实务能力,要注重法治精神和法律运用能力的结合,提高学生的说理能力、思辨能力、批判能力和写作能力等法律职业必须具备的能力。

同时,产学合作是培养应用型法治人才的全新模式。该模式将企业、高校不同优势进行有机结合,是校企双方平衡自身及共同目标需求后,将资源、技术、资金等进行重组以及共享的合作行为。该模式要求学校以市场和社会需求为导向运行教学模式,通过与企业合作进行优势互补,从而达到理论与实践相结合。

总之,新文科建设要求法学教育面向社会实际、回应时代需要。法学学科以社会为研究对象,应聚焦当下的中国社会,符合社会需求,以社会实践为基础,实现学科发展。但是,在法学课程设置和专业教学上,还没有真正做到立足于社会和时代。

---

① 参见王晨光:《法学教育的宗旨——兼论案例教学模式和实践性法律教学模式在法学教育中的地位、作用和关系》,《法制与社会发展》2002年第6期。

三、法学本科课程面临的困境

早在2014年,《中共中央关于全面推进依法治国若干重大问题的决定》就为高等法学教育改革指明了方向,其重要内容之一就是“形成完善的中国特色法学理论体系、学科体系和课程体系”。但是,法学本科课程体系在对学生理论水平、实践能力的培养方面仍然存在不足,尤其是复合型、国际化人才较为紧缺,课程质量评价体系也有待完善。

(一)未深入阐述中国理论

正如习近平总书记指出的,目前我国法学的国际地位处于一种“有理说不清、说了传不开”的尴尬境地。在国际法治和全球治理领域,“西强中弱”的格局仍然没有发生根本性的扭转,在设置议题、参与和制定主导规则等方面我国仍处于弱势地位,甚至有些方面处于“无语”或者“失语”的状态,这与我国的国家发展现状和未来的国际发展方向都是极不相符的。

目前的法学本科课程体系缺乏对中国理论的深入阐述,多数法学教师把课程当作知识去传授,而不是当作理论去阐发。讲授知识不需要激情,但讲授理论则需要激情,需要一个人全身心地投入方可胜任。法学教育一旦缺乏了高层次的精神理念,就演变成为单纯的技术之学,技术之学是不需要大学教育的。由此,大学法学教育必须加大理论课程的比例,让老师和学生一起进行理论训练。

法学课程设置偏重于搬运西方有关法学理论,学生缺乏批判性思考,不能体现法律的民族性。西方话语对中国法学具有根深蒂固的影响。中国法律思想史中蕴含着现代法学教育所需要的诸多宝贵资源,而这被相关研究学者忽略。现在的大学本科教育中开设思想史的并不多,即便开设也往往是西方法律思想史者居多,而开设中国法律思想史者占少数,这是本末倒置的。

用西方法律的研究范式或者教学范式来套用中国传统法存在许多问题。但是很多老师自己接受的就是西式的法学教育,所以如果重构中国自己的话语体系和逻辑范式,难度很大。而且法制史作为一门必修课,最终要统一闭卷考试,这就限制了老师教学内容的延伸和拓展,老师的教学内容和教学方法的多元化难以发挥。除此之外,学生课程过多、教师报销难等问题也制约着新法学的发展。[①]

自身的文化永远是一个人的存在依托。一个人存在的基础(思维方式和行为

---

① 参见《新法学、新教法:新时代创新法学教育教学方法研讨会》,《中国法学教育研究》2019年第1期。

方式)是自己民族的思想史,而非他族的思想史。尽管西方的话语体系对我们的文化和思想产生了强大的影响力,但是我们本质的思维方式和行为方式还是可以从中国思想史中找到根据。[①]

(二)未充分回应实践需要

近年来法学本科生人数急剧膨胀,却没有满足社会需求。需要承认的是,部分是因为法学专业的毕业生分布不均衡,东部城市和省会城市居多,而中西部城市和基层则鲜有人问津。但是,爆炸式的法学本科生增长的确没有改变高素质人才仍然供不应求的现状。用人单位普遍反映非常需要法学方面的人才,但现在的法学毕业生专业知识掌握不扎实,缺乏实践经验和解决问题的能力,不能够满足用人单位所需的人才价值。这反映了法学本科课程体系在培养本科生实践能力方面的不足,无法及时回应市场需求。

目前的法学本科课程体系缺乏对本科生实践能力的培养,无法满足用人单位的需求。《2010中国大学生就业报告》中的数据显示,法学专业(大类)学生的就业率在全部本科专业中排名倒数第一[②],其原因是多方面的。在课程设置上,绝大多数学校都在进行增量改革,学生的课程多,每天都在课堂中间疲于穿梭,必要的课上学习都很难保证质量,更不必说课下学习。

相对而言,法学本科教学体系在培养学生实践能力方面的课程较少,学生参与实践或者接受实践知识的机会也很少。有关课堂设置上,缺乏类似于法庭辩护与调解、律师实习或者庭审实践等培养具体实践能力的课程,无法让学生掌握用人单位所需的实践能力和具体工作经验。尽管学校会安排学生一定的实习时间并设置不低的学分,但对于学生真正的实践过程却关注甚少,实习最终无可避免地沦为一种"形式主义"。[③]

将法官、律师等实务人员请到学校上课体现了学校迫切想要提高实践教学水平的要求,但其实大部分实务人员的知识都是以碎片化、不连贯的形式存在的,他们主要以讲故事的方式讲述自己经办的案例,最终导致的结果是学生的知识体系并不完善,而法学实践最为重要的就是法律推理和论证的能力,培养这种能力就需要对学生进行法教育学的训练。不过也有观点认为,法学院是教育系统和法律系统沟通的其中之一而非唯一的渠道。老师只需要负责法律推理和论证能力方

① 参见郭广辉、武建敏:《理论与实践:中国法学教育的困境与希望》,《河北法学》2014年第3期。

② 参见杜爱霞:《基于就业考量的法学教育改革》,《河南科技学院学报》2011年第8期。

③ 参见杜爱霞:《基于就业考量的法学教育改革》,《河南科技学院学报》2011年第8期。

面的培养,而具体的实践操作需要由学生通过实习习得,而非教师的任务。高校法学院在设置本科课程时不必一味求全,课程的设置沿着法律推理、法律论证的方向推进就可以。[①]

四、法学本科课程发展的制约因素

目前,为了回应教育部提出的"新文科"建设,各法学院系开展了如火如荼的改革和建设,但是仍有不少因素制约着法学学科的发展。

(一)招生配比不协调

随着法学教育的发展,法学教育规模不断扩大。1977年,全国只有三所法律院校,而截至2008年11月,全国的法学院系高达634所,改革开放30年增长了105.67倍;法学本科在校生30万人左右,法学专科在校生达到22万人,30年内增长了200多倍。[②]

招生是人才培养的第一环节,有生源数量和生源质量两个重要指标。从数量上来看,我国的法学教育发展过快,法学生规模急剧扩张。开设法学专业的学校多,办学形式多,法学教育层次多,教育性质定位多,法学本科教育生源多。这导致法律文凭过多过杂,含金量下降,进而出现"劣币驱逐良币"的经济学现象。[③]目前急剧扩张的法学教育规模无法保证法学生的培养质量,培养的学生也无法满足市场的需求,如此导致法学生就业率低下,法学改革势在必行。

(二)培养模式偏陈旧

法学本科课程体系在培养本科生实践能力方面存在问题,无法及时回应市场需求,深层次的原因是培养模式问题。目前大多数高校的法学课堂仍旧是传统讲授法——"老师讲,学生听",这对于培养学生独立思考和思辨的能力是非常不利的。而且现实情况是,绝大多数法学教师自身并没有参与过真正的法律实践活动,甚至有一部分的法学教师没有通过司法考试,这使得教师在面对与课程有关的实务问题时非常陌生,只能照本宣科地向学生讲授。但是,实践中的司法运用

---

① 参见《新法学、新教法:新时代创新法学教育教学方法研讨会》,《中国法学教育研究》2019年第1期。

② 参见肖金明:《考问中国法学教育:问题与对策》,《山东大学学报》(哲学社会科学版)2011年第6期。

③ 参见姜保忠:《法学人才培养模式改革探索——以提高法学毕业生就业率为目标》,《公民与法》(法学版)2010年第8期。

是比课本知识要更复杂、更难预测的过程，这就导致学生对司法实践活动较为陌生。

在产学合作方面，目前广度和深度略有不足。大部分的产学合作还处于较低的层次，仅在教学实习等方面开展的合作容易流于形式，达不到应有的广度和深度。产学合作大多属于自发开展阶段，缺乏配套措施保障，较难在真正意义上达到二者的融合。究其原因，一方面在于高校和企业双方均存在定位不明的问题。对于高校而言，没有充分认识到自身服务地方经济的任务，而盲目追求与企业进行全方位的合作，违背了产学合作的初衷。对于企业而言，追求利益是其终极目标，由于国家对于产学合作缺少相关法律法规的制度支持，使得企业的利益无法得到保障，企业合作的积极性下降，不利于产学合作的长远发展。另一方面，保障机制不够完善，人文和社科类的产学合作资金投入较少，合作内容缺乏针对性，难以产出科研成果。此外，在项目合作中，未通过法律形式对双方权利与义务进行厘清，使得教师的积极性更进一步弱化。

值得注意的是，互联网技术也对传统教学形成了一定的冲击。机器的辅助性作用是未来的发展趋势，但是我们要分清主次。以前学者关注的可能更多是法学教育如何利用这些技术的问题，将科技当作手段，认为其属于教学方法、教学质量。但是随着科技的发展，人工智能发展不仅仅涉及方法、研究对象的问题，对法学教育也会有影响。将上课的过程录下来给学生看，录课中缺少课堂上微动作、微表情的互动感及连贯性，通过学生的反馈发现与实地上课差别很大。现阶段互联网教学仍然无法替代人工，“互联网＋”只是辅助工具，归根结底要落脚于提高培养质量。

此外，法学教育是高水平素质教育与高质量职业教育的有机统一，培养德法兼修的高素质法治人才不可能通过一般的素质教育完成，而是需要长期的养成教育、实践教育，意味着要做到高水平素质教育与高质量法律职业教育的统一。“德法兼修的高素质法治人才”的科学概念本身就意味着新时代法学教育应当是高水平素质教育与高质量法律职业教育的有机统一。现阶段，我国的法学教育对法律职业伦理课程的重视程度远远不够，作为法律职业者的重要素质要求，法律职业伦理课程处于边缘地位。

（三）评价体系待完善

课程是人才培养的核心要素，课程质量直接决定人才培养质量。高校课程教学质量评价体系存在诸多问题，如评价指标缺乏针对性、评价实施过程存在局限性、评价计算过程缺乏科学性、评价结果的使用缺乏改进建议。

随着信息技术的不断发展和完善,大部分高校依托教务处(本科生院)成立了专门的教学质量评价管理部门,负责构建评价体系,开发评价管理系统。具体包括评价指标的设置、评价过程的实施、评价结果的计算以及评价结果的运用四个方面。在评价指标的设置上,大部分高校由教务处(本科生院)统一制定一套评价指标。全校所有二级学院的全部课程,不区分课程性质,全都使用同一套评价指标进行评价,没有充分考虑到不同课程性质适用一套指标可能出现的问题,忽略了特殊性问题。在评价过程上,通常是由学校的职能主管部门负责统一组织督导、同行以及学生对教师课堂教学质量进行评价。但实践中,同行之间碍于面子或者"老好人"的心态,难以体现真正的评价标准,而督导的评价往往只是偶尔性的、片面的,不能全面反映教师一学期的教学质量。学生评价中可能会存在学生随意打分或者暗含报复等情况。所以评价过程往往流于形式。在评价结果的计算上,大多教务处(本科生院)都是根据不同主体评价的重要程度进行权值分配,然后对评价结果求和,得出最终分数。

这种课堂质量评价结果的计算方法偏重于定量分析而未考虑到定性分析。在评价结果的运用上,大部分高校都是将评价分数作为教师评优评先的重要指标。很多大学都规定了有关的奖惩措施,但是对于评价结果的导向性却没有认真进行研究,一味重视奖惩却不重视改进,导致导向目标并不明确,激励作用不明显。[①]虽然强调教学成果和科研成果同等重要、教学项目和科研项目同等重要、教学研究的论文和科研论文同等重要,但实际上,对于高校教师而言,学校里发表教学研究的论文在评职称的时候是纳入考量的;但评委评审的时候,教学研究的论文和科研论文的分量明显不同。需要注意的是,回应教育部提出的法学"10+X"改革,淘汰"水课"、打造"金课",仍存在一定的阻力。

五、法学一流本科课程的支撑体系

打造法学一流本科课程体系,提高人才培养质量,必须以完善的支撑体系为依托,其中招生是基础、就业是检验、培养是核心、评价是保障。

(一)招生就业动态协调

在本科招生时,要更新法学专业生源构成,尽可能多招收理科生,合理分配。同时,应当根据就业情况合理调整招生计划、丰富招生类型等。实施大类招生、专

---

① 参见陈翔、韩响玲、王洋、张鸿雁:《课程教学质量评价体系重构与"金课"建设》,《中国大学教学》2019年第5期。

业分流，并且建立专业动态调整机制，适时修订本科专业人才培养方案。[①]也有学者建议取消法学专科招生计划，将专科教育纳入法学本科的范畴内。[②]

高校应当准确定位，加强市场研究，做到招生、培养、就业并举。调整专业设置，形成"拳头产品"。做好人才需求预测，科学制定招生计划等。[③]在提升法学学生就业率方面，要明确培养目标，法学教育的目标应定位于大众教育与精英教育相统一，通识教育与职业教育相结合。改革培养方案，取消专科招生计划，将其纳入本科招生范围。引导法学教师转换传统的教学方法和思路，自觉将教学目的、内容与司法考试的目标、要求相结合。优化课程设置，改革法学专业课程设置和培养进度，其中本科的课程设置应进行改革，压缩法学专业辅助课程，突出主干课程。建立法学"案例分析实验室"，以剖析具体案例、关注社会热点、培养法治理念为目标。[④]高校应当紧跟市场需求，以市场需求为导向，不断深化教育教学改革；建立人性化的学籍管理制度，提升人才培养质量；以市场需求为风向标，建立健全就业服务体系。[⑤]

（二）课程体系多元设计

在课程体系设计方面，应当加快推进传统学科的转型升级，注重精品化塑造，积极开发社会需要的课程，优化课程体系，为人才培养提供优质的课程资源。课程设计的总思想应秉承"强基础、重实用"的原则，整合新的教学方法，增加实践技能的培训。法学教育要以培养"德才兼备，具有扎实的专业理论基础和熟练的职业技能、合理的知识结构，具备依法执政、科学立法、依法行政、公正司法、高效高质量法律服务能力与创新创业能力，坚持中国特色社会主义法治体系和熟悉国际规则的复合型、应用型、创新型法治人才及后备力量"为目标。

面对中国法学教育所需要应对的一系列问题，当前需要关注和解决的是，推

---

① 参见赵长林、王桂清、邵怀领：《地方本科高校招生、培养、就业"三位一体"联动机制的构建——以聊城大学为例》，《河南教育》（高教）2017年第6期。

② 参见姜保忠：《法学人才培养模式改革探索——以提高法学毕业生就业率为目标》，《公民与法》（法学版）2010年第8期。

③ 参见赵放辉、付静：《高校招生、培养、就业相关性研究》，《中国石油大学学报》（社会科学版）2011年第1期。

④ 参见姜保忠：《法学人才培养模式改革探索——以提高法学毕业生就业率为目标》，《公民与法》（法学版）2010年第8期。

⑤ 参见王关义、魏荷凤：《本科招生、培养、就业联动机制研究——以北京印刷学院人才培养为例》，《北京教育》（高教）2015年第11期。

进法学教育目标和模式的多元化，实现法学教育的分层和分类，为法学教育的多元化拓展空间；调和国家司法考试与法学教育的冲突，探讨和遵循法学规律，将法学教育和司法考试改革纳入国家法律改革框架中，建立法学教育与司法考试的良性关联；进一步强调法律伦理教育的重要性，通过伦理课程、司法实践等有效形式强化法律职业伦理教育。①

1.立足中国理论

2021年12月16日出版的第24期《求是》杂志，发表了中共中央总书记、国家主席、中央军委主席习近平的重要文章《深入实施新时代人才强国战略 加快建设世界重要人才中心和创新高地》，强调："深入实施新时代人才强国战略，全方位培养、引进、用好人才。""要培养造就一批善于思考和研究中国问题的人才，立足当代中国正在经历的社会变革和创新实践，发现新问题、提出新观点、构建新理论，推进马克思主义中国化、时代化，回答好中国共产党为什么能、马克思主义为什么行、中国特色社会主义为什么好的问题。要培养造就一批善于传播中华优秀文化的人才，发出中国声音、讲好中国故事，不断提高国际传播影响力、中华文化感召力、中国形象亲和力、中国话语说服力和国际舆论引导力。"②

在法学学科发展方面，首先要健全和完善中国特色法学学科体系，促进法科学生形成较为牢固的理论功底，将理论知识应用于社会实践。每个民族的法学理论都脱胎于本民族的独特法律传统和法律实践，都是对本民族的独特法律记忆和法律经验的理性提取。新法科建设要坚持回应中国法治实践需求，系统总结新中国法学学科的发展规律，深入把握新时代中国新法学的历史方位和时代要求，加快构建中国特色法学学科体系、学术体系和话语体系，为中国治理和全球治理提供更多体现中国立场、中国智慧、中国价值的法治思想和制度设计。法学是一个实践性很强的学科，新法科建设要充分利用其优势，并加强法制和相关领域的基础教学研究，对复杂问题进行深入分析，作出科学总结，从而促进法学学科建设的发展。积极应对国际社会和信息社会的新形势和新挑战，积极融入国家参与全球治理的布局，积极服务国家"一带一路"倡议，积极回应"互联网＋"、大数据、人工智能等技术发展给法学教育带来的挑战。

法学教学课程体系要注重理论传授、概念解释及法条分析，筑牢理论基础。

---

① 参见肖金明：《考问中国法学教育：问题与对策》，《山东大学学报》(哲学社会科学版)2011年第6期。

② 习近平：《深入实施新时代人才强国战略 加快建设世界重要人才中心和创新高地》，《求是》2021年第24期。

对法理学、宪法学、刑法学等传统学科，要推动从中国法治实践总结提炼新范畴新命题新思想，逐渐破除对西方法学的路径依赖。应用型法治人才课程也要以理论课程特别是精品课程建设为基础，筑牢专业功底。在注重理论学习的基础之上，提高学生发现问题、解决问题的能力。

与一流本科相匹配，加强教材规划顶层设计。具体来说，就是要发挥学科优势，积极推动编写和出版经典教材、优秀教材和新形态教材。一方面，探索以“教材—教辅—案例—视频”为内容的立体化教材建设，开展具有专业特色、课程特色的教材编写工作。另一方面，在教材教辅的编写过程中，定期向学生征集教材使用反馈意见，打造一批满足本科生学习需求的一流教材，不断增强教材的针对性和实效性。

法学教育的根本任务是培养信念坚定、德法兼修、明法笃行的高素质法治人才。新时代法学教育不能只局限于培养学生的专业素养，要坚持法学专业知识的学习和道德素质的养成相结合，不能在专业素质培养方面有“硬性”“钢性”要求而对于道德素质的养成和评价只有“软性”“弹性”要求，要做到德智体美劳全面发展，德法兼修、以德为先。因此，新法科应当培养德法兼修的高素质法治人才。教育部、中央政法委《关于坚持德法兼修　实施卓越法治人才教育培养计划2.0的意见》(教高〔2018〕6号)对于新时代法学教育新目标也作出了规定，强调卓越法治人才是懂政治、懂法律、懂治国的高素质人才。新时代推进全面依法治国必须做好法治人才的培养工作，但现有的法学教育体系强调具有系统的专业知识、扎实的基础理论而忽视思想政治素质的培养，进入新时代，必须明确新的人才培养计划。在培养规格上，法学本科教育要重视德育，加大法治理论体系和知识体系建设，强化法律职业伦理教育。具体来说，要尽快强化对于法律职业伦理教育的认识，并制定配套政策，明确法律职业伦理课程的必修课地位。正是基于这个思想认识，中央全面依法治国工作会议要求法学院校的学生要当好“接班人”，法学院校要加快改革发展，提高人才培养质量，培养“又红又专的新时代法治人才”。

以山东大学法学院为例，目前正全方位推进课程思政，实现德法兼修。推进习近平法治思想等最新成果进课堂、进教材、进头脑；统一规划法学教育“大思政”格局，用一流思政教育赋予德育工作新内涵，用一流法学教学给予人才培养新动能；制定了《山东大学法学院本科教学支持体系》，量化立德树人根本任务，培养学生现代法律人素养。

2.完善实践教学

法学学科是一门应用性极强的学科，法治人才的培养要从“学科知识掌握”向“应用能力培育”转型，推动学生应用能力的提升。课程设置中不仅要重视理论课程,而且要加强实践教学环节。理论教学和实践能力训练从先后关系转向同步进行关系。实践教学在人才培养中的性质从检验理论知识的手段提升为人才培养的抓手,实践教学在人才培养中的定位从人才培养的末端环节提升为贯穿人才培养的全过程。

在课程体系的构建过程中,强化法律实践教学,拓展实训课程体系。法律实践教学应该满足现实需求,以法律诊所、法律援助、庭审直播、案例教学、集中实习等为核心组成部分[①],以法律实践为核心要义,遵守实际操作的流程,真正进行场景化的法律实践教学,满足法学教育的需要。课程设计方面,根据法学实践教学的基本规律,探索建立法学实践教育实习设计的全覆盖思路,科学定位学院、教师和学生在法学实践教学过程中的角色。根据理论学习和专业实习的时长分布、实践教学组织方式、实践成果评价、法学实践学习进行资金投入。当下的模拟法庭的设计过于真空,应当将实践教学与真实的诉讼环境相结合,更好地培养学生法庭上的相关能力。探索案例教学方法改革时,应当注重真实案例和虚拟案例相结合、实体法和程序法相结合。在学生实践能力的培养方面,实践教学的任务应当由校内专职老师来完成,鼓励老师适当兼职做律师或者仲裁员。必要时,纳入实务部门的授课教师,真正利用好校外的教学资源,坚持与实务部门协同育人。

对于新法学的实践教学,要以适应市场需求为目标培养应用型人才,着重培养学生分析问题、解决问题的能力。一方面,要积极搭建校企合作公共服务平台,落实激励政策。产学合作的模式应有利于校企的互利互惠,学校支持企业的成长,企业亦会反哺学校的发展。但总体来看,校企合作的模式还较为单一,校方应该出台更多的激励政策,吸引各类企业与学校合作,促进产学合作的模式朝着更加健康、成熟的方向发展。另一方面,完善合作机制,提升人才培养质量。校方与企业联合制定人才培养方案,以先进的实践教学理念进行指导,构建法学专业实践教学的新体系,为法治建设和培养应用型人才提供支撑。

提升实践能力、创新能力以及综合能力,是一个不断训练和经验累积的过程,不仅要靠课堂知识的传授,也要求充分调动学生的主观能动性。法学教育体系应以学生为中心,充分满足学生的个体差异化需求,促进个体发展。可以将法学类专业核心课程分为两大板块,让基础课程与特色课程发挥组合优势。注重必修课的培养,并选取核心课程作为补充,适当延伸知识的深度,注重课程之间的有机联

① 山东大学法学院目前建立了律师法务教学平台、司法业务(公证、司法鉴定、监看)教学平台、法律援助与法律服务教学平台、法律诊所教学平台、模拟法庭竞赛教学平台的方式和途径。

系，确保课程群逻辑的清晰。同时加大选修课的比例，广开课源，实现学科之间的有机渗透，拓宽学生的知识面，培养创新思维，同时满足学生的多样化选课需求。

一方面，积极创设选修类课程，照顾到学生的多样化需求，同时顾及新兴的法学领域，适当进行微课堂建设。例如，山东大学法学院2021年开设了法律与网络安全微专业，推进法学与其他学科的融合。微专业以习近平整体国家安全观为指导，以全面依法治国为指针，以现实需求为导向，着力培养既有网络安全技术知识，又有法治思维和法律素养的复合知识结构的卓越网络安全治理人才。开设法理学、刑法总论、行政法与行政诉讼法、民法总论、网络规制理论、网络法、网络空间行为导论、计算法学等课程。

另一方面，创设适用学生创新创业需求的课程，并通过系列讲座、网络教学促进学生的创业就业全面发展。同时，以助考类课程为辅助，衔接职业资格教育。应用型法治人才的培养应当与法律职业资格考试进行衔接，可以通过理论课程和实践教学引入知识点、开设选修课程以及借助社会办学力量三种途径进行法律职业课程培养，以实现学生的多元化发展需求。

3.建设交叉学科

发展交叉学科是当今社会的客观要求。以“文理交叉”为基础的“新文科”建设，要求法学教育积极思变、谋变，要大胆突破传统的思维方式，打破具有重要支撑作用的各学科间的壁垒，以继承与创新、交叉与融合、协同与共享为路径，促进法学与新学科的互学与共享，才能推进传统法科的更新升级，才能在新形势下找到自身生存发展的机会。

在进行课程体系设计时，需要加强对前沿学科、交叉学科的培育，推动新兴学科的茁壮成长。一方面，要打破壁垒，进行学科融合。学科交叉融合不是不同学科理论在一个专业中分别讲授，而是先实现理论融合再讲授给学生。学科融合应当符合社会发展需求，为学生提供一种结构性专业知识。法学知识与其他学科知识应当构成完善的理论体系，在课程性质、知识单元、培养体系、教学模式、考核方式等方面是有机统一的整体。鼓励法学学者在注重传统法学领域的基础上，注重对新兴法学领域的研究和开发。跟踪法治实践前沿和其他学科研究前沿，论证提出前沿学科、交叉学科新构想，开发建设前沿学科、交叉学科新课程。

另一方面，学科融合要进行创新，兼收并蓄，法学教育应当进行法学课程结构的创新实践。在完成法学基础理论教育的前提下，依托不同专业的优质教学资源，设置不同的专业课程模块，既可以满足学生不同的专业兴趣，也能够积极吸纳其他学科的优质资源，实现一定程度的学科融合。对近年来兴起的党内法规学、社会治理法学、网络法学、数据法学、人工智能法学等新兴学科，做好列专业、上项目、编教材、进课堂等工作,更好地发挥这些学科在人才培养和社会服务上的作用。同时,法科学生的训练不能局限在哲学领域,还应当考虑经济学、社会学、历史学等多方面的学习,但是哲学更应当成为法科学生所掌握的思想基础。所以,建议加大法科学生的理论课程的比例和理论阅读量。

近年来,山东大学加大与信息科学与工程学院、网络空间安全学院、计算机科学与技术学院、数据科学研究院的沟通和合作,强化学科交叉融合,并与山东省大数据局、浪潮集团等相关管理部门和数据公司进行深度合作,形成了山东大学人文社科创新团队“全面依法治国战略实施中的数据利用与数据规制”。加大与山东大学公共卫生学院、医学院的沟通和合作,强化学科交叉融合,并加强与山东省卫健委、山东省法学会的联系,牵头成立山东省卫生法学研究会。此外,依托现有的人文社科创新团队,与信息学院等加强合作,以新文科建设为基础,汇聚学科内外优质创新资源,布局建设信息法政文科实验室,并以此为基础谋划建设山东省、教育部新文科实验室。

同时,国内对于设立知识产权交叉学位的呼声也一直很高。从复合型知识产权的人才培养实践来看,知识产权交叉学科的设置能够解决当前知识产权人才需求旺盛和供给不足的矛盾,但该学位的设置是一项复杂的系统工程,我们要对其进行深入研究和科学论证,对学科设置的必要性、学科定位构建方案等重要内容作出科学的回答,以确保得到广泛认可和良性运转。

习近平总书记提出的“法治人才培养共同体”和教育部、中央政法委《关于坚持德法兼修　实施卓越法治人才教育培养计划2.0的意见》(教高〔2018〕6号)提出的“破除培养机制壁垒”的举措,都是建设新法学的重要理论依据,这就要求教育部门和用人部门共同培养人才,达到法学院校与政法机关合作培养法治人才,以构建法治人才培养共同体为目标,创新法治人才的培养机制。2021年4月,山东大学法学院成立知识产权法研究所,是法学院服务国家和山东省重大战略需求和国民经济主战场的重要举措。研究所与山东省高级人民法院、山东省检察院系统、山东省市场监督管理局系统、山东省新闻出版局、青岛大学、山东省律师协会知识产权委员会、山东文衡创业服务有限公司、山东千慧知识产权代理咨询有限公司、泰和泰(济南)律师事务所,就人才培养中的课程设置,高校知识产权示范基地、实习基地建设,“校+政+企”联合等方面展开深入合作。

4.培养涉外人才

习近平总书记在中央全面依法治国委员会第二次会议上对涉外法治人才培养问题提出了明确的要求:“要加快推进我国法域外适用的法律体系建设,加强涉外法治专业人才培养,积极发展涉外法律服务,强化企业合规意识,保障和服务高水平对外开放。”[①]基于此，在国际化方面，法学教育必须统筹国内法治人才与涉外法治人才，提升法学学科的国际话语权。下一步，要加大涉外法治人才的培养，尽快补齐涉外法治人才培养的短板，培养出具有国际视野并熟悉国际法律规则的涉外法治专业人才。

未来，要把高素质、高水平、国际化作为培养目标。高校应自觉承担起培养涉外法治人才的任务，培养能够在国际行走的法律人才，从而满足我国的需要。同时，课程体系、课程内容、培养模式、评价标准等都应更新。在学科设置上，更加注重国内法与国际法的学科融合；在研究布局上，加强对全球治理重大法律问题的研究；在人才培养上，加强高层次涉外法治人才的培养。[②] 山东大学法学院近年来持续推进法学教育国际化，启动了与英国邓迪大学的“3+1”的联合培养模式，即在山东大学法学院培养3年，在加州大学或邓迪大学培养1年，并取得对方的法学硕士学位。

因此，对于新法学的改革不应该只停留于宏观的指导和形式变化，只注重培养模式的改革，要改革以知识传递为核心的课程模式。只有将课程体系完备地建立起来，科学合理地设置法学类专业课程体系，才能应对正规化、专业化、职业化法治专门人才培养的时代要求，真正履行创新法治人才培养机制的改革重任。

（三）教学质量优化提升

2018年10月，教育部出台《关于加快建设高水平本科教育　全面提高人才培养能力的意见》（教高〔2018〕2号，以下简称“新时代高教40条”），再次提出要推动课堂教学革命，以学生发展为中心，不断提高课堂教学质量。

1.优化师资队伍

在学科建设中，师资队伍是关键，一流学科建设要将一流人才汇集到一起。为此，要深入实施人才强校战略，强化高层次人才的支撑引领作用，形成“以具备深厚理论素养、政治立场坚定、学贯中西的法学大家为核心，以法学学科带头人、学术带头人、学术骨干为主体，以优秀博士后和博士生为后备”的政治素质过硬、业务能力精湛、育人水平高超的一流教师队伍。

除了学校的师资外，还要引进一部分实务部门的师资，让有较高理论水平与

① 《习近平主持召开中央全面依法治国委员会第二次会议强调：完善法治建设规划　提高立法工作质量效率　为推进改革发展稳定工作营造良好法治环境》，《人民日报》2019年2月26日。

② 参见王利明、黄文艺：《论法学学科的发展规律和发展前景》，《大学与学科》2020年第1期。

丰富实践经验的实务人员成为重要的师资力量。针对校外导师的培养模式，具体方案如下：一是要完善遴选和师生双向互选，保证校外导师有精力根据研究生的不同兴趣进行针对性教学，寻找德法兼备的法律工作者担任校外导师，同时搭建双向选择导师的平台，方便师生相互交流，有利于教学活动的开展。二是以科研能力培养为目标。法学研究生双导师培养模式正是要通过理论与实践的交锋，从法律实务中挖掘理论问题，为科研提供实践素材和明确问题导向。鉴于理论与实践并非一一对应，在这两者间要形成内在一致的关联，需要两大主体能在交互的过程中实现一定的转化和贯通。三是教学创新。实施导师轮岗和深化校企合作，通过轮班制度，解决导师因本职工作难以给学生提供指导的问题，通过轮流机制，让学生接触到不同的校外导师，获得多样化的实践技能。四是效果评估。实践汇报和引入第三方评估。一方面，将实践教学和职业教育纳入必修课的教学计划，规定学时和学分，强化研究生的重视程度和校内外导师的实践教学意识。另一方面，引入第三方评估主体，提供必要的外部制衡机制。作为教学评估考核的第三方主体，应当具有独立性，不能依靠于高校或实习单位，可以是研究机构或专业的评估组织。

2.提升教学水平

课程建设和教学的关键在于提升教师的教学水平，要以培养培训为关键，提升教师教学能力。一是要求师德师风优良，良好的师德师风不仅是新时代提升教师教育教学水平、提高教学质量和培养一流人才的保障，也是学生对教师一流课程教学评价的主要标准。二是教学理念先进，先进的教学理念是获得教学创新和教学效果的关键，同时教学理念也是教师对教学和学习活动内在规律的认知。教师在课程教学过程中要了解学生的学习特点和规律，根据不同的教学内容设计教学方法，从而培养学生获取知识的能力。三是教学设计科学，教师应该对教学目标、教学内容、媒体、策略和反思等环节进行分析，给出具体教学活动方案的设想和计划。根据教学层次要求的不同设计不同的教学计划，做到因生施教和因材施教相结合。四是教学内容优化。课程体系决定着课程教学目标，课程教学目标决定着教学内容。教学内容要符合现代科技发展、信息传播和学生认知规律，在内容设计组织方面充分体现出基础性、先进性和应用性。

提升教师教学能力，最重要的是教学方法创新，寻找更有效的课程教学方法。教学方法创新要求教师优化教学内容，处理好教学内容与教材的整合和更新，将传统教学方法与现代信息网络技术相结合，选取符合学生认知规律的教学方法。以“互联网＋教学”等先进教学方法为手段，实现课程内容的有效传递。随着信息化的发展，法学课程的教学手段也要适时改革，要充分利用网络平台在线课程转换教学模式，形成线上与线下相结合的教学模式，推动教学质量的提升。

也有观点提出，创设提高学生专业技能与实践能力的“三法”教学模式。一是问题驱动法，这是一种以学生为主体，将专业领域的各类问题作为学习起点的新型教学方法，这种教学方法由教师的单向知识传递转变为学生自主探究学习，能够锻炼学生的创新思维能力。二是案例导向法，作为应用性较强的人文学科，法学教育应紧密联系实践，培养学生分析问题、解决问题的能力。通过案例教学促进学生的专业基础知识的掌握。三是情景模拟法，可以运用模拟法庭等方式进行训练，让学生在具体角色扮演过程中，探究案件事实，分析法律问题，让情景模拟与法学课堂教学相融合，从而弥补其他通识课和专业课的不足。

同时，要以基础能力提升为导向改革参与式教学设计。首先，要聚焦提升学生的口头表达能力，可以采用发言讨论、课堂试讲等参与模式。其次，提升书面写作能力，鼓励学生加强写作，具体表现为制定多样化的书面作业，优化平时作业的类型结构以及加强书面作业的规范评改反馈工作。最后，着眼沟通协调能力提升的参与式教学设计，创造机会让学生更多地参与团队任务，以项目为导向，以小组合作为策略，在分工中完成任务，既要倡导组内同成员竞争，也要引导学生们合作，提升沟通协调能力。

此外，要实现教师职业培训、终身学习全覆盖，推动教师培训常态化，将培训学分作为教师资格定期注册、教师考核的必备条件。实现青年教师上岗培训全覆盖，新入职教师必须经过助课、试讲、考核等环节，获得教师教学发展中心等学校培训部门颁发的证书，方可主讲课程。同时，强化教学研究，定期集体备课、研讨课程设计，加强教学梯队建设，完善助教制度，发挥好“传帮带”作用。

（四）评价机制良性运作

2018年9月，习近平总书记在全国教育大会上指出：“要深化教育体制改革，健全立德树人落实机制，扭转不科学的教育评价导向。”[①]新文科建设必须以科学系统的制度体系为支撑，从制度上鼓励教师，尤其是让青年教师提升自我、敢于突破，努力在新文科建设上发挥生力军作用。

下一步，要整体设计教学同行评价实施制度，明确教学同行评价的功能定位。丰富完善教学同行评价激励制度，激发教学同行评价的主体活力。建立健全教学同行评价选定制度，保持教学同行评价的相对权威，在制度上明确规定教学同行

① 《习近平在全国教育大会上强调：坚持中国特色社会主义教育发展道路　培养德智体美劳全面发展的社会主义建设者和接班人》，《人民日报》2018年9月11日。

入选和选定的基本条件。统筹结合教学同行评价运用制度,形成教学同行评价的良性循环。①

制定激励政策时,应当以教学贡献为核心。引导教师把精力首先放在教学工作上,持续琢磨如何提高教学质量,要密切关注学生的学习效果。尤其是要加大优秀课程和教师的奖励力度,加大教学业绩在专业技术职务评聘中的权重,营造重视本科课程改革与建设的良好氛围。一方面,进行导向激励,将精品教材与学术专著同样对待,鼓励和支持教师开展双语教学。设立专项经费,资助或者出版与专业课程建设等相配套的精品教材,并按一定字数折合为核心刊物论文数。另一方面,进行榜样激励,开展"教学名师类"评选工作,实行"教学带头人"制度。稳步开展教学工作业绩评价工作,实践教学体系建设业绩是教师教学工作业绩评价中的导向指标。

同时,还可以实行学术假期制度,建立教学评优优秀教师进修提高机制。对符合条件的优秀教师,鼓励并支持其出国进修学习,可以要求其回国后开设一门外语本科课程。为部分符合一定条件的教师提供专门开展学习科研的机会,在一定程度上能够激励教师努力实现自身未曾满足的需要,培养与发展教师的成就需要,从而增强师资力量、提高教学水平。

在软环境建设方面,高校教师的经济地位、社会地位和职业声望是否恰当是教师能否发挥职业积极性和创造性的重要前提。因此,应当加强高校教师教学积极性激励的软环境建设。一方面,进行物质激励,改革教师薪酬制度。高校必须建立对承担义务并有显著教学效果的教师实行特殊薪酬制度,将教师承担教学工作的业绩和成果作为晋升职务、确定津贴的必要条件,及时发现有能力上大课并表现优秀的教师,给予适当的酬劳奖励。另一方面,引导高校教师加强自身职业地位认同,保持工作积极性。学校通过了解高校教师的合理需求、解决其紧迫问题,可以提高教师工作满意度,以建立对高校教师职业声望的高自我评价。②

六、结语

面对社会经济发展中出现的一系列新问题,新文科建设要打破传统文科画地为牢的束缚,克服偏重理论轻视实践的缺陷,改造传统文科的生存基础和运行方

① 参见孙文静、陈桂:《高校教学同行评价的制度困境和出路选择》,《黑龙江高教研究》2019年第11期。

② 参见方国娟、陈益林:《高校教师教学积极性激励策略研究》,《大学》(学术版)2010年第11期。

式，创设一种新型的文科发展机制。在新时代背景下，中国法治与法学研究肩负着新任务、新使命，需要从学科设置、人才培养、研究布局等方面进行战略性调整，构建起适应全球化要求的法学教育、研究新格局。其中，法学一流本科课程体系的优化完善，离不开强有力的支撑体系。从招生、培养到评价激励机制，均需要立足中国实际，充分考虑实践需要，方能不断提升法学本科教育水平。

新文科建设背景下法学教育理念的发展与变革

——以法律与科技教学为视角

傅爱竹

本教改项目研究历时1年，围绕法学教育理念的发展与变革这个主题，从理论探索和实践验证两个角度研究这一课题。探究了新文科背景下法学人才培养的新需求、既有法学教育所面临的难题，并结合课程教学进行实践研究。项目研究有效地培养了学生从事教育科学研究的意识观念和初步的能力，为日后法学教育展开新的研究方向打下了一定的基础，项目研究基本达到了预期的目标。

一、研究背景

2021年3月2日，教育部发布了《关于推荐新文科研究与改革实践项目的通知》(教高厅函〔2021〕10号)，要求深入学习贯彻习近平新时代中国特色社会主义思想，贯彻落实全国教育大会精神，落实新文科建设工作会议要求，全面推进新文科建设，构建世界水平、中国特色的文科人才培养体系。根据新文科建设的目标任务，新文科建设应当包含法学，且法学教育是新文科建设的重中之重。

近年来，我国的法学教育进入了较为快速发展的时期，在管理制度、办学条件、师资队伍和学科建设等各个方面都有了跨越式的发展。尤其是在科技与经济的快速发展之下，随之而来的是相关财经法律专业知识的需求与蓬勃发展，例如科技法律等新兴法学知识领域的探索，以及科技发展对法学教育的新要求。当今社会更需要熟知理论与实务之专业法律工作者来处理社会各新兴产业之法律问题。面对当前科学技术发展对人才培养方向和培养模式的重大影响与现实需求，法学课程教学仍然存在着亟待改善的地方：法学教育多以传授法律知识、培养合格的法律专业人才为基本目标。虽然这一教学理念与方法促使学生学到了足够多的法学知识，掌握了基本的法律概念与规则框架，但是教学模式难以充分开发学生的法律思维，促进法律课程与法律实践相结合。知识输入方式的单一化、科技手段与科技法律知识的应用缺乏都使得法学教育难以应对当代急需的法律人才需求。面对大数据、云计算、人工智能等信息化科技手段对法学教育提出的新要求，特申请立项本课题。本课题的研究有助于激发法学教育的发展潜能，使法学教育理念与科技发展需求更好地结合，有利于提升法学专业毕业生的就业适应能力。同时，新文科建设背景下的法学教育理念与方法之变革研究，也有助于实现山东大学法学院“育人为本、质量第一”的教育思想。

二、研究目标与意义

（一）研究目标

总目标：通过对新文科建设背景下法学教育理念的发展变化的理论探索，总结当前新文科背景下法学教育发展中存在的困难与不足，并尝试从法律与科技角度对未来法学教育发展方向进行理论与实践两个维度的探索。

理论目标：从教学内容、师生关系、主体来源、培养目标等方面来探讨新文科背景下法学教育理念变革的必要性与可行性，形成新法学教育的新理念与新培养模式，在反思既有法学教育不足的基础上，结合新文科建设的需要重构法学教育理论。

应用与人才培养目标：为法学教育改革提供理论先导与顶层设计。将理论研究的方案应用到实际教学中，结合教学方法的更新，促进本科生阶段对法学学习能力与法律思维能力的提升，为我国法学研究与实践培养后备人才。

（二）研究意义

科技教学的应用是适应新文科建设、培养现代化人才的重要手段。在传统法学教育的基础上，推动科技教育应用与法学教育理念的更新与转型，有助于为法学教育模式的创新注入新的动力，推动法学教育的智能化发展。同时，打破传统课堂教学的束缚，依托信息化媒介进行资源整合，有助于为学生的个性化学习和碎片化学习提供有效的支撑，解决教育不公平的问题。将科技教学与法律教育培养相结合，能够将整个国际法学教育中的优质课程资源集聚，打破传统法学教育优质课程资源垄断的屏障。

科技赋权下的法学教育的发展，需要智能技术应用的更快发展和应用实践的同步推进,需要法学教育理念和法学教育模式的积极跟进和转变。科学技术时代更新了法律文明的建设模式,但它不能取代人在法律活动中的重要作用。法律人才和法律职业的培养仍然存在。将智能技术引入司法将提高司法活动的客观性和评价的统一性和协调性,但不能代替司法活动的人性。法律思想文化的传承与发展,反映了不同国家、地区和社会对司法制度的培养要求,这些要求既需要法律教育,又需要法律教育与科学技术应用相结合。

三、研究思路

研究思路循着“问题的由来—既有方案的不足—新方案”的线索展开。

课题总体框架分三部分:

第一,时代背景与对法学人才教育的新需求。考察区块链、算法、人工智能、大数据、基因编辑等前沿科技给中国社会带来了哪些影响,以及对法律人才产生哪些需求上的变化。

第二,既有法学教育所面临的挑战。考察新形势下传统法学教育遇到了哪些困难,以及在哪些方面亟待革新。

第三,新时代法学教育理念发展的方向。从教学内容、师生关系、主体来源、培养目标等四个方面来探讨在新文科建设的背景下法学教育理念可能的发展方向以及其中可能会面临的困难。

四、研究方法

本课题的研究采用了理论分析、跟踪教学和综合评价的方法。本课题组成员大都参与了课程教学,并在教学实践中运用了科技教学的方法。通过制定课程内容、指导学生活动,为学生提供学习帮助、交叉观摩教学情况,对课堂活动、师生互动等方面的科技教学运用进行了真实记录。通过考试、课堂观察、问卷、访谈等其他评价方式,对所获得的数据进行分析,评价科技教学与学生的学习情况。

五、研究内容

(一)科技时代下法学教育的发展趋势

时代特征决定着教学理念、教学方式与教育内容的更新。将新兴科技应用到法学教育中,也会对传统法学教育的内容与目标造成一定的影响。2018年,中共中央政法委和教育部两部门联合提出,要积极发挥信息技术在高校法学教育中的融合应用。面对新的教育形式与教学内容,法学教育的人才培养模式、目标和理念等也都会发生相应的变化。各高校法学如何在把握趋势变动的基础上，发挥技术赋能的作用，促进法学教育创新升级已经成为需要普遍思考的问题。

1.科技影响法学教育的定位与目标

在科技时代，社会需要既精通法律专业知识又熟识科学技术的复合型人才。我国的法学教育也应当为适应科技时代的来临而适时变革。国务院在2017年7月发布了《关于印发新一代人工智能发展规划的通知》（国发〔2017〕35号），明确提出“鼓励高校在原有基础上拓宽人工智能专业教育内容，形成‘人工智能＋×’复合专业培养新模式，注重人工智能与数学、计算机科学、物理学、生物学、心理学、社会学、法学等学科专业教育的交叉融合”。

一方面，新兴科技背景下的法学教育与传统教育可能存在着教育理念上的不一致。科技教学是传统教学理念的集成与发展，也同时需要与传统法学教育理念协同与融合。当前，将新兴科技如人工智能技术运用在法学教育中已经成为部分教师的选择，通过科技将专业教学中的相关资料进行智能整理与分析，并结合三维可视化等方式，将相应内容展现出来的现代教学，既能够实现培养学生知识能力的目标，还能在一定程度上提高对学生进行个性化培养的可能性。随着科技发展进入新时代，法学人才培养的目标上应当改变原来对“专才”培养的教育模式，推进既懂法律又懂科技的复合型人才培养模式。[①]

另一方面，新兴科技在法学教育中的运用也推动了法学教育模式的智能化。首先，随着教育主体中心的不断转移，学生在教育中的主体地位得到加强，教师从传统的知识传授者转型为能力培养的引导者，在此过程中，相关智能设备和信息化设备不断得到应用，形成基于线下教学、线上自学的混合式、智能化和精准化教学模式体系。其次，在智能化法学教学开展的过程中，教学方式也不断提升，通过教学资源的系统整合，实时开放的智能学习平台已经初步建立，传统的标准化教学已经形成以学生需求为主体的定制化教学，互联网中蕴含的碎片知识内容在智能技术与可视化平台的支持下，得到有效的集中与分类，进一步为智能教学模式的完善提供了支持。[②]佛蒙特大学法学院院长麦克亨利·托马斯教授将法律和法律实践的技术进步分为三个阶段，解释了美国法律实践的变化和法律服务提供的新形式。在1.0阶段，技术增强了现有参与者的能力，提高了法律行业的效率。在2.0阶段，技术开始取代法律专业人员开展活动，法律面临挑战。在3.0阶段，技术

---

① 参见肖晗、杨艺红：《科技对法学教育影响刍议》，《科技与法律》2007年第1期。

② 参见李雪菁：《人工智能时代法学教育的升级与创新研究》，《广西教育》2021年第19期。

打破了法律行业的现状,取而代之的是与传统法律实践完全不同的新功能。在这个阶段,法律教育应该让学生拥有更多的科技知识,并善于运用这些知识。

2.科技改变法学教育模式

新兴科技的运用可以促使法学教育打破传统课堂教学的束缚,依托信息化媒介进行资源整合,形成在线教学平台的资源动态开发。[①]学生借助在线教学平台,不仅能够弥补自身线下学习中的不足、巩固线下学习的成果,也能够根据自身的兴趣与偏好对相关知识进行获取,进一步促进自身的成长。从一定程度上,教育资源的动态开放也打破了传统法学教学的课堂纪律、教学目标限制。依靠学生的自律意识和自我发展需求,教师只是借助智能设备体系将相应的资源内容进行供给,并对学生的学习起到引导作用,教育关键环节实施的重点依托则是学生个人。此外,教育资源的动态开放也进一步解决了教育不公平的问题。

科技教学的应用可以促进人才培养的复合化。新兴科技促使法教育也体现出融合性的特征。法学教学逐步打破单一的专业体系,探索与计算机、经济学等学科的融合,这就需求各个高校法学教学中形成"人工智能法学教育+×"的培养体系,促进人才综合能力和复合能力的培养,确保人才后续就业发展过程中的市场适应能力。一方面,法学教育对人才的培养要能够与行业人才需求、行业发展趋势相符合。中国当前法律实践开展的过程中,呈现以传统法学业务体系为基础的延伸化发展,如法务工作与企业管理工作的结合等,这就需要在实际育人工作开展的过程中,形成学科之间的通联性,培养学生的多学科应用能力。[②]另一方面,人工智能时代大数据等技术体系逐步应用到教育等行业领域中,法律工作者也要能够充分借助新兴技术为自身工作效率与质量的提升提供帮助,这也需要高校法学教育在开展的过程中能够将相关技术应用引入课堂中,在培养学生专业知识与能力的基础上,促进学生信息技术素养与应用能力的提升。

另外,科技本身也推动了信息资源的共建与分享。在技术发展与普及的今天,世界各地相继开放了线上教育资源,打破了传统教育地域、时间限制,使得各地能够快速地整合各类优质的教育资源,既能提高教育提供者本身的声望和影响力,也能有效解决教育资源分配不均的问题。目前,我国也建立了各种网络教育资源共享平台,如慕课,即大型开放式网络课程,它是互联网时代的教育产品。截至2021年,据教育部统计,全国有关高校和机构自主建成十余个国内慕课平台,460余所高校建设的3200余门慕课上线课程平台,大学生和社会人士参加课程数

① 参见周婧:《人工智能法学人才的培养模式》,《高等教育评论》2019年第2期。

② 参见蔡伟、陈侣霓:《人工智能对法学教育的机遇和挑战》,《法治论坛》2020年第1期。

高达5500万人次。到2020年,全国优质网络开放课程数量达到3000家。在科技影响下,法学教育摆脱了地域宪政体制的束缚,拓宽了传统大学的教育模式,使更多的人受益。

(二)科技时代传统法学教育存在的问题与困境:以行政法案例教学为例

科技时代,智能技术的广泛应用正在改变着对法律职业的要求,也因此影响着法学教育的方向。由于智能技术的运用,原本记忆型、程式化、技术操作型的职业能力将被取代。而且,法律信息数据采集与分析、法律专业理性判断能力等将随着人工智能系统的发展而得到极大的提高,但是有关价值判断、理性创造力、法律人的思维能力等仍然是无可替代的。而传统法学教育将过多的精力用于培养法律职业的基础性能力,对法律思维的培养并未重视起来,因此,基于培养学生思维能力的案例教学也没有发展起来。

在我国传统的法学课堂教学体系中,教师以讲授法律概念、解释规定、阐述理论为主,具有强烈的概念化和教条主义色彩。此外,传统的法律教育也忽视了内容设置,忽视了如何发现、证明和重构事实,忽视了法律与其他社会规范和现象的关系,忽视了法律思维的培养,忽视了宏观正义与微观正义或案件正义的关系。基于对传统法学教育模式弊端的认识,须将案例教学和临床法学教育引入我国的法学教育和教学体系,弥补传统法学教育的不足。然而,多年的实践发现,即使引入案例教学,长期以来也没有改变法学教育的概念化、教条化和形式化模式。

1.教学方法未紧跟科技时代法学知识谱系的更新

就行政法教学现状而言,案例教学法还是一种并未被普遍使用的教学方式。案例教学法也可称为苏格拉底教学法,是按照一定的教学目的,以事实为依据编写出的故事性案例,引导学生运用所学原理对实例进行综合分析,是理论与实际结合起来的教学方法。20世纪初,美国哈佛大学、耶鲁大学等著名大学的法学院开始采用"判例"教学,将案件事实和诉讼程序编成案例,引导学生展开讨论,这种判例教学逐渐得到认可,并首先在刑法教学和民商法教学中被应用,产生了较为良好的教学效果。然而,在行政法教学方面,这种案例教学却一直未被广泛重视,从行政法案例教学的发展现状可见一斑。

相比于民事、刑事案例教学来说,行政法案例教学研究还处于一个初级发展阶段。现有的案例教学的教科书数量相对仍然较少,值得一提的案例教学研究成果有:章剑生教授的《现代行政法基本理论》基于现代行政法的内外部逻辑关系,以专题研究的方法,系统地论述了现代行政法的基本理论。余凌云教授的《行政法案例分析和研究方法》是通过对行政法的案例分析,思考、总结和演示案例研究方法的一部探索性学术专著。章志远教授的《个案变迁中的行政法》从行政法学视角对诸多备受社会关注的典型个案进行了细致入微的专业解读。余凌云教授的《行政法讲义》以专题样式对传统行政法体系做了结构性调整;力求在梳理已有研究成果的基础上尝试理论的创新;通过对相关理论的细微解构,尽量贴近与回应我国行政法实践需求,解决行政法理论对实践的失语。叶必丰教授的《行政法与行政诉讼法》以判例说理的方式对行政法学原理进行了简明扼要的阐释。这些富有特色的行政法教科书、行政法案例分析教材的出版,代表了行政法学界对行政法学教学问题的探索。但目前这些案例教学相关的教材仍不能满足行政法案例教学的需求,由于行政法更新变化快、体系庞杂等特点,案件教科书很难立刻跟上行政法的变化,因此这些教材很容易在一次新的行政改革或新法颁布之后而陷入滞后状态,案例教学比之传统教学更加急需教材的更新。

在传统的法律案例教学模式中,学生只能通过教师的预检索和案例分类教材来获取案例,获取案例的途径有限。学生不需要自己寻找案例,只需要等待老师发布案例。这种被动僵化的案例教学不利于学生走向社会后解决实际法律问题,限制了学生的视野。同时,在课堂上也缺乏有效的互动和学生更深层次的思考。此外,纸质案例教材跟不上法律法规和司法解释的更新,严重滞后于实际需要,使得法律案例教学难以充分发挥其应有的优势。综上所述,大数据环境下的法律案例教学符合法学教育的内在规律和时代的发展要求。

2.教学模式上缺乏对智能技术应用的开放性

行政法的教与学的问题不仅是我国行政法教学的难题,也是美国大学法学院的难题。早在1990年至1991年,美国行政法学者就在《美国行政法评论》杂志上以交流的形式探讨了教学问题。1991年8月,威德纳大学法学院成立后,举办了"21世纪行政法实践发展与教学论坛"。1999年11月,布兰代斯法学院还举办了行政法学术论坛。近20位行政法专业教授对行政法的教学、课程设计、教材等进行了深入探讨。但在我国,就行政法学教学问题的讨论却一直没有受到广泛的重视,现有的行政法教学仍存在着诸多问题亟待解决。

一方面,行政法教学目前仍是以传统教学模式为主,课程设置与课时安排存在不合理的现象。由于行政法课时设置极为有限,山东大学的教学安排又将行政法与行政诉讼法合并为一门课程,授课教师只能选择性授课,很多行政法知识,特别是行政诉讼法知识仅仅是一带而过,这种赶进度的教学模式很难引起学生们对这门课程的兴趣。课时短的现象也影响了教学中科技教学手段的应用。

另一方面,现有行政法案例教学的实施仍面临着一些困境,最为突出的是行政法案例的编写。虽然现实中各级法院审结的行政法案件上万件,但要想让案例教学由浅入深,整个案例教学的教材需要按照教学目的进行编写,在不同的教学阶段运用不同的案例,到最后阶段再引入法院审结的案子中牵涉面广、综合性强的案例,帮助学生掌握行政法原理的运用。所以,整个行政法案例教材的编写至关重要,但现实情况是现有的教材十分缺乏。近五年来,案例研究法逐渐受到行政法学研究的重视。一批学者开始对《中华人民共和国最高人民法院公报》《中国行政审判指导案例》等权威媒体上发表的典型行政案件的判决文书进行解读,缩小了行政法学研究与现实世界的差距,增强了行政法学研究的现实解释力和响应力。但这一发展仍处于初级阶段,仍有很多的行政法理论问题难以融入案例教学中进行讲授。而且,数据库等案例检索技术的应用,并未成为当前法学教育的主流模式,本科生教学仍然以讲解基础知识为核心,在这种教学模式下,科技手段的应用是相对有限的。

3.考评模式与课程内容设置上有待完善

案例教学不是简单的原则加例子的讲授,其需要充分调动学生的思维,和学生进行互动,其教学是纠问式的,其目的在于启发学生的思维。通过启发,学生能够在思考案例时更深刻地理解行政法案例背后的理论和原理。但这也同样导致了一个考评上的难题,即传统的闭卷考试及客观题很难考量案例教学法的成效。如果采用选择、填空、判断等题型来考察学生的学习情况,很难准确地衡量案例教学法的优劣。因此,案例教学法被加以重视的同时,需要改变和形成与之相配套的考评模式,以确保案例教学最终实现启发学生思维,使其深入理解法学原理的作用。

在课程设置方面,行政法案例教学还处于初级阶段。从根本上说,它是行政法和行政程序法的主干课程。在教学中,案例被引入具体知识点的讲解中,专门的案例分析课程在行政法课程中非常少见。在分析方法等问题上,行政法案例教学往往陷入一种简单的记忆,完全依赖于行政法知识。由于行政法理论的复杂性和碎片化,选取的案例难以应对多个行政法问题,只能应对一个行政法知识点,难以发挥案例教学应有的作用。章志远先生提到将行政案件引入行政法案例教学,这将不可避免地在许多方面导致连锁反应,如课程设计、分析方法和教学手段,然后形成一个全面的模型,与传统的单一的案例教学模式不同。

4.案例资源内容碎片化,教学模式的交互性受限

在现在的案例教育中,不仅存在对司法实践实例的过度剪切问题,也存在在教育过程中进一步分解、分割案例的问题。在现实的法学实例教育活动中,授课教师往往把实例定位为对特定知识点的巩固和强化。教师受到教学进度和教学内容的制约,多数情况下,只能分析具体的知识点和相关案例。但是,这样的结果

是，不能通过实例给学生提供灵活、系统化的思考，即使是实例分析课、实例讨论课，老师也经常强调特定的知识点，没有从整体、宏观上来审查实例，导致学生对实例的解读很深，系统性却不强。而且，学生形成一体化的想法，很难构建通融的整体知识体系。案例内容的片段化的另一个突出表现是，复杂的情况通过案例教育简单地处理。接受采访的毕业生一般都明确表示，在司法实务中接触的实际事件大多是刑民交叉，或是“三审合一”的事件，但是这种事件在现在的案例教育中，由于老师的学科限制而被解体、被无视的情况很多。通过设立双师同堂来改革实例教育模式[①]，目前应用范围较小，尚未全面普及。

近年来，多数高校的法学院在本科教学中已经分设了行政法、行政诉讼法两门必修课，同时还根据师资力量选择性地开设了部门行政法、行政法案例分析、行政程序法等多门选修课，但是在山东大学，行政法课时有限、教学内容过于宏观的现象仍没有解决。这种现象的持续发生既可能导致学生对学习该门课无法提起兴趣，另一方面对行政法课程规划的不合理也同样影响教学目的的实现。

（三）新兴科技对接法学教育创新的实现路径

基于中国法学教育的规模优势和后发优势，特别是国家层面对于本科教育运用新兴科技实现“变轨超车”的政策支持，我们完全可以通过如人工智能、大数据、虚拟现实、混合现实等新兴科技手段实现法学教学的创造性转换。

1.结合人工智能等新兴科技，调整人才培养理念与目标

人才培养的理念与目标是人才培养工作开展的重要引领，只有确保理念、目标与整个时代发展相符合，才能够确保人才培养工作的有效性。[②]人工智能时代，各个高校法学教育的开展要能够结合行业内容新发展、新需求变动，及时对人才培养的理念与目标进行调整，这也是确保法学教育优化和创新探索的重要前提。一方面，各个高校法学院要明确多元人才、复合人才培养的目标，结合教学实践的开展探索“人工智能＋法学教育”的理念，促进学生专业理论知识、知识应用能力以及专业延伸知识掌握能力的提升，充分发挥法学教育在人才培养中的作用；另一方面，人才培养的理念与目标并非固定不变的内容，而是应结合人工智能时代的发展，对理念与目标及时进行调整，尤其是在信息科技与法学实践结合发展的过程中，法律行业本身的变动速度不断提升，如行业与人工智能等新兴科技融合

① 参见张玉敏、刘有东：《双师同堂解析民事案例——案例教学模式的新尝试》，《海南大学学报》（人文社会科学版），2010年第5期。

② 参见古丽米拉·艾尼：《人工智能时代法学人才培养模式变革的缘由、困境及对策》，《法学教育研究》2020年第1期。

的深度和范围等,都会对人才培养工作提出新的要求。[①]

2.以“新文科”为背景,重构人才培养课程体系

人工智能时代背景下,法学教育的开展也要能够逐步打破自身孤立发展的束缚,形成与整个教育体系内部元素之间的融合,推动法学教育的文理通融和专业共进等发展,最大化地促进法学教育效果的提升。而人工智能下法学教育的这一需求也与“新文科”发展的理念相一致,这就要求各个高校法学专业能够立足于国家“新文科”发展的背景,对人才培养的课程体系进行调整,为法学教育优化与创新探索的过程提供多元内容的支持。当前的法学课程主要由专业理论课程、实践课程以及通识课程构成,其中专业理论课程与实践课程占据的比重相对较大,但是由于相关教材、专业实践实习与人工智能等结合的程度相对较低,这就导致教学开展的依托与融合育人的趋势不适应,影响到法学教育的优化与创新探索。因此,人工智能时代下,各个高校法学教学要从两个方面对教学课程体系进行调整。首先,在原有法学课程体系中增设人工智能等课程,重点对人工智能等信息技术在专业发展中的应用现状、趋势与方法进行传授,为学生综合能力的提升提供帮助。如在法学实践课程中,增设人工智能司法实践课程,引导学生在相关技术的支持下,对大数据检索、案件智能分析等进行应用,促进学生应用与实践能力的提升。其次,要结合学生培养方向的细分以及个人偏好,进行个性化教学内容的供给,引导学生通过信息化教学平台和互联网等方式,搭建“自主学习课程体系”,促进学生相关知识的掌握与能力的提升。在此过程中,可以发挥人工智能技术的作用,根据学生的偏好与需求进行智能课程的推荐,并对学生自主学习过程中存在的问题以及具体情况进行智能总结与反馈。

3.运用人工智能、大数据编选案例,提升传统教学内容的科学性

编选案例是案例教学的基础。在通常的案例教学中,筛选案例大都是通过关键词检索的传统方式,耗费时间且样品有限。在人工智能的辅助下,筛选案例变得更加快捷。在案例编选过程中,教师可以利用强大的自然语言处理和机器学习技术在大规模的数据库访问最相关的、最有价值的案例,避免消耗过多时间来进行创建检索活动。可见,在人工智能时代,编辑案例甚至可以由学生完成,在智能检索系统的帮助下,学生可以自主学习。需要特别指出的是,随着我国法律应用人工智能,最高人民法院上线智慧法院导航系统和类案智能推送系统,最高人民法院的司法案例研究致力于司法案例的收集、生成和转换。在国外,法律科学和技术公司也推出了相应的案例检索产品,这些无疑提高了案例检索的便利程度。基于上述情况,我们有理由相信,

① 参见王渊、吴双全:《“互联网+”时代法学教育变革研究》,《高教探索》2019年第7期。

在人工智能的辅助下,案例教学的情况将彻底改变教学案例缺乏的问题。在各种各样在线智能检索工具的开发与应用下,案例编选工作甚至可以采取外包的形式,由第三方提供或完成。

随着科学和技术的发展,虚拟化网络使案例教学具有现实的可能性。采访中,受访学生说:“脱离实践很难了解现实司法实践的基本情况。通过案例教学的虚拟化,可以缩短与实践的距离,比如通过虚拟现实技术(VR)模拟犯罪现场。”目前,我国司法实践的技术应用领先全球,在一些地区的刑事司法系统中,人工智能的应用研究和发展程度很高,甚至可以实现刑事诉讼流程的全覆盖。如果将此类技术开放并运用法学院校,将极大提高我国法学教育的实践应用水平。法学教育一直强调培养学生的批判性思维、创造性思维和综合能力,但必须承认,批判性思维和创造性思维都很难通过传统的课堂教学实现,科技手段的应用必不可少。

正是基于这样一种认知,以密涅瓦大学为代表的当代高等教育改革先锋采取压缩传统课堂授课时间、拓展线上资源、引入翻转课堂要求学生深入实践的形式来培养未来社会需要的人才,因此,在新兴技术的帮助下通过案例教学改革促进法律教育模式新发展是一个现实的选择。

个性化学习是当前教育工作的必然趋势,也是最大化突出学生在教育开展过程中主体作用的关键。因此,在各个高校法学教学优化与创新探索的过程中,要构建“人工智能+法学”的教学模式体系,为个性化学习模式的实施提供支撑。人工智能时代下,法学教育应在法学教学目标完成的基础上,结合学生的特点与需求,依托人工智能等信息技术,进行相关资源的集聚,最大化激发学生的潜能,促进学生的个性化与专业化成长。一方面,应在统一的信息化平台上,建立“课内课外互动”的个性化学习体系,在课内知识教学结束以后,根据学生的兴趣与偏好设计学生课外线上自主学习室,由专业教师担任各个群体与自习室的组长,培养学生个性化学习资源获取的能力,对学生自学过程中遇到的困惑进行解答,并组织学生进行线上、线下的讨论,进一步促进学生对自学知识的理解;另一方面,应在传统课堂教学中融合个性化教学的模式,对传统课堂教学开展过程中的环节进行调整,如实施团队合作探索等方式,引导学生根据教材内容进行小组化的个性自主学习与展示,并对组内或者个人思考的成果共同进行探讨,进一步拓宽课堂教学的内容空间。人工智能时代下,高校法学教育的创新探索与优化要能够结合业界变动、学界创新理论成果以及学生发展需求等内容,对自身的教育目标、教育理念、教育方式方法以及课程教学体系等内容进行调整和创新,促进法学教育与人工智能等新兴技术体系的融合,以教学体系中各项元素的优化促进整体教学质量的提升。既要充分发挥传统法学教育的特色与优势,同时也要结合新兴智能技术体系,弥补现有教学中的不足,提升法学专业育人能力与水平。

(四)结论

综上所述,为了适应科技时代对法学教育的培养要求,传统法学教育的理念更新、建立立体化的复合型人才培养模式是十分必要的。而教育理念与培养模式的更新可以通过以下几个方面来实现。

(1)教学内容的设定在理念上应从四个方面着眼:一是在知识管理上应将"守城"与"攻城"相结合,既要通过经典研读来培养学生的法律思维与法治价值观,也要让学生了解学科的前沿问题以及科技发展的最新趋势。二是打破传统的学科界限,以问题为导向开展教学活动,融合多学科资源,不仅要跨越部门法学的藩篱,还要实现法学与其他社会科学的交叉,乃至与自然科学相交叉。三是在知识来源上应立足于本土的法律、政治与社会资源,改变以往单纯引介、移植、应用西方理论作为教学内容的局面。四是教学内容的选择上要具有前瞻性,逐步从课程中取消那些未来可能被人工智能取代的职业技能,强化那些不可取代且在未来重要性越发彰显的知识与技能,尤其应从如何与人工智能展开协同作业着眼。

(2)构建各擅所长、相互协作的新型师生关系。年轻人与年长者相比更容易了解与接受新鲜事物。在新科技时代背景下的法学教育中,应打破"教师教,学生学"的刻板模式,强化学生在教师指导下对于前沿科技知识的自主学习,教师则侧重法律思维、方法与价值观层面的输出,形成在某些领域"学生教,教师学"的新型师生关系,实现师生协作的"研究式教学"。

(3)拓展教学主体来源上的多元性。为实现法律与科技在教学中的有机结合,无论是教师还是学生都应破除知识背景上的限制。结合课程的具体情况,部分引入自然科学专业的教师、企业工程师,与法学院原有教师协作,共同开展教学活动。同时在生源上扩大对理工类学生的招收比例,以培养融会法律与科技的复合型人才。

(4)在培养目标上实现"专"与"博"的平衡。随着科技的日新月异,未来职业的更新变动频率会显著加大,在学生(尤其是本科生)能力的培养上需突出"博"字,以强化人才进入社会后广泛的职业适应能力与再择业能力。同时,在法学研究生的培养上,继续强化自主研究能力,以适应特定领域对"专""精"的要求。

六、有待进一步研究的问题

首先,科技教学与不同课程的衔接研究仍待加强。本项目历时一年,虽然在科技教学及其应用上有所推进，但由于时间较短，而且本人承担课程数量及科目限定在行政法与法理学教学，因此科技与法学教育的实践教学改革仅在这两个课程科目下进行。科技教学的普遍适用，例如案例检索、案例分析与其他科技教学手段的运用仍需不断扩展。

其次，科技教学的改革与应用仍要防止走向科技依赖的极端。课程共享模式虽然拓宽了学生选择知识输入的模式，但是相比于线下课堂教学而言，单纯的课程共享很可能产生原有传统教学中的“填鸭”模式。与学生的良好互动仍然是教育的基础要素，因此科技教学手段应用的限度仍然是有待进一步研究和商讨的问题。另外，也有研究发现，使用各种信息科技未必节省教育的时间和金钱。比如，信息技术应用程序就需要时间来开发、评估、更新和完善。事实上，信息技术创新的最大成本往往是员工必须投入大量时间和精力到信息技术开发、安装、学习、使用、维护、审查和评估的所有阶段。在很多情况下，采用信息技术需要更大的资金支出。尤其是对法学教育而言，它不是一门机械的记忆和运用法律的学科，而是带有巨大的个案差异性和创造性。法学教育的一个重要特征在于思辨、诘问及论辩，这也是传统苏格拉底教学法在法学教育领域经久不衰的重要原因。虽然科技在法学教育中的应用越来越多，但是它并没有使法学院实质性地改变其课程结构，而只是增加了一些与科技相关的新课程。迄今为止，新兴技术仍没有迫使法学院教授改变其法律教育所用的基础教学方法，传统的法理、法教义学的传授、法条解释、案例分析和各种法律逻辑的运用等还是占据着大多数的法律学科。

最后，科技教学手段的应用仍需要充足的科研经费支持。由于项目经费有限，购置辅助教学的数据库与其他网络资源及运用仅限于校内现有资源，科技教学内容仍有待拓展。

新文科建设背景下法学师资素养的提升研究

高乐鑫

新文科建设的任务与使命，包含了从微观到宏观层面的递进关系：培养服务当下和面向未来的文科人才，培育优秀乃至卓越的新文科师资和研究人员，构建与中国发展相适应的哲学社会科学体系，推动中华文化进一步繁荣复兴。[①]截至目前，很多新文科建设的经验与案例更多关注于人才培养方面的话题，特别是课程建设、通识教育、新文科实验平台等方面的创新，而关于新文科建设与人才师资之间的关系，尚缺乏充分的讨论。没有优秀的师资和研究人员，新文科建设也就成为无源之水、无本之木。[②]

在法学领域，新文科建设应当特别重视高校法学师资素养的提升。以学生需求为导向，结合传统教学和最新形势变化，全面提升法学师资的素养，服务法学教育事业。本文从新文科建设背景下法学师资职业道德的提升研究、法学师资素养提升的案例反思和法学师资专业知识的提升研究三个方面展开分析，以期对中国新法科和新文科建设有所裨益。

一、新文科建设背景下法学师资职业道德的提升研究

新文科建设背景下法学师资素养的提升，首先需要从职业道德层面展开。高校教师职业道德规范是指由国家或教育行政部门颁布的，高校教师在从事教育工

① 参见陈一:《新文科建设需处理好三组关系》,《中国社会科学报》2021年11月30日。

② 参见陈一:《新文科建设需处理好三组关系》,《中国社会科学报》2021年11月30日。

作中,所应遵循的价值取向、基本原则和行为规则。这种道德规范是处理整个教育活动中各种关系的基本出发点。[①]高校法学教师长期注重专业知识学习,对职业道德层面的内容相对较为陌生,亟须系统学习。本文从系统学习教师职业道德规范和明确恪守教师职业道德规范的效力范围两个层面展开分析。

（一）系统学习教师职业道德规范

要求高校教师恪守职业道德规范,历来是中国教育立法的重要内容。长期以来,中国循序渐进地对教师职业道德规范予以具体化规定。例如2011年制定《高等学校教师职业道德规范》(教人〔2011〕11号),2014年发布《教育部关于建立健全高校师德建设长效机制的意见》(教师〔2014〕10号)。法学教师应结合所学法律知识,以更高标准严于律己,系统掌握和遵守最新的教师职业道德规范。2018年11月,教育部印发《新时代高校教师职业行为十项准则》(教师〔2018〕16号)和《关于高校教师师德失范行为处理的指导意见》(教师〔2018〕17号),两部文件对教师职业道德规范作出新的规定。高校法学教师应当予以系统学习,以提升法学职业素养。

明确高校教师的战略定位,规范教师职业道德具备双重目的:一是培养优秀师资,二是培养优秀学生。教师是人类灵魂的工程师,是人类文明的传承者。新时代对广大教师落实立德树人根本任务提出新的更高要求,需要进一步增强教师的责任感、使命感、荣誉感,规范职业行为,明确师德底线,引导广大教师努力成为有理想信念、有道德情操、有扎实学识、有仁爱之心的好老师,着力培养德智体美劳全面发展的社会主义建设者和接班人。[②]

《新时代高校教师职业行为十项准则》(教师〔2018〕16号)从坚定政治方向、自觉爱国守法、传播优秀文化、潜心教书育人、关心爱护学生、坚持言行雅正、遵守学术规范、秉持公平诚信、坚守廉洁自律和积极奉献社会十个方面系统规范高校教师的职业行为。十项准则既是对高校教师职业道德规范的概括总结,又是将道德规范明确化、具体化的表现。法学教师应当熟练掌握新时代要求的教师职业行为准则,并贯彻落实,以提高职业道德规范水平,提升法学职业素养,积极争取成为受法学学子认同和欢迎的高校教师。法学教师在落实教师职业行为准则的过程中,应当注重结合法学专业特色,切勿生搬硬套十项准则,避免出现高校职业道德规范执行错位的现象。

---

① 参见朱宁波、赵忠江:《高校教师伦理道德》,辽宁师范大学出版社2007年版,第77页。

② 参见《新时代高校教师职业行为十项准则》(教师〔2018〕16号)。

《关于高校教师师德失范行为处理的指导意见》(教师〔2018〕17号)是规范教师职业道德的重要保障。对于违背教师职业道德的行为,实施必要的惩戒措施,方能真正确保教师职业道德规范的贯彻落实。上述《关于高校教师师德失范行为处理的指导意见》(教师〔2018〕17号)从十个方面规范师德失范行为的处理,各个高校亦应以此为依据,结合本校特色,制定高校教师违背职业道德规范的具体适用规则。高校法学教师应当认真学习和领会《关于高校教师师德失范行为处理的指导意见》(教师〔2018〕17号),严格规范自身行为,避免因疏忽大意而出现违背教师职业道德的行为,并导致惩戒措施的引入适用。

《关于高校教师师德失范行为处理的指导意见》(教师〔2018〕17号)对违背教师职业道德行为的打击力度是非常强大的,尤其是其中的"一票否决"条款。[①]上述惩戒规则业已实现具体化,从评奖评优、职务晋升、职称评定、岗位聘用、工资晋级、干部选任、申报人才计划、申报科研项目等各个方面对职业失范教师予以惩处,各个高校对此类规则的适用相对简便快捷。高校要根据自身发展实际,抓紧制定完善配套的师德建设制度,如教职工处分规定、教师违规违纪调查处理办法、教师行为规范、教师师德失范行为调查处理规定、违反师德师风行为处分规定。[②]具备法律知识的法学教师能更深刻地了解惩戒措施的效力,亦应时刻规范自身行为,提升法学职业素养。

师德素养是内在的,不是指教师先天就具有的素质,而是后天获得的职业角色品质,需要在教师的教育实践中形成。也就是说,师德素养是教师能从教育实践中获得的、有益于学生高素质追求与发展及教师的整体生活品质提高等内在利

① 《教育部关于高校教师师德失范行为处理的指导意见》第3条规定:对高校教师师德失范行为实行"一票否决"。高校教师出现违反师德行为的,根据情节轻重,给予相应处理或处分。情节较轻的,给予批评教育、诫勉谈话、责令检查、通报批评,以及取消其在评奖评优、职务晋升、职称评定、岗位聘用、工资晋级、干部选任、申报人才计划、申报科研项目等方面的资格。担任研究生导师的,还应采取限制招生名额、停止招生资格直至取消导师资格的处理。以上取消相关资格处理的执行期限不得少于24个月。情节较重应当给予处分的,还应根据《事业单位工作人员处分暂行规定》给予行政处分,包括警告、记过、降低岗位等级或撤职、开除,需要解除聘用合同的,按照《事业单位人事管理条例》相关规定进行处理。情节严重、影响恶劣的,应当依据《教师资格条例》报请主管教育部门撤销其教师资格。是中共党员的,同时给予党纪处分。涉嫌违法犯罪的,及时移送司法机关依法处理。

② 参见李飞:《新时代高校师德内涵及建设路径》,高校人事人才工作论坛组委会、高校人事人才工作文集编辑部:《高校人事人才工作文集(第29集)》,同济大学出版社2020年版,第49页。

益的必需品质。[①]

高校教师要全面推进法学专业课程思政建设,建设好法律职业伦理课程。高校根据不同学科专业特点和育人要求,推进不同专业课程的课程思政建设,实现一贯式和渗透式的教育,让学生从道理上、从灵魂深处认可。法学专业课程思政的核心内容包括四方面:一是推进习近平新时代中国特色社会主义思想进教材、进课程;二是培育学生社会主义核心价值观;三是加强中华民族优秀传统文化教育;四是深化职业思想与职业道德教育。法学职业伦理课程最能体现法学专业课程思政,借助这个课程和其他专业课程,要帮助学生了解我们法治国家的战略和政策,深入社会实践、关注现实问题,培养德法兼备的职业素养,让法律和道德相辅相成,法治和德治相得益彰。[②]高校教师为学生讲授法律职业伦理课程,同时对自身也是一种学习,在要求学生的同时自我严格要求,率先掌握法律职业伦理规则。

(二)明确恪守教师职业道德规范的效力范围

要求高校教师遵守教师职业行为准则,并适用"一票否决"等惩戒措施,是教师职业道德规范的重要内容。然而,道德毕竟不同于法律,适用高校教师职业行为准则是否应当存在必要界限,在实践中争议较大。显而言之,高校教师职业行为准则并非"帝王条款",在实践中不能无限扩张其效力,应有必要的适用界限,否则无法切实维护高校教师正当的合法权利。

"刘某某诉湖南涉外经济学院案",是司法实践的典型案例。本案实际上通过司法裁判确立教师职业道德的效力范围,避免道德标准的无序扩张。

刘某某进入湖南涉外经济学院工作,并于2012年7月1日与学校签订了无固定期限劳动合同。刘某某在职期间,历任学校就业干事、辅导员、学生干事等职务。湖南涉外经济学院对其2011年、2013年、2014年和2015年招生就业年度考核结果为优秀。2019年4月23日,湖南涉外经济学院以刘某某代他人打卡考勤严重违规违纪为由,解除了与刘某某的劳动合同,并要求刘某某于2019年4月25日办理离职及其他相关手续。[③]

代他人打卡考勤显然违反教师职业道德规范,在当事人之间不存在争议。但是"代他人打卡考勤"和"解除劳工关系"是否符合"相称性"标准,则存在重大争

---

① 参见李金禄:《力行教育思想的探究与实践》,海峡文艺出版社2020年版,第53页。

② 参见《2019年法律职业伦理高级师资研讨培训班会议记录》。

③ 参见"湖南涉外经济学院与刘某某劳动合同纠纷一审民事判决",(2019)湘0104民初13072号。

议，进而衍生出《新时代高校教师职业行为十项准则》等文件能否作为处理刘某某直接法律依据的争端。

刘某某认为学校援引教育部《新时代高校教师职业行为十项准则》《湖南涉外经济学院落实师德师风建设“一票否决制”工作方案》认定本案事实并处理被告，是没有理由的，是错误的。《新时代高校教师职业行为十项准则》(教师〔2018〕16号)不能作为处理本案的直接依据，原因有下述两点：(1)此文件是国家教育行政部门对师德师范作出的一个纲领性要求，用以规范高校教师职业行为，属于高校教师职业道德基本要求。该文件第8条原文如下：“秉持公平诚信。坚持原则，处事公道，光明磊落，为人正直；不得在招生、考试、推优、保研、就业及绩效考核、岗位聘用、职称评聘、评优评奖等工作中徇私舞弊、弄虚作假。”很显然，这是针对教师评价及学术腐败而发，有其深刻的现实背景。如果将代人打卡等类似行为与公平诚信挂钩，既不合第8条的立法意旨，也不合情理。第8条前段，如“光明磊落，为人正直”，是赋予高校教师的义务，明显属于伦理范畴，其与劳动规章制度并无必然关联，除非通过法定程序转化为学校或者行业的规章制度，否则即使违背也并不能当然导致受到纪律处分。《新时代高校教师职业行为十项准则》(教师〔2018〕16号)不具有一个“法律规则的逻辑结构”，即“假定条件—行为模式—对应后果”，稍有法律常识即知。(2)教育部同时下发《关于高校教师师德失范行为处理的指导意见》(教师〔2018〕17号)也不能作为处分的具体依据。该文件第3条规定：“违反师德行为的，应根据《事业单位工作人员处分暂行规定》给予行政处分。”第10条规定：“民办高校的劳动人事管理执行《中华人民共和国劳动合同法》的规定。”①

法院认为，刘某某自入职湖南涉外经济学院，双方自此成立劳动关系。刘某某作为劳动者应遵守用人单位的规章制度，学校作为用人单位也享有依法依规对员工进行管理之权利。学校以刘某某存在代他人打卡之事实而解除与刘某某之劳动关系，但依据学校所印发的《湖南涉外经济学院教职工违规违纪处理办法》第13条之规定，教职工代人考勤或请人代为考勤的，应给予通报批评之处分，而非解除劳动关系。湖南涉外经济学院主张其解除与刘某某之劳动关系是依据《湖南涉外经济学院落实师德师风建设“一票否决制”工作方案》，该文件系中共湖南涉外经济学院委员会党委会发布给各党总支、直属支部之文件，文件内容也没有说明一票否决所指的具体内容是否包含了解除劳动关系的权利，学校也并未举证证

① 参见“湖南涉外经济学院与刘某某劳动合同纠纷一审民事判决”，(2019)湘0104民初13072号。

明该文件经职工代表大会决议通过用以约束全部劳动者，故对于湖南涉外经济学院的主张，法院不予采纳。湖南涉外经济学院解除与刘某某之劳动关系缺乏合法性，应属违法解除劳动关系。[①]

高校教师职业道德规范是高校教师职业道德评价的直接性标准，道德规范能够具体反映社会和团体需要，并具体指明行为的标准和界限，因此，人们往往直接使用道德规范作为道德评价的标准和依据。[②]本案对于明确恪守教师职业道德规范的界限具备指标意义，法院判决明确规范高校教师的义务来源和惩戒措施必须以法律为依据，换言之，高校教师职业行为准则和“一票否决”等文件的规定，必须经高校转换成具备直接法律效力的规则，方能在强制性方面发挥更大作用。此外，要求高校教师遵守职业道德规范的同时，亦应注意维护教师的合法权利，厚此薄彼易引发法律纠纷。

二、新文科建设背景下法学师资素养提升的案例反思

教师职业行为是指教师在教育教学各方面活动的行为，是符合教师职业道德规范要求的行为，涉及教师课堂教学、教学评价、课程资源开发、教育教学研究、进修交流、人际交往、仪态仪表等方面的行为，具体包括教学准备、课堂组织、学生学习指导、学业检测与评价、学生行为培养和矫正、课程开发与实施、教学研究与交流、心理辅导与调适、专业进修与学习、衣着服饰和交往礼仪等职业活动和日常行为。[③]为深入打击违背教师职业道德规范的严重行为，教育部不定期公布违反教师职业行为十项准则的典型案例。截至2021年11月30日，教育部已经公布8批次。违背教师职业行为的高校教师受到严肃处理，反映出各地各校深入落实教师职业行为十项准则，旗帜鲜明查处师德失范问题的坚决态度，同时，反映出当前仍有极个别教师理想信念缺失、育人意识淡漠、法纪观念淡薄，对学生造成伤害，影响教师队伍整体形象。[④]高校法学教师应当深入学习教育部公布的典型案例，尤其是涉及高校教师的案例，对照负面典型及时自我检验，实现防微杜渐，努力提升法学师资素养。经由典型反面案例分析，本文认为高校教师应从以下方面提升师

---

① 参见“湖南涉外经济学院与刘某某劳动合同纠纷一审民事判决”，(2019)湘0104民初13072号。

② 参见安云凤：《高校师德论》，中央编译出版社2007年版，第287页。

③ 参见周琴：《教师职业道德与教育法律法规》，安徽大学出版社2019年版，第106页。

④ 参见《教育部公开曝光第八批8起违反教师职业行为十项准则典型案例》(2021年11月)。

资素养。

(一)坚定政治方向和爱国守法

教师从教,首先要有坚定的政治方向,而理论的指导是教师坚定政治方向过程中必不可少的条件。[①]根据《新时代高校教师职业行为十项准则》(教师〔2018〕16号),高校教师应当"坚定政治方向。坚持以习近平新时代中国特色社会主义思想为指导,拥护中国共产党的领导,贯彻党的教育方针;不得在教育教学活动中及其他场合有损害党中央权威、违背党的路线方针政策的言行","自觉爱国守法。忠于祖国,忠于人民,恪守宪法原则,遵守法律法规,依法履行教师职责;不得损害国家利益、社会公共利益,或违背社会公序良俗"。[②]坚定政治方向和坚守爱国守法是高校教师遵循职业道德规范的基础规则,亦是从事教学科研的基本要求。高校法学教师在任何情况下,应当谨记教师法的规定,规范课堂教学言论,审视课程资料内容,坚持党的领导地位,坚定爱国情怀,提升法学师资素养。

梳理教育部公布的典型案例,发现有高校教师违反政治方向和爱国守法原则的行为。例如,重庆师范大学教师唐某发表损害国家声誉的言论。[③]九江学院教师朱某某在微信群发表不当言论,散布不良信息。[④]某高校教师梁某某长期在网络上发布和转发错误言论问题。2019年至2020年,梁某某通过微博、推特等网络平台多次发布和转发错误言论。[⑤]对于违反政治方向和爱国守法原则,应当予以严厉惩处。根据《事业单位工作人员处分暂行规定》《教育部关于高校教师师德失范行为处理的指导意见》(教师〔2018〕17号)等相关规定,给予相关教师撤销教师资格、调离教师岗位、行政警告处分、降低岗位等级的处理,严重者给予开除党籍和行政记过处分,取消研究生导师资格,并停止教学工作。学校同时对其所在学院党政负责人进行约谈并责令作出深刻检查。

高校法学教师应当时刻坚定政治方向和坚守爱国守法原则,在教学、科研和生活中时刻注意言行规范,从思想上杜绝任何可能存在的违反此类职业道德的行为,努力提升法学师资素养。

---

① 参见王晓洁:《铸德于心　践行于世》,光明日报出版社2018年版,第108页。

② 《新时代高校教师职业行为十项准则》(教师〔2018〕16号)第1条和第2条。

③ 参见《教育部公开曝光第七批8起违反教师职业行为十项准则典型案例》(2021年8月)。

④ 参见《教育部公开曝光第八批8起违反教师职业行为十项准则典型案例》(2021年11月)。

⑤ 参见《师德警示教育(一):违反高校教师职业行为十项准则典型案例》(2021年5月)。

（二）传播优秀文化

根据《新时代高校教师职业行为十项准则》（教师〔2018〕16号），高校教师应当“带头践行社会主义核心价值观，弘扬真善美，传递正能量；不得通过课堂、论坛、讲座、信息网络及其他渠道发表、转发错误观点，或编造散布虚假信息、不良信息”[①]。弘扬优秀文化，避免低俗教学，是高校教师课堂教学的基本要求。高校法学教师应当深刻领会社会主义核心价值观，将课程思政积极融入课堂教学，做优秀文化的传播者。

在教育部公布的典型案例中，曾出现高校教师违反传播优秀文化的行为，如三峡大学教师郎某某使用低俗不雅方式授课问题。2020年9月，郎某某使用低俗不雅的图文在校讲授日语课程，影响恶劣。郎某某的行为违反了《新时代高校教师职业行为十项准则》（教师〔2018〕16号）第3项规定。根据《教育部关于高校教师师德失范行为处理的指导意见》（教师〔2018〕17号）等相关规定，给予郎某某停课、调离教学工作岗位处理，并对其进行通报批评、取消年度评优资格、扣罚绩效工资，并对该教师所在的二级学院进行通报批评。[②]

当前，仍有少数高校教师存在着思想游离严重、敬业态度不足、创新精神缺乏等问题。构建师德师风建设的长效机制是培养更多满足社会发展和群众需要的优秀人才的重要举措，把师德师风建设常态化，有助于明师德、正师风，使高校教师的道德水平和专业学识得到提升，自觉成为大学生成长的指导者和带头人。[③]高校法学教师应当时刻谨记身份，努力弘扬和传播中国特色社会主义法学知识，避免崇洋媚外，杜绝低俗教学。

（三）严格言行雅正

根据《新时代高校教师职业行为十项准则》（教师〔2018〕16号），高校教师应当“为人师表，以身作则，举止文明，作风正派，自重自爱；不得与学生发生任何不正当关系，严禁任何形式的猥亵、性骚扰行为”[④]。为人师表，与学生发展正常的师生关系是教师职业行为的应有之义。现实中，违背高校教师言行雅正问题非常严重，在教育部公布的典型案例中，此类问题占据的数量最多，非常值得高校教师警

---

① 《新时代高校教师职业行为十项准则》（教师〔2018〕16号）第3条。

② 参见《违反教师职业行为十项准则典型问题》（2020年12月）。

③ 参见赖琼琚：《浅议高校教师师德师风的输出机制》，曾宇辉、曾保根主编：《政务人才培养研究》，暨南大学出版社2018年版，第121页。

④ 《新时代高校教师职业行为十项准则》（教师〔2018〕16号）第6条。

惕。高校法学教师具备充实的法律知识背景，应当从更高层次和更严标准规范自身行为，锻炼成为言行雅正的正面代表，努力提升法学师资素养，争取培养更多优秀学生。

梳理教育部公布的典型案例，高校教师违反言行雅正问题主要集中在“不正当关系”和“性骚扰”方面。中南大学教师陈某性骚扰女学生。[①]中国矿业大学(北京)教师谢某在婚姻关系存续期间与某在校女学生发生不正当关系。[②]成都体育学院教师邓某某与他人长期保持婚外不正当关系。[③]山东铝业职业学院教师刘某利用教师身份，与一女学生交往并发生不正当关系，造成了严重不良社会影响。[④]天津财经大学珠江学院教师李某某通过微信对该校1名女学生进行言语骚扰，并在婚姻存续期间与另一名女学生发生并保持不正当性关系。[⑤]郑州科技学院辅导员叶某婚后和某学生保持2年不正当性关系。[⑥]福建商学院教师王某某屡次言语骚扰在校学生，并通过微信等方式向多名学生发送性暗示词汇和图片，情节严重，影响恶劣。[⑦]福州大学实验师张某某与本校一女学生分手后，仍然不断骚扰该女学生，并通过微博、微信、今日校园App等性骚扰另外3名女学生。[⑧]扬州大学教师华某某以辅导毕业设计为由，约学生单独外出，在私家车内对学生有性骚扰行为。[⑨]南宁师范大学师园学院教师陈某某私自召集学生到其家中饮酒，一名女学生醉酒后遭陈某某性侵。[⑩]此外，尚有产生法律争端引发诉讼的案件，厦门某医院姜某某在带领其指导的研究生朱某出差福州期间，利用其导师身份，将朱某整晚滞留于自己的酒店房间，并在朱某拒绝的情况下对其作出搂抱等不当的肢体接触

---

① 参见《教育部公开曝光第八批8起违反教师职业行为十项准则典型案例》(2021年11月)。

② 参见《教育部公开曝光第八批8起违反教师职业行为十项准则典型案例》(2021年11月)。

③ 参见《教育部公开曝光第七批8起违反教师职业行为十项准则典型案例》(2021年8月)。

④ 参见《教育部公开曝光8起违反教师职业行为十项准则典型问题》(2020年7月)。

⑤ 参见《教育部公开曝光8起违反教师职业行为十项准则典型案例》(2019年10月)。

⑥ 参见《教育部公开曝光4起违反教师职业行为十项准则典型案例》(2019年4月)。

⑦ 参见《违反教师职业行为十项准则典型问题》(2020年12月)。

⑧ 参见《教育部公开曝光8起违反教师职业行为十项准则典型问题》(2020年7月)。

⑨ 参见《教育部公开曝光6起违反教师职业行为十项准则典型案例》(2019年7月)。

⑩ 参见《违反教师职业行为十项准则典型》(2020年12月)。

行为。[①]

此外,也有高校教师"言谈粗鄙"等问题。郑州大学某外籍教师教学态度不端正、教学方法不严谨、教学效果差,多次违反教学纪律,与学生言谈粗鄙,言语有失教师身份,给学生造成不良影响。根据学校外籍教师管理办法,解除与该名外籍教师劳动聘用关系,注销其外国人来华工作证,并办理居留许可注销手续,限期离境。[②]

言行雅正是高校教师遵循教师职业道德基本要求,若教师发生性骚扰学生等行为,不仅违背教师行为准则,还存在违法犯罪的可能。高校法学教师作为知法懂法的法律人,应当以更高标准要求,从根本上杜绝一切可能违反言行雅正的行为,提升法学师资素养。

(四)遵循学术规范

根据《新时代高校教师职业行为十项准则》(教师〔2018〕16号),高校教师应当"遵守学术规范。严谨治学,力戒浮躁,潜心问道,勇于探索,坚守学术良知,反对学术不端;不得抄袭剽窃、篡改侵吞他人学术成果,或滥用学术资源和学术影响"[③]。遵守学术规范是对从事教学和科研任务的高校教师的法定要求,也是职业道德规范的基本要义,然而在实践中,数次出现部分教师急功近利、违背学术规范的现象。

教育部公布的典型案例,多次出现高校教师违反学术规范的行为。西北农林科技大学教师谢某某通过网络联系中介公司对其拟投稿论文进行润色和论文代投,因内容与别的期刊论文内容重复、虚构通讯作者等,该论文被编辑部撤稿。[④]吉林农业科技学院教师王某某存在论文抄袭造假情况。[⑤]北京第二外国语学院教师芈某出版的专著抄袭国外作者作品。[⑥]衢州职业技术学院教师王某某发表文章

---

① 参见"姜某某与厦门大学附属翔安医院劳动争议一审民事判决",(2020)闽0213民初719号。

② 参见《教育部公开曝光8起违反教师职业行为十项准则典型案例》(2019年12月)。

③ 《新时代高校教师职业行为十项准则》(教师〔2018〕16号)第7条。

④ 参见《教育部公开曝光第八批8起违反教师职业行为十项准则典型案例》(2021年11月)。

⑤ 参见《教育部公开曝光第七批8起违反教师职业行为十项准则典型案例》(2021年8月)。

⑥ 参见《教育部公开曝光第七批8起违反教师职业行为十项准则典型案例》(2021年8月)。

因涉及文章抄袭等行为被杂志社撤稿。[①]上海海事大学教师姜某某在发表的文章中抄袭他人成果。[②]南京大学教师梁某违反教学纪律,敷衍教学;违反学术规范,研究生在读期间抄袭、重复发表多篇论文,使用抄袭的论文作为自己的成果,在职称申报中弄虚作假。[③]

面对层出不穷的学术不端问题,高校法学教师应当严格遵循《高等学校预防与处理学术不端行为办法》(中华人民共和国教育部令第40号)防微杜渐,杜绝一切可能的学术不端行为,提升法学师资素养。

（五）廉洁自律

根据《新时代高校教师职业行为十项准则》(教师〔2018〕16号),高校教师应当"严于律己,清廉从教;不得索要、收受学生及家长财物,不得参加由学生及家长付费的宴请、旅游、娱乐休闲等活动,或利用家长资源谋取私利"[④]。高校法学教师应当正确定位师生关系,明确教师教书育人的身份属性,杜绝出现任何违反廉洁自律的问题,提升法学师资素养。

教育部公布的典型案例中,亦出现教师违反廉洁自律的问题。中南大学教师陈某向学生索要并收受礼品。[⑤]福州大学实验师张某某利用职务之便,非法收取仪器采购供应商财物。[⑥]湖南文理学院教师刘某某私自收取并侵占学生费用问题。刘某某利用担任文史与法学学院学工办副主任、辅导员、班主任等的便利,通过支付宝和微信转账方式,私自收取并侵占该校学生学杂费和班费共计77万余元。学校将刘某某案件移送公安机关立案侦查,公安机关对刘某某执行刑事拘留。根据《中国共产党纪律处分条例》《教育部关于高校教师师德失范行为处理的指导意见》(教师〔2018〕17号),给予刘某某开除党籍、免职等处分,根据司法机关对其涉嫌犯罪问题的处理结论,依法依规给予进一步处理。[⑦]

违反廉洁自律问题,不仅是违背教师职业道德规范,更有可能构成违法犯罪

① 参见《教育部公开曝光第七批8起违反教师职业行为十项准则典型案例》(2021年8月)。

② 参见《教育部公开曝光6起违反教师职业行为十项准则典型案例》(2019年7月)。

③ 参见《教育部公开曝光4起违反教师职业行为十项准则典型案例》(2019年4月)。

④ 《新时代高校教师职业行为十项准则》(教师〔2018〕16号)第9条。

⑤ 参见《教育部公开曝光第八批8起违反教师职业行为十项准则典型案例》(2020年11月)。

⑥ 参见《教育部公开曝光8起违反教师职业行为十项准则典型问题》(2020年7月)。

⑦ 参见《教育部公开曝光6起违反教师职业行为十项准则典型案例》(2019年7月)。

问题。从事法学教育的高校教师深知法律的强制性,更应严格规范自身行为,杜绝出现一切违背廉洁自律的可能。

(六)关心爱护学生

根据《新时代高校教师职业行为十项准则》(教师〔2018〕16号),高校教师应当“严慈相济,诲人不倦,真心关爱学生,严格要求学生,做学生良师益友;不得要求学生从事与教学、科研、社会服务无关的事宜”[①]。近年来,媒体多有报道,高校学生因不满导师安排与其学习无关的事务,而出现自杀自残等行为,引发社会的深刻思考。高校法学教师应当明确师生间的正确关系,杜绝让学生从事与本职身份无关的任何事务,提升法学师资素养。

教育部公布的典型案例中,亦出现教师违反关心爱护学生的问题。某高校教师张某某要求学生从事与教学、科研、社会服务无关的事宜问题。2019年,张某某多次要求研究生为其担任法定代表人的公司从事运送货物、分装溶剂、担任客服、处理财务等工作,且在日常指导学生过程中方式方法不当、简单粗暴,有辱骂侮辱学生的言行。根据《教师资格条例》(中华人民共和国国务院令第188号)、《教育部关于高校教师师德失范行为处理的指导意见》(教师〔2018〕17号)等相关规定,给予张某某取消研究生导师资格、撤销专业技术职务、解除人事聘用合同的处理;撤销其教师资格,收缴教师资格证书,将其列入教师资格限制库,5年内不得重新取得教师资格。[②]

高校教师不得要求学生从事与教学、科研、社会服务无关的事宜,是新近讨论较多的问题,亦是未来规范高校教师职业道德的重点领域。高校法学教师应当及时自我反省,重新审视师生关系,构建正确的师生关系。

实际上,党中央高度重视教师队伍建设特别是师德师风建设工作,习近平总书记强调,评价教师队伍素质的第一标准是师德师风。广大教师要深刻认识自己肩负的职责和使命,不忘立德树人初心,牢记为党育人、为国育才使命,率先垂范、以身作则,做学生为学、为事、为人的示范。高校要深刻认识加强师德师风建设的重要意义,结合教育部公布的负面典型案例,持续深入开展师德专题教育,持之以恒巩固拓展师德师风建设成效。高校要加强师德警示教育,建立完善分级通报体系,结合通报的案例,组织教师讨论剖析原因、对照查摆自省,做到警钟长鸣。[③]

① 《新时代高校教师职业行为十项准则》(教师〔2018〕16号)第5条。

② 参见《师德警示教育(一):违反高校教师职业行为十项准则典型案例》(2021年5月)。

③ 参见《教育部公开曝光第八批8起违反教师职业行为十项准则典型案例》(2021年11月)。

三、新文科建设背景下法学师资专业知识的提升研究

在新文科建设背景下，高校法学教师应注重专业知识的提升，在传统法学基础知识、新兴问题、实践技能等各层面深化学习，努力提升法学师资素养。本文从以备课为导向夯实传统基础法学知识、以新文科为导向建构学科交叉体系、关注新兴领域的法学教学研究和实现法学理论、法律实践的结合教学四个方面展开分析。

（一）以备课为导向夯实传统基础法学知识

高校法学学科隶属传统和新兴教育的双重范畴，既有历史久远、积淀深厚的特点，又有新规则的不断演化和创新。中国特色社会主义法治体系已经初步建成，高校法学教师应当注重夯实传统基础法学知识，提升法学师资素养，为学生讲授知识精确、结构合理、内容充实的法学知识。就备课的含义来说，有狭义和广义之分。狭义的备课是指教师认真研究一定的教学内容和所面对的学生的实际情况，确立科学的教学目标，并考虑采取哪些相应的方法、运用哪些相应的资源，引导学生达成教学目标，上好具体的一堂课。因此，狭义的备课相当于课前准备。广义的备课是指教师不断学习，不断更新专业知识、增加文化积累，不断总结和反思教学经验，为上好所有的课做准备。因此，广义的备课体现了“终生备课”理念。这可以说是一个教师终生发展的岗位职责和行为追求，是教师职业发展的一项研修任务。[①]高校法学教师应当坚持“终生备课”理念，提升自已的法律素养。

高校法学教师应当坚持以备课为导向，充分学习和完善本学科的法学知识，实现本学科专业贯通。充分提炼本学科专业知识的精华，成为本专业内的优秀师资。以国际法学科为例，国际法专业教师应当实现国际法学科内容的贯通，打通国际公法、国际私法和国际经济法三大科目的脉络，在授课过程中旁征博引，完善学生的知识体系。

高校法学教师应当进一步在新法科建设的背景下，以大法学学科为导向，实现不同法学学科的融通，从而提升法学师资素养。以国际法学科为例，在国家积极培养涉外法治人才的基础上，国际法教师应当继续深化学习，在法学基础知识层面实现国际法、国内法和涉外法的有效融通。为实现国际法、国内法和涉外法的有效融通，高校教师应改变传统的分割式教学方法，除了传统国际法方向研究

---

① 参见唐大光：《专业发展视角下高校教师教学的理性思考》，吉林科学技术出版社2019年版，第103—104页。

生需要修习的三国法细分课程,还应结合师资与地域特色,为涉外法律硕士开设“海洋海事法”“海商法”等特色涉海课程,开设“公司法”“知识产权法”等重要国内法课程,增强学生的专业技能。积极为我国培养解决国际争端、维护中国企业合法权益、深化我国在参与国际事务中地位的专业人才,助力“一带一路”倡议的实施、上合组织建设、参与全球治理及推动构建国际新秩序。

高校法学教师在备课过程中,应注重新问题、新法律、新知识的课程增补和更新,实现传统基础法学知识和新兴法律问题的结合教学,进而探讨法律的制定和修改问题。高校法学教师应当努力培养关注新知识的敏感度,及时搜集和整理相关背景资料,杜绝一套课件用十年和对新问题毫无了解等不合理做法,以认真负责的态度努力提升素养,为培养优秀学生奠定坚持的法学专业基础。

(二)以新文科为导向建构学科交叉体系

法学教育具有专业性特征,以法学理论和知识的传授为教学的主要内容。然而,法学并非一门自给自足的学科,局限于自身的学科领域内而缺乏与其他人文社会学科的交流和碰撞,势必导致学科的固步自封、自说自话,既不利于法学学科的发展,也不利于法律人才的培养。美国法学家博登海默深刻地指出:“研读法律的学生如果对其本国的历史相当陌生,那么他就不可能理解该国法律制度的演变过程,也不可能理解该国法律制度对其周遭的历史条件的依赖关系。如果他对世界历史和文明的文化贡献不了解,那么他也就很难理解那些可能对法律产生影响的重大国际事件。如果他不精通一般政治理论、不能洞见政府的结构与作用,那么他在领悟和处理宪法与公法等问题时就会遇到障碍。”[①]

以新文科为导向建构学科交叉体系,是高校法学教师提升师资素养的必由之路。新文科建设是顺应国家高新技术发展和人才培养革新的呼声而作出的及时调整,对教育管理部门、高校及二级学院、教师和学生均提出新的要求和挑战。具体到法学领域,高校教师仅掌握充实的基础法学知识已不能完全适应教学要求。高校法学教师应充分了解学科交叉的科目群,拓展知识背景,开阔学科视野,例如法与经济、法与医疗、法与家庭、法与公共政策等科目。[②]因此,高校法学教师应当深化知识体系,结合新文科要求,努力学习新知识、新专业和新技能,在法学学科的基础上,努力建构学科交叉体系,扩展知识体系,提升法学师资素养。

---

① 转引自郝艳兵:《法治中国语境下的法律人才培养模式研究》,西南交通大学出版社2015年版,第6—7页。

② 参见霍宪丹:《当代法律人才培养模式研究》(上),中国政法大学出版社2005年版,第122页。

从“专业贯通”到“学科融通”，是新文科法学师资建设的关键内容。突破传统法学教育侧重“专业贯通”的部门法教学模式，实现国内法、涉外法和国际法的“学科融通”。法学院以开展课程体系和教学内容改革、教学方法改革、国际化课程网络化建设、实践教育基地建设为基本实施方案，提升高校教师的跨专业交流能力，培养通晓国内和国际规则的涉外法治人才。从“法学学科”到“交叉学科”是新文科法学师资建设的重大飞跃。传统的法学教育侧重“法学学科”的单一教学模式，而忽视与其他学科的关联性。新文科模式建构以“法学为核心的交叉学科范式”，率先实现“新法科”建设，高校教师既要充分学习法学知识，又要学习同法学密切相关的经济学、管理学、国际关系学等必要知识，努力提升法学素养。

实现国内和国际层面法学教育的结合，是高校法学教师提升素养的重要内容。在新文科建设背景下，高校法学教师能够实现国内和国际教育的有效融通，既能强化法律英语等专业外语，又能接触和了解国外的法学教育，是重要的制度创新。我国的法学人才培养主要存在着目标比较单一、人才培养的适应性不强，尤其是专业学位类型和涉及职业领域较少的问题。新文科建设能够同时锻炼涉外高校教师的英语口语和法律英语，强化其融通应用能力，结合实务案例能够了解涉外案件的具体内容，熟悉外国人的法律逻辑分析模式，努力提升法学师资素养。高校教师应该具备全球化的视野，能够适应全球化需要，这是培养和造就国际化人才的前提条件。例如，哈佛大学法学院在课程设置上就强调体现国际化视野与理念的国际法与比较法的课程。全球化视野是适应国际商业活动全球化提出的要求，只有具备全球化的视野，才能适应全球法律职业化的竞争，充分理解和掌握国际社会中法律发展的现状与趋势，在实践中能主动运用全球性的前瞻眼光考虑和解决问题。①高校法学教师实现国内和国际层面法学教育的结合，提升了专业知识水平，为后续培养优秀学生奠定坚实的专业基础。

案例教学是高校法学教师提升师资素养的重要创新方法。传统法学教育以理论讲授为主，难以契合学生实践创新能力的目标。以涉外法治人才需要掌握的国际经济法为例，这是一门具有极强实践性要求的课程，单纯的课堂讲授理论知识或援引国际经典案例，难以满足涉外法律硕士的实用性需求。为此，可借鉴国外高校法学院的有益经验，并借势专业学位研究生案例教学推进工作。高校法学教师应当注重案例的搜集和研究，在课堂教学中注重案例分析，并及时更新最新案例，提升自身的教学水平。采取案例教学法应充分考虑所讲授知识的理论特

① 参见谢海霞：《论国际化法学人才的培养模式》，王文举、王传生、赵慧军主编：《教育教学改革研究与实践》，首都经济贸易大学出版社2011年版，第177页。

征,将所有教学案例作一个整体规划,使其与整体教学内容大体对应和贴近,并应当考虑到通过案例来承接和过渡各个部分内容,从而保持教学内容的连贯性。同时,在具体分析某一案件时,应注意从学生所熟知的知识点入手,逐渐地对较高和更高难度的问题步步推进,使学生在知识的表层与深层、低层与高层之间循序渐进,从而达到贯通的效果。同时在讲述具体案件所涉及的主要法律制度时,尽可能向学生介绍相关方面的系统的法律规定,使学生能够触类旁通,并进一步完善法律适用的逻辑思维。[①]

高校法学教师以新文科为导向建构学科交叉体系,可以有效解决教学内容的单一化问题。新文科建设要求教师结合案例讲授最新的法学知识,同时拓展介绍其他相关学科的关键内容,深化教学内容的深度和层次,有效解决传统教材内容更新不及时、单一教材内容不充实等现实问题,同时引导学术建构多元化知识体系。同时,可以有效解决师资团队的恒定化问题。新文科建设要求聘请校外专家学者以线上或线下方式举办讲座,同时聘请实务导师和合作导师来校授课,有效扩大师资团队,有力拓展学生的知识面。学生可了解和掌握不同教师的授课内容和风格,明晰理论和实践的差距,进而主动查缺补漏,完善应用型法律知识。

(三)关注新兴领域的法学教学研究

在新文科建设背景下,计算法学、数据法学、人工智能法学和涉外法治人才培养等新型领域层出不穷,高校法学教师应当注重新兴领域的法学教学研究,努力提升法学师资素养。以涉外法治人才培养为例,当前形势下,寻求特色化培养具有重要意义。现在国内大学法学院培养的人才都是内向型的,在国内从事法律业务,代表公司、企业、个人、政府从事法律诉讼业务及其他法律方面的业务。随着改革开放越来越深入,我国国际化的程度越来越高,已经跟世界经济连成一体。虽然在涉外交往中产生大量的法律问题,但是,没有多少法律工作者能够独立解决。[②]在我国国际法学科的建设历程中,涉外法治人才培养工作具有深厚的历史积淀,但是特色化培养模式相对不够系统。分析涉外法治问题应从国家主权出发,涉外法治实质上是国家处理对外事务的法治活动,即国内法治的延伸,在国内法治和国际法治的沟通与连接上发挥着桥梁和纽带的作用,涉外法治人才培养工作应当明确概念,保持清晰培养目标,深入研讨其特色化发展方向。

高校法学教师应当充分重视涉外法治人才的培养工作,在新文科建设的背景

---

① 参见邓永妍:《论法学教育中案例教学法的运用》,刘定华、孙昌军主编:《法学教育研究》(第1辑),知识产权出版社2014年版,第317页。

② 参见赵雪洁、刘军:《法学教学模式研究》,东北师范大学出版社2018年版,第203页。

下，努力提升自己的专业素养，深刻了解涉外法治人才培养的重要内容，及时更新教学方式方法，努力培养优秀的涉外法治人才。开展涉外法治人才培养工作前，应当准确理解习近平总书记提出的坚持统筹推进国内法治和涉外法治，避免将涉外法治等同于国际法治的简单思维。涉外法治人才培养，关键在于强化学科专业建设，需要良好的国际法、国内法和涉外法基础，依靠高校法学教师群体，充分发挥他们的骨干作用。实现本科教育与研究生教育结合、知识理论传授与实践实训培养结合、国内培养与国际培养结合、国内法教育和国际法教育结合以及通识教育与专业教育结合。[①]

(四)实现法学理论和法律实践的结合教学

“我国高等教育的普遍情况是法学教学理论联系实践的理念已经基本确立，在实践教学方面相较于其他文科类专业起步较早，那么此处认为法学教学中存在法学专业是否需要上实验课的争议是否产生矛盾?其实这并不矛盾。因为在国家政策层面和教育理论上是需要上实验课来加强理论与实践的结合。但是法学高等文科教育长期以来都是以理论教学为主要形式的。”[②]在新文科建设背景下，高校法学教师应注重培养学生运用所学知识的法律实践能力，实现法学理论和法律实践的结合教学，努力提升法学师资素养。随着对外开放不断纵向深化发展，中国的投资和法律服务等业务显著增加，中央亦采取多项举措推动法律服务队伍建设，新时代法治人才最好的时代已然来临。法学具备开放性、特色性和实务性三重特征，新时代法治人才培养是社会主义法治建设的重要组成部分，是推进对外开放事业的重要保障。高校法学教师应注重参加更多社会法治人才培养的探讨与合作，共同为推动建设高水平的法治社会、法治人才队伍贡献力量。因此，高校法学教师应当特别重视法学理论和法律实践的结合教学。

高校法学教师应当注重“法学理论融通”和“法律实践应用”的结合，掌握法学实践的转向和变化。课堂教学应破除法学理论和实践的鸿沟，同时注重深化学生的实践教学。新文科建设能够实现法学理论和法律实践的有效融通，极大缩短传统学生从“毕业”到“成熟就业”的“实习期”。相较于传统的人文社科专业，仅依赖课堂进行讲授不能完全相助学生理解“法学”的实务要领。高校教师一方面创设条件，带领这类研究生参加Jessup等国际模拟法庭辩论赛等活动进行模拟演练；另一方面也依托地域优势，积极同涉外实务机构合作，联合设立专业实践基地，使

① 参见《山东大学百廿校庆学术活动之“涉外法治人才培养特色化会议”会议记录》。
② 熊洁:《中国信息化与法治化建设研究》，知识产权出版社2017年版，第137页。

学生通过担任法官助理、律师助理、实习员工的形式切身感受法律实务的处理过程。新文科建设突出“新理论”和“强实践”的结合。课堂教学侧重分析解决实际问题的“新理论”,学习和分析最新的案例、论文和著作等资料,充分提升学生的法学素养。强调理论和实践并重,以“强实践”深化学生解决现实问题的能力。学生的实践教学不同于传统的“粗放式”实习模式,而是要求学生以“准工作员工”的身份和标准深入一线实务单位,系统学习相关领域的实践知识,锻炼工作技能,从而精准实现法学理论和法律实践的融通。

高校法学教师应当积极到实务部门调研,掌握实务单位对法学学生实践能力的基本要求,在后续教学中针对性讲授相关知识,在课堂上实现理论和实践的初步结合,解决单一化纯粹理论教学问题。以涉外实务单位为例,其要求涉外法治人才须具备国际化视野,熟知境外国家的主要法律制度,关注相关争端的最新发展,能从法律角度给客户提供解决方案,注重加强跨法律协作。当下涉外法治人才在大城市发展面临一些现实问题,为了更好地应对国内外差异、处理涉外业务,涉外法治人才在知悉国内外法律、具备较强语言能力的基础上,更要学会运用全球化视野和思维来分析问题、解决问题。高校教师应注重培养拥有较高的英语水平、具备一定的国际经贸知识、拥有一定的实务经验、具有海外留学经历等的高素质法律人才。

高校教师实现法学理论和法律实践的结合教学,可以有效解决教学场景的固定化问题。新文科建设突出“实践教学”的独特地位,法学学生可参与实务单位的一线工作,在实践中学习锻炼,解决单一教学课堂的问题。法学学生经过高标准的实质性实践教学,可充分学到法律之外的重要知识和技能,掌握基本的行业性规则,为日后就业奠定坚实基础。

“卓法计划2.0”视阈下本科案例教学的功能定位与类型研究

孙犀铭

党的十八届四中全会宣布全面推进依法治国,引领中国进入了法治建设的新阶段。这一重大决定不仅为法治人才培养注入了前所未有的重要性,而且开启了我国法治事业的崭新篇章。2017年5月,习近平总书记在中国政法大学考察时明确强调:“建设法治国家、法治政府、法治社会,实现科学立法、严格执法、公正司法、全民守法,都离不开一支高素质的法治工作队伍。”①这一重要论断再次印证了培养法治人才的紧迫性,同时也强调了这支队伍的高素质和不可或缺性。

党的十九大宣告中国特色社会主义进入了“新时代”,全面依法治国更被明确定为坚持和发展中国特色社会主义的十四个基本方略之一。这标志着我国法治建设已经进入了一个新的发展阶段,法治建设被赋予了更为重要的使命和责任。在改革开放四十周年之际,法学教育再次站在历史的十字路口,肩负着新的使命和期望。重新审视法学教育的得失,深入解决困扰法治人才培养的道路和方法问题,已经成为当务之急。唯有如此,才能在新时代的法治建设中培养出更多具备高素质和广博知识的法治专业人才,为中国法治事业的繁荣和健康发展贡献重要力量。

① 《习近平在中国政法大学考察时强调:立德树人德法兼修抓好法治人才培养　励志勤学刻苦磨炼促进青年成长进步》,《人民日报》2017年5月4日。

一、案例教学的功能定位

根据徐显明教授的观点，党的十八届四中全会明确要求法学教育必须培养具备深刻国情洞察力和能够贯彻中国特色社会主义法治理论的法治人才，这一目标使得法学教育的未来教育模式不可避免地趋向于职业教育。[①]案例教学的全面解读在职业教育中发挥了重要的内在功能，全面解读案例教学方法对于职业法学教育有着深刻的意义，它为法学教育提供了更加具有实践导向和综合性的教学方式，有助于培养出具备广泛法学素养的法治人才，使他们能够更好地适应和服务中国特色社会主义法治事业的需要。

（一）案例教学的功能内涵

1．英美法系判例教学的功能考察

英美法学教育采用兰德尔教学模式（Landellian），强调学生广泛阅读法院判例，将判例作为主要教学内容，旨在培养他们独立解决问题的技能。然而，兰德尔判例法的“科学”法律观采用孤立法律的视角，试图将法律从社会关系中分离出来进行独立研究。[②]随着时间推移，英美判例法教学不断演进，强调将法律与社会联系紧密结合，将法学教育的视野扩展到社会现实的各个方面，教学不再局限于课堂，而是着眼于如何更好地将法律与社会相结合，从而改进教学方法，并引发了众多新的教学方法，如“临床法律教育法”（Clinic Legal Education）、“问题教学法”（Problem-Solving Method）、“整合实训法”（Integrate Transactional Practice）等。

英美法系的判例教学以判例材料为核心，采用苏格拉底式讨论作为教学方法，形成互动式教学，以教师为主导、学生为主体。此模式强调以法律原则为主线，整合判例法体系，以教导学生理解法律原则和掌握法律技术为教学目标。该方法有助于学生建立自己的法律知识框架，掌握法律技术应用，使他们能够独立解决问题，甚至在没有外部帮助的情况下解决法律难题。然而，由于过分强调判例教学法的逻辑性，有时可能导致与社会现实脱节。[③]学生需要在图书馆中大量阅读烦琐的判例材料，初年级学生通常难以从这些材料中全面理解法律原则和概念，而长时间的授课也使判例教学难以适应法律领域不断发展的现实。因此，教

① 参见徐显明、黄进、潘剑锋、韩大元、申卫星：《改革开放四十年的中国法学教育》，《中国法律评论》2018年第3期。

② 参见张琳林：《法学案例教学之蜕变/由“术”向“道”》，《法制博览》2020年第14期。

③ 参见王韬：《苏格拉底式案例教学在行政法学教学中的应用》，《创新创业理论研究与实践》2020年第4期。

育领域需要不断创新和改进教学方法，以更好地满足学生的需求和法律实践的要求。

2.大陆法系案例教学的功能考察

大陆法系案例研习教学方法受到德国“案例研习课”(Klausurenkurs)的启发并以其为代表。德国大学法学教育的核心目标是科学教育，强调实践应用，教学课程包括大课讲授(Vorlesung)、专题研讨(Seminar)、案例研习课(Klausur)、学习小组(Arbeitsgemeinschaft)等多种类型。案例研习课早在大学一年级就开始，结合各门法学科的讲授内容，通过不断的案例分析训练学生，以帮助他们深入理解教学知识点。这种方法能有效培养学生的问题解决能力，为学生习得参加国家法官资格考试所需的关键技能提供支持。案例研习课的核心方法是“涵摄法”(或“归入法”，Subsumtion)，即审查待决案件的事实是否可以归属(Zuordung)到某一法律规范的构成要件之下，以得出法律效果是否会发生的结论。

德国法系的民法主要侧重于当事人之间的请求权，因此案例研习和考试主要涉及审查当事人的“请求权基础”(Anspruchsgrundlagen)。[①]德国案例研习教学强调培养学生的法律思维能力，并重视学生掌握适当方法来解释法律规范、编写法律文件以及进行科学研究的技能。这一教学方法也为日本、我国台湾地区的法学教育提供了启发和借鉴，同时在大陆法系中形成了独特的案例研习教学方法体系。案例研习教学法的核心价值在于培养学生的法律思维，为其未来法律职业和学术研究提供了坚实的基础。

3.我国案例教学的职业教育内涵

随着《教育部中央政法委员会关于实施卓越法律人才教育培养计划的若干意见》(教高〔2011〕10号)的发布，卓越法律人才教育培养计划1.0问世，学界展开了一场关于法学教育定位以及案例教学在其中角色的热烈讨论。

有学者主张应明确法学教育的定位，强调法学教育以法学专业为基础，旨在培养法律职业所需的专业能力。在这一框架中，案例教学成为实践教学的关键组成部分，它被视为培养职业技能和法律素养的不可或缺的一环，案例教学、法律诊所等都属于实践教学的各种形式，旨在提高学生的法律解释、推理、论证和法律事实发掘能力。[②]反对观点则认为，实践教学与案例教学存在明显区别，案例分析注

---

① 参见赵雪东、金希峰、刘宪：《高校法学课程案例教学模式构建分析》，《法制博览》2020年第3期。

② 参见王利明：《落实十九大精神——以良法促发展保善治》，《中国司法》2017年第11期。

重教师引导学生建立法律知识与案例之间的联系，以加深对法律原理的理解。而实践操作指的是教师引导学生参与实际的法律操作，这类似于美国的“诊所式法律教育”。[①]案例研习课的主要目标是通过案例引导学生思考特定法律在实际中的应用，强调培养法律实务技能；实践教学包括法律诊所课程以及场景模拟课程，更加强调塑造法律职业伦理。[②]这一讨论凸显了教育领域对法学教育和实践教学多重理解的复杂性。不同的观点反映了对法学教育目标和方式的多样化认知，同时也反映出教育体系对于法学专业培养的不断探索和拓展。这种多元性有助于提升法学教育的适应性，以更好地满足法学生和法律职业的不断变化的需求。

此后，教育部和中央政法委员会发布了《关于坚持德法兼修实施卓越法治人才教育培养计划2.0的意见》（教高〔2018〕6号），即卓越法治人才教育培养计划2.0问世，引发了对案例研习教学模式的重视。这一变化被认为将扭转法律实践教学长期未受到重视的局面，并重新定位了法律实践教学的职业导向。[③]然而，也有观点指出，法治人才的核心素质在于实践能力，因此如何更好地融合法律实践教学与案例研习教学的功能仍需深入研究。[④]高校法学教育的首要任务是培养职业的法律从业者，这些从业者需要不仅具备扎实的法学专业知识，还要具备出色的法学表达能力、独立探索问题的能力以及深刻的法律思维能力等。

案例教学是一种启发式教学方法，强调学生主动参与案例分析，而教师的角色在于引导和总结。在这个过程中，学生的错误思维逐渐得到纠正，他们的分析和讨论都是对法学基本技能的强化训练，具有很强的针对性，对于提升学生的综合素质起到了重要作用。此外，案例教学还对构建法律职业共同体具有积极的促进作用。法律职业共同体是由法律从业人员组成的特殊群体，他们共享着共同的法律理念和目标，既构成了法律知识的共同体，也共享着法律信仰和法律目标。法律职业共同体的构建需要以各成员的职业能力为纽带。通过案例教学提升法学生的职业能力，有助于促进法律职业共同体的形成和发展。因此，案例教学不仅对学生的法律专业技能有益，还有助于构建法律职业共同体，使法律教育更具职业化导向，促进法治人才的全面发展。这一教育方法在培养未来法学专业人才

---

① 参见杨清望：《国家治理现代化视域下社会主义核心价值观融入立法的检视与完善》，《邵阳学院学报》（社会科学版）2021年第2期。

② 参见许身健：《卓越法律人才教育培养计划之反思与重塑》，《交大法学》2016年第3期。

③ 参见刘坤轮：《“学训一体”法律职业伦理教学模式的实践与创新》，《政法论坛》2019年第2期。

④ 参见刘同君：《新时代卓越法治人才培养的三个基本问题》，《法学》2019年第10期。

中发挥着关键作用。

（二）案例教学的功能外延

1.案例教学与法律思维

案例教学涵盖多种类型，包括个案研究、类案研究和案例统计研究三种主要形式或方法。[①]不同高校采用不同的案例教学方法，以满足法学教育的多样性需求。例如，华东政法大学法律学院采用德国式案例研习课程，北京大学法学院采取互动式案例研习课程，中南财经政法大学法学院则采用“鉴定式”案例研习课程[②]，上海财经大学法学院则推行“请求权基础实例研习教学”[③]，而中国政法大学则采用“同步实践教学”模式等。[④]

在具体的案例教学方法中，由于案例教学主要以现行法律规范为基础，其方法通常包括讲解文本解释、类推、法律虚造等法教义学方法。[⑤]此方法不仅有助于学生理解法律原则，还促进了他们独立思考和法律论证的能力。同时，有学者指出，案例研习的题目应该具有启发性、现实性和综合性，以鼓励学生在学习过程中主动参与。[⑥]卓越法治人才教育培养计划2.0的发布提出了新的挑战，即如何将职业教育与博雅教育、职业教育与通识教育、职业素养与德法兼修融合在一起。[⑦]这意味着案例教学需要更加注重培养学生的综合素质，其不仅旨在使学生具备法律专业技能，还能够在更广泛的背景下进行法律分析和应用。

2.案例教学与法学研究

法学教育的不断发展和改进需要在多个方面加强基础理论研究，并将其与当代中国法治实践相结合，以构建更为完善的中国特色社会主义法学理论体系、学科体系和课程体系。在这一过程中，有几个关键方面需要考虑：

---

① 参见张家勇：《探索司法案例研究的运作方法》，《法学研究》2012年第1期。

② 参见夏昊晗：《鉴定式案例研习：德国法学教育皇冠上的明珠》，《人民法治》2018年第18期。

③ 参见朱晓哲：《“一带一路”倡议下人民币国际化的机遇与挑战研究》，《河南牧业经济学院学报》2018年第2期。

④ 参见朱晓哲：《“一带一路”倡议下人民币国际化的机遇与挑战研究》，《河南牧业经济学院学报》2018年第2期。

⑤ 参见查云飞、刘霞、钟勇：《关于新兴应用性大学地位的思考》，《科教文汇》（中旬刊）2015年第2期。

⑥ 参见田士永：《法治人才法治化培养的德国经验》，《中国政法大学学报》2017年第4期。

⑦ 参见部占川：《新时代卓越法治人才培养之道与术》，《政法论坛》2019年第2期。

(1)以中国实践为中心。法学教育应立足于新时代中国特色社会主义建设的伟大实践,将研究重心放在解决和回应现实问题上。法治建设的伟大成就为法学提供了前所未有的机遇和挑战,学术和理论创新应致力于解决当前社会问题,使法学成为治国安邦、经世济民的学问。

(2)借鉴国外经验并创新。与国外法治建设经验和法学理论相比,中国法学应积极借鉴有益成果,以丰富本国的学科和学术体系。同时,也应避免简单地将外国理论套用到中国情境中,而要积极为世界法治理论作出贡献。

(3)融合中国传统文化。法学教育和法律理论体系应植根于中国传统文化,并从中汲取智慧,只有在博大精深的中国传统文化的基础上,法学教育才能获得丰富的学术资源,并构建具有独特特质的学科体系和学术体系。同时,法学理论应反映时代性,与社会发展同步,适应不断变化的需求。

(4)加强实践教育。法学是一门应用性极强的社会科学,其实践教育的面相要求学生应具备良好的逻辑思维、文字表达和口头表达能力,以处理社会矛盾和纠纷。高质量的法治人才应具备准确陈述法律事实、寻找和甄别法律证据、适用法律的实际应用能力,以及与他人进行有效沟通的能力。

综上,法学教育的未来发展需要将理论研究与实践教育有机结合,培养具备扎实的法律知识和实际应用技能的法治人才,使他们能够应对复杂的社会挑战和问题。这样的法学教育体系将更好地为社会和国家服务,为法治建设和社会稳定作出贡献。

3.案例教学与德法兼修

案例教学在回应“德法兼修”理念方面发挥着重要作用。卓越法治人才的培养要求将“德法兼修”视为关键要素,这使得案例教学必须更全面地满足法学教育的需求。案例教学旨在培养法律思维、规范解释和运用法律的能力,同时也应该向学生传授法律规范背后的社会伦理和道德价值观,以满足“德法兼修”的新理念。

案例教学为贯彻和支持“德法兼修”教改理念提供了重要的途径。卓越法治人才培养计划2.0提出了对本科教育的新要求,包括“德法兼修”和关注中国问题等。案例研习课的对象通常是本土司法判例和相关的法律应用思维与方法。通过选择本土司法判例,学生可以更好地了解和研究中国本土案情,从而引发他们对本土法律实践的兴趣。此外,通过教授法律适用思维与解释方法,学生可以更深入地理解法律规范背后的民族精神和社会伦理,引导他们发展正确、健康的人生观、道德观和价值观。因此,案例教学不仅在培养法学专业技能方面发挥作用,还在促进学生道德伦理素养和价值观培养方面发挥积极作用,从而与“德法兼修”

教改理念协同推进,为培养卓越法治人才提供更加全面的支持。

（三）案例教学的功能定位

1.案例教学与实践教学的关联

案例教学与实践教学具有一种协动关系,提升法科学生的法律规范适用等职业能力系案例教学的一大特色,案例教学应作为实践教学开展的基础。卓越法治人才教育培养计划2.0提出,实践教学应将法律职业共同体精神的培养作为重要的方面。此时,职业素养锻炼与关注中国问题、职业能力的提升与法律职业共同体精神之间,应具有内在的协动关联。

早期有学者将案例教学作为法学本科实践教学项下一种专业基础素质能力的训练方法[①];亦有观点认为,案例教学只是法学实践教学的形式,非法学实践教学的内容。[②]本文认为,法律制度最终要应用在实践中,这是其价值体现的重要路径。法律从业者必须理解法律规范背后的价值取向和制度内涵。应将法学案例引入课堂,使学生主动地去思考和感悟,从多角度来理解法学知识,让学生直观感受法律规范的生命力,进而从实践的角度体会法律制度的价值。

2.案例教学于实践教学中的定位

加强法学教育中的实践教学有着重要意义,实现这一目标需要多方面的努力。高等学校应积极与法律实务部门合作,建立紧密的联系,并可以通过推进互聘人员、鼓励教师在实务部门挂职、聘请校外导师以及邀请实务部门专业人员到学院开设讲座等方式来实现。这种合作可以加强理论和实践之间的结合,并使学生更好地理解法律在实际运用中的重要性。

不过,法学课程体系和教学方法仍然需要进一步完善。一方面,应增加案例教学,编写高质量的案例教材,开展模拟法庭和法律诊所等实践性课程,鼓励学生积极参与辩论式教学和辩论比赛,以培养学生的法律诠释、推理和论证能力,以及了解法律事实的能力。另一方面,建设高质量的实践基地同样非常重要,学校应与实务部门深度合作,为学生提供实际实践的机会,促进学生参与实践活动,开展专业实习,鼓励学生将理论知识与社会实际相结合,培养知行合一的实践精神。

本质上,法学教育应积极响应党的要求,深化改革并提高人才培养质量,以实现法学教育与法律职业化和专门化建设的良性互动,此有助于培养和造就一大批

① 参见王素娟:《法学课程案例式教学的组织与设计》,《现代商贸工业》2021年第36期。

② 参见杨征军、鲁玉兰:《法学实践教学法探析》,《北京市政法管理干部学院学报》2004年第2期。

坚持中国特色社会主义法治体系的法治人才和后备力量,为社会提供更好的法律服务。

二、案例教学的当前困境

教育部和中央政法委员会发布的《关于坚持德法兼修实施卓越法治人才教育培养计划 2.0 的意见》(教高〔2018〕6号)进一步强调了德法兼修、实践教学、协同育人机制以及构建培养共同体等法治人才培养理念和要求。这一计划深刻阐述了卓越法治人才培养在全面推进依法治国进程中的基础性、先导性和战略性地位,以及加强卓越法治人才实践能力培养的重要意义。在这一计划中,案例教学被定位为实践教学的一部分。尽管如此,由于案例教学的功能内涵和外延尚未明确定义,以及其在实践教学中的潜在意义尚不明确,案例教学目前仍存在多方面问题需要解决。

(一)案例教学的课程设置困境

关于案例教学的不同类型和方法,英美法系和大陆法系均提供了多种选择。在选择适合中国国情的案例教学方案时,需要深入研究各种类型和方法的特点,并结合中国法学教育的具体需求和学生的背景来制定方案。

案例教学作为高阶教学形式,既对教师又对学生提出了较高的要求。教师需要特别关注助教的选择和工作安排,其包括如何择优聘用助教,如何明确定义助教的工作任务,以及如何提供激励机制,以激发他们的积极性。此外,对于案例研习课程设置,有一种普遍现象是边缘化案例,即将案例仅用来说明特定知识点,而没有深入分析和充分利用案例的潜力,难以确保案例充分发挥教育价值。学生在案例教学中也需要具备较高的综合能力。这对学生来说可能是一项挑战,因此,教育者需要探索如何帮助学生克服畏难情绪,鼓励他们积极参与案例学习。学生的成功不仅依赖于他们的知识水平,还取决于他们解决实际问题的能力,这需要积极的学习氛围和支持系统。在解决这些问题时需要集中精力,使案例教学成为有益的法学教育工具,并推动教育体系不断进步。

1.案例课程的边缘化

针对目前案例课程进展受限的原因,主要有以下几方面:

首先,受传统教育模式的影响,部分高校师生对案例教学法的认识存在一定的偏差。许多法学教师仍然以课本知识的传授为主,有些甚至错误地将简单的示例当作案例教学法的代表。尽管使用举例来阐述知识点在一定程度上有助于教学,但却未真正领悟案例教学法的核心精髓。其次,案例教学的核心在于激发学生的思考和分析能力,具有典型性和争议性。然而实际情况是,法学案例通常缺乏足够的典型性和争议性,多数案例过于简单,没有为学生提供足够的讨论和思考空间,无法发挥其应有的作用。最后,受应试教育的影响,学生对于自主探索式的学习模式在大学阶段适应不佳。即使老师在课前为案例准备充分,学生的积极性也相对较低,无法满足需要在课堂上进行讨论和分析的要求。在课堂讨论中,学生的参与度有限,师生互动不够,导致课堂氛围差,教学效果不尽如人意。

鉴于上述因素,目前的案例课程在法学院的教学课程中逐渐呈现边缘化的趋势。为改善这一状况,需要采取一系列措施,包括加强对教师和学生的案例教学法培训,提高案例的典型性和争议性,以及鼓励学生更积极地参与案例教学,从而更好地发挥案例教学在法学教育中的潜力。

2.案例教材的空白化

在我国,目前尚未形成专门针对法学案例教学的教材体系。相比之下,以美国为例,美国法学院的教材主要分为两种类型:汇编式和著作式。这些教材通常在副标题中包含“Cases and Materials”或“Cases and Doctrine”,因为它们不仅提供了案例,还包括其他相关材料。这些材料不仅涉及法律,还可能涉及政策、社会思潮等方面的内容。例如,国际金融法课程的教材通常以背景知识为主,案例相对较少。著作式的教材通常不单独使用,而是与其他汇编式教材结合使用。这些著作式教材在学术性探讨方面较为丰富,有助于以正反两个角度对案例事实和程序进行深入分析。同时,这些教材由一些知名的出版社出版,包括Aspen、Foundation、Wolters Kluwer等。许多美国法学院使用Foundation出版的“University Casebook Series”教材。[①]此外,入门书(Hornbook)[②]或案例举要(Casenote Legal Briefs)[③]在法学院的学习中也扮演着关键的角色。在正式开始法学院的学习之前,学生通常会研读这些入门教辅。在期末考试中,这些教辅书中的提纲通常提供了很大的帮助。

与美国不同,我国的法学院教材多为案例类,但其中一些教材可能过于追求学术表达,忽略了一般法学生的背景知识,导致难以理解。其他一些教材可能过于注重实务操作,缺乏规范性,从而使学生难以获得足够的专业性知识。另外,我国缺乏专门的案例教材编写团队,因此法学案例教材整体上仍处于相对空白的状

① E. Sherwin, Theodore Eisenberg, Joseph Re, *University Casebook Series*, Foundation Press, 2021.

② L.M. Wiseman, *Hornbook*, Lexington, 2013.

③ W. Kluwer, *Casenote Legal Briefs*, Aspen Publishers, 2013.

态。解决这一问题需要建立专门的案例教材编写团队,同时注重平衡学术性和实务性,确保法学生能够更好地理解案例并应用知识。

3.案例应用的机械化

在具体案例教学的应用中,由于受传统教学方式影响,大多数教师和学生对案例教学的地位和作用认知不够。我国属于传统大陆法系国家,受到成文法思想的影响,案例教学通常被用作向法科生解释法律概念、法学理论和法律准则的手段。然而,随着司法机关选人、用人制度的改革和律师业务的迅速发展,法学教育所面向的职业需求发生了重大变化,对法学专业人才的实践能力提出了更高的要求。在传统教学理念的影响下,案例教学渐渐成为传统教学方式的附属品,导致案例教学的目标无法充分实现,已不能满足时代和社会的需求。

案例教学的核心在于教师的启发,引导学生进行案例分析和思考,从而培养学生的能力。因此,选择的案例需要具备一定的典型性和争议性。然而,实际情况表明,法学案例的典型性和争议性存在不足,大多数案例相对较为简单,没有给予学生足够的空间进行深入的讨论和思考,因此无法发挥应有的教育效果。在现实中,案例教学仍然以教师主导的方式为主,学生对大学阶段自主探索的学习模式可能感到不太适应。即使教师在课前准备了案例的背景知识,学生的参与度可能仍然较低,无法满足课堂讨论和深入分析的相关要求。在教学中,师生之间未能就具体案例进行充分的讨论,未能充分展开激烈的讨论和交流,从不同角度分析问题、提出不同意见和结论,这才是案例教学法真正的价值所在。

(二)案例课程的教学现实困境

案例教学面向的学生不同,相应的教学方案亦应不同,此亦为因材施教之本意。如何为本科、硕士及博士阶段教学选取相应的案例教学类型,以及如何为不同阶段内不同年级的学生选择相应的案例教学方式,既有研究并未对此展开。借鉴国内其他法学院校的案例课程经验,案例教学在开展中将面对的学生畏难情形、助教人手不足、相关教学经费不到位等诸多难题,如何突破此一困局,亦是本课题的研究价值所在。

1.案例教学课程难度过高

案例教学法的关键在于让学生在课堂中扮演主导角色,通过自主探索和案例讨论来加深对理论知识的理解和应用。在选择适当的案例时,有几个重要的特点和因素需要考虑。

(1)启发性。案例应该具有激发学生思考的能力。争议性的案例通常更具启发性,因为它们包含复杂的法律问题和伦理挑战,鼓励学生深入思考和积极参与讨论。(2)理论价值。案例不仅仅是简单的故事,还应该具有理论研究的潜力。案例可以用来导出法律理论和原则,并帮助学生理解法律的内涵。因此,案例的焦点问题应与教学内容相关,以确保与课程的重点一致。(3)评估机制。为了推动学生学习的积极性,教育者需要建立合适的评估机制,以量化学生的学术表现,例如课堂讨论、小组项目、写作论文等,此有助于监测学生的进展。

在案例教学的准备阶段,教师需要深入分析案例,明确关键问题和相关法律规定,以引导学生进行讨论。这需要教师拥有扎实的法律知识和出色的案例分析技能。案例教学的形式可以从理论到实践,也可以从实践到理论[①],具体选择取决于教学目标和教材性质。在案例分析过程中,学生将理论知识应用到实际问题中,或者从实际问题中提炼出理论原则,有助于他们深刻理解法律。

综上所述,案例教学是一种有潜力的教学方法,可以促进学生的深度学习和批判性思维。尽管它面临一些挑战,但应重视案例教学,努力克服困难,以提高法学教育的质量。此外,还需要更多的研究和实践,以探索不同类型学生和不同年级学生的最佳案例教学方式。

2.研究生助教选拔和激励机制不足

研究生助教制度,即通过引入研究生来协助本科教师进行教育教学活动的一种教育体制,在当前本科院校中发挥着重要的作用。这一体制旨在减轻教师在科研和教学任务之间的压力,同时也为研究生提供了宝贵的教育教学经验,有助于提高他们的教育水平和专业素养。研究生助教制度在多方面都具有重要意义,包括提升本科教学质量和促进研究生的全面发展。从教育角度来看,研究生通常拥有更高水平的专业素养和学术能力,因此,他们可以有效地支持本科生的学习。[②]研究生助教在案例教学、小组讨论和个别指导等方面提供了宝贵的支持。然而,尽管这一制度具有巨大潜力,但在实践中也存在一些挑战。

首先,一些研究生可能对教育教学工作不够热情,他们可能更加偏好科研工作,认为这对他们的职业发展更有利。这种态度可能会导致他们在助教工作中投入不足,从而无法充分发挥潜力。其次,虽然研究生在专业知识方面拥有丰富的经验,但他们未必具备教育心理学和有效教学方法的知识。因此,他们需要获得更多的培训和指导,以提高他们在课堂上的表现。最后,为了更好地利用研究生

---

① 参见柴葳:《突破体制机制障碍 重组整合教学要素——中国政法大学:“跨”出复合型人才培养路》,《中国教育报》2018年6月13日。

② 参见季苗苗:《美国大学研究生助教制度的内容、成效及其对我国的启示——基于加州大学伯克利分校的分析》,《经济研究导刊》2021年第26期。

助教制度，本科院校可以采取一系列措施，例如，加强研究生与本科生之间的交流和互动，以激发研究生的兴趣和热情；提供专门的培训课程，帮助研究生获得更多的教育教学技能。此外，本科院校可以建立定期的评估机制，以监测和改进研究生助教制度的有效性。

三、案例教学的类型化研究

教学的成功需要在教学目标、教学手段和教学对象之间实现协调与统一。案例教学因其多样性，可以从两个维度进行类型化研究，即教学手段的类型化和教学对象的类型化，这两者相互交织影响并共同构建了案例教学的多样性，其有助于更好地满足不同学生群体和不同教学目标的需求，从而提高教学的有效性和质量。

（一）案例教学中教学手段的类型化

实践教学中案例教学展现了多样性的作用，其模式包括传统的法律诊所、法律实习、模拟法庭、社会实践、案例研习等，同时也包括了新兴的教学模式，如"互联网＋"和慕课教学。这种多样性使案例教学在实践教学中具有广泛的适用性，能够满足不同教学场景和教学目标的需求。就教学手段的类型化而言，案例教学方法可以分为个案研究、类案研究之不同的方法。这些方法的难度逐渐递增，需要根据不同学段的本科生特点和教学目标来选择合适的方法。在每个方法内部，也可以进一步类型化，以满足具体的教学需求。

1.个案研究

我国作为一个大陆法系国家，虽然没有正式将判例法视为法律来源，但最高人民法院的判决以及公布的各种类型的案例在实际中对后续判决产生了重要的影响。这些案例被看作是示范性的判决样本，具有先例性规范特征，因此实际上约束了后续判决的法律适用。在法律实务中，这些案例也被视为法律的参考依据。因此，研究最高人民法院的判决以及公布的各种案例是研究法律适用状况的重要对象。

需要注意的是，个案研究不能反映法院判决的整体趋势，特别是在公报案例和指导案例中，案例的选择不是随意的，而是基于它们是否具有参考价值。因此，个案研究更多地侧重于那些迄今为止尚未出现的案件或采用特殊法律结构的判决，而很少涉及那些经常发生且法律逻辑与现有判例相似的判决。此外，这些案例也可能受到法律之外的政治或社会因素的影响，因此需要结合下级法院审理的一般案例进行综合分析，以克服这些局限性。尤其值得注意的是，最高人民法院公布的各种一般案例中，以判决形式审结的案件本身具有一定的特殊性。这是因为在我国基层法院受理的民事诉讼案件中，调解案件的数量巨大。在这些案件中，当事人在案件被判决之前可以通过和解或达成调解协议来避免不利于自己的判决。此外，多元纠纷解决机制的存在也减少了通过诉讼程序审结的案件数量。

因此，通过诉讼程序审结的案件难以具有真正的一般性，更多地具有特殊性。这些因素都需要被考虑在内，以便更全面地理解和研究法院判决的特点和影响。①

2.类案研究

个案中的判例虽然来自不同级别的法院，但通常不具有普遍的规范拘束力。它们仅仅反映了某位法官对特定案件的判决和法律观点。然而，在某些情况下，这些观点可能具有先例性规范的特征，或者代表了新颖的法律见解，因此可以将其提炼为个体裁判或法律观点。但在更一般的情况下，针对相同案由或相似事实构成的案件，法院的判决通常被视为一个整体类别来研究。在对这些整体类别的判例进行综合考察时，有几个关键方面需要考虑。

首先，通过对大量判例的整理，可以提炼出在特定法律问题上司法实践所遵循的合理法律逻辑，换言之，法官在不同案件中的论证通常都遵循一定的逻辑结构。通过对这种逻辑结构的提炼，可以为建立合理的法律逻辑提供指导。其次，通过整理和分析大量类似案例，可以提炼出在实践中更为常见的、也许是更为谨慎的纠纷解决方法，例如当某种特定的事实情形出现时，这可以作为分析争议焦点的重要依据。再次，通过对类似案例的整理，可以更好地理解正在形成的判例理论。尽管某些指导性案例或公报案例可能为某一法律争议点提供了明确的解决方案，但其他法院可能更倾向于采用不同的途径，这也代表了一种新的趋势，而这种趋势通常不太可能在个别最高人民法院案例中显现出来。最后，通过对大量相似案例的整理，可以明确实际发生的纠纷类型，通过对这些类型的处理方式进行分类，可以推动相关法律问题在理论和实践方面的发展。

综合考察和整理案例的方法有助于更全面地理解法律实践中的趋势和规则，提高对法律问题的分析和理解。通过对案例类型的细分和分类，可以为不同案例类型选择合适的教学手段，从而揭示案例教学在实践教学中所具有的多种作用。案例教学可以在模拟法庭中培养学生的辩论和法律技能，可以在法律诊所中帮助学生应用法律知识解决实际问题，也可以通过慕课教学向更广泛的受众传递法律

① 参见张勤：《近代司法研究的个案方法及其运用》，《国家检察官学院学报》2019年第4期。

知识。不同类型的案例教学为学生提供了多层次的学习体验,帮助他们在不同领域发展自己的法律专业技能。

(二)案例教学中教学对象的类型化

关于教学对象的类型化研究,案例教学可以适用于不同年级和不同层次的学生。例如,对于本科生,案例教学可以注重基础知识的理解和应用,帮助他们建立坚实的法学基础。而对于研究生或博士生,案例教学可以更加侧重于独立研究和批判性思考,培养他们的学术和研究能力。因此,案例教学的类型化需要考虑不同学生群体的需求和特点。传统案例教学研究并未在一般方法上对教学对象的知识结构及相应能力作出类型化的分析。本文根据教学手段的不同类型,对应不同学段教学对象的基本特征,展开类型化授课的有益探索,并形成具有职业性和互动性特点的教改方案。

1.法学本科生各学段的知识结构归纳

目前,我国法学本科生的知识结构与法学课程设置紧密相关,呈现出以分科式知识为主、综合性知识为辅的特点。在600多所高校设有法学本科专业的情况下,培养目标和课程体系大致相似,主要包括基础/通识课、专业课和实践课三种类型的课程。

基础/通识课主要旨在拓宽学生的知识结构。这些课程旨在为学生提供跨学科的基础知识,帮助他们建立扎实的理论基础。专业课占据重要比重,包括法学专业的核心课程和其他专业课程。这些课程旨在传授法律专业的知识和技能,使学生具备法律领域的专业能力。这些专业课程通常根据法律部门的划分进行设置。实践课包括案例讨论、审判观摩、模拟法庭、法律诊所、毕业实习和毕业论文等,旨在将理论知识应用于实际法律实践中,培养学生的实际操作技能。尽管这些课程设置旨在使学生既具有扎实的理论基础,又能将其运用于法律实践,但实际效果并不如预期。分科式课程设置的一个问题是,尽管它提高了专业学习效率,但也导致了不同法学领域之间的分裂。学生学习每个法学领域的知识通常是分散的,这可能导致对法律的整体理解不足,或者缺乏对法律案件的全面把握。

实际法律实践通常需要处理复杂的案件,这些案件不仅需要深入了解专业法律知识,还需要将不同法律领域的知识融合在一起。尽管实践课提供了综合性教学,但有时可能只涉及特定法律操作场景或技术。这导致了理论和实际之间的鸿沟,使法学本科生在面对复杂的法律问题时难以综合运用他们所学的知识。因此,有必要重新审视法学本科教育的课程设置,以更好地培养学生的综合能力,使他们能够更有效地面对法律实践中的复杂问题。这可能包括增加交叉学科的教学和提供更多的案例教学,以帮助学生融合不同领域的法律知识并应对多样化的法律挑战。

2.法学本科生各学段培养方案的类型

当前的法学本科教育面临一些挑战,其中之一是基础/通识课与专业课之间的松散勾连,难以提升学生对专业知识的通识性把握。这一问题在于多数基础/通识课程通常是单独开设的,没有明确指明与法律科目的内在关联,或者缺少实质性指引以将这些课程与法律科目联系起来。这种分离导致学生难以将通识性知识与法律专业知识有机结合,以多种视角处理法律问题。未来的课程应该基于大规模协作、跨学科技能和人际交往技能设计,因为作为社会生活的一个部分,法律与社会生活中的其他维度具有紧密的联系。[①]

无论我们将法学分为多少部门法进行教学,法律始终是社会生活中的一个维度。社会生活中的问题通常不只涉及单一领域的法律规定,而是涉及多个法律领域的知识。目前的法学课程体系尽管包括法律诊所、模拟法庭和法律写作等课程,试图打破部门法的藩篱,但仍未满足法学知识的内在性和系统性要求。这些课程有时会抽象地制造特定的法律个案,但并没有提供全面的法律知识系统训练。对于案例教学的应用,需要更好地考虑法学本科生在不同学段的培养特点和课程类型。例如,如果法学院校过早地引入案例教学,学生虽然可能具备某些实体法领域的知识,但可能还无法理解实体法与程序法之间的关系,也难以将理论与实践有效地结合起来。

因此,针对不同学段的学生,需要有针对性地构建案例教学的课程内容,以实现案例教学的目标与价值。这可以包括根据学生的知识水平和兴趣,设计具体案例,以帮助他们全面理解法律问题,同时促进不同法律领域的整合分析。

(三)案例教学中手段与对象的互动

1.教学手段难度的类型化区分

在案例教学中,教学手段起着至关重要的作用,可以根据教学的难度和学生的知识结构,将教学手段类型化为以下四类。

第一,巧妙设置问题:案例中的问题对于引导学生分析案例起着关键作用。因此,问题的设置应该科学合理,确保问题具有明确的目标,而且问题的数量应该适中,以避免浪费课堂时间和混淆学生的思维。问题应该紧密围绕教学内容,而

① 参见黄进:《培养德法兼修的高素质法治人才 引领中国法学教育进入新时代》,《中国高等教育》2018年第9期。

且彼此之间应该有内在的联系,以引导学生有条不紊地分析案例。

第二,案例问题的驾驭与应变:在课堂中,教师需要灵活运用问题,根据学生的反应和讨论情况,有针对性地引导他们。教师应该能够调整问题的难度和方向,以确保课堂集中在问题的解决上,同时尽可能让每个学生都能参与讨论。

第三,案例的总结与点评:教师在案例讨论的最后阶段要对学生的分析和讨论进行总结和点评。这是教师与学生互动的重要时刻,教师应该引导学生树立正确的认知,明确案例中的重点和难点。在点评中,教师应该与学生互动,帮助他们掌握解决问题的思路,同时指出学生讨论中存在的不足之处。最后,教师可以扩展和深化知识点和观点,帮助学生在此基础上进一步拓展思考,实现教学的举一反三。

第四,配套的考核系统:为了更好地评估学生的学习效果,案例教学应配套相应的考核系统。这个系统可以包括定期的测验、课堂参与度、小组讨论表现等多种评估方式,以帮助学生量化他们的学习成果。同时,考核系统也应该包括对教师的评估,以评估他们的教学效果和指导学生的能力。

这些不同类型的教学手段有助于更好地实现教学目标,提高学生的学习效果。同时,它们也可以为教师提供指导和反馈,以改进他们的教学方法。

2.教学手段与教学对象的互动

基于法律现场的整合课程代表了一种全新的法学教育模式,旨在重构目前的专业实习和模拟法庭课程,以更好地将学生与实际法律实践联系起来。当前的法学本科专业实习通常缺乏指导和引导,而模拟法庭课程可能存在与真实法律环境之间的脱节。这一整合课程的核心思想是将学生引入法律实践现场,由教师亲自带领,使他们以观察员的身份全程参与实际法律事务。这种整合课程的设计需要考虑以下几个关键要素。

(1)教师引导。教师在整合课程中扮演关键角色,他们应该具有丰富的法律实践经验,并能够引导学生在现场观察中进行深入思考。教师需要指导学生如何应对不同情境,提出问题,并将实际经验与法学知识相结合。①(2)合作关系。学校需要建立合作关系,与从事法律事务的不同机构合作,包括司法单位、公司、社会服务机构等。这些机构将成为学生进行法律观察和实践的场所,提供真实的法律案例和问题。(3)学习目标。课程应根据学生的学习目标设置不同的侧重点,不同学生可能有不同的兴趣和职业方向,因此课程可以根据他们的需求提供不同的

① 参见郑西贵:《互动式教学方法中的教学模块划分》,《开封教育学院学报》2018年第7期。

体验和机会。(4)知识要求。学生需要具备部门法知识和职业伦理知识的综合,他们应该能够将课堂学习中的法律知识应用到实际情境中,并理解法律对社会和个人的影响。(5)真实情境。学校和合作机构需要确保提供给学生的法律现场是真实的生活情境,这将使学生更好地理解法律实践的复杂性和挑战性。

整合课程的目标是培养学生在真实的法律情境中观察和思考的能力,将他们的法学知识与实际应用相结合。这种教育模式有助于学生更好地理解法律的实际运作方式,培养他们成为具备扎实法律素养和实际技能的法律专业人才。

四、本科案例教学的方案设计

(一)研究生助教的选拔与激励机制

1.研究生助教的选拔与培训

提高研究生助教的素质与能力对于有效推动本科院校教育教学工作至关重要。学院可以制定专门的培训计划,包括教育理念、教学方法、教学工具和教育心理学等方面的内容。这些培训可以由有经验的教师、教育专家和研究生助教的前辈进行,以确保他们掌握必要的教育教学知识和技能。

同样,还可以为研究生助教分配有经验的导师,后者能够提供指导、建议和反馈,这也有助于研究生助教更好地理解和应对教学中的挑战,以提高他们的教学水平。通过学习资源的渠道拓展,如教材、教学工具和案例分析等,研究生助教能够更好地准备和进行教学,这些资源可以帮助他们更好地理解本科生的需求,提供更有针对性的指导。通过鼓励研究生助教与教授和其他研究生助教之间的交流与合作,进而加强经验和教学方法的分享,可以提高整个团队的综合教学质量。教学评估机制的建立也能够定期对研究生助教的教学表现进行评估和反馈,这可以帮助他们不断改进自己的教学方法和风格。此外,学院可以设立奖学金或奖励计划,以鼓励研究生助教在本科教育中的积极参与,同时为他们提供帮助,以提升他们的学术和职业发展机会,鼓励研究生助教参与学院教育决策的过程,为制定更好的本科课程和教育政策提供有益的意见和建议。

通过上述措施,学院可以更好地培养研究生助教的专业素质与能力,使他们成为本科教育的重要支持力量,提高本科院校的教育教学质量。同时,这也有助于加强研究生助教制度在本科教育中的推广与实践。

2.研究生助教的激励机制

学校和法学院的政策与资源支持至关重要,对于案例教学课程的成功起着决定性的作用。以下是提高案例教学成功率的建议。

(1)整合课程设计与支持。学校和法学院管理层可以积极鼓励教师进行整合性课程的设计,特别是在不同学科领域之间建立联系。这需要提供经费、教学资源和技术支持,以鼓励教师积极参与和推动这一创新。

(2)学院间合作与交流。学校和法学院应积极促进不同学院之间的合作与交流。跨学科项目需要协作,学校可以设立机构或委员会来促进学院之间的合作、资源共享以及潜在问题的解决。

(3)研究生助教的培训与激励。学校可以提供研究生助教培训计划,以帮助他们更好地理解教育教学工作。此外,为研究生助教提供物质和精神激励,例如专项奖学金和表彰,以鼓励他们积极参与案例教学并发挥积极作用。

(二)案例编选的类型与标准

基于案例分析的整合编选教材与许多法学院已有的案例分析课程的教材存在显著不同。目前已存在的案例分析课程,如民法案例分析、刑法案例分析等,主要侧重于特定领域法律知识的深入学习,旨在通过具体案例,帮助学生理解特定的法律理论或法规,通常会对原始案例进行裁剪或提炼,以便更好地传达特定的法律概念。这类课程主要强调了纵向的专业深化。

同时,就基于案例分析的整合编选教材而言,其关注点不仅在法律内部的系统性和贯通性,也侧重法律与日常生活的联系,即法律如何在现实生活中应用。这种方法要求将不同领域的法律知识交叉应用,使学生能够在跨越不同法律领域的同时,理清法律知识的内在联系。[①]举例来说,可以选择一个包含多个法律案例的主题,或编写多领域的案例,以确保在研究过程中涵盖多个法律领域的实体法和程序法,鼓励学生跨越不同领域的界限,构建出具有内在联系的法律知识结构,实现不同领域法律课程之间的知识辨识与提升。这种方法体现了法律思维的专业性整合,以更全面的视角来理解法律与社会的互动。

(三)案例与实践教学的互动

案例教学的核心方向应当从了解法律、寻找法律转向应用法律。零敲碎打式的举例教学以及附属于基础知识学习的案例教学,虽然仍有一定的适用空间,但已经不再成为该阶段案例教学的主体。此时,案例教学主要通过开设专门的模拟实践课程等方式予以落实。因此案例教学与实践教学存在内在的统一和联系。

实践教学课程通常由具有丰富实务经验的教师或外聘导师承担,学生在他们

① 参见陈和芳:《个案全过程教学法的价值逻辑与机制完善》,《黑龙江高教研究》2021年第4期。

的指导下，完成对法庭上审判实务的模拟演练。此类课程为案例教学的运用提供了良好的契机。案例是课程讲授的线索甚至主体部分，学生通过将法律知识运用于案例的解决，从而提升实务操作能力。然而，目前这类课程主要集中在庭审阶段的模拟训练，却忽视了审前程序的重要性。此外，也需要避免过于注重庭审模拟中的表演性问题，因为许多学生可能会照本宣科，难以真正提升法律适用的技巧。因此，需要采取以下措施来改进现状。

(1)扩展培训范围。从单纯的庭审阶段模拟转向涵盖整个诉讼流程的培训，重视实践教学的真实性，使学生更全面地了解法律实务。(2)强调实质能力提升。摒弃对庭审演练的过度固守，注重学生的实际能力提升，包括应用多门学科知识来分析问题和解决问题。这些改进措施将有助于更好地实现案例教学与实践教学的有效整合，使学生能够更好地将法律知识应用于实际情境，并提高他们的综合素质。

(四)案例塑造能力的培养

案例教学和实际案件处理具有不同的目标和侧重点。在实际案件处理中，强调实事求是，而在案例教学中，主要注重法律知识点的理解、把握以及运用。因此，教师有时需要对案例进行改编或重塑，以使其更符合教学内容的需要。有些教师可能会担心这样做会导致案例脱离现实情境，但实际上案例教学的核心是教学，当现实中的案例无法满足教学需求时，适当的改编是有必要的。

为了提高案例改编的能力，有两个方面的工作需要重点关注。一方面，要提高对案例的概括能力。在现实生活中，很多案例与法律适用无关，因此案例的叙述可能会显得冗长，或者与法律相关的信息可能不清晰。为了更好地满足教学需求，教师需要提高概括案例的能力，将复杂的案例简化，以方便学生学习。另一方面，要根据教学章节的知识点改编案例。对于案例教学，明确掌握知识点是至关重要的，因此教师应该基于他们希望学生掌握的知识点，来改编案例。[①]这确保了案例与教学目标一致，帮助学生更好地理解和运用相关法律知识。

总之，案例教学是一种灵活的教学方法，应根据教学需要对案例进行适当的改编，以便更好地实现教育目标。这需要教师不仅具备概括案例的能力，还要明晰掌握教学的知识点，以便将案例与教学内容相结合。

---

① 参见刘国利：《法学教学中应用案例教学法的路径选择》，《法制博览》2021年第32期。

新文科建设背景下法学复合型人才培养机制研究

王丽萍　王风瑞

2018年5月，在教育部产学合作协同育人项目对接会上，教育部高等教育司负责同志表示，高等教育创新发展势在必行，要全面推进“新工科、新医科、新农科、新文科”等建设[①]，由此拉开了中国教育创新发展下新文科发展的序幕。2019年5月，教育部、科技部等13个部门正式联合启动“六卓越一拔尖”计划2.0，新文科建设正式实现高等教育内涵式发展。新文科是新时代背景下人文社会科学发展的新转变，标志着人文社会科学的研究对象、研究内容、研究范式都有了新的定位，涉及学科内涵、专业结构、培养目标、课程设置、教学方式以及师资配备等一系列方面。[②]在新文科建设背景下，法学作为人文社会科学的一个重要门类，如何找准自己的学科定位，并且结合新文科的发展方向重新厘定人才培养机制，是法学实现未来发展的重要环节。

一、新文科背景下法学复合型人才培养的时代要求

2017年，美国希拉姆学院提出了“新文科”的概念。“新文科”是指对传统人文社会科学进行学科重组、文理交叉，即把新技术融入哲学、文学、语言等课程之中，

---

① 参见《2018年教育部产学合作协同育人项目对接会在京举行》，中国新闻网，2018年5月24日。

② 参见马世年：《新文科视野下中文学科的重构与革新》，《西北师大学报》(社会科学版)2019年第5期。

为学生提供综合性的跨学科学习方法。[①]现代社会问题的多样化使得跨越多个领域的综合性问题不断增多,法学更是如此。法学作为一门规范科学,虽然其研究对象为规范条文的解释和适用,但是规范适用的基础却涉及各个领域,例如,建设工程合同问题的解决需要对建筑学、工程学的知识有足够的了解,人工智能法律问题的研究也需要对人工智能的运行机制有一定的掌握。这意味着法学人才的培养不仅需要满足传统法律实践的需要,也需要应对现代多元跨学科背景下法律问题的解决。

新科技革命和产业变革是一次全方位变革,将对人类生产模式、生活方式、价值理念产生深刻影响。新科技革命和产业变革的时代浪潮奔腾而至,如果我们不应变、不求变,将错失发展机遇,甚至错过整个时代。[②]面对"百年未有之大变局",法律人才的培养也面临着前所未有的挑战。培养复合型法律人才,不仅是适应时代发展的需要,更是法学自身发展的需要。

(一)完善中国特色社会主义法律体系的时代要求

虽然自2011年,我国涵盖社会关系各个方面的法律部门已经齐全,中国特色社会主义法律体系已经形成[③],但是相较于基本完备的中国特色社会主义法律体系,我国法学人才培养模式却尚未定型,一直处于探索之中。法律工作者担负着解决社会矛盾、国际争端,维护社会公平与正义的重要任务,复合型法律人才的培养是新文科建设的重要内容,对提升国家文化软实力也具有重要意义。

受西方法治理论所影响,我国的法律人才培养模式存在着效仿西方的现象。这种主体性的迷失既不利于中国特色社会主义法治建设事业,也不利于中国以其独特的民族性参与全球法治治理。虽然中国是法治的"后发国家",通过模仿和学习在较短的时间内完成了中国法律体系的建设,但是人才培养不同于制度建设,人的培养受到历史文化、习俗传统的深刻影响,虽然制度可以复制,但是长期以来的文化传统却难以复制;文化传统的难以复制,使得法律人才培养模式在各个国家都呈现一种独立性。于我国而言,这种独立性既源于数千年的法律文化传统,也源于在中国共产党领导下亿万当代中国人在半个多世纪里的法治生活实践,长期的法治实践中生成的规则与秩序。这两个巨大因素的存在,赋予了中国法律人

① 参见张俊宗:《新文科:四个维度的解读》,《西北师大学报》(社会科学版)2019年第5期。

② 参见吴岩:《新使命　大格局　新文科　大外语》,《外语教育研究前沿》2019年第2期。

③ 参见中华人民共和国国务院新闻办公室:《〈中国特色社会主义法律体系〉白皮书发布》,中国政府网,2011年10月27日。

才培养独特的主体内涵和文化个性，如果中国法律人才培养没有体现出这样的独立性与独特性，那就意味着人才培养体系脱离了中国的现实与历史。[①]

在新文科建设背景下，结合中华法系的传统文化与历史特征，加快建设具有继承性、民族性、原创性、时代性、系统性、专业性特点的法学复合型人才培养模式，建设具有中国特色的学科体系、学术体系、话语体系、教材体系，才能将中国特色社会主义法治观念内化为人才培养的内驱动力，同时又能在世界法治格局中争夺法治话语权，为世界法治贡献中国经验、中国元素和中国心智。[②]

（二）融入全球法治交流体系的需要

"新文科"的"新"响应新时代，不仅包括了知识领域与研究方法的"新"，更包括了任务目标的"新"——与世界各大不同文明之间的对话。[③]长期以来，中国一直致力于做世界和平的建设者、全球发展的贡献者、国际秩序的维护者。建设者、贡献者、维护者需要人才培养的不断跟进。但是在现有的全球治理人才培养体系下，储备和供给均不足。我们急需培养一大批适应全球新格局的高素质国际专业人才，如外交人才、国际经贸人才、涉外法律人才、国际新闻人才、国际专利人才。[④]

国际化作为"卓越法律人才培养计划"中法学教育的重要战略之一，与新文科背景下复合型法律人才培养的时代要求不谋而合。随着我国越来越高度融入国际政治经济新秩序，国际化法律人才的培养逐渐成为推动国际化人才交流、改进法学国际交流合作模式的重要力量。[⑤]同时，伴随着经济交往过程中政治因素的不断强势，加之技术发展所带来的问题的专业化程度不断提高，国际化法律人才不仅要有充足的法律专业知识、较高的外国语言水平，而且要对外国的经济、政治、历史、文化甚至科学技术领域有深入的了解，以应对日益专业与复杂的国际问题。另外，为解决某一领域的法律问题，也需要从传统的部门法教育向领域法教育转变。

---

① 参见付子堂、朱林方：《中国特色社会主义法治理论的基本构成》，《法制与社会发展》2015年第3期。

② 参见樊丽明：《对"新文科"之"新"的几点理解》，《中国高教研究》2019年第10期。

③ 参见姜宗强：《对话意识：新文科背景下哲学学科发展的新思路》，《西北师大学报》（社会科学版）2019年第5期。

④ 参见樊丽明：《对"新文科"之"新"的几点理解》，《中国高教研究》2019年第10期。

⑤ 参见姜宗强：《对话意识：新文科背景下哲学学科发展的新思路》，《西北师大学报》（社会科学版）2019年第5期。

领域法学研究对象具有新颖性和学科交叉性的特点。如,环境法学包含环境学、生态学、法学等多学科的知识体系,网络法学(人工智能法学)包含互联网、人工智能、大数据与法律交叉等所形成的新型法学知识体系,应急法学则是一门刚刚起步而日益重要的包含灾害防治、突发事件应对和法学等多学科交叉的新的法学领域。[①]这种领域法学的人才培养相较于传统部门法学,本土化程度降低,知识体系更加具有普遍性。领域法学下复合法律人才的培养,是在全球一体化背景下各国所面对危机的共同性决定的,任何一个国家在某一领域法内所取得的进展可能对于其他国家都具有直接经验性。领域法学下问题的共同性,亟须不同国家的研究成果的交流与合作,这也使得特定领域内的法学复合型人才培养迫在眉睫。

(三)应对新兴产业的需要

当下,“信息”已经成为改变这个时代最关键的力量。人工智能、云计算、区块链、基因工程、虚拟技术等技术的发展不仅推动了新兴产业的出现,更引发了传统产业的转型,引起了新一轮科技革命和产业变革。在产业发展“大调整”与“大洗牌”的格局下,学科研究出现了新的转型,法学亦不可能“独善其身”,不断与理学、工学的领域产生了交叉融合。例如与无人驾驶技术配套的相关法律、公共政策、社会问题研究等。同时,法学作为以权利为核心研究对象的规范科学,是将人的符合自然发展与社会发展规律的需求在法律上进行确认,这势必引起各个行业的新兴需求寻求法律上的权利确认。比如,人工智能的强势发展为其他学科带来了新的需求,产生了人工智能法学。[②]

新兴产业的需求导致了法律人才的培养出现两个转向:一是新兴产业催生的复合型法律人才需求。在新一轮产业革命中出现的以信息为核心的新兴产业,要求法学与产业发展相适应,法律人才培养体系需要与科技强国战略相匹配,与理学、工学新兴领域进行交叉融合。二是社会发展与需求催生的复合型法律人才需求。法律不仅要着眼于产业发展中的问题,更要着眼于产业发展过程中人类需求转变的问题,需要适应新兴产业、新兴行业所带来的新的诉求,例如基于人工智能所产生的法律主体问题、基于基因工程产生的基因编辑的伦理问题,成为法学研究不可回避的问题。[③]这意味着信息技术与法律人才培养的融合已经成为一个国

---

① 参见孟磊:《我国复合型卓越法治人才培养探究》,《中国高教研究》2021年第11期。

② 参见王铭玉:《新文科——一场文科教育的革命》,《上海交通大学学报》(哲学社会科学版)2020年第1期。

③ 参见王铭玉、张涛:《高校“新文科”建设:概念与行动》,《中国社会科学报》2019年3月21日。

际趋势,复合型法律人才培养是新文科建设在高等教育领域新的实践。

（四）法学研究范式转变的需要

新兴产业不仅带来了法学研究对象的转型,也推动了法学研究范式的转变。大数据浪潮中的法学研究正处于全新的历史机遇期,大数据驱动的"第四范式"也逐渐在法学领域获得青睐。在此背景下,大数据环境不仅为法学研究问题的验证和解释带来全新思路,也为新现象、新规律的发现提供了更多可能。在法学研究领域,可以借助互联网和计算机为科研项目注入新的活力,各种形式的人文资料被数字化并以多媒体形式进行展示,深度文本挖掘、可视化、数据关联等拓宽了法学研究的范围和工具。传统法学研究范式与法学新研究范式的比较详见表1。[①]

表1　传统法学研究范式与法学新研究范式的比较

	传统法学研究范式	法学新研究范式
研究内容	法律规范、法律文献	基于数据跨学科研究
研究方法	定性研究、形式逻辑、头脑风暴	定量研究、数据模型、相关性分析、未来预测
技术特征	田野调查、问卷、访谈等	网上问卷、类型化检索、可视化
团队组成	小规模团队分工讨论	交互性写作、大规模协同
辅助机构	图书馆、文献资料库	数字图书馆、云平台、数据计算软件、计算设备
成果形式	论文、图书	云数据、知识地图、知识库、工具软件

法学研究范式的转变要求研究者必须掌握新研究范式所需要的知识,传统法学教育以概念法学、解释法学教育为主要范式,大数据收集、定量研究、数据模型、相关性分析等并不在其中,这就要求法学教育的人才培养必须纳入新的课程、新的知识体系,法学教育所培养的人才不再是仅仅局限于法律概念研究与解释研究的单一化人才,而是多种研究方法与知识体系的复合型人才。

二、培养机制须适应新文科建设背景下法学复合型人才的培养目标

传统法学教育侧重基础理论、法学概念的教育,但是在当前"厚基础、宽口径"法律人才要求下,原有的法律人才培养目标显然不能满足当前对法律人才的需

① 参见王丽华、刘炜:《助力与借力:数字人文与新文科建设》,《南京社会科学》2021年第7期。

求，需要对其培养目标进行重新定位。新文科建设背景下，法律人才不仅需要有扎实的法学基础知识，更需要具备跨学科知识储备，同时兼具运用新技术、新手段解决问题的能力。这种同时具备创新能力与实践能力的高素质国际化复合人才才能满足新经济发展和新产业布局的需要。新文科建设背景下，法学复合型人才培养目标需要满足"新交叉""新范式""新路径""新视野"的要求，法学复合型人才机制必须与"新交叉""新范式""新路径"的培养目标相适应。

（一）新交叉

在整个世界由工业化走向信息化的时代，社会发展呈现出高速、系统、辩证的发展趋势。在过去"卓越法律人才"培养过程中，人文科学和社会科学两个领域的交叉曾被尝试。但是人文科学与社会科学本来就具有学科相似性，因而这种交叉显然已经不能满足"新文科"的建设要求。

新文科人才应该具有如下特点：一是文理兼通。"文理兼通"并不意味着复合型法律人才的培养要向理工类领域进行专业化发展，而是要求学生具备理工科基本素养，掌握理工类学科的基础知识以及部分研究方法，能够在需要时使用理工类知识解决问题，并能够借用其研究方法进行法学问题的研究。二是优秀的学习能力。机器学习、互联网、大数据影响下，知识迭代速度急剧提高，新鲜事物层出不穷，这要求法律工作者不能囿于已有的知识，必须能够根据知识体系的更新不断增加知识储备，这对于法律人才自主学习能力的培养提出了更高的要求。三是国际交流能力。当前科学研究的精细化发展使得任何一个国家不可能在所有学科领域均处于领先地位，各个国家的研究均呈现出自己的特点与专长。这就需要掌握不同的语言，或者掌握一种普遍使用的语言以进行国际交流，以学习其他国家领先的理论知识。四是优秀的系统性协调能力。传统法律人才培养过程中，协调能力往往仅侧重于团队分工与合作能力的培养。①但是，由于传统法学教育下人才培养模式的趋同，团队成员往往缺乏功能性互补，分工合作多集中于法学领域内的知识互补。但是，新文科建设背景下的系统协调性，要求团队成员之间具有功能性的互补，例如，有的成员善于进行数据收集与整理，有的成员善于进行模型构建，有的成员善于进行因果关系分析，有的成员善于将数据结果与理论进行对接。有了这种强强结合的功能性互补团队，才能充分发挥团队成员所擅长的不同学科优势，取得突破性的成果。

新文科建设背景下的新交叉，需要结合学科特点，进行"厚基础、宽口径"的交

① 参见安丰存、王铭玉：《新文科建设的本质、地位及体系》，《学术交流》2019年第11期。

叉。这种交叉不仅需要打破人文社科领域具有学科相似性的内部学科交叉,更要进行跨领域的学科交叉,实现复合型人才培养模式与机制的创新。

(二)新范式

一段时间,法学被视为仅围绕“规范的解释与适用”进行定性研究。这就决定了运用形式逻辑所进行的规范研究成为法学的主要研究范式,而实验科学、假设与验证、数据模型等被排除在法学研究范式之外。在法学复合型人才培养过程中,首先,要将自然科学常用的假设验证研究范式纳入其中,要让法学研究者学会从假设出发进行研究,而不仅仅从问题出发进行问题解决的研究。这种假设源发性的研究方式能够激发法律人才的创造性,为法学理论的更新提供原动力。其次,除科学研究的传统范式之外,科学技术的发展提供了第四种范式——数据之眼,即根据大量的已知数据,通过计算得出之前未知的理论。第四范式为法学研究提供了“第三只眼”——数据之眼,即可以通过对数据采集、分析和挖掘,发现和揭示新的问题,再运用和发展相应的理论,使得理论基于数据和事实,它更多关注的是问题或数据之间的相关关系。[①]这种研究范式相比于传统的独立研究范式,是一种集成性研究范式。它将法学问题的相关知识化约为独立的数据元素,并通过数据的排列组合形成新的理论堆栈模型,其不再仅仅是一种学科的交叉,将边缘学科中与其他学科相交互的内容进行符合问题本质的多学科研究,而是消解学科意识、壁垒与边界,将各门学科知识解码为可灵活选择与组织的信息元,并选择其中与所研究的问题相关的知识元,以集成方式形成结构功能超强的认知单元[②],从而更为深刻、有效地认识问题、解决问题,实现研究者所设定的目标。

(三)新路径

新文科建设背景下法学复合型人才培养的新路径,是为了实现新文科建设、实现法学复合型人才培养的“新交叉”“新范式”所进行的新尝试。在传统法律人才培养模式下,法学核心课程已经基本确定,培养方式亦限定在课堂教育、案例分析、教学实习、模拟法庭等方式之中。在教学改革的过程中,亦是在原有框架下的小修小补,没有真正实现法学人才培养模式的创新,也没有真正以法学复合型人才培养为导向。例如,传统案例教学采用的方式,其特点大致可以概括为论题给定、专项训练,即将每个案例的研习重点集中在一两个问题上,但实践中的疑难案件往往是错综复杂的问题交织在一起。近年来,源自德国的“鉴定式案例分析方

① 参见周毅、李卓卓:《新文科建设的理路与设计》,《中国大学教学》2019年第6期。

② 参见储朝晖:《警惕“新文科”沦为形式化学术》,《中国科学报》2021年11月23日。

法”在刑法、民法、行政法领域逐渐兴起。“鉴定式案例分析”的流程可以分为六个步骤:处理案件事实、寻找法律规范、选择审查框架、拟定审查清单、开展涵摄分析与得出结论。这种方法所发展出来的逐一分析的一整套章法或曰程式,可以最大限度地督促分析者不放过任何一个有探讨空间的问题,但也存在局限性。如在分析案件时,如何确定事实就超出了鉴定式案例分析方法的功能范围;寻找法律规范也是鉴定式案例分析方法本身难以处理的。因此,鉴定式案例分析方法不是无所不能的,它需要其他理论成果加以支撑。

新文科建设背景下法学复合型人才培养的路径应当是一种强调知识复合与质量提升的新路径。这种路径需要从两个层面上推进:一是对法学人才培养模式、课程体系与课程内容等进行升级改造,引导法学人才在现有研究领域内,以人文社会科学为主要交叉对象,结合其他领域的知识进行法学的现象学研究;二是直接对新兴领域进行探索,将新兴领域的教学课程、教学方法纳入法案学教育之中,培养新型复合人才。[①]但是,第二种模式相较于第一种模式,需要更加具有针对性和目的性,即所针对的群体仅应当是部分对于新兴领域研究具有浓厚兴趣和潜力的人,应当直接与人才培养需求缺口对接,而不是普遍性培养。

三、法学复合型人才培养的当前困境

“卓越法律人才”的培养已经有了长时间的实践检验,距离“新文科”建设的提出已有三年多时间,全国各地也纷纷进行了一些尝试,但是当前这些模式依然存在着一定问题,并未完全满足“新文科”建设的目标和实践之需。随着新文科建设工作的全面展开,有些高校除了开设民法学、刑法学、诉讼法学等传统法学核心课程以外,以法学专业课程为基础,开创了与法学相融合的多学科基础学习平台,形成具有中国特色的“法学+”课程教学体系,达成法学与工学、法学与理学、法学与农学、法学与医学、法学与其他文科等交叉融合的课程组合,以优化专业课程的设计创新法学学科。[②]在其他人文社会科学领域,亦尝试在人文科学和社会科学两个领域间进行学科交叉,拓宽学科领域和内涵,如历史和政治学科交叉,形成人文政治等学科方向。通过扩大主修专业与辅修专业相结合的新学科建设模式,培养学生兼具不同学科领域知识、理论及研究方法。[③]北京大学等通过跨专业类进行

① 参见周毅、李卓卓:《新文科建设的理路与设计》,《中国大学教学》2019年第6期。

② 参见许桂敏:《新文科视域下高校法学交叉融合课程建设探索与实践》,《中国大学教学》2021年第7期。

③ 参见安丰存、王铭玉:《新文科建设的本质、地位及体系》,《学术交流》2019年第11期。

PPE(政治、哲学与经济学的交叉)等的人才培养实践。但是当前的学科交叉模块组合仍然不具有系统性,在交叉设计上存在着不足。

(一)文科与理工科交叉度不够

当前,在我国高等教育专业目录中,文科与理工科交叉的学科门类并不多,正在进行的交叉学科培养实践中,亦以人文社会科学的内部交叉为主要模式。近些年来,高校新增的专业集中在大数据、机器人工程、网络空间安全与信息工程等专业,这些专业主要集中在传统“理学”与“工学”之间进行交叉,仍然是自然科学的内部交叉。而人文社会科学的交叉则集中在经济学、政治学、管理学、哲学之间进行交叉,人文社会科学与自然科学交叉培养的模式并不多见。[①]而在法学领域,在人才培养方案的设计上仍然囿于单一的学科或专业门类进行课程设计,较少放开跨学科的主体课程设计,学生在课程选择上仍然存在着很大的障碍。这种理科、文科各专业之间的隔断或界限限制了法学复合型人才的培养,也不利于人才培养匹配社会需求。[②]即便是法学与理科相交叉的计算法学,仍然是法学研究有余而“计算”研究不足,对于法律数据的研究仍然以田野调查与“看图说话”为主,计算法学空带上了“计算”的帽子,却从事着与传统法学无实质之异的工作。

(二)文科与最新技术融合性不强

在新一轮产业革命和技术大潮中,出现了人工智能、区块链、基因工程、虚拟技术等新兴技术,由此出现了一系列与此相关的法律问题,例如人工智能的主体地位问题、区块链下的监管问题、基因编辑的伦理问题等。但是当前对于这些问题的研究仍然是在传统法学框架下,将这些问题整合到传统法学理论之中,运用规范解释与概念研究的方法,总结这些问题的解决路径,并未深入这些领域技术运行层面。同时,这种传统的研究方法使得新技术所产生的问题思考方式、问题研究方法、问题解决方式并未对法科学生的培养产生实质影响。这就导致法学几乎处于一种“学科孤岛”的状态。新一轮科技革命和产业革命对高素质人才的科技素养、综合能力要求越来越高,应用大数据采集和处理技术、机器学习、知识图谱等人工智能技术进行哲学社会科学研究成为法律人才需要掌握的重要内容。[③]对照新时代法学复合型人才培养的要求,加强与人工智能、大数据、云计算、生物科技等最新技术的融合,注重思维理念、研究方式的引入,是法学复合型人才培养

① 参见李凤林:《加快建设“新文科” 主动引领新时代》,《中国高等教育》2020年第1期。

② 参见周毅、李卓卓:《新文科建设的理路与设计》,《中国大学教学》2019年第6期。

③ 参见李凤林:《加快建设“新文科” 主动引领新时代》,《中国高等教育》2020年第1期。

的未来方向。

(三)学科交叉深度不够

为培养复合型人才,有些学校近些年来采取了书院制的教育试点。在书院制下,无论学生选择哪个专业,第一年都必须进入各个书院学习和生活,接受包括综合教育、文理基础、专业基础三大课程板块在内的综合素质教育,第二年再回到各专业院系学习。但是,从实践效果来看,第一年的综合教育,仅仅是通识教育、通选课程在第一年的综合教育中完成,随后学生又恢复到进入各个院系的独立学习状态。①这就造成了书院并未实现学生专业课程的交叉,与目前通过通识、通选课程进行的综合教育的效果差异不大。并且同一个书院学生的交流亦仅限于日常生活以及文化活动的交流,学生之间很难实现不同学科知识上的交流,书院有逐渐沦为一个单纯的管理机构之嫌。同时,由于书院采取导师制度,而书院制下各个学生所选择的导师基本为学生原所属院系的老师。加之老师的科研、教学任务繁重,对本科生常常缺乏足够的指导,有的书院制下甚至由辅导员兼任书院导师,完全背离了书院制教学的初衷。

(四)缺乏深入交叉研究的路径

在复合型人才培养过程中,山东大学采取了主修专业(Major)、辅修专业(Minor)和微专业(Micro)相结合的学科培养模式。微专业旨在打破学科专业壁垒,拓宽专业教育口径,促进学科交叉融合,催生新的知识增长点,加强本科与研究生教育的有效衔接,为一体化、贯通式人才培养奠定基础。②例如山东大学法学院开设"法律与网络安全"微专业,而山东大学(威海)法学院开设"计算法学"微专业。虽然这些微专业的开设为复合型法律人才的培养提供了新的路径,但是其所面临的问题在于:由于以上学科的交叉没有成熟的学科交叉研究体系,因而在学生培养过程中,缺乏对应的交叉学科研究的方向,往往回归到传统的法学教育中。而本科阶段学生只完成了基本概念和基本理论的学习,难以在研究生阶段独立进行交叉学科的研究,因而导致了本科阶段所进行的复合培养教育最终很难达到应有的效果。

通过教育来培养大量合格的法律工作者以满足现代社会的需求,成为法学教育思考和关注的焦点,而如何能够依据某种既定的教育实践模式实现对现代科学

① 参见郭俊:《书院制教育模式的兴起及其发展思考》,《高等教育研究》2013年第8期。

② 参见袁凯、姜兆亮、刘传勇:《新时代 新需求 新文科——山东大学新文科建设探索与实践》,《中国大学教学》2020年第7期。

知识和技术的高效传授也自然成为法学人才培养模式建构的出发点和归宿。然而,当模式化的教育实践发展至一定阶段以及现代社会对人才质量的要求发生转变以后,仅仅依据法学教育的设计来展开的教育实践所培养的人依然很难完全适应和满足这一时期社会发展的内在需求,这就迫使法学教育从内部发生相应的转变,体现为它从过度关注教育的效率和数量转向对教育精神性的关注,从专注于知识和技能的传授转向对人的物质性和精神性教育的全面关注,从学科体系的建构转向对法学教育实践的改进和完善,从纯粹的理念世界逐步走向对生活世界的关心,从线性既定的教育思维转向复杂性的教育思维。[①]法学复合型人才的培养需要解决从教育制度的总体设计到培养方式的具体实现两个层面的问题,只有两个层面的问题都得到解决,才能实现法学复合型人才培养的一贯体系。

四、新文科建设背景下法学复合型人才培养机制的几点思考

新文科建设背景下法学复合型人才培养,需要从总体设计和具体方法两个层面入手,在实现人才培养理念与目标定位更新的同时,结合当前法学复合型人才培养的不足,进行自上而下的一体化设计。

(一)新文科建设背景下法学复合型人才培养模式的总体设计

在以复合型人才为主要培养目标、以“新交叉”“新范式”“新路径”为主要培养定位的指导思想下,法学复合型人才的培养首先仍然要回归学科内容与课程设计,以专业建设和课程建设为主要抓手,以学科专业交叉、科技创新、科教协同、产教融合等为基本特征,进而推动高等教育在形态、结构、理念、标准、技术、方法和评价等方面的全面改革。[②]

第一,要打破学科壁垒,改变传统的学科设置对学科交叉所造成的人为障碍。学科是相互联系的,文科与理工科是相互渗透的。当代人类面临的共同问题的极度复杂性和高度综合性决定了自然科学与哲学社会科学结合、培育新兴交叉学科成为现代科学技术发展新的生长点和增长点。[③]学科设置与分化并非知识谱系衍生的自然产物,而是人类根据自身的研究特点与研究方法所进行的人为划分,随着社会发展,新的知识领域不断出现,传统的学科设置必然要跟随知识领域的发

① 参见王兆璟:《新文科建设与教育学的时代变革》,《西北师大学报》(社会科学版)2019年第5期。

② 参见袁凯、姜兆亮、刘传勇:《新时代　新需求　新文科——山东大学新文科建设探索与实践》,《中国大学教学》2020年第7期。

③ 参见李凤林:《加快建设“新文科”　主动引领新时代》,《中国高等教育》2020年第1期。

展出现调整,人文社会科学与自然科学的融合就是知识衍生与融合的必然趋势。在新文科建设背景下,“新文科”不仅意味着传统人文社会科学领域内的知识更新,更意味着传统人文社会科学的学科体系在新的社会背景下要进行新的调整。这决定了新文科建设背景下法学复合型人才培养是一个系统性工程,涵盖了哲学社会科学领域内多个学科之间的交叉、融合、渗透、拓展,也涵盖了文理交叉、文工交叉、文医交叉等新兴领域。

打破法学与其他学科之间的壁垒,首先需要打通社会科学内部的壁垒,将法学与政治学、经济学、社会学等相结合。其次要打通人文科学与社会科学之间的壁垒。在传统法学研究之中,法学与其他人文社会科学的交叉融合已经呈现出良好的研究态势,法学与哲学融合形成的法哲学,法学与历史学融合所形成的法制史,法学与经济学相融合所形成的法经济学,法学与社会学相融合所形成的法社会学等,都已经形成了良好的研究基础。只是由于法学自身的发展壮大,使得这些交叉融合所形成的学科内容逐渐独立,与其他人文社会学科逐渐割裂。在新文科建设背景下,法学与其他人文社会科学的交叉融合是一个法学内部各部门法重新认识自己的过程。最后要打通法学与自然科学的壁垒,这是法学交叉发展最难打通也是必须要打通的瓶颈所在。但是,法学打破与自然科学的壁垒,必须要考虑知识内容的共通性,实现“就近打通”。比如,法学与环境科学的交叉融合、法学与生命科学的交叉融合。同时,法学与自然科学之间壁垒的打通还意味着新兴法学学科的出现,计算法学、人工智能法学即是其中的典型代表。

第二,要结合计算法学的研究热点,将计算科学与法学深度融合,实现法学人才培养理论的创新,完成计算科学在法学领域的实践。法学人才培养理论的创新是法律人才培养的前提基础,而法学实践变革则是法学理论创新的先决条件。[①]因此,法学复合型人才的培养理论应当立足于实践的发展与需要,以产业变革和问题导向为出发点,以人才培养理论创新实现法律人才培养过程中法学与其他学科的深度融合。在信息成为新的社会问题体的时代,法学问题的研究与解决亦是从信息出发,而信息作为数据集成的产物,必须立足于数据的计算。因而,实现计算科学与法学的深度融合,在法学人才培养过程中实践计算社会科学是变革法学人才培养理论的第一步。所谓计算社会科学,是在计算机科学、认知科学、社会网络分析、数据分析、多媒体技术、区块链技术、机器学习、复杂性建模、模型识别、社会仿真实验等新兴方法支撑下开展社会现象研究和行为识别,并由此形成新型跨

① 参见王兆璟:《新文科建设与教育学的时代变革》,《西北师大学报》(社会科学版)2019年第5期。

学科领域。在法学层面,计算法学以深度学习和智能网络化为背景,结合数据分析进行相关性判断以及未来结果预测。[①]在金融学与数学的交叉融合已经成熟的背景下,法学与计算科学的交叉融合可以参考金融数学的发展,以此作为计算法学的发展路径参照。总之,要结合人工智能、大数据、云计算、生物科技等最新技术,将社会和技术的最新发展、行业对人才培养的最新要求引入法学教学过程。

第三,新文科背景下法学复合型人才培养的顶层设计最终须落脚于课程设置。首先,要开发新课程,改造老课程。在这一过程中,既要注重开设新的法学课程,也要注重将未在法学教育中但在其他学科体系下已经存在的课程纳入法学教学之中。同时,要注重对老课程的改造,要将传统课程结合新的时代内容和学科要求进行内容调整。其次,要编写新教材,补充新内容。[②]在新的学科开发过程中,必然会出现原有教材所不能覆盖的学科,因而有必要结合学科的创新,推动新教材的编写。

(二)新文科建设背景下法学复合型人才培养模式的具体实现

在新文科建设背景下,法学复合型人才培养的实现是一个系统工程,不仅要设置先进的培养制度,还要进行配套问题解决措施的搭建。因而需要从培养目标、专业设计、教学开展、师资配备等多个层面进行具体制度的架构。

1.专业交叉性设计

新文科建设要求在传统文科的基础上,规划和设计新的专业体系。在专业规划方面,重点在于围绕国家战略、市场需求以及自身优势与特色,积极筹划开办面向国家重点需求领域、新兴服务业、前沿技术产业、地方支柱性产业的新型文科专业。[③]值得重视的是,新文科专业并非等于传统专业之间的简单叠加,而是在问题导向、需求导向下的知识生产与再生产的重组与重构。因此,在复合型法学人才的培养过程中,不能只注重学科的简单拼凑组合,更要注重学科内容的知识连接性和可融合性。

首先,可以根据以往经验,进行学院联合性的双学位培养。在以往实践中,山东大学法学院与外国语学院联合设置的法学与英语双学位班、政管学院与外国语学院联合设置的国际政治与英语双学位班、数学学院与经济学院联合设置的金融

① 参见季卫东:《新文科的学术范式与集群化》,《上海交通大学学报》(哲学社会科学版)2020第1期。

② 参见樊丽明:《"新文科":时代需求与建设重点》,《中国大学教学》2020年第5期。

③ 参见权培培、段禹、崔延强:《文科之"新"与文科之"道"——关于新文科建设的思考》,《重庆大学学报》(社会科学版)2021年第1期。

与数学双学位班，都取得了很好的培养效果。但是，这些学科的结合都是在已经具备良好的学科融合背景下开设的。在当前法学与其他专业未有成熟的专业交叉的背景下，在学科融合方面需要进行新的探索和尝试。例如，法学和经济学同属于社会科学，在风险社会背景下，针对风险控制需求，可以考虑将这两个专业进行结合，重点进行风险防控方面的人才培养。

其次，结合当前新文科建设的试点，采用主修专业（Major）、辅修专业（Minor）和微专业（Micro）的专业设置形式。当前山东大学法学院开设“法律与网络安全”微专业，山东大学（威海）法学院开设了“计算法学”微专业。但是从微专业开设情况来看，两种微专业的运行方式截然不同。“计算法学”微专业作为一个独立的专业门类进行人才培养，除了开设传统法学核心课程之外，还开设了高等数学、线性代数、概率论与数理统计、Python语言程序设计、数据库原理及应用、机器学习、社会调查方法等课程，进行了门类性的跨学科专业人才培养。[①]而“法律与网络安全”微专业更加类似于辅修专业的培养模式，采用单独编班组织教学，利用周末以及寒暑假授课，并且微专业课程属于任选性专业课程。[②]之所以存在这样的区别，乃在于“计算法学”在法学领域已经存在一定程度的研究，而“法律与网络安全”是一种全新的尝试，交叉的可能性尚待验证。但是，无论微专业以何种形式开展，其面临的主要问题都在于硕士研究生阶段、博士研究生阶段的研究均尚未出现类似专业门类，学生在本科生阶段完成的多是基本知识的学习，尚不具备将不同学科的知识进行交叉运用的能力。一旦在后续深造过程中缺乏对应的培养方案，就会使得前期培养难以维继。因而，在研究生阶段，对应本科微专业开设专门的研究方向尤为重要。

法学复合型人才专业设计与培养方案设置，作为一种具有前瞻性的专业设计，应严格论证，举办跨学校、跨学院、跨专业的方案设置专门研讨会，并邀请资深法官、检察官、专业律师、教学督导委员会成员、教学指导委员会人员等组成专家委员会，对培养方案作出实践性、前瞻性的预测评估。[③]只有经过科学设计、严格论证并经过实践检验的交叉学科设置才能真正培养出符合实践需求的复合型法

① 参见权培培、段禹、崔延强：《文科之“新”与文科之“道”——关于新文科建设的思考》，《重庆大学学报》（社会科学版）2021年第1期。

② 参见《法学（计算法学）专业培养方案》，山东大学法学院（威海）官网，2020年7月14日。

③ 参见许桂敏：《新文科视域下高校法学交叉融合课程建设探索与实践》，《中国大学教学》2021年第7期。

律人才,否则,很容易导致前期的培养成本付诸东流。

2.课程的专门性设计

法学复合型人才培养的落实在于课程设计,因而对照所开设的交叉型、复合型的专业,应对课程进行专门化的设计。在开始阶段,学生并不清楚课程内容与所学习专业的相关性,课程相关性很难通过课程名称进行直接的判断;并且没有专业的课程开设时间指引,学生亦很难厘清各门课程学习的顺序。因而学校在课程设置上不能将所有课程作为任选课程放任学生自由选择,而是应当确定交叉专业的核心课程,为学生培养提供完整的培养框架。这就需要法学结合所交叉融合的专业,提炼开设一组核心课程,不能仅像双学位培养一般,将所交叉学科的课程进行简单的整合,而是要开设真正具有交叉内容的新课程。譬如开设类似于金融科技、科技考古等将科学技术与专业融合的新专业,或者诸如新媒体艺术、医学心理学等将原有的课程与社会需求进行深化结合的法学新课程。①

3.项目化教学开展

在法学复合型人才培养过程中,由于存在着研究学科、研究领域的多样性,任何一个教师难以完成多种学科的综合教学与培养,因而不能再像传统法学教学一般,采取单打独斗的形式,必须要加强团队建设。但是,在现有条件下,教师分属于不同的院系,拥有自己的研究方向,较难建立一支固定的、独立的跨学科的团队。

在新文科建设过程中,可以借鉴理工科实验团队的建设模式,以项目研究为出发点,组建某一个项目研究的跨学科团队,建设文科实验平台。坚持打破教学和科研的壁垒,加大文科重大科研设施投入,推动现代信息技术在实验教学中的应用,按照大类建设、资源共享、分步实施的思想,跨学科、跨学院、跨专业建设文科实验室和实验平台。②项目化的团队建设可以整合不同学科的教师资源和学生资源,使得学科交叉融合在研究中实现,同时避免了不同院系之间各自开展学科交叉融合所造成的资源浪费。

相比于理工科的项目团队,法学复合型人才培养实验团队除了注重学生的复合能力培养外,还不可忽视对于学生的专业技能技术以及学生综合素质的训练,例如创新精神、团队合作能力、沟通能力等方面的培养,紧密围绕国家重大战略需求、学科前沿和地域特色,找准定位,凝练方向,打造项目团队自己独特的研究方

---

① 参见樊丽明:《"新文科":时代需求与建设重点》,《中国大学教学》2020年第5期。

② 参见袁凯、姜兆亮、刘传勇:《新时代　新需求　新文科——山东大学新文科建设探索与实践》,《中国大学教学》2020年第7期。

向和学科特色。这种复合型研究团队除了像以往法学研究团队一般注重人员的知识储备等软件设施建设之外,还应当注重硬件设施的建设,要利用研究项目资源,注重计算设备、智能云设施等的建设,以便在研究过程中能够采取实验、实证、模型、模拟、数理分析、数据驱动等方法,实现科学技术在复合型法律人才培养过程中的应用。[①]这一点在新型历史学的研究方法中得到了很好的印证与实践。量化数据库研究模式及其在历史学中的应用,在有效扩展研究史料范围和转变研究模式的同时,从更普遍、更基层的角度去发现靠传统文献阅读无法发现的隐藏在历史资料中的史实,使研究者通过统计分析,得出基础的描述性统计结果,揭示不同因素间的相互关系。[②]在当前传统法学理论研究已经足够深入的情况下,有了复合型研究团队兼具先进科技设备的辅助,定能更好地促进研究与学习,产出多赢的成果。

4.以点带面的复合型人才培养运行模式

由于当前社会对于复合型法律人才的需求急切,而复合型法律人才的培养正处于起步阶段,因而不宜急于求成地开展全方位的跨学科人才培养,而是应该采取循序渐进、以点带面的方式,在人才培养实践中不断总结、不断改进。对此,可以参照山东大学泰山学堂、尼山学堂的培养模式,在学科交叉所在院系中选拔具有复合培养意愿的学生进行小班化教学和培养,同时在各个阶段均开设对应的培养方向,开辟本硕博贯通人才培养模式。[③]

5.加快复合型人才培养教师队伍建设

任何高等教育的落实都是以学生为主体,以教师为推进者,法学复合型人才的培养需要在教师的日常教学教育工作中实现。同时,复合型法律人才培养过程中的学科交叉研究与实验方法也需要教师为先驱,如果缺乏教师的研究指导,即使学生掌握跨学科知识,也难以将知识综合运用。法学复合人才培养体系下的教师队伍建设,需要厘清两个问题:一是传统法学教师进行学科交叉研究的意愿以及其他学科教师运用其他学科知识进行法学问题研究的意愿问题,二是教师进行学科交叉研究的能力问题。为此,需要建立行之有效的激励措施,同时辅之以实

① 参见季卫东:《新文科的学术范式与集群化》,《上海交通大学学报》(哲学社会科学版)2020年第1期。

② 参见何玉红:《新文科背景下如何讲好中国"历史故事"》,《西北师大学报》(社会科学版)2019年第5期。

③ 参见袁凯、姜兆亮、刘传勇:《新时代 新需求 新文科——山东大学新文科建设探索与实践》,《中国大学教学》2020年第7期。

体的研究中心或虚体的学术松散联合体，设置一定的申请条件，鼓励教师以课题申请、跨学科学术交流、跨学科教学参与等方式首先实现教师层面的跨学科合作与研究。同时，还要对跨学科教师资源进行延伸与拓展，一方面要面向产业与行业，建立起人才交流互通的绿色通道，将具备丰富实践经验的高级行业人才、专家引入常规师资队伍中；另一方面也要鼓励高校专职教师积极走出高校，进入产业行业挂职、兼职或进行课题项目研究，真正做到既“请进来”又“走出去”。[①]如，一方面，法学院可以聘请资深的法官、检察官、律师等法律职业共同体成员到法学院任教、开展学术讲座、联合指导学生；另一方面，法学院的教师通过兼职律师、到司法实务部门挂职、联合进行课题研究等方式，不断充实自己的实务经验、提升解决综合性、重大疑难问题的能力。

虽然目前国内高校身份注重教师队伍的建设，但是成熟的“一体化融合式联建团队”并不多见。[②]复合式教师的培养和“融合式”的教师队伍建设可以从三个方面进行：一是人才引进，在国内外寻找能够进行跨学科研究的教师牵头，组建“融合式联建团队”，这是最为快速的解决手段。但是，在目前人文社会科学学科交叉研究并不成熟的起步阶段，这种人才较为稀缺，在实现上具有一定的困难。二是人才培养，即将现有教师中有志于从事交叉学科研究以及复合型人才培养的教师或者博士研究生，与其他的院系、院校进行联合培养，在其具备交叉研究能力之后再进行学科队伍建设。这是一个长效机制，但是实现周期较长。三是项目激励，即开设专门的项目基金用于法学交叉学科的研究，促使传统的法学教师在教学和研究的过程中自动转型，进行交叉学科的教学和研究。

6.构建法学复合型人才的专门评价体系

构建针对法学复合型人才的评价体系是新文科建设背景下法学复合型人才培养可持续性发展的内在保障。复合型人才的培养尚处于起步阶段，其在发展上面临着诸多不完善之处，如果运用传统评价体系，势必造成该领域的学生在评价体系中处于弱势地位。因而在评价主体、评价内容、评价标准方面，需要对法学复合型人才的评价体系进行重新定位，才能推动该学科的发展。量化评价在学术评价体系中的权威地位是伴随着现代性及其理性主义和计算思维在现代大学制度中的不断渗透而加以巩固的，而传统囿于专业内部的评价系统则是学科部落不断

---

① 参见权培培、段禹、崔延强：《文科之“新”与文科之“道”——关于新文科建设的思考》，《重庆大学学报》(社会科学版)2021年第1期。

② 参见张勇安：《走向国际的中国世界史与新文科》，《探索与争鸣》2021年第10期。

分化所形成的“知识—权力”体系的必然结果。[①]新文科建设倡导开放的学科体系，这就决定了以学科内部的量化指标和内部规范培训为主要评价标准的评价体系难以适用于法学复合型人才的评价。对于学生而言，评价体系的重点在于确立“能力素养为本”的质量观以及形成多元化的评价机制；同时，要注重与产业对接，确立以学生“能力素养为本”的质量观为前提，除了专业素养之外，更加注重对于学生信息素养、技术素养、团队合作素养的培育。在评价机制上，要打通校内外评价主体，同时更加注重过程性评价和形成性评价，并重视评价的导向功能，构建多元一体化的综合评价体系。

五、结语

当前，法学研究对象的综合、多元化，使得法学的人才培养目标与路径不可能也不应该千篇一律，新时代的发展需要高素养、有思想的法律人，以开放的姿态同时又以各自的独特方式开展多种途径的探索与合作，其中一部分可能会超越学科走向集成，促进法学领域创新。就法学复合型人才培养而言，切忌多种学科简单糅合的形式化培养。在真正实现知识融合与方法融合的基础上，实现法律人才综合运用各种知识解决特定领域的重大问题，才是法学复合型人才的培养目标。

① 参见权培培、段禹、崔延强：《文科之“新”与文科之“道”——关于新文科建设的思考》，《重庆大学学报》(社会科学版)2021年第1期。

新文科背景下法学基础平台课程体系研究

王盛航

2018年8月，在全国教育大会召开之前的半个月，中共中央在所发文件里提出“高等教育要努力发展新工科、新医科、新农科、新文科”（简称“四新”建设），正式提出“新文科”这一概念。2019年4月29日，教育部、科技部、财政部等部门在天津联合召开“六卓越一拔尖”计划2.0启动大会，标志着国家“四新”建设工程正式开启。由此，“新文科”从概念提出走向正式实施。2020年11月3日，由教育部新文科建设工作组主办的新文科建设工作会议在山东大学（威海）召开，会议发布了《新文科建设宣言》，对新文科建设作出全面部署。[①]法学学科是文科的重要组成部分，自然是“新文科”建设的重要内容。随着时代的发展和科技的进步，如何打造一个满足新法科教育需要的基础平台，构建平台课程体系，是新法科建设的基础。

一、新文科建设对法学教育的新要求

教育部新文科建设工作组组长、原山东大学校长樊丽明认为：“2017年美国西拉姆学院率先提出‘新文科’概念，他们所阐释的新文科主要是专业重组，不同专业的学生打破专业课程界限进行综合性的跨学科学习。”[②]法学学科已经形成较

① 参见《新文科建设工作会在山东大学召开》，2020年11月3日，http://www.moe.gov.cn/jyb_xwfb/gzdt_gzdt/s5987/202011/t20201103_498067.html。

② 樊丽明：《对“新文科”之“新”的几点理解》，《中国高教研究》2019年第10期。

为稳定的理论体系、专业基础、学科结构、研究方法等。“新文科”建设要求法学教育求变、应变、创新、突破。在变革面前，法学教育既要保持和坚守法学专业的学科特性和学科目标，也要积极回应社会发展需求，培养法治社会建设需要的复合型高素质法治人才。

（一）新文科的特征

“新文科”“新”在哪里？学界的观点不一，可谓见仁见智。有学者认为：“眼下提倡的新文科，不是新旧之新，而是创新之新，是立足于新科技时代，为了未来创新型人才培养，对文科提出的提升要求。换言之，是要打造‘2.0版新文科’。”[①]还有学者认为：“新文科的‘新’主要体现在学科协同之新、信息技术融入之新、人才培养模式之新等方面。”[②]学者们从不同角度各自阐释了“新文科”“新”在哪里，这将有助于人们了解“新文科”之“新”。对学者们的不同观点进行归纳总结，我们可以看出，当今时代的新背景至少体现为新技术的发展、新需求的产生、新国情的要求。在此新背景之下，文科呈现出一系列新特点，至少体现在三个方面：一是学科之间的交叉变得越来越多，不仅文科内各学科的交叉变得越来越明显，文理之间的交融也越来越需要。二是知识生产的新模式，知识在应用下生产，知识为未来生产。三是文科发展需适合国情发展需要，要体现中国特色，能在世界舞台上发声。

从学科交叉的角度来说，新技术的发展促进了学科之间的交叉。“近年来，在新一轮科技革命和产业变革大潮中出现了人工智能、区块链、虚拟技术等大量新兴技术，人文社会科学与科技强国战略相匹配，与理学、工学新兴领域进行交叉融合，成为新文科的重要内容之一。”[③] 新需求促使学科交叉。随着社会的不断发展，社会需求也不断变化，促进了交叉学科的发展。一方面，社会对人才提出新需求。例如，李秀娟等人从人才需求的角度提出交叉仿生学科及其专业设立的必要。[④]另一方面，社会问题的分析与解决越来越需要多学科。例如南海争端问题，有人以1998—2016年在CSSCI和Web of Science上南海争端相关文章的期刊与图书类引文为样本，发现文献涉及的学科众多。例如发表在CSSCI期刊上的论文涉及的学科包括政治学、法学、军事学、新闻学、经济学、历史学、环境科学、社会

---

① 陈跃红：《新文科：智能时代的人文处境与历史机遇》，《探索与争鸣》2020年第1期。

② 刘艳红：《新文科建设背景下的高校图书馆服务研究》，《图书与情报》2019年第4期。

③ 胡明宇：《苏州大学“理解广告”教学的创新实践》，《中国广告》2019年第12期。

④ 参见李秀娟、张志辉、邹猛等：《需求视角下的交叉仿生学科及专业设立必要性分析》，《高等工程教育研究》2019年第2期。

学、文学、地理学、生态学、公共管理学、教育学、民族学、水产养殖、艺术学、统计学等。①越来越多的新成果出现在学科交叉领域。有学者统计,从诺贝尔奖设立到20世纪50年代,获奖项目中交叉学科数所占比率分别为36.23%、35.14%,进入50年代以来,在20世纪第三个25年中,诺贝尔奖中学科交叉比率由35.14%飙升至42.71%,增加了7.57%。②

从知识生产的角度说,知识不再是“闲逸的好奇”,而是在应用下生产;知识不再是只解释过去,更重要的是面向未来。吉本斯将传统的知识生产模式称为“模式1”,而将新的知识生产模式称为“模式2”。相对于模式1来说,模式2具有一些新特点,其中一个特点就是:知识在应用的背景下生产。③在知识生产模式2的基础上,卡拉雅尼斯等人进一步提出并阐释了知识生产模式3。知识生产模式3是为了知识创造、扩散与使用,由创新网络和知识集群组成的模式。它是一个多层次、多模式、多节点和多边的体系,包括相互补充和不断加强的创新网络以及由人力资本和智力资本组成的知识集群。④知识生产模式3特别强调创新,强调教育是为未来社会培养人才;强调知识集群,体现学科交叉的必要与学科边界的模糊。

从符合国情的角度说,当前我国文科发展需要满足两方面要求:一是中国的文科发展应有中国自己的特色,不能仅仅停留在对西方理论的吸收与借鉴上。在文科发展过程中要体现中国特色,发展中国学派。习近平总书记指出,中国特色哲学社会科学具有的特点应把握三个方面:体现继承性、民族性,体现原创性、时代性,体现系统性、专业性。要坚持、完善和发展中国特色社会主义国家制度与法律制度,坚定道路自信、理论自信、制度自信、文化自信。⑤二是中国的文科发展不再局限于中国,而要放眼世界,在人类命运共同体的前提下,要参与国际竞争,在

---

① 参见王新才、杨千、王海宁:《国内与国际跨学科研究人员文献需求的对比分析——以南海争端问题为例》,《图书情报工作》2018年第5期。

② 参见张春美、郝凤霞、闫宏秀:《学科交叉研究的神韵——百年诺贝尔自然科学奖探析》,《科学技术与辩证法》2001年第6期。

③ M. Gibbons,“The University as an Instrument for the Development of Science and Basic Research: The Implications of Mode 2 Science”, D. D.Dill , B.Sporn , *Emerging Patterns of Social Demand and University Reform: Through a Glass Darkly*, Paris: IAU Press, 1995, p.92.

④ E. G.Carayannis , F. J.David , Campbell, *Mode 3 Knowledge Production in Quadruple Helix Innovation Systems: 21st Century Democracy, Innovation, and Entrepreneurship for Development* , New York: Springer, 2012, p.3.

⑤ 参见习近平:《坚持、完善和发展中国特色社会主义国家制度与法律制度》,《求是》2019年第23期。

世界学术舞台上担当大任。习近平总书记指出:“哲学社会科学是人们认识世界、改造世界的重要工具,是推动历史发展和社会进步的重要力量,其发展水平反映了一个民族的思维能力、精神品格、文明素质,体现了一个国家的综合国力和国际竞争力。一个国家的发展水平,既取决于自然科学发展水平,也取决于哲学社会科学发展水平。一个没有发达的自然科学的国家不可能走在世界前列,一个没有繁荣的哲学社会科学的国家也不可能走在世界前列。”[①]

(二)传统法学教育与新文科建设的背离

法学是关于法律现象的知识创新与知识传授体系。法学知识创新主要表现为法学研究及其形成的法学学科体系、学术体系、话语体系;法学知识传授主要表现为法学教育的学科专业体系、课程体系、教材体系等。我国法学教育经过数十年的发展,以多元化人才培养为教育目标,以多轨制法学教育制度为培养方式,以多类型知识建构和多层次学历、学位结构为教育内容,以理论与实践多重组合的教学模式为教育方法,构成了中国特色法学教育模式的基本元素。[②]但囿于发展基础、教学资源、师资力量、受众基础、社会环境等诸多因素的差异性,传统法学教育在法学教学活动与新文科建设的要求中呈现出不同程度的矛盾。

教学包含教与学两个方面。在法学教学活动中,经历过以教师为主体、以学生为主体的争论和实践。不论是什么样的模式,教师和学生是实施教学活动的核心主体。教师的教学活动需要学生配合,没有学生的接受内化,教学目的就难以达成;学生的学习活动需要教师的引领,没有教师的信息传递,学习目标的实现会比较困难。所以,无论是以教师为主体,还是以学生为主体,都应当以达成人才培养目标为根本遵循。在法学教学实践中,教师的教与学生的学之间存在一定矛盾。一方面是教师的教学能力和水平不能满足学生学习需求,另一方面是学生想学的内容与教师讲授的内容不一致。大多数的法学院校尤其是地方高校法学院系,鼓励学生参加法律职业资格考试,并从学习时间、学习资源、学习方式等方面予以倾斜。这种以法律职业资格考试为导向的法学教学模式比较普遍。在这种情况下,教师只以完成一般教学任务为要求,学生只需期末考试前突击进行机械背诵即可获得成绩和学分。理论教学的深度和广度受到抑制,学生的学习范围局限于法律职业资格考试内容。因此,法学理论教学从教学到期末考试,都在为法律职业资格考试让路,进一步加剧了教师教与学生学之间的矛盾。

---

① 习近平:《在哲学社会科学工作座谈会上的讲话》,《人民日报》2016年5月19日。

② 参见丁夏:《试论法学教育“供给侧”改革的目标——以“卓越法律人才培养计划”为视角》,《中国法学教育研究》2016年第3期。

法学专业课程体系一般以教育部明确的16门核心课程为主。根据最新要求,法学专业核心课程采取“1+10+×”的分类设置模式。但法学是实践性很强的学科,法科学生能否适应社会需求并有比较理想的发展,很大程度上取决于自身的实践能力。但实际上,目前法学院系无论是教师还是学生,对实践能力和专业技能的认识比较片面,对实践课程和实践环节的精力投入都比较有限,以至于学生的专业技能并不理想。2011年的《教育部中央政法委员会关于实施卓越法律人才教育培养计划的若干意见》(教高〔2011〕10号)明确指出,高等法学教育存在“学生实践能力总体不强”的问题。学生实践能力不强,一方面表现为理论掌握不够扎实,难以与实践结合;另一方面表现为分析、判断能力欠缺,对法律实务处理能力不足。导致学生实践能力不强的原因是多方面的。一是因为法学教育传统上存在“重理论、轻实践”的不足,法学理论课程占比较重;二是因为学生不注重专业实践训练,除了少部分具有专业敏感性的学生,较多的学生只是把专业实践课程当成繁重的理论学习的调节,不具有培育自身实践能力的自觉性;三是因为法学专业实践很大程度上需要利用法院、检察院、司法局、律师事务所等外部资源,但这些机关或场所又希望学生的实践具有延续性、长期性,这又与学生学习、学校管理要求相冲突,因而除了毕业实习,课内实践、短期实践难免陷入实践资源不足的困境。诸多原因交织之下,法科学生的专业实践能力只能由任课教师在理论授课中进行,难以形成持续性、体系性、专门性,对学生实践能力培养作用并不明显。

近年来,高等教育探索实践出形式多样的教学方式,如翻转课堂教学、对分课堂教学、线上线下混合式教学等。这些教学方式具有探索性、创新性,对于提升教学效果、达成教学目标具有积极意义和作用。但这些教学方式的探索与改革,仍然是基于课堂、以教师为主体的教学形式。虽然在这些教学改革中,学生的主体地位有所增强,学习的效果也比较显著,但这背后是任课教师更多的付出和准备。毕竟学生的学习基础、学习态度、学习能力、学习目标千差万别,这些教学探索离不开学生的密切配合,教学效果也需要学生来呈现。没有任课教师不厌其烦的引导、启发,很多教学活动是无法进行的。教学改革以提高教育质量、培养专业人才为目标,教学方式、教学改革以教学目标达成为出发点。在法学专业教学中,具有法学创新精神和实践能力的应用型高级专门人才是主要的培养目标。无论是教学方式还是教学改革,都应当围绕这一目标进行。如果采用翻转课堂、对分课堂等教学方法,势必会压缩理论授课时间和内容,或者加快教学速度,或者对教学内容进行选择。而课堂之外的时间由学生支配,教师恐怕也难以监督。因此,如果忽略了学生的个体差异,无论什么样的教学方法,其实际运用都是存在不足的。

这也是传统讲授式教学仍是任课教师首选的重要原因。

(三)新法学教育的建设

《新文科建设宣言》指明了新法科守正创新的基本方向,落地则能够通过《新文科建设宣言》任务部分在法学教育中的具体化来实现。创新是新文科建设的生命线,也是新法科建设实现自我革命的必经之路。

一是在教育理念、思想、理论、方法、技术、标准、范式的革命中谋求创新。党的十八大以来,在高等教育和新法科建设方面,新理念、新思想、新战略具体化为习近平总书记考察北京师范大学和中国政法大学的两次重要讲话。其中,2014年习近平总书记考察北京师范大学时指出,"我们坚持科教兴国战略和人才强国战略,坚持把教育放在优先发展的战略位置,继续大力推动教育改革发展,使我国教育越办越好、越办越强。"[①]2017年,习近平总书记考察中国政法大学时强调,"要解决中国法学教育存在的问题和不足,就要统筹谋划,整体布局,该坚持的坚持,该改进的改进,该调整的调整,该创新的创新,使法学学科建设体现时代发展,体现坚持和发展中国特色社会主义的客观要求。"[②]习近平总书记的两次重要讲话精神,对于新法科建设,具有划时代的指导意义,要具体落实到法学教育的实际运行之中,就意味着新法科建设要积极回应全面依法治国的深入推进实践,顺应新时代高速发展所引发的法学教育在教育思想、理念、理论、方法、技术、标准、范式等方面的革命。

二是在文与理、人文与社科、中与西、知与行、古与今的融会贯通中谋求创新。新法科要实现与传统法科教育的不同,基础的着力点为专业建设,作为高等法学教育基本单元的法学专业,创新就要打破专业之间的藩篱,专业壁垒的破除是实现新法科创新的支撑和基础,是实现新法科建设知识增量的前提条件。因此,新法科的创新首要的是要打破传统文科的局限,在法科专业建设上实现文理交叉以及人文社科专业教材创新。中国高等教育的历史演进将人才培养置于专业之中,但现实社会的法治需求却并不以专业划分人才需求。对于法学来说,除了传统的专业交叉外,信息化、科技手段、人工智能、区块链、算法等新兴技术都对新法科建设提出了专业交叉建设的全新要求,要创新就要首先进行文理交叉,打破人文和社科之间的专业藩篱。当然,专业交叉只是基础性工作,其最终目标指向的是新

① 习近平:《做党和人民满意的好老师——同北京师范大学师生代表座谈时的讲话》,《人民日报》2014年9月10日。

②《习近平在中国政法大学考察时强调 立德树人德法兼修抓好法治人才培养 励志勤学刻苦磨炼促进青年成长进步》,新华社,2017年5月3日。

法科人才培养规格的变化，也就是新时代法治人才知识、能力、素质的构成变化，反映在人才培养过程之中，就体现为法治人才培养所具有的中西结合、知行合一、古今融通的知识、能力和素质。从这个意义上来说，新法科的创新就是要实现“五通”，也就是文与理、人文与社科、中与西、知与行、古与今的融会贯通，而这“五通”之间又有层次和功能区分，其中文与理、人文与社科的融通主要是工具性的，是通过专业建设可以实现的，而中与西、知与行、古与今的融会贯通更偏重于目的，是新法科人才培养的规格和目标，这就构成了新法科创新的基本路径和思路。

二、课程平台的类型化

新文科注重对社会科学专业人才实践能力、创新能力和综合能力等的培养，而社会科学创新人才的培养对实验教学提出了新的要求。随着人工智能、“互联网+”等技术发展，法学教育在实验教学上面临着显著的挑战和机遇，传统的教学模式无法满足其需求，因此要通过不同类型的教育平台满足新法科教育的需求。

（一）基于微信公众平台的补充式教学

《国家中长期教育改革和发展规划纲要（2010—2020年）》明确指出：“信息技术对教育发展具有革命性的影响，必须予以高度重视。”教育信息化应充分发挥现代信息技术的优势，注重信息技术与教育的全面深度融合。[①]目前，国内关于微信公众平台在教育中的应用较多，微信公众平台融入传统的教学过程中，为传统的教学模式提供补充。

如今，基于智能手机的移动互联对当代大学生来说，已不再是一种技术手段，而更多地表现为一种基于现代信息通信技术的生活方式。移动学习大环境下学生学习模式的多态化已成为新常态，与之对应的教学模式也应进行相应的变革。基于此，基于微信公众平台的补充式教学以传统课堂教学为基点，依托微信公众平台，按照课前、课堂、课后时间顺序，以学生为中心，由教师作为课程的引导者，提供多样化的学习资源，采取多样化的教学传播方式。

基于微信公众平台的混合式教学模型主要包括三个部分：一是课前。在课前一周，教师首先在微信公众平台上发布相应课程的教学资源和学习任务清单，让学生明白教学目标和课前应该掌握的内容。此外，教师还需着手准备各类难易程度不同的辅助学习资料，供学生自主学习时选择，以充分满足不同层次学生的学

---

① 参见顾明远：《学习和解读〈国家中长期教育改革和发展规划纲要（2010—2020年）〉》，《高等教育研究》2010年第7期。

习需求，激发学生的学习兴趣。学生在课前则应明确学习任务，在学习任务单的引导下完成学习任务；课前若有不解之处，可以通过平台与老师、其他同学交流学习。二是课堂。课堂上教师的活动主要是辅助学生开展学习，要有针对性地对学生进行辅导、指引、答疑解惑；在基于微信公众平台的课堂教学环节中，教师仍然是课堂教学的主导者。课堂上学生的活动则主要是与教师和其他同学开展讨论、展示、回答问题等，实现知识的内化。三是课后。学生要在课后基于微信公众平台进行课堂知识的巩固，教师则需结合课前和课堂的反馈，着重借助平台终端与学生进行交流，以激发学生进一步探究的学习欲望。

在基于微信公众平台的教学模型中，课程不再是封闭的社会单元，而是通过移动平台的连接汇聚，形成集体智慧认知网络与个性化发展空间。教学不再是单独的过程，工具、资源和人以互补的方式共同运作，改变了教师与学生所处的传统的教与学环境，形成了创新性的教与学生态圈。

（二）基于视频会议平台的远程教学

远程教学从传统的以印刷品为主要媒介的函授教育，扩展到以广播和电视为主要媒介的远程教育，发展到了今天的以计算机网络为主要媒介的现代远程教育阶段。随着计算机网络软硬件技术不断发展和普及，远程教育将逐渐向网上教学的方向发展。2020年春季学期以来，我国高校普遍利用视频会议平台线上远程教学。基于视频会议的网络远程教学模式是指教师通过视频会议系统、音频设备与通信网络对学习者进行实时教学授课或辅导，学生通过计算机网络等相应设备与教师建立实时（或非实时）的反馈联系。视频会议系统不仅提供流畅的语音、清晰的视频图像，同时也提供文档共享、协同浏览、电子白板、桌面共享与远程遥控协作等数据处理功能，利用网络让不同地方的师生通过音视频实时交互沟通，如置身于同一教室之中。

在现代远程教学活动中双向交互式视频教学系统主要表现为以下两方面的作用：一是实时授课。即将教师现场的语音、数据、图像等实时地传送到远端教室或学生的桌面系统上，打破距离和空间的限制，任何地域的学生都可以同现场学生一样听老师的授课，解决了课堂教学问题，实现教学资源的极大共享，又能获得较好的教学效果。突出的是实时性，在技术上表现为从教师授课现场到远程教学终端一点对多点的实时广播。二是实时交流。即教师在教学活动中与学生进行友好的现场交流，可以看到学生的表情和动作，听到学生向老师的提问等。可实现面对面教学的效果，充分体现了双向交互式的优势。从技术角度可以把远程教学点到教师授课现场看作多点对一点的实时广播。通过以上分析，现代远程视频教学系统如能实现从教师授课现场到远程教学终端一点对多点的实时广播和从远程教学终端到教师授课现场多点对一点的实时广播两方面的功能,就基本满足了教学的要求。

根据不同的教学目的和不同的应用场合,基于视频会议的远程教学可以分为上课型、讨论型和个体型。上课型远程教育对电子教室的布置有较高的要求,需具备摄像、音响、编码机等器材。光线的设置,室内音响系统的性能,摄像机与学习者的距离、角度等都需经过周密的考虑和设计,才能获得最佳的教学效果。在教室里可以有近距离听课的学习者10人左右,而远距离上课的学习者可达数十人甚至更多。在这里,授课教师是电子教室的主控者,通过调控设备决定教学的进程和组织教学内容等工作。经教师允许,学习者可以进行发言、讨论等活动,教师则能根据学生的反应进行有目的的教学过程。讨论型远程教育是在桌面型视频会议系统上进行的,其终端设备大多数都是在PC或工作站上加视频会议插卡组成。基于桌面型的远程教学可以向师生提供近乎直接见面形式的协同工作,师生之间或学习者之间可进行数据、文件、图像等的交互协作。讨论型远程教育具有较强的交互性和实时性。个体型远程教育可以独立设置,也可以作为一个套件在PC机上运行。可视电话一般运行在公共交换电话网(PSIN)上,因此它可看成运用于PSIN上的视频会议系统。个体型远程教育的学习者通过多媒体通信网交互式对话可以得到教师的个别引导和指导,远距离学习者个体之间也可以通过可视电话进行学习或交流,利用这种交互式的学习系统,学生还可以根据自己的学习情况调整学习进度。

但是基于视频会议的网络远程教学在基础型课程中也存在一些问题。在基础型课程中,由于教学内容多为概念与理论,讲起来略显抽象,这种情况下教师不能过多地与远程分会场的学生进行互动,而是将注意力更多地放在主会场学生身上。这导致远程的学生和传统课堂教学一样,没有成为学习的中心。同时每个学生的接受能力和理解能力等都存在着一定的差异,在教师无法准确了解每个学生特征的情况下,教学内容又没有由浅入深、逐层深入的设置,教学目标和教学内容的制定很容易不符合实际教学,使学生的学习受到影响。

(三)基于网络学习平台的混合式教学

互联网与信息技术强强联合,不仅加速了经济发展,同时,它对人类的持续学习提供了前所未有的便利。慕课(MOOC)平台借助信息技术传播速度快、范围广的特点,使学员学习不再受时间、地域的限制,所以MOOC这种教学模式开启了教育事业发展的新纪元。这种变化不仅是教学方式在改变,更是新时代优秀教学资源得以普及的一种新型的教育教学模式，可以满足更多学员个性化学习的愿望和需求。

MOOC作为一种新型的教学模式，主要通过网络平台为全球的学习者提供海量专业教育资源与学习服务。自2012年起，大规模在线开放MOOC课程在全球高校悄然盛行，其优势主要有以下几个方面。一是开放性。MOOC的课程资源向全球学习者开放，用户在任何时间、任何地点都能够无障碍地获取、传播、重复利用该资源，并可以通过社交媒体自由表达个人意见，互动交流。跨越时空和国界的互动更彰显学术自由的精神，有利于知识的有效传递。二是规模性。学习人员的规模性增长也是MOOC的重要特点。比如参与Coursera平台建设的高校和组织超过了110个，涉及课程领域25个，一门课程可供上千万人学习。[①]

作为辅助实体教学的新型教学共享模式，混合型MOOC不涉及复杂的管理，而是将面对面的传统教学与网络视频教学的优点相结合，教师在此过程中的作用由管控转变为引导。混合型MOOC主要有以下三种运作模式。

一是面对面教学与MOOC教学相结合的教学方式。首先，教师拆分选取专业课的知识点，区分知识点的难易程度和重要程度，甄别学习内容，对教学内容进行筛选。然后，将适合MOOC学习的内容录制成视频，上传到专门网站，并将典型案例视频、引领案例、问题指引、拓展阅读资料等放置到MOOC相应的知识点上。教师在学生自主学习MOOC课程之后，采取隔周面授的方式，对课程知识点进行总结，组织学生交流讨论，并针对学生自学过程中的难点和困惑进行讲解与答疑。如此，教师便能及时了解学生对知识的掌握程度，并修改和完善课程内容。

二是学生自主学习、教师辅助的学习方式。混合型MOOC主要侧重对学生自主学习能力的培养。学生通过观看教师在MOOC平台上传的视频，对知识进行了解和学习。教师再组织学生在面授中或MOOC平台上对知识点进行讨论，发挥学生的能动性。对于学生来说，个体结构化的学习活动仅占10%—30%，其余70%—90%的学习活动是通过非正式的课堂授课形式进行的，因此对非正式学习活动的支持有助于个人知识的增长。而混合型MOOC正是通过改变学习方式来激发学生的学习兴趣。

三是传统课程考核与MOOC学习考核相结合的综合评定考核方式。传统课堂中，平时成绩考核是教师较为头疼的问题，而混合型MOOC以在线学习的时间和次数为基准进行平时成绩考核的方法能够解决这一问题。混合型MOOC以期末课程考核和MOOC平时成绩二者结合的方式来综合评定学生课程成绩，一方

① 参见荣宪举：《慕课的特点及国内外发展历程》，《科教导刊》2016年第9期。

面突出期末课程考核在衡量学生学习效果中的重要作用,另一方面将学生在MOOC中展现的自主学习能力也作为评价的标准之一,这种综合评定方式是比较科学、公正的。

法学教育承担着传授专业知识、训练职业能力、培养合格人才的任务,教学模式的好坏直接影响法学教育成效。传统的教学模式主要是教师在课堂上进行知识讲解,扮演管控者角色。但管控型教学模式容易造成实践教育与理论教育相分离的尴尬局面,学生思维、能力得不到锻炼,容易丧失自主学习能力,很难满足社会实践对新型法律人才的需求。而混合型MOOC是学生为中心、教师为辅的教学模式,它由传道向解惑转变,更加强调学生的自主性。这种转变的优势体现在以下两点:一方面,混合型MOOC让学生在线上学习,在其对知识点进行了解后,再带着问题进入课堂,从而使学习更有针对性,这有助于培养学生的自主学习能力,并给予其更多的思考时间。另一方面,法学是一门应用性很强的学科,单纯的填鸭式教育容易引发法学理论教育脱离实践的问题,混合型MOOC能够将实践和理论有机结合,并提供更多的实践机会。例如,教师在MOOC课程的设计中可以加入英美法系国家的典型案例,这不仅可以丰富课堂内容,还可以开拓学生的国际视野。因此作为辅助式教学方式,混合型MOOC线上教学和传统教学相结合、学生自主学习和问题式教学相结合、理论教学和实践教学相结合的模式,弥补了传统教学的不足,更符合新法科人才培养计划目标的要求。

三、法学基础平台课程体系的实践——以环境法为例

新文科背景下法学基础平台课程体系研究以环境法学为切入点,主要目的是培养学生的法学实践能力和交叉学科的研究能力。环境法作为一个独立的法律部门,同其他法律部门相比有其独特的科学性和技术性要求,保护环境须采取自然科学的、工程技术的、经济的等各种手段,环境法同上述各种手段密切相关,因此,在环境法里包含有较多的技术规范。在环境法所调整的社会关系中,更多地涉及经济发展、生产管理和科学技术方面的问题,这里反映某些社会发展规律、经济规律和自然规律。与其他部门法相比,环境法更能体现新文科、大文科背景下法学基础平台课程体系的要求。

(一)基于“环境法课堂”微信公众号的补充式教学

为了尝试并推动环境法教学从传统课堂的“平面单维式教学”,与时俱进地逐步向“立体互动式教学”发展,以适应新时代环境法教学的“节奏”,在一线课堂教学和主编的教学相关出版物的基础上,筹建了“环境法课堂”微信公众号。

公众号由三大板块构成:理论实务、互动学习、关于我。“理论实务”板块包括入门笔记、案例课堂、理论园地。“入门笔记”在《环境法入门笔记》一书的基础上,提炼环境法基础知识。“案例课堂”将精选经典疑难案例及事件,在“实案释法”系列丛书的基础上,对案例进行分析解读,力求满足法律诊所、法律硕士、法律实务对案例教学和研习的要求。“理论园地”将定时推送环境法学术文章,为环境法研究与实务提供理论支撑。“互动学习”板块包括学术新闻、判例检索、社会热点、案例互动。“学术新闻”第一时间发布学术动态,紧跟学术热点。案例课堂中的案例全文可以通过“判例检索”全文阅读。“社会热点”关注环境立法、执法、司法动态,以及社会热点环保法律事件。“案例互动”为疑难案例的互动讨论提供平台,并选登典型、新型案例。

以案例课堂为例,环境法作为实践性很强的学科,有与统一法律职业资格考试的案例分析能力要求越来越趋同的改革特点,“环境法课堂”特设“案例课堂”栏目,以实现三个目标:使环境法本科实践教学适应案例教学的需求;使环境法案例教学有助于学生在日常学习中培养法律职业思维和能力;使环境法案例教学满足法律诊所、法律硕士、法律职业的实践能力培训要求。本栏目的受众广泛,基本覆盖环境法学教育和实践各领域,本栏目将主要涵盖环境公益诉讼案例,环境刑事诉讼案例,环境侵权纠纷案例,环境行政处罚、许可、复议和诉讼案例,公众参与环境保护的事例和案例。每周推送更新,推送案例精选、关联知识点的学理和法律规定、案例点评等内容。为满足实践中千变万化的情形、力图教授给学生最实用的案例及事例分析知识,本栏目中案例及事例选取自以下途径:“两高”公布的典型案例,案例数据库中选取的典型案例,地方法院、检察院和相关社会组织提供的典型案例,新闻报道中选取的典型案例及事例等。

(二)基于“环境法律诊所”的视频教学

法律诊所教育是一种把法学理论与实践结合起来的法学教育模式,其模仿医学院临床实习的做法,让学生进入一个真实法律环境的“诊所”中,教师引导学生在“诊所”中为委托人诊断法律问题,开出“处方”,让学生在解决实际法律问题的过程中实现法律思维和实务技能的训练。法律诊所教学模式已得到世界多国法学院的重视和认可,美国130余所法学院设立法律诊所课程,诊所教学已成为法学院培养学生实务能力、积累法律经验的一种有效教学模式。我国部分重点高校法学院在2000年开始探索法律诊所教学模式,截至2021年,已有100多所高校开设法律诊所课程。

环境法律诊所即是立足专业所属高校的环境专业发展特色,围绕资源环境法律人才培养,以行业法律实践操作能力培养为核心,集教学、科研和服务社会为一体的实验性人才培养平台。一方面,资源环境法律诊所课程作为专业实践课程体系的重要组成部分和诊所教育的核心环节,依托诊所的构建而设置,尝试实现行业特色型法律实务人才培育目标。资源环境法律诊所课程的目标是训练学生运用法律知识解决实际问题的法律职业思维和职业技能,通过对社会现实法律问题的关注与分析以及法律矛盾解决方案的创设,培养学生敏锐的职业意识、严谨的职业精神和规范的职业道德。另一方面,立足我国国土资源发展与环境保护法律人才的需要,通过对资源环境法律实务知识的学习和专业实践训练,培养学生资源法制建设、资源勘探开发与环境保护等法律领域的纠纷处理技能,以满足环境资源型企事业单位的法律人才需求。

法律诊所教学与传统的理论知识讲授以及讨论式教学、案例教学、模拟教学相比,其操作模式有所不同。诊所教学包括课堂和实践教学两大部分,核心是实践教学。实践教学中教师引导学生操作社会生活中的真实案件。诊所的教学素材必须是社会生活中发生的真实案例或真实的法律项目,而不是编排的抽象理论案例,参与实践的学生要参与真实法律项目的操作。诊所的课程运行由学生自主进行操作,以学生操作为主,指导教师引导为辅。学员自主计划、安排案件代理和其他工作的内容和进度。指导老师主要为学员提出建议,但不决定工作内容。在重大问题上,如出现危及当事人利益和学生安全等情况时,指导老师须进行必要的干涉。诊所的课堂必须以参与式、互动式的教学方式和方法为主,而非讲授式授课方法。法律诊所运行空间不仅仅包括课堂,还包括课下指导和社会实践,诊所行为要服务于所属院校和行业建设的发展需要。

环境法诊所课以实践案例为切入点,选择中国首起旨在保护濒危野生动物的预防性环境民事公益诉讼案——“绿孔雀案”作为教学案例,对学生进行“实战训练”。课程主要分为四个环节:第一个环节,学生观看案例视频,并对案件中可能涉及争议的焦点问题进行讨论和分享,最后老师组织学生投票选出学生们最感兴趣的两个法律技能实训议题。第二个环节,学生自愿分成两个小组,分别代表案例中的原告和被告,由老师组织两个小组对第一个环节选出的两个议题展开讨论,发表各自的看法。第三个环节,老师和学生共同投票,从两个议题中选出一个进行模拟法庭辩论环节的技能训练和角色扮演。第四个环节,由各位老师对本堂课程进行总结和点评。课程广泛邀请了专业领域的知名专家学者、法官、律师、科学家等作为“校外导师”参与到课堂中,为同学们答疑解惑。为了在疫情期间不中断法律诊所实践教学,本课程利用视频会议、5G 通信等多种手段支撑线上、线下结合开展教学,校外导师们受疫情影响无法亲自到现场参与,但是使用高科技辅助,课程实现了远程连线开展实务技能培训。此外,为了更大程度地提升教学效果,本次参赛视频配了中英、中德和中法三个版本的双语字幕,为同学们营造多语种的学习环境。

(三)基于"环境公益诉讼的理论与实案解析"MOOC教学

基于MOOC平台构建的混合教学模式,不仅方便课堂中的学生回放知识、巩固复习,也能满足感兴趣的学员继续在线开展拓展学习。MOOC发展是社会性的,其产生是为了满足社会发展的需求。它整合了教学资源和教学团队,因此非常专业。传统教学与MOOC教学天然存在诸多差异,"互联网+"背景下,学员学习能够突破时空的限制,享受世界一流的教学资源。基于此,"环境公益诉讼的理论与实案解析"的MOOC课程应运而生。

"环境公益诉讼的理论与实案解析"内容属于环境法知识体系中的一个专门板块,也兼顾与公共管理、环境经济学、环境科学、环境工程、环境管理、行政管理等相关学科、领域的交叉特质。以目前较为热门的环境公益诉讼为主要教学研究对象。这门课程以环境公益诉讼制度架构中重要的理论知识和真实司法案例中呈现的实践难题为主要授课内容,帮助同学们建立环境公益诉讼知识体系,对司法实践中的热点和难点问题有全面的掌握和理解,实现掌握理论知识与解决司法实践难题的双重教学目的。

课程的内容与特色主要包括四个方面:一是内容——应运而生。环境公益诉讼是一项年轻的制度,在实践中不断丰富和发展。环境公益诉讼的理论与实案解析以环境公益诉讼制度架构中重要的理论知识和真实司法案例中呈现的实践难题为主要授课内容,以期学员对环境公益诉讼有较为全面的认识,实现掌握理论知识与解决司法实践难题的双重教学目的。二是模式——团队协作。MOOC凝结了团队老师的共同智慧和心血,授课团队中的每一位老师都在MOOC中发挥了自己的教学特长。四位老师分别从自己的授课知识架构中,提炼出与环境公益诉讼相关的知识点并与大家进行分享。三是案例——生动翔实。MOOC在讲解重要的理论知识时结合大量真实的司法案例,让学员可以更直观地把握环境公益诉讼,从而更有经验性地投身于环境公益诉讼实践。四是教材——量身定制。MOOC还配有量身定制的教材。《环境公益诉讼实案释法》对精心选取的经典疑难案例进行深入分析和多角度解读,帮助读者理解环境公益诉讼司法实践中的知识重点、难点,提高读者的法律职业资格考试应试能力和法律实务案例解决能力。

课程于2020年2月正式登录中国大学MOOC平台以来,目前已经开设两个学期,共有近4000人参与课程。学习者在参加本课程的学习过程中,除了可借助平台本身提供的学习进度统计、学习过程全程跟踪、个性化学习方案定制、测评数据统计等掌握自己的学习进程外，还可以在线上或线下实时获得团队教师及教学助理全天候的学习支持服务。自2020年3月2日第一次开课以来，本课程获得了普遍好评。

从“新文科”概念2017年在世界高等教育界首次出现，到《新文科建设宣言》2020年在中国正式发布，中间仅有三年时间。这三年里，中国对于“新文科”这一全新的高等教育理念，迅速从学界的理论研究转向了顶层制度的设计，这一过程本身就代表了中国高等教育从跟跑的大国，到并行、领跑的强国的理念和实践转向，对此，法学学科应有足够的担当。在顶层的制度设计确立之后，我们应当考虑运用先进的技术手段，构建法学教育的平台体系，通过线下、线上相结合的教学手段，实现理论与实践相结合的教学方式，培养跨学科复合型的法律人才。

新文科建设背景下法学本科教育的比较研究

张蓓蓓

一、新文科建设及其背景

新文科建设是一场文科教育的革命，是教育部等有关部门贯彻习近平总书记有关指示、顺应新时代发展趋势、推动我国高等教育内涵式发展的重要举措。[①]山东大学响应国家号召，积极推动新文科建设举措，鼓励申报新文科项目，践行国家创新哲学社会科学研究和教育的重要方针。

新文科背后是中华民族伟大复兴的大格局、大背景。正如2020年11月3日发布的《新文科建设宣言》所述："一个国家的发展水平，既取决于自然科学发展水平，也取决于哲学社会科学发展水平。"新文科建设对外是提升我国软实力的重要举措，对内是坚定文化自信、加强国家和民族凝聚力的关键步骤。新文科建设对于国家未来一代的教育至关重要。山东大学以及其他高等院校作为我国培养青年一代的主要阵地，应当有全局观、有创新力，培养富有家国情怀和国际视野的时代新人。新文科建设的现实背景是快速发展的产业科技和日益复杂的社会问题。特别是，我国面临越来越复杂的外部环境，无论是国内涉外法律体系发展还是处理国际实务，都需要涉外法治人才。而对涉外法治人才培养长期以来存在不同看法。如何创新涉外法治人才培养模式，是各教育、科研机构都在不断探索的问题。

---

① 参见《全面启动！新文科建设工作会议在山大召开》，2020年11月3日，https://www.view.sdu.edu.cn/info/1003/141763.htm。

孟晚舟案就是典型的例子。美国依靠其在金融和贸易领域的软硬实力在全球实行长臂管辖和霸权政治。因此,我国涉外法治人才的主要任务就是在关键领域和关键问题上保护中国的合法利益,同时促进世界和平稳定以及推动国际法的发展。又如,新时期人民对社会生活的方方面面都提出了新的要求和期望,这种要求和期望是改造或更新法学学科和实践的原动力。这些要求主要涉及民主、法治、公平、正义、安全和环境。其中环境问题比较突出。习近平总书记提出“绿水青山就是金山银山”的重要理念,为与环境相关的法律规范的发展奠定了基础。法律人才既要了解产业发展和环保现状,也要精通与环保有关的国内法规和国际公约。人才培养方面,创新能力也是至关重要的方面,习近平生态文明思想的发展需要对相关制度进行创新,并且在世界范围内加强合作,在国家治理和环境保护方面贡献中国智慧。

“新文科”的概念起源于美国,最初以交叉学科的形式呈现,由美国希拉姆学院于2017年率先提出。[①]希拉姆学院提出“新文科”概念的时候强调是与传统文科相对而言的,强调对传统文科的重组和改造,以实现文理交叉以及将新技术融入哲学、文学、语言等课程中。[②]这种文科改革给了学生尝试创新型的、交叉学科的、试验性课程的机会,是为了回应美国学生对文科教育的新期待和市场对青年的新要求。除了交叉学科课程,参与新文科建设的学生还要求从事相关实习,修满一定的国际课程学分以及在导师指导下参与或独立开展学术研究。希拉姆学院开设的交叉学科包括科学与可持续发展、健康与社区律师、商业和信息分析、教育和公民领导、探索思路与创新艺术和语言。

美国高校的这种实践为我国教育改革提供了灵感,主要是提升相关文科教育教学以及研究的综合性。教育部实施“六卓越一拔尖”计划2.0,决定将“新文科”与“新工科”“新医学”“新农科”并列,目标建设具有中国特色和世界影响力的文科体系。文科建设的重要性是双面的,对内文科肩负着对高校大学生进行人文教育和对社会公众进行基础教育的重任。“新文科”建设强调加强交叉学科研究和跨学科课程建设,回应时代和社会提出的新问题、新要求。具体到高校教育,高校应当立足实际,提质创新,不断促进学科融合,促进学科和课程的发展,提高人才实践能力,迎合时代所需。除了学科融合、促进传统文科与其他学科门类的融合,新文科建设要求体现中国特色,促进文化传承和话语体系建设,增强文化自信。同时,

① 参见徐显明:《“新文科”建设中的“新法学”》,《北京日报》2021年6月7日。

② Greg Toppo,“New Liberal Arts’ or Not-So-Liberal Arts?”https://www.insidehighered.com/news/2018/05/02/ohios-hiram-college-puts-new-liberal-arts-test.

新文科关注全球治理和国际秩序新变化，要求培养具有国际视野且外语能力过硬的高素质国际人才。

总体来说，新文科建设是多维度创新，首先是在新时代不断凝练和升华中华文化。其次是在空间感上，新文科建设辐射广大文科学科，也关注文科与其他学科的融合，既着眼国内也放眼国际，空间范围较大。最后，新文科建设要求不仅注重具体知识，更看中价值塑造。从方法论上看，新文科建设注重人格塑造、道德修炼和境界提升，讲究立德树人，重视复合型人才培养，以“宽口径、厚基础”为标准，探索融入交叉学科知识和实践知识。

二、研究的问题

新文科建设内容庞杂。为避免研究过度泛化，本项目运用比较方法，将中国新文科建设与外国文科建设实践平行比较，加深对中国新文科建设“中国特色”的认识，同时进一步探索在法学本科教育中实践新文科建设要求的方法。具体从以下几方面展开：文科概念和使命、学科融合、涉外法治人才培养、文科创新发展。第一，对于文科的内涵和外延，国内学界有不同的理解，本文首先专注不同文科定义之间的异同，阐明如何结合新的时代背景和学科建设历史使命准确定义新文科。第二，新文科发展的一个重要方向就是促进和加强学科融合。交叉学科并不是一个新的概念，但是传统对交叉学科的理解以及实现交叉学科的方式都有待改进。第三，涉外法治人才培养是这一时期新文科建设的一大特点。党的十八届四中全会上首次提出“加强涉外法律工作”的要求。[①]随后，全国政协双周协商座谈会提出我国应当着力建设“高素质的涉外法律服务人才队伍”的意见。[②]本文重点以山东大学英法双学位班建设为基础，也考察其他高校的类似培养方案，指出目前涉外法治人才培养存在的问题以及如何改进。第四，本项目还会涉及文科创新发展的问题。需要注意的是，新文科的“新”，不是新旧的新，而是创新的新。

学科建设是大学建设的龙头，建设世界一流大学，必须注重建设强势学科。具体到文科学科，不仅要注重学科内在内容，明确以培养全面发展的人、以文明为伴的人为宗旨，鼓励对人的德行、情感、意志、理想、信念和情操的全面培养；还要关注与外部世界以及其他学科的关联关系。对研究问题的选择即是遵循了以上

① 参见张法连：《增设法律英语专业，系统培养涉外法治人才》，《中国律师》2020年第8期。

② 参见张法连：《增设法律英语专业，系统培养涉外法治人才》，《中国律师》2020年第8期。

原则，重点强调文科的创新发展和包容发展。法学发展既是求真发展，也是求善发展，既要客观看待各种社会现象，必要的时候用数据分析相关现象，准确把握制度设计的客观环境，又要关注外部世界，及时回应国家关切，聚焦国家发展战略，坚持以问题为导向，对专业化的知识体系进行创新和改革。

2019年4月，教育部、中央政法委、科技部等13部委联合启动“六卓越一拔尖”计划2.0，全面推进新工科、新医学、新农科、新文科建设，提高高校服务经济社会发展能力。计划特别提到，新文科建设是“推动哲学社会科学与新科技革命交叉融合，培养新时代的哲学社会科学家，创造光耀时代、光耀世界的中华文化”。[①]2020年12月7日中共中央印发的《法治社会建设实施纲要(2020—2025年)》，提出促进法治社会建设应当加强理论研究，为法治社会建设提供学理支持和智力支持的要求。法治发展应充分发挥高等学校、科研院所等智库作用，全力打造法治社会建设理论研究基地，这更加凸显了新文科建设的必要性和重要性。本文对问题的选择紧跟上述政策导向，以法学本科教育现状为基础，回应本科教育亟待解决的重大、关键问题。

三、研究方法

本文主要采用文献研究法和比较研究法。文献研究法不是文科的特有研究方法，这种研究方法被广泛应用于各学科研究活动中，通常被认为是具有基础性的研究方法。任何学科的研究都是在前人研究的基础上，因此，在自己开始科学研究之前，有必要参考别人的研究成果。

本文参考的文献，主要包括以下几类：第一，国家政策类，主要是为了解读“新文科”建设的真正意涵以及新文科建设的历史使命。第二，学术成果类，笔者关注中外法学学科建设成果对文科建设的影响，为比较研究奠定基础。笔者重点研究了国外文科起源、分类、学科范围、学科建设经验，特别是涉外法治人才培养和交叉学科建设经验。笔者不仅关注法学研究成果，也关注其他人文社科分支的研究成果。本文涉及的一些研究问题或子问题是交叉学科问题。例如，涉外法治人才培养，既是法学学科建设所要探索的问题，也是教育学、外语语言教育专业学科建设要探讨的问题。

比较研究法是本文的特色。在过去的法学研究成果中，比较研究的主要关注亮点有，第一是法学学科建设和课程设置比较；第二是就具体法学问题进行比较

① 参见《教育部启动实施“六卓越一拔尖”计划2.0》，2019年4月30日，http://www.moe.gov.cn/jyb_xwfb/xw_zt/moe_357/jyzt_2019n/2019_zt4/tjx/mtjj/201904/t20190430_380202.html。

研究。目前,中国知网检索结果显示,尚未出现专门以新文科建设为背景、以法学本科教育为主题开展的研究。本文利用比较法,主要参考欧洲公立大学,特别是荷兰公立大学的法学本科教育建设。

法学本科教育建设与本法域法律体系传统、原则、制度等要素息息相关,因此,选择比较研究对象需优先考虑与中国同属大陆法系的法域。大陆法系中,荷兰具有代表性,其法律架构和对法学本科的定位都与我国十分相似,适合作为本项目的重点研究对象和类比对象。在荷兰这个国土面积不足4.2万平方千米的国家,有4所欧洲排名前10的法学院。世界大学综合实力排名前100的大学中,有7所是荷兰的大学。荷兰有世界知名的国际法科研教育中心,每年吸引大量中国学生自费或公费前往深造。荷兰的法学本科建设有很多值得我国借鉴之处。

具体到文科教育,荷兰是美国式"人文教育"(Liberal Arts,又称"文理教育"或"自由文科教育")的积极践行者,也是相关实践较为成功的国家。①相关学科课程设计有灵活、开放、跨学科的特点。②荷兰不同大学文科课程设计并不相同,笔者将这种异同也作为研究重点之一。"人文教育"在荷兰教育人士的概念中并不是一种单纯的学科类别,而是一种教育理念,这意味着学生并不会上人文教育课,也不会在教育课程结束时获得一个所谓"人文"学位。那"人文教育"是什么呢?和我国教育部提出的"新文科"在内涵和外延上又有哪些异同呢?笔者将会在研究结果的第一部分详细阐述。在荷兰教育体系中,对于法学和人文类专业的关系,众说纷纭。有的大学将"法学"定义得比较窄,重点探索如何为学生提供"法律"与其他人文社科专业或理工科专业的双学位教育。③有的学校则将法律独立于"人文教育"的分支学科。比较肯定的是,荷兰大学理解的"liberal arts"是一个比我们中国教育体系中的"文科"更加宽泛的概念。

在对荷兰法学本科的研究过程中,笔者重点关注了以下问题:第一,荷兰在法学本科教育定位和人才培养理念上与我国有何异同。第二,荷兰的法学本科课程体系建设。第三,荷兰本科实践教学创新模式。第四,荷兰法学学科交叉融合理

---

① Doan and Huntington, *Study Liberal Arts in the Netherlands*, https://www.astarfuture.co.uk/downloads/AGuidetoStudyingLiberalArtsInTheNetherlands.pdf, p.1.

② Doan and Huntington, *Study Liberal Arts in the Netherlands*, https://www.astarfuture.co.uk/downloads/AGuidetoStudyingLiberalArtsInTheNetherlands.pdf, p.1.

③ "Double Degree in Law and Liberal Arts & Sciences", https://students.uu.nl/en/university-college-utrecht/academics/social-sciences/law/double-degree-in-law-and-liberal-arts-sciences.

念和方式。第五,荷兰涉外人才培养理念和方法。第六,荷兰本科教学人员教育背景、招聘方式和管理方式,以及其与学科建设之间的关联。

四、研究目的和意义

在法学本科教育中,如何践行新文科建设理念是本项目重点研究的问题。第一,从概念的比较,我们可以对教育部新文科建设的内容和目的有更加深刻、全面的认识。第二,重新定义学科关系,包括法学与其他非法学学科的关系,以及法学各分支学科之间的关系。第三,分析涉外人才培养困境以及如何破解困境。第四,探索法学本科教育的创新方法。

本文的意义是从比较的研究方法深化对新文科建设相关概念的理解。新文科建设涉及的一些要求,比如学科交叉、涉外人才培养等,在过去我国教育改革以及其他国家的教育改革中都有不同程度的实践。笔者对这些实践进行总结和分析,提出问题以及改进意见,使我国新文科建设不仅为我国法学教育事业发展作出贡献,也为世界文科发展(特别是法学本科学科建设)贡献中国智慧。

五、研究条件

笔者在欧洲获得法学硕士和博士学位,在荷兰留学长达4年时间,熟悉荷兰法学院教育教学情况,能通过与荷兰大学的沟通合作以及与相关专家沟通、座谈,获取本项目比较研究所需的第一手资料。笔者是法学院一线教学科研人员,有法学本科授课任务,服务对象是法学和英语交叉学科学生,既能保证研究问题来源于现实需求,又能使研究成果更好地服务于解决实践困境,特别是克服新文科教学改革瓶颈。笔者可以用英文工作,能用英文查找资料、阅读资料。

当然,即便有上述研究条件,本文也存在诸多限制。概念上,国外法学建设并没有"新文科"这一特定概念,尽管相关理念是共通的。因此在研究的时候要进行仔细识别、匹配,评估可比性可能是重点,也是难点。另外,本科教育不是独立存在的,它与一个国家的教育规模、教育环境、教育发展历史、当地文化、社会经济状况都有关联,单纯比较本科教育制度中的个别因素,可能会得出相对比较单一、片面的结论。笔者为克服这一点,在具体概念的比较之前,增加对荷兰整体教育制度体系以及社会经济文化背景的介绍,以期得出相对比较客观、公允的研究成果。

六、文献综述

法学本科教育制度的中外比较研究整体较少。笔者通过中国知网检索,找到了一些相关研究,但都没有结合新文科建设以及其对法学本科教学的要求。郭二榕、沈文钦、王顶明2020年11月发表在《学位与研究生教育》上的《法学学位体系和教育规模的中美比较研究》代表了相关比较研究的最新进展。该成果研究范围相对比较窄,只对比美国和中国的法学学位体系和教育规模,目的是将学位教育的跨国比较落实到具体学科,并着眼学位实质功能,最终研究成果建议避免简单新增高层次学位,支持统筹优化各级学位教育的比例。[①]该研究中,研究人员首先强调了比较研究在教育改革中的重要作用,指出各个国家的教育改革都离不开参考国外经验,并根据自己的情况进行甄别、借鉴。[②]但是,中美法学教育制度的差异过大。迄今为止,中美教育部门仍在学位认定等事项上存在分歧。例如,将Juris Doctor(J.D.)一般翻译为"法学博士",但在我国无法被认定为博士学位。

上述研究中有关人才培养结构的成果对本文的启示较大。我国法学教育以培养基础性法学人才为主,年均毕业人数占法学教育总规模的75.7%,高层次人才比例较低。这与美国重点培养法学高层次人才的现状差异较大。[③]这个问题在我国培养涉外法治人才的过程中特别突出。涉外法治人才兼具专业能力强、英文能力强、具有国际视野这几个特点。规模巨大的本科教育持续多年为就业难的问题所困,然而相关领域人才缺口巨大,这种矛盾只能通过提高法学教育质量、探索有创新性的法学本科教育来解决。

国外也有运用比较研究方法探索人文社科学科建设的成果。例如,《东亚的文科教育与文科学院:全球时代中的可能性与挑战》(*Liberal Arts Education and Colleges in East Asia: Possibilities and Challenges in the Global Age*)对东亚各国的人文社科学科建设进行比较。该著作首先探讨人文社科发展的基本思路和特点。书中提到的"Liberal Arts Education"(人文教育)追求的是培养具有国际视野、领导力,能进行批判性思维的人。[④]虽然东亚各国对于人文社科类学科建设的重要性有共识,但对于什么是人文社科,各国有差异。究其原因,这种差异可能

① 参见郭二榕、沈文钦、王顶明:《法学学位体系和教育规模的中美比较研究》,《学位与研究生教育》2020年第11期。

② 参见郭二榕、沈文钦、王顶明:《法学学位体系和教育规模的中美比较研究》,《学位与研究生教育》2020年第11期。

③ 参见郭二榕、沈文钦、王顶明:《法学学位体系和教育规模的中美比较研究》,《学位与研究生教育》2020年第11期。

④ Insung Jung, Mikiko Nishimura, Toshiaki Sasao (ed.), *Liberal Arts Education and Colleges in East Asia: Possibilities and Challenges in the Global Age*, Springer, 2016, p.180.

源于各国不同的历史和文化背景。[①]其第七、八章对中国的文科建设进行总结和研究。20世纪初期,中国根据西方经验进行了大量的改革活动。那一时期,中国的人文教育主要针对培养能够懂得西方语言、向西方学习并最终能够应对西方给中国带来的种种挑战和威胁的人才。[②]近现代文科发展在东亚地区成果显著,但也有很多问题值得探讨和改进。该书倾向于认为,人文类课程应当对所有专业学生开放。小型的、专业范围和规模都比较有限的人文学院建设应当受到重视并获得政府支持。[③]另外,双语教学应该获得更多重视。研究表明,双语能力不是孤立的或者只对个别学科有意义,它在开拓学生事业、培养学生批判思维能力方面成效都比较显著。该书的上述观点与新文科建设在观点和思路上有诸多重合之处,对本文也有重要启发意义。

交叉学科发展是十分必要的。发展交叉学科的目的并不是试图挑战传统法律服务行业的内容和方式,而是使得法律服务更能满足国家和社会的需求,服务我国法学学科发展的需求。实践中,法律职业相对独立或法律服务与其他服务形式的适当隔离是为了保护法律服务行业的正当性,为了确保律师能充分尊重当事人的利益、遵守职业操守,必须确保律师从事单一的法律服务,不与其他专业过度交叉、合作。研究交叉学科时,本文的参考文献不局限于学科建设方面的研究成果,还关注了相关领域的法学实务发展,以及实务对法科学生培养的要求。法学教育中的所谓"学科交叉"并不是挑战传统法律服务形式,而是促进法律服务行业更好发展并推进国家法治建设进程。

20世纪90年代,我国学者就开始探索如何回应市场需求,通过交叉学科建设培养能力更全面的法科学生。《比较法研究》于1996年刊发了北京大学苏力教授的文章《法学本科教育的研究和思考》。该文提到法学是一门独立的学科,但并不是一门可以自给自足的学科。[④]他提出,法学教育应当与特定时期的国家政策相联系。20世纪90年代,我国以经济建设为中心,所以法学和经济学的结合就显得

---

① Insung Jung, Mikiko Nishimura, Toshiaki Sasao (ed.), *Liberal Arts Education and Colleges in East Asia: Possibilities and Challenges in the Global Age*, Springer, 2016, p.181.

② Insung Jung, Mikiko Nishimura, Toshiaki Sasao (ed.), *Liberal Arts Education and Colleges in East Asia: Possibilities and Challenges in the Global Age*, Springer, 2016, p.183.

③ Insung Jung, Mikiko Nishimura, Toshiaki Sasao (ed.), *Liberal Arts Education and Colleges in East Asia: Possibilities and Challenges in the Global Age*, Springer, 2016, p.188.

④ 参见苏力:《法学本科教育的研究和思考》,《比较法研究》1996年第2期。

尤为重要。[①]另外，法学是以解决社会问题为目标，但是法律社会学长期发展停滞，教科书和教学在20世纪90年代都是空泛的理论，对现实的指导意义不大。可见，交叉学科思想在这一时期已经出现，但还没有十分成熟，建设交叉学科的经验也不是十分丰富。

后来的交叉学科建设比较有针对性，针对的主要是我国法学教育规模扩张和就业情况不佳之间的矛盾。一方面，我国高校法学院系建设不断膨胀，教育质量有待提升，人才培养过于保守，缺少创新性。另一方面，法学专业本科学生就业率持续走低。[②]这一时期，有研究成果探索不同形式的交叉学科人才培养模式。例如，2006年《医学教育探索》刊发文章《我国医事法学本科教育的若干问题》。文章提出，医事法学本科教育目标是培养有医学知识又具备法学专业知识的复合型人才。提出这种培养方案主要是针对我国医疗纠纷频发、医患关系紧张的现状。的确，随着现代医学发展，医疗技术的不断丰富，传统单一的学科在处理医疗技术引发的问题时显得捉襟见肘，必须综合医学、法学、伦理学等多门学科的知识。2015年《中国司法鉴定》刊发的《基于交叉学科平台的法学专业转型发展的路径探索——以法务（司法）会计本科教育为视角》对交叉学科建设路径进行研究，提出了法学本科交叉学科建设应当坚持的几个方向。[③]首先，法学本科交叉学科建设应当回应市场需求。其次，法学人才培养应当注重培养实践能力。笔者针对"法务会计"，即法学与会计学交叉学科人才培养方案的培养目标，提出除了提升法学和会计学的业务能力，还应注重"三反一防"（反腐败、反舞弊、反欺诈和企业财务风险防范）能力的培养和提升。[④]最后，交叉学科建设要注重教师队伍建设、教学方法和教学手段的创新以及科学研究平台建设。这项研究成果同时还指出了那一时期交叉学科建设的诸多困难，其中有一些困境还没有被突破，至今仍困扰交叉学科建设。例如，我国跨学科培养人才面临院系隔离、人事制度僵化、评价制度不够包容和合理等问题。这些问题仍然存在，我们应当在新的研究项目中探索更为有效的解决办法。

---

① 参见苏力：《法学本科教育的研究和思考》，《比较法研究》1996年第2期。

② 参见郑谊英：《基于交叉学科平台的法学专业转型发展的路径探索——以法务（司法）会计本科教育为视角》，《中国司法鉴定》2015年第4期。

③ 参见郑谊英：《基于交叉学科平台的法学专业转型发展的路径探索——以法务（司法）会计本科教育为视角》，《中国司法鉴定》2015年第4期。

④ 参见郑谊英：《基于交叉学科平台的法学专业转型发展的路径探索——以法务（司法）会计本科教育为视角》，《中国司法鉴定》2015年第4期。

也有学者从教育部本科学科设置的角度来研究学科建设的问题和解决问题的方法。研究表明,2012年以来的学科设置,从法学人才培养的“专门化”向“通识化”发展的倾向比较明显,整体更加强调“宽口径、厚基础”。法学与其他学科的能力和知识的排列组合更加灵活、多样。本文进一步明确了交叉学科和人才培养的关系。早期我国关于交叉学科建设的认识比较粗浅,仅指两门或两门以上学科融合,经常与其他概念混用,包括跨学科发展、学科综合发展等。后来交叉学科被作为一种新兴学科单独发展。交叉学科的含义变得越来越丰富,交叉学科既代表一种学科,也代表新的科研方向和方法论。[①]就交叉学科建设和本科法学学科建设的关系,本文给出了三个可能的关联方式。一方面,交叉学科可以帮助法学本科学生完善知识结构;另一方面,交叉学科建设注重在本科法学教学中穿插实践环节,有利于提高学生的综合实践能力。

七、研究成果

(一)新文科建设的含义和定位

我们通常理解的文科是高考专业选择和学习中与理科对应的概念,其中包含语文、英语、历史、地理、政治等学科。对应的理科包含数学、物理、化学、生物等。文科有时还被定义为包括语言、文学、历史、哲学等基础学科在内的学科类别。文科在中国还被理解为高等教育学科分类中的“人文社会科学”,也称“哲学社会科学”,具体分人文学科和社会学科。

我国有学者提出,法学的发展前途在于学科交叉与知识融合。[②]新文科建设也鼓励法学与其他学科的交叉,但新文科建设提到的交叉学科建设在内涵上更为丰富,外延上更加广泛。比较中荷文科建设,特别是法学学科建设,有很多差异,笔者首先在概念上研究我国新文科建设背景下交叉学科建设的特点。其次,笔者研究中荷法学本科人才培养中运用的交叉学科方法。

荷兰在文科建设中提出的“Liberal Arts”概念中的“Liberal”一词大致包含两层含义:首先,学生所选的课程应当涵盖跨学科内容,而非仅限于人文类课程;一些大学允许学生在课程设计上拥有极大的自主权。其次,这种教育模式的目标不在于建立和强调单一学科,而是推行一种全新的教育理念,旨在培养具备广博知识面、能够解决复杂问题的人才,而非仅仅是熟练掌握特定

① 参见王鹏:《论交叉学科在法学本科人才培养体系中的作用》,《海峡法学》2017年第2期。

② 参见吴志攀:《信息社会中的法学教育》,《政法论坛》2004年第4期。

技术的普通劳动者。对于法学是否属于“Liberal Arts”的一部分这个问题,不同学校有不同认识。比如,乌特勒支大学向学生开设法学和其他文理学科双学位(Double Degree in Law and Liberal Arts & Sciences)本科培养计划。①显然是将文科(或人文社科)和法学并列起来。该校将法学归入“社会科学”一类,与其同类的还有人类学、经济学、地理、方法与统计、政治学、心理学、社会学等。与“社会科学”并列的一项是“文科”(Humanities),包含艺术历史与博物馆研究、历史、语言和文化、传媒、行为学、哲学、宗教学、中国研究等。也有学校将“Liberal Arts”本科学习中安排法学课程②,但这并不能说明荷兰的大学将“Liberal Arts”作为法学的上游概念。过去,一般的法学院的法学本科教育只提供比较单一的法学课程和学位。根据荷兰法律,取得法学本科学位才能在荷兰从事包括法官、公证人、律师在内的法律工作。所以前述学位多为想要在荷兰从事法律工作的人准备。产生的问题是,单一的法学教育不能满足学生学习相关学科知识的需求。

也有学校将法学置于“Liberal Arts”范畴之内。例如,荷兰蒂尔堡大学(Tilburg)提供的文理本科学位(Bachelor Programs of Liberal Arts and Sciences)包含商业与经济、国际法、社会科学、认识神经科学,范围不仅涉及文科传统领域,还涉及理科内容以及交叉学科内容。这种对学科分类的认识可能跟中国比较类似。另外蒂尔堡大学还提供各种给予交叉学科创新方法的本科法学教学计划和学位设计。典型就是全球法(Global Law)本科学位。该学位的设置是为了培养学生的国际视野,扩展学生的知识面,培养能够处理涉外案件的跨国公司、跨国银行或者国际组织的法律服务人员。这个学位的一大特点是它仅用两年的时间,能为那些希望取得第二本科学位的学生提供机会。本科课程设置中运用创新方法将专业方向更加细化并不是个别大学的实践,而是一种相对比较普遍的做法。荷兰利用其是多个国际组织所在地以及国际法学科发展中心的优势,鼓励大学设置与国际法有关的本科培养计划。格罗宁根大学在这个范畴里设置了一系列课程,包括国际法和欧盟法法学本科项目。该项目的一大特点是,其内容设计更加灵活、多元,尤其是自2020—2021学年开始,学生可以在本科第二年选择专攻“科

① “Double Degree in Law and Liberal Arts & Sciences”, https://students.uu.nl/en/university-college-utrecht/academics/social-sciences/law/double-degree-in-law-and-liberal-arts-sciences.

② University College Tilburg,“Liberal Arts and Sciences”,https://www.tilburguniversity.edu/education/bachelors-programs/liberal-arts-and-sciences.

技法”。[①]

可见,荷兰大学在本科培养计划设置上不仅注重学科内容的多样化,也灵活处理培养计划总时长和培养方式,将教育作为一种产业,不仅针对本国学生的需求,也兼顾吸引国际学生、促进国家间交流合作的需要。这给我国构建在法学本科教学中践行新文科理念很大的启示。一是新文科建设的效果与我们对新文科的定义和对新文科目的的界定至关重要。如前文所述,2018年,“新文科”概念首次亮相。[②]教育部等部门在决定实施“六卓越一拔尖”计划2.0时,在基础学科拔尖学生培养计划中增加了心理学、哲学、管理学、法学、中国语言文学、历史学等学科,“新文科”概念由此产生。《新文科建设宣言》提出,充分尊重法学教育特点和法治人才成长规律,并在此基础上对传统法学教育进行改革,注重思政教育,培养德才兼备的法学人才。二是新文科建设是回应时代变化和时代需求,为了回应当今世界“大发展、大变革、大调整”带来的国际局势纷繁复杂,社会思想风云激荡,新科技革命和产业变革重构的人类发展重要时期。[③]

以上目标提出的背景是我国正经历世界百年未有之大变局,正在推动构建人类命运共同体。和平和发展是时代主题。[④]我国发出“一带一路”倡议是践行人类命运共同体的重要方式。“一带一路”如今是重要平台,不仅引领了世界经贸合作、深化了高质量的卫生和环保合作、强化了高质量安全保障,更促进了世界各国交流和理解,给世界展示了解决各国面临的普遍问题和长期困扰人类社会的各种复杂问题的中国方案、中国智慧。

新文科建设呼应国家重大方针政策和发展方案,必须既要看到国内情况,又要兼顾外部情况,在比较中发展,促进世界各国在相互理解的基础上求同存异。因此,新文科建设不仅要着眼国内,更要汇聚国际力量,突出中国国际法发展和国际新秩序构建的重要角色。这就决定了新文科建设的方式方法不应当简单地局限于学科融合、传统涉外人才培养模式,更应当注重建设更有国际导向,能满足更

---

① “International and European Law”, https://www.rug.nl/rechten/education/international-programmes/llb/.

② 参见杨雅妮:《新文科建设背景下法学教育的变革》,《新文科教育研究》2021年第2期。

③ 参见《新文科建设的中国式方案和探索性实践》,2021年8月20日,https://www.gmw.cn/xueshu/2021-08/20/content_35096372.htm。

④ 参见李馥伊、杨长湧:《携手构建人类命运共同体的伟大实践——论高质量共建“一带一路”》,人民网,2021年11月9日,http://theory.people.com.cn/n1/2021/1109/c40531-32277305.html。

多人需求,更能吸引国内外学生的法学本科培养方案。改革后的法学本科教育应当为解决国际问题、实现国家间不断交流合作以及提高中国的国际影响力或软实力贡献力量。在这种定位的基础上去讨论具体的学科建设思路和方法才能真正打开思路,实现突破。

（二）法学本科交叉学科建设

荷兰本科交叉学科建设有比较突出的特点。一方面,交叉学科建设不仅应对国内人才需求,更面向国际学生,以国际交流合作为目的。另一方面,交叉学科形式多样,但以国际法和文理融合为主。表1所列项目,就是交叉学科建设实践。笔者借助Studyportals网站（https://studyportals.com/about-us/）的帮助,共检索到荷兰5个颇具创新性的、含荷兰本国和国际学生的、具有交叉学科特点的本科法学培养项目。

表1　荷兰本科法学培养项目

	院校	项目简介	时长
Global Law	蒂尔堡大学	学生将被引导研究不同法域的国家的法律以及国际法	3年
Law in Society	阿姆斯特丹自由大学	人才培养和课程设置注重问题导向,不按照传统公法、私法分类进行课程设置,而是针对具体的法域	3年
International and European Law	海牙应用科学大学	以问题为导向,注重培养学生的实践能力。培养方案不仅涉及法学知识传授,也融入其他关联学科的知识。例如,针对政府官员的推特消息是否能作为国际刑事审判的证据、个人信息如何跨境保护等	4年
International and European Law	格罗宁根大学	培养方案设计不按照传统的法学教育模式,不以培养具有单一专业的人才为目的。课程设置注重培养学生的国际视野	3年
European Law School	马斯特里赫特大学	课程设计主要涉及欧盟法和各成员国法之间的相互影响。课程设计也会包含国际法以及国际法和欧盟法之间的互动关系。本项目主要目的是培养具有国际视野和处理国际法律事务能力的人才	3年

就学科分类来看,上述项目一般认为是独立于“Liberal Arts”的专业设置,Liberal Arts与法学既相互独立又有交叉部分。Liberal Arts允许学生选择包括人文社科各个分支学科的多种多样的课程,目的是培养交叉学科人才。法学课程则

不然，虽然上述6种本科生培养方案或多或少都融入了非法学要素，但归根到底还是法学培养方案，课程设置和培养方案针对法学的某一方向或者针对法学的某一领域。上述情况也有例外，莱顿大学设置了“International Justice”（国际正义），包含在文科本科课程（Bachelor of Arts）中，课程涉及三方面内容：国际法、人权和安全、国家和融合。①

配合上述培养计划，荷兰大学一般还会提供一些培养范围更加广泛、但内容相对比较基础的“准备计划”，帮助学生适应即将开始的本科学习。由阿姆斯特丹大学创设，9个月时间就可以完成，课程包含英文课和三门专业课，为即将开始的法律学习奠定基础。②

在具体的学科建设方面，荷兰法学本科课程设计给我国的启示主要包含两方面。一方面，要尽可能尊重法律服务行业对于基础法学教育的要求，利用传统方式，培养全面掌握法律知识和法学理论的法律人才。另一方面，要考虑到部分学生对多元知识结构的需求以及特殊的职业规划的要求。

荷兰大学本科法学培养方案的设计方向性比较明显，注重结合荷兰是外向型国家、在国际法发展中起引领作用的特点，设置具有特色的方案。荷兰设置的具有交叉学科性质的本科培养方案的一大特点就是国际性，很多课程是以国际法或区域法为中心的，或是以人类目前共同面对的国际问题为导向。在人员配置上，荷兰大学大胆引进外籍师资，无论外籍师资还是本国师资，都有相当高的英文水平，开设英文课程的阻力较小。管理上，荷兰大学对人员管理相对比较灵活，课程设置创新大胆，这一点与我国大学区别较大。课程设置基本都是以法律职业为导向，以培养具有实践能力和创新精神的人才为目的。

笔者了解，我国本科阶段的交叉学科建设在法学本科阶段的实践较少。目前大部分学校还只是停留在简单的学科组合、学位叠加，几乎没有突破原有本科法学传统培养方式的做法。在仅有的少数尝试中，值得一提的是武汉大学设置的国际法试验班。武汉大学法学院曾召开国际法试验班建设专题研讨，首届招生规模44人的试验班，突破了国内研究生阶段才进行国际法专门培养的传统做法，更加

---

① *Bachelor of Arts*: *International Justice*, https://www.universiteitleiden.nl/binaries/content/assets/governance-and-global-affairs/luc/majors/major-flyers/international-justice.pdf.

② “Undergraduate Foundation Programme (UFP)”, https://www.oncampus.global/europe/campuses/on-campus-amsterdam/university-of-amsterdam/foundation-programmes/undergraduate-foundation-programme-ufp-.htm.

注重课程特色建设和创新实践课程建设。[①]这种实践类似上述荷兰蒂尔堡大学设置的Global Law的本科培养方案。

为了交叉学科培养，特别是以涉外法治人才培养为目的进行外语专业和法学院的学科叠加十分有必要，但并不是本科教学向交叉学科发展的唯一路径。以山东大学为例，从本科生中遴选出一部分优秀学生组成“法英班”，即法律和英语双学位五年制班的实践从2000年开始正式实施，取得了很好的成效。其他学校也有类似实践。法英班并不是简单将外语学院开设课程与法学院开设课程的简单拼接，培养方案要求学生扩宽知识面，提高语言交流能力，具有国际视野。法英班建设服务不仅是交叉学科要求，更是涉外法治人才培养的需要。

（三）涉外法治人才培养之实践环节研究

法治人才培养是全面依法治国的重要部分，自然也是新文科建设法学板块的重要内容，在全面依法治国过程中有基础性、战略性和先导性的地位和作用。目前，很多高校都有涉外法治人才培养基地，主要培养方式是增加全英文课程，提高学生的英文能力，特别是专业英文能力。[②]有些学校还将跨文化交流能力、复合交叉辐射能力作为培养重点。有不少更加专门、精致的培养方法正在探索中，例如，上海海事大学探索的“英语＋海商法”的培养方案。这些培养方法还没有真正形成规模。

涉外法治人才培养应尤其注重实践能力培养，有问题意识和解决问题的能力。目前，实践中仍存在很多问题，方法比较固定、刻板。法学本科中的实践性教学主要有下列几类：模拟法庭、课外实习、法律诊所等。近年来，越来越多的法学院实践中运用这些教学方法产生了很多问题。以笔者参与学生综合实践能力培养为例。笔者所在单位每年都选派代表队参加各种形式的学生竞赛，其中类似模拟法庭、模拟仲裁庭之类的比赛以培养学生综合实践能力为目的，但实际上，组织学生参与这种竞赛主要有两方面的问题。一方面，对于竞赛的定位不够准确。学生竞赛类活动一般被认为是培养部分优秀学生实践能力、为学校争光、展现学生风采的机会。实际上模拟法庭、模拟仲裁庭等一系列的学生竞技类活动应当是提高全体学生综合实践能力的方式，是与课程相结合、相配合的教学活动，应该是惠及全体同学的活动。另一方面，将培养实践能力和其他课程设计过分割裂。国际

① 参见《法学院召开国际法试验班建设专题会议》，2021年9月27日，http://law.whu.edu.cn/info/1051/11252.htm。

② 参见杜焕芳：《涉外法治人才培养的顶层设计及实现路径》，《中国大学教育》2020年第6期。

模拟法庭或者模拟仲裁庭基于对实际案例的修改,全面培养学生的英语语言能力、法律思辨能力、法学研究能力、法律写作能力等。但是这些能力的培养不是在实践教学一个环节中培养的,需要前期设置其他课程作为基础,需要有相关知识的获得作为前提。荷兰各高校每年选派队伍参与包括国际商事仲裁庭比赛在内的多种形式的国际比赛,并取得优异的成绩,这与多种因素的融合有关。竞赛本身以相关课程的设置为基础,有实务人员的有序参与和指导,院校有经费支持,并设置对指导教师的激励机制等。实践教学方法的背后是资源的合理配置。

八、小结

新文科建设在法学本科教学中的实施是本项目关注的重点。目前,改革本科培养方案有几个抓手。第一,法学本科建设应当结合我国新文科建设要求和世界百年未有之大变局的背景,找准定位,对内满足国内人才培养要求,服务全面依法治国系统工程,对外满足国际交流、增强我国软实力的需要,适当考虑国际学生的需求。国际交流不仅是中国学生"走出去",也是吸引更多国际学生来中国学习交流。对应地,相关改革措施应当注重创新,提倡改革形式多样性。我国提出的"新文科"概念的典型特点是思政教育,具体到法学本科教育中,是关注全体教师和学生的思想动态,坚持"强化价值引领"。我国提出的"大思政"育人格局要求将思想政治教育在教育的系统工程中渗透一切、贯穿始终,以达到系统整体的育人功能。相比之下,荷兰的文科建设,特别是法学建设,缺少成体系的有关国家意识和政治形态的内容,这并不是我们要学习的。但随着法学本科教育的多元化、创新化发展,针对具有国际性的本科培养方案,课程思政也需要相应创新,尽量挖掘专业课的思政元素,在潜移默化中培育生动、有趣、具有国际视野的思政体系。

在交叉学科和涉外法治人才培养方面,法学本科教学应当以国家大政方针为指引,以我国正在面临的国际国内问题为导向,优化学科建设,突破传统的外语和法学交叉的模式,实现更加形式多样的交叉学科建设。涉外法治人才培养更加注重实践能力的培养。笔者建议,应当加强实践环节与培养方案其他环节的衔接,并有相关制度配合。

新文科建设背景下法学本科教育的反思与完善

周啸天　黄武基

教育部、中央政法委、科技部、工业和信息化部等部门于2019年4月29日在天津联合召开"六卓越一拔尖"计划2.0启动大会。会议提出了"全面实施'六卓越一拔尖'计划2.0,发展新工科、新医科、新农科、新文科"的要求,从而打响了振兴本科教育的攻坚战。[①]自此之后,我国高等教育界开始关注"新文科"这一概念并对其展开了研究。事实上,"新文科"并非一个全新的概念,该概念最先由美国希拉姆学院(Hiram College)提出。随着社会的不断发展,传统文科教育所培养的人才已经逐渐不能满足社会发展的需求,希拉姆学院在意识到了这一危机之后,为了使文科教育能够适应社会发展的新需求,于是便提出了建设新文科的理念。在这一理念的指导下,希拉姆学院对其数个文科专业进行了改造,并按照它们自身的特点,将其和相关的理科专业结合起来,从而形成了"文理交叉"的新文科。自此,"文理交叉"成为希拉姆学院新文科的最重要特点。[②]

近年来,我国社会进入了高速发展的阶段,各行各业由此呈现出了不同以往的新面貌,这在客观上需要我国高等教育为其提供具有新的知识背景的人才资源。我国法学教育积极因应社会经济发展变化,经过四十多年的不懈努力,培养

---

① 参见朱文辉、许佳美:《新文科建设:背景解析、要义分析与路径探析》,《黑龙江高教研究》2021年第11期。

② 参见徐显明:《新文科建设与"新法学"教育的挑战和应对》,《新文科教育研究》2021年第1期。

了大量法学专业人才。这些人才在各个岗位辛勤耕耘,为建设中国特色社会主义法治事业作出了卓越贡献。当然,发展是连续的螺旋式上升过程,我国的法学教育,尤其是本科教育,仍然处在发展之中,因而也存在进一步提升的空间。为使文科教育能够更好地为我国社会主义现代化建设事业服务,我国亦提出了新文科建设的理念。在世界范围内,文科一般除了包括人文科学的文学、历史、哲学、艺术等学科外,还包括社会科学的法学、经济学、教育学、管理学等门类,两者合在一起统称人文社会科学。[①]由此不难看出,法学是文科的一大重要分支。因此,新文科建设自然也包括"新法学建设"。显而易见,新法学建设的根本出发点是为了适应社会发展的需求,没有社会需求对文科的挑战以及对法学的再造,就没有"新法学"。[②]在此背景下,探讨社会需求对传统法学教育所提出的挑战,研究传统法学教育面临的危机并提出相应的应变之道,可谓是正当其时。

一、法学教育面临的新形势及其目标设定

(一)法学教育面临的新形势

新法学建设需要有新的依据。一般而言,法学教育所处的内部及外部环境的改变,均可以构成其改革的依据。因此,想要更好地理解法学教育改革的目标与内容,则需要先了解其所处的时代环境。

我国法学教育所处的时代环境正在发生深刻变化。一方面,正如习近平总书记在十九大报告中所指出的:"人民美好生活需要日益广泛,不仅对物质文化生活提出了更高要求,而且在民主、法治、公平、正义、安全、环境等方面的要求日益增长。"[③]如论者所言,人民群众上述六个方面的要求均与法律和法学存在密切的关联。[④]其中,民主是现代法律制度的本质和基础,法治是现代法律的核心要义,公平和正义则是现代法律的价值追求,安全和良好的环境则需要通过法律的手段来维护。因此,如何才能够满足人民群众在新时代所提出的上述新要求,则顺理成

① 参见卢春龙:《新政治学学科建设的时代背景与路径选择》,《政治学研究》2021年第1期。

② 参见徐显明:《新文科建设与"新法学"教育的挑战和应对》,《新文科教育研究》2021年第1期。

③ 习近平:《决胜全面建成小康社会 夺取新时代中国特色社会主义伟大胜利——在中国共产党第十九次全国代表大会上的报告》,人民出版社2017年版,第11页。

④ 参见徐显明:《新文科建设与"新法学"教育的挑战和应对》,《新文科教育研究》2021年第1期。

章地成为法学教育所面临的新课题。另一方面，党的十九大报告亦明确："第一个阶段，从二〇二〇年到二〇三五年，在全面建成小康社会的基础上，再奋斗十五年，基本实现社会主义现代化。到那时，我国经济实力、科技实力将大幅跃升，跻身创新型国家前列；人民平等参与、平等发展权利得到充分保障，法治国家、法治政府、法治社会基本建成。"[①]众所周知，法治国家、法治政府和法治社会的建设，本质上涉及的是如何通过法律的手段来实现国家治理能力和治理体系的现代化的问题。我国正面临百年未有之大变局，因此，我国的法治是走向大国的法治。与大国法治的目标相适应，法学教育既要为法治建设培养高素质的法律人才，同时也要为社会治理能力与治理体系的现代化提供具有原创性的制度资源。这显然对法学教育提出了新的要求和新的挑战。

与此同时，社会生产和生活方式的变迁也为法学教育提出了新的课题。法律是调整社会关系的行为规范，社会关系的内容决定了法律的内容，相应地，社会关系的变迁亦会引发法律内容的变更。近年来，我国正逐步由工业社会进入信息社会，社会的生产和生活方式亦随之发生翻天覆地的变化。例如，移动支付手段的出现和普及使人们的支付手段发生了根本性的改变；再如，网络平台的兴起亦使得公众的消费方式呈现出了不同以往的特征；另外，大数据、云计算、人工智能、区块链等信息化科技手段无疑也对生产方式产生了不同程度的影响。

以上种种无疑会使律的内容发生重大的变化，个人信息保护法的颁布便是最好的例证。法律内容的变迁则对法学教育提出了新的要求，即为适应时代发展的需求，法学教育不能因循守旧，而应当适时更新其教学内容，如此才能够从容地应对社会转型所带来的挑战。这意味着，法学不再属于纯粹意义上的文科，而是吸收了理科乃至工科等的相关内容。如此一来，法学教育的从业者则需要学会运用相应的信息技术，并将其融入课堂的教学之中，这对于法学教育而言显然也是一个新的挑战。

除此之外，国际形势的变化亦对法学教育提出了新的课题。当今国际社会的形势瞬息万变，其中，国际金融危机的深层影响仍然在持续，世界经济的复苏速度也较为缓慢，国家间的发展差距逐渐增大。为造福世界人民，提振世界经济，贯彻人类命运共同体理念，并就当下困扰各国发展的难题给出中国方案，习近平总书记于2013年9月和10月分别提出了建设"新丝绸之路经济带"和"21世纪海上丝绸之路"的合作倡议。截至目前，参与"一带一路"建设的国家共有100多个。在

① 习近平：《决胜全面建成小康社会 夺取新时代中国特色社会主义伟大胜利——在中国共产党第十九次全国代表大会上的报告》，人民出版社2017年版，第28页。

“一带一路”的推进过程中,中国与相关国家开展了密切的经济往来并构建了复杂的法律关系。与国内的法律关系相比,此种法律关系在主体、客体和内容上均包含涉外的因素,因而是一种典型的涉外法律关系。基于此,当中国的企业与相关国家的企业发生纠纷时,解决纠纷适用的法律既可以是中国的国内法,亦可能是外国法。要维护中国在国外的合法权益,则需要研究“一带一路”沿线国家的法律,如此才能为查明外国法做好充分的准备。然而,我国传统的法学教育主要以教授本国法为主,即使在比较法的课程上会涉及外国法的教授,但教授的对象主要是大陆法系代表国家(如德国、日本、法国)和英美法系的代表国家(如英国、美国)的法律。可以说,我国法学界对“一带一路”沿线国家法律的了解和研究仍然相对较少。尽管我国西部地区的一些法律院校已经逐渐意识到了这一问题,但是鉴于种种原因,其投入仍然有待加强。在此背景下,法学教育应当投入相应的资源研究“一带一路”沿线国家的法律并将其融入课堂的教学之中,如此才能更好地维护我国的海外利益。因此,我们的国家利益延伸到哪里,维护相关利益安全的研究就要延伸到哪里,否则法学教育就有滞后于国家需要之虞。[①]

(二)法学教育的目标设定

一般认为,法学教育的目标是指法学院校欲通过提供法学教育所达成的目的,其涉及的主要是法学院校想要培养具备哪些能力与素质的法科毕业生的问题。培养目标的设定可谓是法学教育的核心之所在,正如国外学者瓦瑟斯楚姆所言:“如果不知道我们法学教育教出来的学生该是什么样子,那么很难或者根本不可能去回答在法学教育中出现的一堆问题:该教什么?该如何教?该谁来教?该谁作为学生?如何评估他们?谁来决定法学教育是否成功、是好还是坏?”[②]自改革开放法学专业得以恢复以来,我国开展法学教育已有40余年的历史并取得了辉煌成绩。成绩建立在共识与行动的基础上,伴随着时代发展的速度加快,法学知识迭代的速度也相应提高,在知识更新的过程中,法学界难免就法学教育的培养目标形成讨论。此时,便理所当然地出现了不同意见。可以说,我国法学界在“法学教育是以培养高素质法律职业人才为目标还是以培养高水平的学术研究人才为目标?是以职业教育为主还是以通识教育甚至‘博雅’教育为主?是以实务

① 参见徐显明:《新文科建设与“新法学”教育的挑战和应对》,《新文科教育研究》2021年第1期。

② 转引自许身健:《明确法学教育培养目标、提升实践性法学教育》,《实践性法学教育论丛》第1卷,知识产权出版社2011年版,第5页。

为主还是以理论为主?”这些问题上仍然存在争论。[①]如前所述,法学教育的目标是法学教育的核心问题,只有设定了一个合理的培养目标,才能够将其作为衡量现有的法学教育之得失成败的一个标准,进而才能够分析既有的法学教育存在哪些问题、应当采用何种改革措施才能够妥善解决这些问题。就此而言,培养目标的设定可谓是研究和讨论法学教育的先决条件。

一般认为,法学教育属于服务业的一种类型。服务业的目标乃在于为市场提供相应的服务,因而可以说是市场的需求决定了服务行业的目标设定。在法学教育市场中,主体虽然包括作为教育者的法律院校、作为受教育者的学生和作为终端的社会三方,但是前者显然是作为服务的提供者而存在的,只有后两者才是服务的需求者。基于此,法学教育目标的设定应当考虑满足受教育者以及社会的需求。换言之,法学教育必须要同时考虑毕业生将来的职业需要和社会的岗位需求。[②]显然,学生最希望的是通过接受法学教育而获得相应的知识和技能,从而能够为其将来的职业生涯打下坚实的基础,社会希望法科毕业生能够从法学教育中获得相应的知识与技能,从而能够满足其岗位需求。应当说,法科学生与社会对法学教育的需求是相一致的。问题在于,法科毕业生究竟需要从法学教育中获得哪些具体的知识和技能呢?这无疑取决于其就业的去向,因为不同的岗位显然需要不同的知识与技能。

法律职业可以分为三大类型:一是法律实务工作,二是立法工作,三是法律教学和研究工作。前者如法官、检察官、律师、警察、企业法务人员以及行政执法人员所从事的法律适用工作;中者如各级人民代表大会和政府的法工作部门的工作人员起草、修改以及解释规范性文件的工作;后者如法律院校的教师和法学研究机构的研究人员所从事的教授法律知识和研究法律制度的工作。显而易见,与第一类职业相比,后两类职业不仅需求较少,而且对从业人员的学历也有较高的要求(通常要求从业者具有硕士乃至博士学位),因而并不适合作为法学本科教育的主要目标。换言之,法学本科教育的培养目标,应当设定为培养法科毕业生从事法律实务工作的职业能力。关于这一点,法学教育界已经达成了共识,法律实务界对此也予以认可。[③]例如,教育部和中央政法委于2011年12月联合下发的《教育部中央政法委员会关于实施卓越法律人才教育培养计划的若干意见》(教高

① 参见王晨光:《法学教育改革现状与宏观制度设计——日韩经验教训反思与中国改革刍议》,《法学》2016年第8期。

② 参见葛云松:《法学教育的理想》,《中外法学》2014年第2期。

③ 参见葛云松:《法学教育的理想》,《中外法学》2014年第2期。

〔2011〕10号）便将“应用型、复合型法律职业人才”作为法学教育的主要培养目标。这里的应用型法律职业人才便是指从事法律实务工作的人才。问题在于，在法律实务工作的内部，其从业人员所从事的工作内容并不相同，这是否意味着，法学教育需要教授不同的法律知识，以培养不同就业去向的法科毕业生的职业能力呢？答案是否定的。事实上，上述职业也有其共同点，因此，法律院校只要教授法律实务所需的基本知识，并注重培养学生举一反三的应变能力，日后经过相应的岗前职业培训，便可以使学生具有足够的能力去从事各类法律实务工作。

基于以上原因，本文认为，应当将法学本科教育的培养目标设定为培养学生从事法律实务的职业能力。需要指出的是，本文并不反对通过开设诸如历史、政治以及经济等通识课程来对法科生进行博雅教育，相反，应当在法学课程的设置中为博雅教育留有一席之地。因为法律实务工作并非纯粹将法律规范适用于特定事实的过程。作为社会治理的一种手段，法律规范本身也蕴含了复杂的价值判断。因此，法律实务的从业者在将法律规范适用于特定案件的过程中，亦将法律技术和价值判断结合起来，同时也要考量不同价值选择所产生的社会、政治效果。这就在客观上要求法律从业者具备良好的政治、经济、社会乃至历史知识。而法学专业教育本身无法为法科生提供此类知识，故而为法科生提供良好的人文社会科学知识的重任便落到了博雅教育上。同时，法科生通常具有较强的目的导向性，他们通常投入更多时间与精力来学习教科书上的知识，对考试的关注程度在某种程度上多于对人文社会科学背后基础理论的学习以及对人文底蕴的关注。① 只懂法律技术而没有掌握良好社会科学知识的法科毕业生固然能够在法律适用层面熟练运用相关知识，但是，在举一反三、触类旁通以及创新创造能力上，则心有余而力不足，因为这些都需要扎实的基础知识与丰富的知识储备，以及反思批判性的逻辑思维。这些素质需要经历学习、应用、反思、再应用、再反思的长时间习得过程。基于此，有必要在法学教育的课程中开设博雅教育的课程，以扩展法科生的知识面并完善其知识结构。

二、法律实务所需的技能

既然法学本科教育的目标在于培育学生从事法律实务的能力，那么探讨从事法律实务工作所需要的技能，则成为接下来要解决的问题。

如前所述，法律实务的核心工作乃在于将特定的法律规范适用于特定的案件

---

① 参见徐显明、黄进、潘剑锋、韩大元、申卫星：《改革开放四十年的中国法学教育》，《中国法律评论》2018年第3期。

事实。程序法定是我国诉讼法所规定的基本原则,在这一原则的制约下,适用法律的过程需要符合法律规定的特定程序,如此方能有助于实现程序的正义。因而更加准确地说,法律实务的核心工作应当是法律实务从业者按照法律规定的程序,将特定的法律规范适用于特定的案件事实,进而得出特定的法律结果的过程。至于能否将特定的法律规范适用于某一案件事实,则取决于该案件事实是否能够被涵摄在该法律规范所规定的构成要件之下:如果答案是肯定的,则可以将该法律规范适用于该案件事实;反之,则不可以将该法律规范适用于该案件事实。显而易见,这里的案件事实是指运用证据加以证明并达到法定证明标准的事实。

不难看出,法律适用的过程实际上包含了以下几个思维步骤:第一步,对法律规范所规定的构成要件进行解释;第二步,收集并运用证据对案件事实加以证明;第三步,将案件事实与法律规范所规定的构成要件事实进行比对,进而得出相应的法律结果。以上几个步骤便是逻辑推理的三段论过程。

由此可以看出,为保证法律的准确适用,法律实务从业者需要具备以下几项能力:一是运用各种解释方法对法律规范进行解释的能力;二是运用各种可以利用的信息来收集相应资料的能力;三是进行演绎推理、归纳推理以及类比推理的能力。实际上,这些能力也是法律实务界对其从业者所提出的基本要求。例如,英美精英律师界便对上述三项能力作出了进一步的细化,要求其从业律师具备以下12项能力:(1)对实体法的足够知识;(2)认定法律问题和就法律问题构建有效和中肯切题的论证的能力;(3)明智地运用一切资料进行研究的能力;(4)明白任何法律的基础政策以及社会环境的能力;(5)分析和阐明抽象概念的能力;(6)识别简单的逻辑上和统计上的错误的能力;(7)书写和讲述清楚简明的汉语的能力;(8)积极学习的能力;(9)认定和核实任何与法律问题相关的事实的能力;(10)分析事实和就被争议的事实构建或批评某论证的能力;(11)对法律实务和程序的足够知识;(12)具有效率地适用法律的能力,即解决问题的能力。[①]

他山之石可以攻玉,以上各项可以成为我国高素质法律人才所应具备能力的有益参考。实际上,我国的制度语境对法律职业从业者提出了更高的要求。虽然我国的法律体系已经逐渐完善并具备了中国的特色,但是,鉴于法律的稳定滞后性以及立法日渐成熟,立法者在制定法律规范时,往往对一些应当规制的事项不作规定,或是规定得较为抽象。比如刑法以及刑事司法解释中兜底条款的大量使用便是如此。这样一来,法律实务的从业者便在一定程度上会遇到找不到可以直

① 参见何美欢:《论当代中国的普通法教育》,中国政法大学出版社2005年版,第101—102页。

接适用于案件事实的法律规范的情形。在此情况下,为了防止法律漏洞的产生,法律实务从业者便需要运用各种解释方法对既有法律规范进行扩大解释,使其构成要件能够涵摄特定的案件事实。这显然对他们的解释能力和论证能力提出了更高的要求。

为了培养法科毕业生的上述职业能力,作为大陆法系之代表的德国和作为英美法系之代表的美国分别采用了两种不同的模式:前者以培养学生的法官能力为中心,后者以培养学生的律师能力为中心。本文认为,法官和律师的工作虽然各具特点,但是两者既无本质上的差异,同时也并非截然分开。实际上,作为一方当事人利益维护者的律师为了更好地维护其所代理的当事人利益,通常也会站在法官的立场上并采用法官的思维来思考问题,以预测案件的未来走向,从而有针对性地采取诉讼策略;作为居中裁判者的法官要扮演好其中立的角色,则需要兼听双方当事人的陈述和意见并站在双方当事人的立场上思考问题。如前所述,法科毕业生既有从事法官职业者,亦有从事律师职业者。如果采用单一的模式来培养学生的职业能力,则在某种程度上会限缩学生的视野,从而有使其缺少在广泛视角下通盘考虑问题并作出灵活应对的相应职业能力之虞。也正是因为如此,德国法学教育界近年来也对其培养模式作出了一定程度的改革并注重培养其学生的律师职业技能。[①]鉴于此,本文认为,法学教育应当同时采用不同的培养模式,注重培养学生从事法官职业和从事律师职业所需要的能力。

不难发现,培养学生的职业能力实际上便是要培养其妥当且合理地适用法律规范的能力,此种能力的核心是法教义学上的知识和能力。所谓法教义学,是指以法律规范为研究对象,并以阐明法律规范的具体含义为主要任务的一门学科。在我国,法律规范虽然是以成文法律概念的形式表现出来的,但是生活事实千变万化,为了让司法具有能动性,法律条文的规定应当给解释者留下一定的灵活解释空间。因此,法律规范通常需要进一步解释才能够被适用。法教义学便是基于判例和学说上的积累而形成的一套解释法律规范的方法,运用该方法可以使一个关于特定法律规范的疑义得以解决。法教义学之所以能够成为法律职业能力的核心,主要是因为这套知识体系具有两个方面的优势:一方面,法教义学是可以直接运用于司法工作的知识,“在法教义学上,并不存在‘理论’与‘实践’的分野问题。它是理论,但又可以直接应用于实践,甚至只有在‘实践’案例分析中,才能更好地学习这种理论”[②]。基于此,法律实务的从业者运用法教义学上的知识,通常

① 参见李婧嵘:《德国法学教育改革发展的经验与借鉴》,《法学教育研究》2018年第3期。

② 葛云松:《法学教育的理想》,《中外法学》2014年第2期。

便可以解释法律规范的具体含义，进而可以解决法律适用的难题。另一方面，法教义学有助于论证解释结论的合理性。众所周知，对法律规范的解释包含着解释者个人的大量价值判断，而解释者个人的价值判断通常只能代表其个人的主观看法，因而法律解释的结论通常难以得到客观的论证。而法教义学则在长期的法律实践中，通过反复地尝试和运用，在理论上获得了普遍认可的方法，因而根据法教义学上的方法来对法律规范进行解释，能够使法律适用中的价值判断问题可以被相对客观地论证、审查和批评，从而有助于论证解释结论的合理性。[①]

三、法学本科教育的现状及其成因

通过以上论述可知，在理想的法学教育中，法科生应当具备妥当且合理地适用法律规范的能力。这既要求法科毕业生对本国乃至外国的法律规范有全面而深入的了解，也要求法科毕业生具备一定的社会学、历史学、政治学以及经济学的基础知识，对社会的政治、经济等具有一定的洞察力，还要求法科毕业生具有良好的逻辑推理以及沟通表达能力。应当说，如果现有的法学教育所培养出来的学生已经具备了上述能力，说明其是成功的，否则便有必要对其进一步加强。

（一）法学教育的现状：取得长足进展，但仍存提升空间

截至2020年8月，我国共有635所高校开设法学本科专业，约占全国高校总量的50%。[②]其中，法学本科在校生则多达30余万人（这一数据并不包括法学专科在校生人数）。[③]可见，要对我国法学本科教育的质量进行全面的评估，并非一件易事。需要说明的是，经过40多年的发展，我国的法学教育不仅形成了完善的学科体系和合理的办学层次，而且也为我国的社会主义现代化建设输送了数以万计的优秀法治人才。这一成就无疑是巨大的和值得肯定的。新法学建设的目的是发现目前法学教育的不足之处，从而使其精益求精，以更好地服务我国社会主义现代化建设事业。鉴于此，本文以下将在充分肯定我国法学教育所取得成就的基础上，寻求可进一步加强之处，以期使得我国的法学教育事业更上一层楼。

首先，从用人单位的反馈来看，法学教育已经取得长足成效，但离理想状态仍存进步空间。近20年来，法学一直是高考报考的热门学科，其录取分数也一直位于各个学科的前列，这使得法律院校可以得天下英才而育之。每逢毕业季，各大

---

① 参见葛云松：《法学教育的理想》，《中外法学》2014年第2期。

② 参见王健：《法学本科专业的若干基本概念》，《新文科教育研究》2021年第1期。

③ 参见蔡立东、刘晓琳：《新时代法学实践教学的性质及其实现方式》，《法制与社会发展》2018年第5期。

用人单位对于法学人才的渴求度较高,同时,法科毕业生在公务机关、司法机关、企业事业单位、国有公司、私营企业、律师事务所、会计师事务所、税务师事务所之中都有其忙碌的身影,并在这些部门中作出了自己的贡献,取得了良好成绩。当然,也不乏一些用人单位对法科毕业生提出批评与促进意见,认为法科毕业生"没能把知识学活""只懂理论而不懂实务"。如前所述,法学教育最终目的乃在于培养学生的职业能力,以满足社会也即用人单位岗位的需求。这些善意的声音十分值得我们认真思考,毕竟,用人单位的评价与反馈,直接体现出法学院对知识的教授与对法科学生人文素养、为人处世能力的培养与熏陶之成功指标如何。应当说,我们当下的培养成就是斐然的,但可提升空间也是客观的。

其次,从对法律院校教师的调查情况来看,我国法学教育质量不断提升,但仍有教师对当下法学教育作出了一定的反思。教师既是法学教育的直接实施者,同时也是法学教育质量的直接感受者,因而对其的调查结果在某种程度上能够反映法学教育质量。从部分法学教师的调查情况来看,我国法学本科的教育质量仍可进一步完善。如前所述,高素质的法律人才除了要对本国乃至外国的法律规范有全面而深入的了解外,也要具备一定的社会学、历史学、政治学以及经济学的基础知识。然而,有论者经过多年的观察后得出这样的结论:"中国法学生,大多数呈现一个奇怪的知识结构:一方面能对'前沿的'、深奥的东西如数家珍,滔滔雄辩;另一方面对基本知识却只有单薄的、贫乏的认识。"[①]"以民法为例,笔者的亲身体会是,他们大学毕业的时候,对于民法的基本概念已经遗忘大半,能够说得出大意的法条不超过五条,更谈不上体系性的深入理解。记得住的一点知识,基本流于空泛,或者耽于望文生义。学生基本上不懂得如何发现法律问题,更谈不上妥当地解决问题。拿到一个具体案件哪怕一个非常简单的案件时常常手足无措,最常见的就是将自己仍然基于普通人的公平感而获得的粗浅结论,包装在似乎'从天而降'的法律概念而非现实的法律制度之中,却没有掌握分析案例的结构、思路。面对一个抽象法条或者一个理论命题时,只能拼命地在记忆中寻找书本知识,如果还幸运地记得,就开始复述。希望其加以进一步解释时(包括提示了需要解释的问题时),则茫然无措,或者只能凭感觉谈自己的'观点'。至于理由,大体上就是感觉本身,或者祭起'基本原则'的大旗,用'公平原则''诚实信用原则'来处理问题。在商事法、知识产权法、国际商法等领域中需要运用民法中的基本概念和原理的时候,学生难以将知识贯通起来,不懂得运用,更谈不上灵活运用。"[②]

---

① 何美欢:《理想的专业法学教育》,《清华法学》2006年第3期。

② 葛云松:《法学教育的理想》,《中外法学》2014年第2期。

海纳百川、有容乃大,从谏如流、方能行稳致远。前述具有丰富教学与研究经验的优秀法律学人的反思与问题指出,值得我们深思,是我们进一步改进完善法学教育的切实抓手。

最后,从法科生在校的表现和毕业后反馈来看,法学教育的成果在某种程度上也可以继续提升。众所周知,法律规范所调整的对象涉及社会生活的方方面面,这就使得了法学成为一门博大精深的学科,法科生因此也需要掌握繁多且深奥的知识。因此可以说,投入足够的学习时间虽然不是成为高素质法律人才的充分条件,但却是成为高素质法律人才的必要条件。应当看到,绝大多数法学院校中的大部分学生,都踏实上进、勤奋学习、日拱一卒,但是,也存在一些学生开玩笑地将自己的院校称为"养老院",同时,认为自己的学习强度与理工科学院的学生有所差距。一些学生甚至认为,即便平时不听课,只要在考试前突击记住知识要点,背下重点法条,就足以应付期末考试。

即便前述认知是一种误解,前述做法并不正确,但存在的背后一定有其原因。我们应当认识到,上述误解与错误学习方式的存在,表现出当下法学教育仍然存在值得进一步提升之处。毕竟,法律院校的基本任务是"保证当学生离开母校时,他对法律的主要范畴的结构有扎实的基础,他有能力在这个基础上按照他执业的要求继续发展"。[①]

总而言之,理想的法学教育不仅应当教会学生"像法律人那样思考"的理论能力,而且也应当教会学生"像法律人那样解决问题"的实务技能。从上述情况来看,法学教育所培养出来的学生在理论技能和实务技能上能够基本满足用人单位的要求,具有较好的问题应对能力与法律适用能力,我国的法学教育取得了切实的进展与长足的成绩,但在基础理论的扎实程度、学习强度和课程设置、学习习惯、平日学习与考试之间的关系、独立思考能力等方面,仍然存在可以进一步完善、提升的空间。尤其是在涉外法律人才培养方面,我国仍然需要大量的熟知国际法律运行规则与具备国际法律谈判能力的涉外型法治人才,同时,广大西部与基层地区仍然面临较大的法律人才需求缺口。这些都是我们法学院本科教育培养体系日后努力完善的目标。

(二)原因分析:社会、院校、个人三重原因的揭示

毋庸置疑,为使我国法学教育能够满足时代发展的需求,并为我国社会主义

① Frank R. Strong, "The Pedagogic Training of a Law Faculty ", *Journal of Legal Education*, 1973, Vol.25, No.2.

现代化建设培育出高素质的法律人才，有必要研究我国法学教育前述问题的成因，并据此提出有针对性的改革之道。应当说，造成我国法学教育上述问题的原因是多方面的，其中既有社会层面的原因，也有法律院校层面的原因，还有学生个人层面的原因。

在我国的基础教育中，升学率是评价教学质量好坏的最重要的指标。在追求升学率这一教学目标的支配下，基础教育的教师多采用欠缺灵活性的教学方法，即教师侧重于讲述考试所要考查的知识点的内容，对知识点的讲解往往聚焦于考试(包含期末考试与法律职业资格考试)范围。而凡是考试，必带有一定的目标导向与价值立场预设，但是，真正的法律能力是建立在具备扎实基础与丰富人文底蕴之上，经历不断反思、提炼、应用、再反思、再提炼、再应用之后而获得的灵活运用、创造创新式独立思维。其不应当被预先限定立场，也不应当以考试题目的形式展开(如概念、法律关系、内容)，因为在当下日新月异且正在发生深刻变革的社会，真正的难题并无标准答案，也无先例解决方案可循。一旦以考试为最终的授课和学习目的，那么，知识点的来龙去脉便不再重要，学生为了在考试中获得好成绩，往往选择死记硬背教师给定的知识点，而不会花费较多的时间和精力主动学习知识、理解知识点的内容、来龙去脉以及知识点之间的内在联系。如此一来，学生的学习自主能动性便会降低，独立思考能力便没有得到真正的养成与发挥，学生也难言真正习得了批判精神与反思精神乃至于创造性思维。

同时，法学内容博大精深，这在客观上需要法科教师花费较长的时间才可能将某一门法学学科的基本知识讲授完。然而，大学课程的教学时长有限。因此，法科教师只能在有限的课时中选择重要的内容进行讲述，其余内容则需要学生通过自主学习的方式去掌握。然而，一旦学生已经习惯于教师的讲授以及死记硬背，则会缺少自行搜集资料、阅读、思考的能力，这就使得他们通常在一种非常重要的能力上有所不足——在搞懂知识点底层逻辑的基础上形成体系架构并最终灵活应用。这一能力是以有限的法条应对无限多的生活事实，乃至与人交流，最终为人民为社会服务、解决其难题的重要基础。

基于此，法律院校培养模式的设定，对法治人才专业素质的培养可谓具有举足轻重的影响。本文认为，我国部分法律院校培养模式有两方面可进一步加强。

一方面，部分法律院校的课程设置在基础性内容上可进一步充实。例如，基础部门法课程的课时有待拓展是各个法律院校共同面临的问题，这就导致了一些重要课程无法开设(如物权法、合同法、侵权责任法)。可是，基础知识比任何“前沿性的”东西更重要，这不仅是因为在校时“前沿”的东西到毕业时有过时之虞，而且也是因为在实务上碰到新问题时，最重要、最常用的方法是其进行基本结构分析，即回到原点中，如此才能对目前的法律进行解构，然后再重构新的规则，这就在客观上要求法科毕业生具有扎实的基础知识。[①]然而，重要基础课程的不足使学生在上述能力上有所欠缺。令人欣喜的是，许多法律院校已经认识到了其学生在实务技能上的不足之处，进而开设了相应的实务课程来作为弥补之道。其中，模拟法庭、法律诊所以及案例研讨课便是法律院校通常开设的实务课程。这些课程在一定程度上起到了培养学生实务技能的效果。也应当看到的是，当下学生校外实习效果有待重新评估与改进。一些学生存在为实习而实习的思想，未能把握住实习的实质是提升其法律认知与实践素养，从而对实习机会的利用效率不高，所获有限。[②]

另一方面，部分法律院校的课堂教学内容、教学方法可以进一步科学化。课堂是法科学生学习理论知识的重要场所。为使学生能够从法学教育中获得足够的职业能力，法科教师不仅要讲授基本的知识点，而且也要讲授知识点背后的基本原理，还要通过案例分析的形式教授学生运用基本知识分析问题的能力，如此才能使学生对于法律知识既知其然，也知其所以然，还知道如何应用法学理论去解决实务案件。然而，一些调查结果却显示，虽然大部分院校的大部分本科法学教育课程能够达到前述要求，但某些法律院校的某些课堂教学内容离上述要求还有一定的距离，教师更多地停留在讲授基本知识点的阶段，对基本知识背后的原理以及知识点的应用讲授不足，还有极少部分教师稳固教学有余，对教材加以提炼、加工、处理不足。[③]同时，在与学生互动、讨论上投入的时间与精力仍然有所不足。[④]另外，教学方式也很重要，师生之间缺少互动和讨论的单方面讲授法当然有其优势，但是缺点也较明显，“除了它不能培养更高层次的技能外，它也不能保证学生会学习到正确的知识。这是因为学生学习到的不是教师所说的，而是学生本人所听到的，而他听到的是经过他本身释义的。他再将对老师的话的释义构建入他的心理图式加以保留。那么，他构造并保留错误的知识的风险就存在”[⑤]。

从学生个人层面来看，不恰当的学习方法、较少的时间投入以及功利性的学习导向也是造成法学教育低质量的重要原因。

---

① 参见何美欢：《理想的专业法学教育》，《清华法学》2006年第3期。

② 参见许身健：《完善法学教育：路径与方法》，《中国法律评论》2017年第3期。

③ 参见蒋志如：《试论法学教育对法科教师的基本要求》，《中国法学教育研究》2013年第4期。

④ 参见蒋志如：《试论法学教育中教师应当教授的基本内容》，《河北法学》2017年第2期。

⑤ 何美欢：《理想的专业法学教育》，《清华法学》2006年第3期。

经过高考刚进入法学的法科生容易将其高中时期的学习方法带入大学的学习之中。记忆在高中的学习中占有很大部分比重,高中的学习也存在标准答案,老师往往也会手把手带着学生展开探索。但是,法学学科的学习需要比高中学习更深入的理解,背诵反而处于较为次要的位置,它需要学生个人去展开探索,因而采用高中的学习方法并不能有效地获取法学知识,关于这一点,前文已有所论述,在此不再赘述。与此同时,大多数法科学生在高中阶段是在他人的监督之下完成学业的,进入大学之后,由于学习压力大减,管理也较为轻松,他们投入到学习中的时间有所减少。如前所述,投入大量的时间与精力是习得法学知识的必要条件。在上述学习状态下,法科学生难以对法学知识形成全面而深入的了解。另外,部分法科生以通过法律职业资格考试和研究生考试为学习目标,他们通常只阅读和学习与法律职业资格考试和研究生考试有关的书籍,至于有思想性的法学经典著作以及社会学、政治学等其他学科的经典著作,可能不在他们的阅读范围之内。

四、法学本科教育的改革方向

在新文科建设的背景下,我国法学本科教育不仅面临着时代提出的挑战,同时存在一些有待进一步改进之处。因此,要为中国特色社会主义建设培养高素质的法律人才,显然要双管齐下,对中国的法学教育进行改革。当然,造成法科教育存在提升之处的原因是多方面的,这就决定了法学教育的改革是一个相当庞大的社会系统工程。鉴于主题所限,本文仅讨论法律院校力所能及的部分。

首先,法律院校对法学教育培养目标的设定,应当进一步紧贴时代发展的需求。培养的目标设定对于法学教育的重要性不言而喻,只有明确了法学教育的培养目标,才能合理确定法学教育实施的步骤和方法。培养什么类型的学生应当视社会当下以及未来的需求而定。换言之,根据社会的需求来设定法学教育的培养目标,才能对法科生的未来负责。[①]当前背景下,中国社会需求最多的是直接从事法律实务工作的高素质法律人才。因此,法学本科教育在培养目标的设定上应当回应社会的实际需求,以培养高素质的法律职业人才作为其主要取向。值得注意的是,这里的高素质法律人才,并不是指同时精通法律、外语、经济以及政治等知识的人才,而是指掌握法学的基本理论,并能够学以致用的人才。虽然培养精通法律、外语、经济以及政治等知识的人才是值得法学教育追求的目标,但是目标应当以切实可行为设定宗旨。一个过高的目标不利于在三到四年的培养时间里实

① 参见丁相顺:《法学教育如何对法科生的未来负责》,《检察日报》2007年7月4日。

现。因此,法学教育培养目标的设定要结合学生的实际能力等情况。

其次,法律院校应当改良课程体系,增设新的课程并适当增加基础课程的课时,转变实务课程的授课方式。如前所述,生产、生活方式变迁所导致的社会关系变革对法学教育提出了新的挑战,那么,在开设实务课程来培养学生实务技能的同时,也有必要增加基础课程的课时,以培养法科生扎实的专业基础。

值得注意的是,理论抽象能力和实务技能并不是截然对立的,因为在法教义学当中并不存在理论与实践的分野。在理论课程中,如果把理论源于实践的流变讲清楚,同时又能够深入浅出地结合实践把理论讲透,则会事半功倍,使学生真正理解理论的精妙之处和对于实践的指导作用。在实务课程中,如果能够进行深层理论分析,不仅可以帮助学生学习实务技巧,而且能够使学生的思维和能力得到提高,能够从抽象理论层面进行归纳总结,进而从实践或案例教学中提炼出新的理论问题,具备理论上的分析甚至创新能力。①

除此之外,法律院校也可以大力引入"外脑",吸引更多的具备丰富实务经验的检察官、法官、律师进入课堂,将他们的经验与大学老师的理论相结合,传授给学生理论结合实践的法学知识。至于授课内容和方法,则可以有专任法学教师和实务专家共同商定。如此既可以避免法律实务课程流于形式的不足,也可以促进法律院校的专业教师及时了解实务动态,从而适时调整和更新其授课内容。

再次,法科教师应当转变教学的方式和理念。众所周知,一国的法律制度始终是不断变化的,司法实践也远比课堂教学更加丰富,这就在客观上要求法律职业从业人员具有举一反三、触类旁通的能力以及终身学习的理念。然而,授人以鱼的单向式教育不足以培养学生的此种能力。基于此,法科教师有必要引入翻转课堂、雨课堂等多重教学手段,从"教师讲—学生听"单向灌输式的教育模式,变为师生互动双向参与的"点亮式"教学方式和理念,通过指引学生沿着合理的路径与正确的步骤对问题进行深入思考,培养学生"像律师一样思考"的思维习惯和举一反三、触类旁通的能力,并引导学生树立起终身学习的理念。

最后,严格教学管理。在美国法学院中,学生除了要积极参与课堂教学外,还需要在课前花大量时间进行预习。可以说,美国法学教育的成功在很大程度上得益于其严格的教学管理。尽管我国大部分法律院校都有严格的教学管理制度与秩序要求,且落实情况良好,但是,仍然存在一些现象,即一些学生既没有预习课本,课中也没有积极参与课堂教学,课后更没有积极复习。更有甚者,绝大部分学

---

① 参见王晨光:《法学教育改革现状与宏观制度设计——日韩经验教训反思与中国改革刍议》,《法学》2016年第8期。

生在考试前几天突击背诵一下教师划的重点就能通过考试。这样的教学管理方式不利于实现应用型法律人才的培养目标。如前所述,造成这一现象的原因是大多数法科生在高中阶段是在他人的监督乃至要求之下进行学习的,自主和自律学习的习惯不是很足,而大学的教学管理又留给学生一定的宽松余地,法学专业知识的学习一开始较为枯燥和艰苦,在短时间内也难以获得显著的成效。因此,法学院校有必要严格地进行教学管理,细化对学生课前、课中、课后不同环节的教学管理要求,营造出学生"课前预习—课中参与—课后复习"的良好学习氛围。当然,法科学生能否自主学习是决定法学教育质量的关键,所以法律院校在严格进行教学管理的同时也有必要向法科学生灌输正确的学习观念和帮助法科学生培养良好的学习习惯,如此方能变他律为自律,使得法科学生养成终身学习、不断提升自我的好习惯。